Kitap Üzerine

Yaşamınız boyunca kim bilir kaç kez geçtiniz Sırat Köprüsü'nden. Kim bilir kaç kez tartıldınız El Mizan'da. Kiminiz bir kez olsun uğramadı ölümün eşiğine; kiminiz birçok kez eşikten geri döndü. Bazılarınız inandı ölümden sonraki hayatın ve o hayata uzanan köprünün varlığına. Bazılarınız Sırat Köprüsü'nü yüreğine, El Mizan'ı aklına yerleştirdi.

Elinizdeki bu kitap, yüreğiyle ve aklıyla yaşayanların; Kara Ben Nemsi'nin, Halef'in, sevginin sözcüsü Müneccimin ve İranlı Baş Nâzırın kızgın Arap çöllerinden Sırat Köprüsü'ne uzanan yolculuğunu anlatıyor. Yazar yalnızca şeyhleri değil, bu kitabın sayfalarında şeyhlerin maceralarından çok daha fazlası olduğunu görebilen herkesi çöllerden geçiriyor. Yüreklerinizdeki çölleri gözlerinizin önüne seriyor ve kitabın başından sonuna dek sizi El Mizan'da tartıp, Sırat Köprüsü'nde yürütüyor. Kitap, okurlarını ölümün eşiğinden geçene dek sürecek bir yolculuğa çıkartıyor ve bu kez yol, insanların içindeki cennete ve cehenneme uzanıyor.

Karl May (1842-1912)

Karl May yüz yıldır en çok okunan Alman yazarıdır. Seksen iki romandan oluşan toplu eserlerinde, yarattığı kahramanının özellikle Ortadoğu'da ve Kuzey Amerika'nın vahşi batısında yaşadığı heyecanlı maceralar anlatılır. Bu maceraların yaşandığı ülkelerin kültürel ve coğrafi arka planlarını büyük bir gerçeklik ve canlılıkla tasvir etmeyi başarması, ona "gençlerin Shakespeare'i (Ernst Bloch)" unvanını kazandırmıştır. Özellikle Ezidîler, Kürtler ve Kızılderililer gibi halkların yanında yer alması ve onların sorunlarını dile getirmesi, romanlarının bugün bile güncel bir şekilde tartışılmaya devam edilmesinin nedenidir.

Orjinal Adı
Am Jenseits

Çeviri Çiğdem Canan Dikmen

Yurt Kitap-Yayın 161 * Yitik Kültürler Kitaplığı 7
ISBN 975-7076-85-6
1. Baskı Ağustos 2004, Ankara

Kapak Düzeni Serdar Toka
Kapak Ali İmren
Baskı Cantekin Matbaası, Ankara

Yurt Kitap-Yayın
Konur Sokak No: 26/3
Kızılay-ANKARA
Tel: (0 312) 417 35 49
Fax: (0 312) 425 36 40
www.yurtkitap.com
e-mail: yurtkitap@yurtkitap.com

ÖLÜMÜN EŞİĞİNDE

SIRAT KÖPRÜSÜ

KARL MAY

düş gezgini

YURT KİTAP-YAYIN

Içindekiler

Mekke Yolunda

"Sihdi, eşsiz atlarımızın üzerinde, yanımızda bir yabancı olmadan, daima Allah'ın güzel dünyasının içlerine, üstelik neresi hoşumuza giderse oraya doğru ilerlememiz şüphesiz her zaman fevkalâdeydi! Bize ait bir dünyaydı bu, yanımızda bize eşlik eden kimse olmadığından, dünyamız üzerinde hak iddia edemiyordu. Canımızın her istediğini yapıyor, hoşumuza gitmeyen hiç bir şeyi yapmıyorduk. Kendi kendimizin efendisiydik; ortada itaat etmemiz gereken biri yoktu, daha doğrusu, -bu 'biri' sadece iki kişiden ibaretti: Benden ve senden- çoğunlukla kendimi tüm yerkürenin hükümdârı gibi hissediyor ve îman dolu bir hayranlıkla tırmanıp neşeyle tekrar aşağı inebilmek için şânımın erişilmez doruklarını özgüvenimin dipsiz derinliklerinden çıkarıyordum. Bunu yapabiliyordum, çünkü yalnızdık ve yanımızda iznim olmadan sırtıma çıkıp benimle birlikte yukarılara tırmanmayı ve aşağılara inmeyi akıl edebilecek istenmeyen bir bozguncu yoktu. Evet, sırf böylesine yalnız olduğumuz ve yalnızca kendimize itaat etmek durumunda olduğumuz için, bu gerçekten de başka bir insana nail olmayan güzel, çok güzel bir zamandı! Sana söylüyorum, Sihdi, tüm yaptıklarımız ve yaşadığımız bütün olaylar çepeçevre ruhumun duvarlarına yazılı ve tıpkı insanın, gece vakti durmaları gereken yeri bir başka yerle değiştirmek istemelerinden korktuğunda atları, develeri ve oynak keçileri kazıklara bağladığı gibi, sabit kazıklarla belleğimin temeline çakılılar."

O, bu uzun cümlenin ardından derin bir nefes alabilmek için sözlerine ara verdi.

Kimdi bu "o?" Kendine has ifade biçiminden henüz onu tanımamış olanların bu sözlerin sonrasını dinlemesi gerekir, çünkü aynı kişi konuşmaya devam etti:

"Yalnızca kendi kendimize itaat etmek durumunda olduğumuz zamanları hâlâ sonsuz bir hazla anıyorum, çünkü insanın kendi varlığının gerçek hâkimi olduğunu o zamanlar hissettim. Fakat insanın yanında, içinde kadınlar çadırının ince ruhlu kadın hâkiminin oturduğu bir tahtırevan olması aynı derecede güzel, hatta bazı açılardan daha da güzel. Bu konuda haklı olduğumu düşünüyor musun?"

"Haklı mısın, yoksa haksız mısın, elbette bunu ben bilemem sevgili Halef'im" diye cevap verdim.

"Nasıl? Bunu bilemez misin? Peki ama neden?"

"Çünkü o tahtırevanda benim kadınlar çadırımın değil, seninkinin hâkimi oturuyor ve bu sebeple eski zamanlarla bugün arasında böyle bir karşılaştırma yapabilmek yalnızca senin için mümkün, benim için değil."

"Evet, doğru! Benim soruma cevap verebilmek için Emme'ni de yanına almış olman gerekirdi. Yani insanın bahtının sevimli koruyucusunu evinde bırakmış ya da bırakmamış olması veya onu yanına almış ya da almamış olması arasında nasıl büyük bir fark bulunduğunu bilemezsin. Bir keresinde bana Hıristiyanların kutsal kitabının erkek ve kadın arasındaki doğru ilişkiyi nasıl açıkladığını söylemiştin. Bunu hatırlayabiliyor musun Sihdi?"

"Evet."

"Aşağı yukarı şöyle demiştin: Tanrı, bir erkek ve bir kadın olmak üzere, insanı kendi sûretinde yarattı. Allah'ın özellikleri iki türlüdür; ebedîyetin, bilgeliğin, adâletin ait olduğu mutlak kudretin özellikleri ve kendini onun rahmetinde, sabrında, iyiliğinde ve merhametinde ifade eden sevginin özellikleri. İki varlıktan oluşan insan, Tanrının bir sûreti olmaya mâlik olduysa, o halde erkek mutlak ilâhî kudretin sûreti ve kadın ilâhî sevginin sûreti olmalı. Nasıl, söylediklerini hatırımda çok iyi tutmamış mıyım?"

"Büyük ölçüde doğru."

"Yalnızca büyük ölçüde olsa da bu benim için yeterli. Bana bu açıklamayı yaptığından beri daima Allah'ın mutlak kudretinin bir sûreti olmaya gayret ettim. Savaşta ne kadar yürekli ve tedbirli, kabilemin idaresinde ne kadar bilge, zeki ve âdil olduğumu biliyorsun. Beşerî varlığımın bu yönü, geriye arzu edilebilecek hemen hemen hiçbir şey bırakmıyor. Varlığımın orada tahtırevanda oturup sevgi dolu gözlerini ara vermeksizin bana doğru çeviren diğer yönü de, tıpkı Allah'ın olmasını dilediği gibi, benim için her günü sonsuz haz, her saati sevinç kılan sevginin sûreti. Ve mutluluk veren bu kadını seyahatimiz esnasında da yanımda bulundurabilmek, daha önceki yolculuklarımızda ne yazık ki benden esirgenmek zorunda kalan bir rahmeti rahman. Eski zamanların güzel olduğunu söyledim, fakat şu ânın biraz daha güzel olduğunu söylemek istiyorum. Şimdi beni anlıyor musun?"

"Evet."

"Sen Emme'nle birlikte hiç seyahat etmedin mi?"

"Tabii ki ettim."

"Sen at üzerinde oturuyordun ve o bir tahtırevandaydı, değil mi?"

"Hayır. Bizim ülkemizde tahtırevan kullanılmaz."

"Kullanılmaz mı? Öylece devenin üzerine mi oturuyordu yani?"

"Öyle de değil. Garpta develerle değil, aksine fayton veya tren içinde seyahat edilir."

"Allah Allah! Kim tren ile yolculuk edebilir?"

"Ücretini ödemiş olan herkes."

"Kadınlar da mı?"

"Evet."

"Ancak bir başkasının karısının yanına oturmak mutlaka çok kesin bir yasak olmalı, değil mi?"

"Hayır."

"Mümkün değil! Sihdi, bana doğruyu öyle! Bir kez olsun

trende başka bir adamın haremine ait olan bir kadının yanına oturdun mu, oturmadın mı?"

"Pek çok kez! Sadece yabancı kadınlarla değil, hatta yabancı kızlarla bile yolculuk ettim."

"Peki ya senin kadınlar çadırının genç ve güzel sakini Emme? O da başka erkeklerin yanına oturmak zorunda mı?"

"Evet."

"Öyleyse Allah trenlerinizi cehennemin en derin uçurumun dibine yollasın! Yalnızca bana ait kadınım bir yana, ne mutlu ki henüz sahip olmadığım kızlarım dahi trende başkalarının yanına oturmak zorunda kalacaksa, garp dediğiniz o diyar hakkında artık tek kelime dahi duymak istemiyorum! Sihdi, seni ne kadar çok sevdiğimi ve sana ne kadar büyük saygı duyduğumu biliyorsun; fakat artık ben de senin kendi çadırında doğmamış olan yabancı kadınların ve kızların yanında oturmuş olduğunu, hatta Emme'nin nikâh akdi ile bağlı olmadığı erkeklerle seyahat etmesine dahi izin verdiğini biliyorum! Bu yüzden seni canı gönülden sevdiğim en yakın arkadaşım olarak takdirle şereflendirmek benim için artık kolay olmayacak. Artık aramıza demiryolunuzun rayları girdi ve kalplerimiz birbirlerinden en güçlü lokomotifle bile ulaşılamayacak kadar uzaklaştılar. Seni yalnız bırakıyor ve büyük kederime teselli bulabilmek için Hanne'min yanına gidiyorum."

Benim ufak tefek, sevgili Halef'imi tanıyan birine bu davranış tuhaf gelmeyecektir. Henüz onun hakkında hiçbir şey okumamış olan biri için şu kısa açıklama yeterli olacaktır:

Artık büyük Şammar kabilesinden Haddedihn-Bedevîlerinin şeyhi olan Hacı Halef Ömer eskiden oldukça fakir, önemsiz bir adamdı. Batı Sahra'dan geliyordu, şarka yaptığım yolculuğumda hizmetkârım olarak bana eşlik etmişti ve bir Ateybe şeyhinin torununu eş olarak almaktan pek mutlu olmuştu. Sözünü ettiğim Ateybe daha sonra Haddedihnler tarafından şeyh olarak seçilmiş, öldükten sonra da oğlu olmadığı için Halef'im onun yerine geçmişti.

Halef ufak tefek, çelimsiz biriydi, ancak yiğitlik ve pervasızlıkla yoğrulmuş alışılmadık bir cesarete sahip olduğu için, benim tarafımdan sık sık dizginlenmek zorunda kalıyordu. İyi bir nişancı olmasının yanı sıra çevik ve sebatkârdı, bileği kuvvetliydi, kanaatkârdı, mükemmel bir biniciydi, kurnaz ve doğuştan şakacıydı. İçinde sahtekârlıktan eser bulunmayan sâdık ve altın bir kalbi vardı. Eskiden tüm sevgisini bana yöneltmişti, fakat sonra bu sevgiyi onun karısı ve oğluyla paylaşmak zorunda kaldım. Ancak bu benim için bir kayıp olmadı. Hanne'ye, karısına duyduğu şefkat neredeyse eşsiz olarak nitelendirilebilirdi. Sabahları ilk düşündüğü ve akşamları son düşündüğü oydu. Karısının adını, onun sahip olduğunu düşündüğü fevkalâde özelliklerden bazılarını eklemeden telaffuz etmek Halef için imkânsızdı. Kara Ben Halef, yani Halef ile Hanne'nin oğlu, ikisinin tek çocuğu, artık neredeyse yirmi yaşındaydı. Bilindiği gibi şarkın kadınları çok hızlı yaşlanırlar, buna rağmen Hanne "çiçekler âleminin tüm çiçekleri arasındaki en mükemmel gül idi" ve Halef için hâlâ çok uzun zaman önceki ilk karşılaşmalarının genç ve güzel kadınıydı.

Bununla birlikte o aynı zamanda yaman bir kadındı. Bir başka kadının bu ufak tefek, aklı birbirinden tuhaf fikirlerle dolu Hacı'ya onun kadar akıllıca davranabileceğini hiç sanmıyorum. Hanne ona öylesine sevgi dolu, öylesine dostça ve insana pes dedirten bir zekâyla hükmediyordu ki Halef onun bu hükümdarlığını bir an bile hissetmediği gibi, kabilenin gerçek şeyhinin kendisi değil de Hanne olduğunu da hiçbir zaman anlayamamıştı. Doğrusu Haddedihnler de bu durumdan fazlasıyla memnundular.

Onun tuhaflıklarından biri, garbın yaşam şartlarını kafasında bir türlü doğru şekilde canlandıramamasıydı. Bunu ona birbirinden farklı sayısız örnekle anlatmış, Avrupa'ya ve şarka has yaşam tarzları arasındaki farklılıkları ona her fırsatta tasvir etmeye çalışmış, ancak en küçük bir başarı bile sağlayamamıştım. Tüm çabalarıma rağmen durmadan benim çadırlarımdan, develerimden ve hurma ağaçlarımdan söz edip duruyordu. Onun bir diğer tuhaflığı konuşmayı, bilhassa her an abartıya dönüşebilecek şarka has o güzel deyimleri kullanarak konuşmayı çok sevmesiydi. Abarttığını yüzüne vurmadan konuşmaya devam etmesine izin verdiysem, bu ona gerçeği göstermek istediğim içindi, yoksa kesinlikle onun bu ifade tarzını onayladığımı anlatmak için değil. Bilhassa başımızdan geçenlerden söz ettiğinde öyle bir tarzda konuşurdu ki sık sık onun sözünü kesmek zorunda kalırdım. Şarklılar bu tarza alışkın olmalıydılar, çünkü Halef'in konuşmasında hiçbir zaman bir tuhaflık görmüyorlardı.

Halef evli olduğumu öğrendiğinden beri zaman zaman benim "haremimden", kadınlar çadırımdan da söz ediyordu. Emma'yı, yani karımın adını Emme olarak değiştirdi ve anlaşılan benim Emme'mle onun Hanne'sinin içinde bulundukları yaşam koşullarının tamamen aynı olduğunu düşünüyordu. Benim haremim onunkinden asla üstün olamazdı ve ben haremimim onunkinden daha iyi olduğuna dair en ufak bir imâda bulunacak olursam, deyim yerindeyse, onu zıvanadan çıkarabilirdim.

Unutmadan şunu söylemeliyim ki Halef bir zamanlar benim İslâm dinini kabul etmem için mümkün olan her tür çabayı göstermişti. Fakat bu çabalarının sonucunda kendisinin bir gün İsa Bin Meryem'i Muhammet'ten üstün tutacağını o zamanlar düşünememişti. Sonunda Halef, Hanne'si ve Haddedihnlerin çoğu kendi kendilerine Hıristiyanlığı benimsediler.

Geçmişte seyahatlerimizi çoğunlukla yalnız yapardık. Nâdiren yanımıza birkaç kişi aldığımız da olmuştu. Fakat bu kez oldukça kalabalıktık ve kuşkusuz kalabalıklaşmamızın geçerli sebepleri vardı:

Bir Arap, ismi ne kadar uzun olursa saygınlığının da o kadar büyük olacağına inanır ve bu yüzden ismine tüm sülâlesinden isimler ekler. İlk karşılaşmamızda Halef kendini bana, Hacı Halef Ömer bin Hacı Ebu'l Abbas ibn Hacı Davud el-Gossara ismiyle tanıttı. Yani babasının adı Ebu'l Abbas ve büyükbabasının adı Davud el-Gossara idi. Hem babasına ve büyükbabasına, hem de kendine "Hacı" unvanını vermişti. Bu unvan aslında Mekke'de hac görevini yerine getiren Müslümanlara verilir. Fakat o zamana kadar ne Halef, ne babası, ne de büyükbabası bir kez olsun Mekke'de bulunmuşlardı. Halef ve ben, İslâm'ın bu kutsal şehrine daha sonra yalnızca kısa bir süre için gittik. Mekke'yi ziyaretimiz sırasında benim Hıristiyan olduğum anlaşıldı ve ben canımı kurtarmak için kaçmak zorunda kaldım*.

Mekke'ye bir kez daha gidebilmek, o zamandan bu yana en büyük arzularımdan biriydi. Artık eskiye göre daha deneyimliydim, Arapların dillerini daha iyi konuşabiliyordum ve onlara nasıl davranmam gerektiği konusunda daha bilgiliydim. Artık tüm dini gelenekleri, görenekleri ve davranış biçimlerini o kadar iyi biliyordum ki insanların bir Müslüman olduğumu düşüneceklerinden hiç kuşkum yoktu. Bir Hıristiyan'ı neredeyse mutlak ölümün beklediği o şehre girmekle o zamanlar ne kadar pervasız davranmış olduğumu yeni yeni anlıyordum ve bu tehlikeyi, olabileceklere karşı daha iyi hazırlanarak tekrar göze alma isteğim giderek güçlenmişti. İslâm dinini öğrenmiş ve bu dine inananların yaşadığı ülkelerin büyük kısmını görmüştüm. Hıristiyanlara tüm kapılarını kapatmış olan Tunus'un kutsal şehri Kayrevan'da iki sefer bulunmuş ve bu tehlikeli teşebbüsü de sağ salim atlatmıştım. Gezerek yaptığım araştırmalarımı Mekke'de uzun bir konaklamayla memnuniyet verici bir sona ulaştırmak istiyordum. Bunu en azından denememem için ne gibi bir sebep olabilirdi ki? Elbette bu girişimin benim için bir başkasına kıyasla daha tehlikeli olduğunu biliyordum. Müslümanların yaşadığı sayılamayacak kadar çok bölgede bir Hıristiyan olduğum biliniyordu. Oralarda pek çok arkadaş edinmiş, fakat bazı alçakları da ebedî düşmanım haline getirmiştim. Ayrıca yüz hatlarım ne yazık ki sıradan bir hafızada bile uzun süre iz bırakacak kadar karakteristikti. Mekke'de bulunduğum zaman zarfında beni tanıyan çok sayıda kişiden birinin bile orada olmamasını umut edebilir miydim? Neyi riske attığımı çok iyi biliyordum, fakat tehlike beni neredeyse arzunun kendisinden daha fazla cezbediyordu. Bu arzumu gerçekleştirme niyetim nihâyet öyle bir kesinlik kazandı ki artık tek ihtiyacım olan şey bir fırsattı.

---

* *Bkz. Karl May; "Arap Çöllerinde"*

Beklediğim fırsat gecikmedi ve Haddedihnlere yaptığım son ziyaretim sırasında kendini gösterdi. Halef ne zaman yanına gitsem her seferinde bir öncekinden daha uzun bir yolculuğa çıkmamıza alışmıştı. Şimdi hangi bölgeyi ziyaret etmek istediğimi sordu. Ona tek bir kelime söyledim: "Mekke". Bu kelime içinde pek çok anlam taşıyordu. Önce korktu, fakat sonra tıpkı benim gibi tehlikenin cazibesine kapıldı. Onun için esas sorun Hanne'sinin, yani "dünyevî bahtının şefkatli koruyucusunun" buna ne diyeceğiydi. Bu nedenle ilk olarak her şeyi en ufak ayrıntısına kadar konuştuk ve sonra esas hamlemizi hazırlayacak fikrimizi üstü kapalı bir biçimde Hanne'ye açıkladık. Fakat "kadınlar semâsının tüm yıldızlarının zeki güneşi" imâlı sözlerin ardına sakladığımız maksadımızı hemen anladı ve bizden kendisiyle saklambaç oynamamamızı, olduğu gibi gerçeği söylememizi istedi. Gerçekleri söylemek Hacıya fazlasıyla tehlikeli görünmüş olmalı ki Hanne'yle birlikte oturduğumuz çadırdan mümkün olduğu kadar çabuk sıvıştı. Ben çadırda kaldım ve Hanne'ye Mekke'ye gitmek niyetinde olduğumu, bu seyahatim sırasında Halef'in de bana eşlik etmesini istediğimi açıkça söyledim. Vereceği cevabı sabırsızlıkla bekledim. Kısa bir an susarak önüne baktı ve ardından şöyle dedi:

"Halef sana tek başına eşlik etmemeli, Efendi! Ben de geliyorum."

Tahmin edersiniz ki hem sevindim, hem de şaşırdım. Hanne neler hissettiğimi anladı ve gülerek konuşmasına devam etti:

"Bunu beklemiyor muydun? Elbette nedeni kolayca açıklanabilir. Senin akıllı bir adam olduğunu biliyorum ve bu nedenle sana bir soru sormak istiyorum: İştiyâk el-Vatan'ın* ne olduğunu hiç yüreğinde hissettin mi?"

"Evet" diye cevap verdim.

"Öyleyse bu hasreti sık sık hissetmiş olduğumu ve hâlâ içimde taşıdığımı sana itiraf etmeliyim. Benim Ateybelerin kızı olduğumu biliyorsun, beni ve kabilemi Mekke yakınlarında tanıdın. Çocukluğumun aydınlık günleri orada geçti. Buna inanı-

* *Memleket hasreti.*

yor musun, bilmiyorum; fakat benim için şu bir gerçek ki insan ne kadar yaşlanırsa, yüreği gençliğine şâhit olmuş olan yerlere bir o kadar gitmek istiyor. Halef'i ve oğlum Kara'yı seviyorum, birbirimize karşı duyduğumuz sevgi beni mutlu ediyor; fakat bu mutluluk Matârih el-Vatan'ı* bir kez yeniden görebilme arzumu dindirmiyor. Halef'e bu konudan hiç bahsetmemeni ricâ ediyorum, çünkü hasret çektiğimi öğrenmek onu incitebilir. Bu sırrı saklamanın karşılığında arzunu gerçekleştireceksin. Halef'in sana eşlik etmesine müsaade ediyor ve ben de sizinle geliyorum."

"Peki oğlunuz Kara Ben Halef?" diye sordum.

"Onu burada bırakmam mümkün değil, o da bizimle geliyor. Evet, sanırım sana eşlik edecek daha çok kişi olacak. Biliyorsun, Haddedihnlerimiz çoktan beridir peygambere seni tanımadan önce olduğu kadar hürmet etmiyorlar. Fakat Mekke çoğu için kuşkusuz hâlâ önemli bir şehir ve oraya gitmek istediğimizi öğrendikleri zaman, içlerinden bazıları bizimle gelmeye hazır olduklarını söyleyecekler. Buna karşı çıkacak mısın?"

"Hayır. Aksine bir Hıristiyan olarak tehlike anında yanımda mümkün olduğunca çok arkadaşım olmasını isterim."

"Öyleyse hemfikiriz. Halef'e yolculuk hazırlıklarına başlayabileceğini söylemek için hemen şimdi gidip onu bulacağım."

Hanne'nin bu azimliliği bana hiç yabancı değildi. Bir kez bir şeyi yapmaya karar vermişse, onu hayata geçirmeyi ertelemezdi. Niyetimizi bu kadar çabuk onaylamasını beklemiyorduk. Bunun Hacıyı nasıl mutlu ettiğini, kısa süre sonra Hacı büyük bir sevinç içinde yanıma gelip bana şunları söylediğinde anladım:

"Sihdi, o izin verdi; o ki tüm dünyevî sevimlilikler içinde en sevimlisi. Mekke'ye gidiyoruz! Az önce bunu Haddedihnlere duyurmak zorunda kaldım. Orada bir kez daha cesaretimizle büyük kahramanlıklar gösterecek ve şânımızı tüm ülkelere taşıyan yiğitliğimizin eserlerini tamamlayacağız. Çocuklarımızın çocukları bize hürmet edecek, torunlarımızın ve torunlarımızın

---

* *Memleket toprakları.*

çocuklarının çocukları güneşin doğuşundan batışına kadar bizi övecekler. Mükemmel bir karım var, değil mi Sihdi?"

"Evet" diyerek onayladım. "Senin Hanne'n kesinlikle tüm kadınların en mükemmeli."

"Kesinlikle! Fakat senin Emme'n de öyle. İkisi arasında kavga çıkmaması için dikkatli olmalı, şunu kati sûrette ortaya koymalıyız: benim Hanne'm şarkın, senin Emme'n ise garbın en mükemmel kadını. Bundan memnun musun?"

"Evet."

"Hakikaten memnuniyet duymalısın, çünkü benim hiçbir itirazım olmaksızın garbın en mükemmel kadınına sahip oldun ve şu andan itibaren garptaki hiçbir kadın kendini onunla kıyaslamaya cesaret edemez. Duvâr'ına* geri döndüğünde bunu Emme'ye söyle ki senin için ve tabii onun için de nasıl bir arkadaş olduğumu bilsin! Allah onun gençliğini korusun, ona siyah boyalı kirpikler, saç örgülerine ipekten eşarplar ve en güzel kırmızı tırnakları versin!"

Bizimle birlikte Mekke'ye gitmek için o kadar çok Haddedihn tâlip oldu ki hepsini yanımızda götürmemiz mümkün değildi; bu yüzden aralarında bir seçim yapmak zorundaydık. Büyük Arap çölleri boyunca yapacağımız yolculuk, ne kadar çok kişi katılırsa su sorunu yüzünden o kadar zor olacaktı. Ve bizimle gelmek isteyen böylesine büyük bir insan kalabalığıyla Mekke'de uzun süre konaklamamız da olanaksız olurdu. Bunun için şimdilik yalnızca elli savaşçının bize katılmasına karar verdik. Kendi aralarında bir seçim yapmak ve bizi tâkip edecek olanları belirlemek ise Haddedihnlerin takdirine bırakıldı. Henüz asıl hac zamanı, yani büyük hac kâfilesinin Mekke'ye gidiş zamanı değildi. Büyük hac sırasında dünyanın her yerinden sayıları binleri aşan Müslüman toplulukları hep birlikte Mekke'ye akın ettiğinden, bu benim için tanınma tehlikesinin en büyük olduğu zamandı. Bu yüzden oraya daha önce, izdiham henüz o kadar büyük değilken ve ben araştırmalarımı daha rahat yapabilecekken gitmek istedik. Büyük kafileler geldiği sırada he-

---

** Çadırlardan oluşan küçük köy.*

nüz Mekke'yi terk etmemiş olsak dahi bunun bir sakıncası yoktu. Çünkü ben o sırada araştırmalarımı çoktan tamamlamış olacaktım ve kendimi çabucak emniyete almak için bir sebep görecek olduğum takdirde, bunu rahat bir kafayla yapabilecektim. Kâbe'nin bulunduğu şehre hac zamanında girmeye mecbur değildik; çünkü Müslümanlar bütün bir yıl boyunca diğer tüm zamanlarda da oradaki dini görevlerini yerine getirebiliyor ve bunun için vaat edilmiş olan ruhanî kazançları elde edebiliyorlardı. Halef ve Haddedihnleri de, Müslüman müftüleri tarafından beyan edilen ve hac sırasında Mekke'de bir dakika kalmanın sıradan bir zamanda tüm bir günü geçirmekten çok daha değerli ve daha hayırlı olduğu inancını çoktan terk etmişlerdi.

Bize eşlik eden Haddedihnlerden bazıları karılarını da yanlarına almak istediler, ancak yanımızda bir kadın olmadan gerçekleştirebileceğimiz türden bir yolculuğa, Hanne'ye olan saygımız zaten yeterince engel olduğu için buna izin vermedik. Ömer Bin Sadek'in de seçilenler arasında olduğunu söylemek istiyorum.

Güvenliğim için bu yolculuk boyunca Kara Ben Nemsi adıyla çağrılmamam gerektiğine karar verdik. Bu isim öyle tanıdıktı ki seyahatimiz sırasında başıma yalnızca dert açabilirdi. Halef kendine has tarzıyla bu konudaki fikrini beyan etti:

"Görüyorsun ya Sihdi, dünyanın büyük ve meşhûr hükümdârlarına ne kadar çok benziyoruz: şânımızın parıltısını yabancı bir ismin ardına saklamak zorundayız. Gerçi bu kez söz konusu olan ben değilim, yalnızca sensin; fakat senin benim ışığımda güneşlenebileceğin gibi, senin meçhûlünün hayırlı gölgesi de beni örtmeli. Peki ama sana nasıl bir isim vermeliyiz? Yoksa çoktan başka bir isim düşündün mü?"

"Hayır. Ayrıca söz konusu olan sadece isim de değil."

"Evet, doğru. Bize senin kim olduğunu sorduklarında nasıl cevap vermemiz gerektiğini de bilmek zorundayız."

"En kolayı benim bir Haddedihn olduğumu söylemek olurdu."

"Hayır, bu olmaz Sihdi, çünkü bu şekilde şanın büsbütün kaybolur ve daha sonra onu tekrar bulmak muhtemelen mümkün olmaz. Yanımızda olmandan gurur duyabilmek de istiyorum. Bu yüzden kesinlikle saygı uyandıracak bir isim ve onur bahşetmeliyiz sana. En iyisi seni büyük bir âlim olarak tanıtmamız. Senin için uygun mu?"

"Evet."

"Nereden gelmek istersin?"

"Herhangi bir Müslüman ülkeden, fakat büyük bir şehirden değil, çünkü böyle bir yerden Mekke'ye gelen birinin bu âlimi tanıyor olması gerekirdi."

"Benim memleketim olan Mağrip'de* doğmuş olmayı kabul eder misin?"

"Evet."

"Ya gözlerini orada Draa Vâdisi'nde dünyaya açmış olmayı?"

"Seve seve!"

"Peki ne tür bir âlimlik seninki?"

"Bunu sana bırakıyorum sevgili Halef."

"İyi! Bu kadar mütevâzı olduğun için seni çok yükseklere çıkaracağım. Bilimin tek bir dalıyla uğraşmıyorsun, aksine senin sonsuz bilgeliğin bütün Ulûm'un** zirvelerine ve derinliklerine ulaşmış bulunuyor. Yoksa bu senin için çok mu az?"

"Şimdilik yeterli."

"Güzel. Böyle bir adamın çok meşhûr ataları ve bu yüzden uzun bir adı olmalı. Şimdi bunu sana söyleyeceğim. Onu ezberleyip iyice aklımıza kazıyabilmemiz için yaz bakalım!"

Sessiz bir memnuniyetle bu isteğini yerine getirdim. Düşünüp taşındı ve yavaş yavaş, parça parça şu şeridi meydana çıkardı:

"Hacı Akıl Şâtir el-Mecarrib Ben Hacı Âlim Şaci er Gâni Ibn Hacı Dâim Meşhûr el-Azîm. Bu güzel ismin hoşuna gittiğini umuyorum."

Dev bir yılanı andıran bu cümle, bizim anlayacağımız dilde şu anlama geliyordu: Hacı Akıllı Zeki Tecrübeli, Bilge Hacının Oğlu Cesur Zengin, Ölümsüz Hacının Oğlu Meşhûr Mükem-

---

* *Batı Sahra.*

** *Bilimler.*

mel'dir. Bu haddinden fazla değil miydi? Üstüne üstlük bir de beni ve o zamana kadar büsbütün yabancısı olduğum atalarımı hacı unvanıyla şereflendirmişti. Daha fazlasını talep etmem kesinlikle mümkün değildi. Yine de ona takılmak maksadıyla şöyle cevap verdim:

"Bu isimle beni çok memnun etmiş olduğuna inanıyor gibisin, fakat yanılıyorsun, daha uzun ve daha iyi olabilirdi!"

"Daha uzun... daha iyi mi!.."

Şaşkınlıktan ağzı açık kaldı. Fal taşı gibi açılmış gözlerle kısa bir süre bana baktı ve ardından yaygarayı bastı:

"Nasıl? Nasıl olabilirdi? Daha uzun ve daha iyi olabilir miydi? İsmini buradan aya ve sonra yine oradan aşağıya mı uzatmalıyım? Senin için daha ulu ve ihtişamlı sözler çalıp bir araya getirebilmek için Muhammet'in yedi cennetinin hepsini yağmalamalı mıyım? Bu incitici memnuniyetsizliğinin nedeni ne? Bu ismi benden sen mi istedin, yoksa ben sana isteyerek mi verdim?"

"İsteyerek."

"Öyleyse bunun benim sana bir armağanım olduğunu kabul ediyorsun, değil mi?"

"Evet."

"İyi, böylece devâsa büyüklükteki nankörlüğünü de kabul ettin. Kendi arzumla, hayırperver yüreğimin derinliklerinden yeni bir isim armağan ediyorum sana. Beşerî dil becerisini, oraya konmuş ve duvarlarına asılmış olan en iyiyi bulabilmek için köşe bucak arıyorum. En parlak kelimeleri, en mükemmel ifadeleri seçiyor ve tıpkı bir mücevhercinin en nâdir bulunan kıymetli taşları ve en şahâne incileri bir kolyeye dizdiği gibi, derin bir kavrayış ve hayranlık verici bir ustalıkla onları senin için birleştiriyorum. Bu fevkalâde hediyeyi kendi ağzımla zahmete girip söyleyerek iletiyorum sana. Peki ya sen onu aldığında ne yapıyorsun? Onu düşüncelerinde ve ellerinde hoşnutsuzlukla bir o yana bir bu yana çeviriyor, nezâketsiz bakışlarının kıymet bilmezliğiyle süzüyor ve bu paha biçilmez mücevherin daha uzun ve daha iyi olabileceğini söyleyen uygunsuz siteminin bağıran haksızlığıyla ruhumu ve yüreğimi incitiyorsun. Bu seni benim tüm saygım ve sevgimden mahrum eden bir nankörlük değilse, ben nankörlük neymiş hiç bilmemişim. Kıymet bilmezliğinin kazması ve hoşnutsuzluğunun küreğiyle aramıza öylesine geniş ve derin bir uçurum kazdın ki karşıya geçmek istesem bu uçurumun üzerinden atlamam mümkün değil. Kader ayrılmamıza karar verdi, kısmet bizi sonsuza dek birbirimizden koparıyor ve biz, ben bu tarafta ve sen ötede, şu andan itibaren hayat yolunda yalnız yürüyecek ve tüm zamanlar için birbirimizden vazgeçeceğiz. Elvedâ Sihdi, elvedâ!"

Halef çadırı terk etti ve ben bu gidişinin ardından neler olacağını tahmin ettiğim için, büyük bir gönül rahatlığı içinde benim için bulduğu ismi ezberledim. Ve hakikaten tahmin ettiğim gibi de oldu. Belki bir çeyrek saatin ardından Halef girişi oluşturan perdeyi araladı ve kafasını içeri uzattı.

"Sihdi!" dedi.

"Ne var?" diye sordum.

"Hanne'nin, tüm kadınların kıymetli tacının yanındaydım."

"Eeee!"

"Olanları ona anlattım."

"Eeee!"

"Ne yaptı biliyor musun?"

"Evet. Sana güldü."

"Hayır gülmedi, yalnızca gülümsedi ve sonra bana verilebilecek en iyi öğüdü verdi. Bilmelisin ki uyanıkken ve düşlerimde benim yıldızım olan Hanne her zaman en iyi öğüdü bulmayı bilir. O da bu ismi senin için fazlasıyla kısa buldu."

"Zekice bir buluş."

"Ve büyük ninenin büyük babasının adını da arkasına eklemem gerektiğini söyledi."

"Güzel! Adını biliyor musun?"

"Hayır, fakat kâğıdı al ve şu ismi de oraya yaz! Ben Hacı Takî Ebu Fadl el-Mükerrem."

Yine anlayacağımız dile çevrildiğinde şu anlama gelen kelimeleri yazdım: "Dindar Hacının Oğlu, İyiliğin Babası, Muhterem."

"İsim şimdi tümüyle elinde mi?"

"Evet."

"Oku bakalım!"

"Hacı Akıl Şâtir el-Mecarrib Ben Hacı Âlim Şaci er Gâni Ibn Hacı Dâim Meşhûr el- Azîm Ben Hacı Takî Ebu Fadl el-Mükerrem."

"Güzel! Buna ne diyorsun?"

"Fevkalâde hoşuma gitti."

O an yine gözleri parlayıverdi ve neşeli bir sesle şöyle dedi:

"Elhamdülillah! Kazdığın uçurumu tekrar kapatmayı başarabildiğim için Allah'a şükürler olsun! Artık iki eski dostuz ve tıpkı eskisi gibi yine sevinç içinde dostluğumuzu sürdürebiliriz. Şunu söylemeliyim ki sen daima karşı tarafta kalmak zorunda olsaydın, ben kendi tarafımda buna dayanamazdım. Bu bana bir ders olacak ve yaşamım boyunca bir daha asla hiç yaşamamış olan ölmüş şahısların adlarını bulurken böyle dikkatsiz olmayacağım. Şimdi senden benimle birlikte dışarı çıkmanı ricâ ediyorum. Cemme*, benim yokluğumda kabileye kimin ne şekilde hükmedeceğini görüşmek üzere toplanıyor. Sen de orada olmalısın. Ne kadar sık bizimle birlikte olursan, büyük ve meşhûr Şammar kabilesinden gelen Haddedihnler kadar sen de sürülerimizin ortasında doğmuş bir kabile üyesi olarak kabul görürsün."

Halef'in bu söyledikleri doğruydu. Bu iyi insanların yanında bulunduğum sürece onların tüm toplantılarına katılmak zorundaydım ve böylelikle bana bahşedilecek olan şerefin kıymetini çok iyi biliyordum. Şammarlar adlarını Arabistan'daki Nufud çölünün güneyinde bulunan ve geniş topraklarının merkezi olarak gördükleri Cebel** Şammar'dan alırlar. Bu kabilenin üyeleri olarak aslında hayvanlarımızı oraya sürmemiz gerekirdi, çünkü Mekke'ye en yakın ve en iyi yol Cebel Şammar üzerinden geçiyordu. Fakat ben, Halef ve oğluyla birlikte orada bulunmuştum; Şammar halkı benim bir Hıristiyan olduğumu bili-

* *Kabilenin en yaşlılarından oluşan heyet.*

** *Dağ, sıradağlar.*

yordu ve benim de Haddedihnlerle birlikte Mekke'ye gideceğimi onlardan gizlememiz olanaksız olurdu. Bu durum ortaya çıktığı takdirde büyük ihtimalle sıkıntıya ve ciddi kavgalara yol açardı. Çıkabilecek sorunlardan kaçınmak için dolambaçlı yollardan gidecek ve Şammar'a kesinlikle adım atmayacaktık. Bunu yapmak, özellikle de suyla ilgili koşulları bilmediğimizden kolay olmayacaktı. Atları ve develeriyle elli adam için su gerekecekti. Çünkü Sahrada olduğu gibi Arap çöllerinde de su kıtlığı kolayca felâkete sürükleyebilir. Şansımızdan bir Beni Harb savaşçısı, gönlünü kaptırdığı bir Haddedihn kızını kendi kabilesine katılmaya râzı edemediği için Haddedihnlere katılmıştı. Bu Ben Harb ağırbaşlı, güvenilir, genç bir adamdı ve hayvanlarımızla geçmek zorunda olduğumuz bölgeyi çok iyi biliyordu. Su bulabileceğimiz yeterince Biyâr* ve Uyûn** bildiğini, bizim rehberimiz olacağını ve ona tereddüt etmeden güvenebileceğimizi söyledi. Ona güvenmeye karar verdik. Bu kararımız hem onu çok gururlandırdı, hem de biz daha sonra buna pişman olmadık.

Hanne için iki devenin taşımak zorunda kaldığı büyük bir tahtırevan hazırlandı. Çok geniş ve rahattı. Hanne istediği gibi oturabiliyor veya uzanabiliyor, hatta minderlerin üzerinde yatabiliyordu. Tahtırevanın rengârenk, zengin işlemeli çatısı onu güneş ışınlarından yeterince koruyordu. Yolumuz çölden geçtiğinden ve elli savaşçımız olduğundan, bu adamlara her gün su içmeleri gereken atlar vermekten vazgeçtik. Haddedihnler mükemmel binek develeri yetiştirmeleriyle ünlüler ve büyük deve sürülerine sahipler, bu yüzden iyi bir seçim yapabildik. Binek devesine "hecîn", yük devesine ise "cemel" denir. Eskiden en iyi binek develeri Bişari kabilesinde bulunurdu, bu yüzden onlara 'Bişari hecinleri' adı verildi. Birden çok hecine ise "hucun" deniyor. Şammarlar ve dolayısıyla Haddedihnler de bu fevkalâde materyali elde edecek kadar zekiydiler ve şimdi en azından Bişari develeriyle boy ölçüşebilen, fakat benim görü-

* *Bîr; Kuyu.*
** *Ain; Kaynak.*

şüme göre onlarınkinden daha da iyi binek develeri yetiştiriyorlar.

Sözün kısası bu tür hecinlerle yolculuk etmek istedik. Gri renkli olanların en iyi ve en dayanıklı koşucular olduğu düşünülür. Halef onlardan pek çoğunu ikimiz için seçip ayırdı. Ayrıca o ve ben atlarımızı da yanımıza alabilecektik. Fakat başka hiçbir Haddedihnin ata binmesine müsaade edilmedi. Halef, itibarımız için bunun gerekli olduğunu söylüyordu. Kendisi Haddedihnlerin meşhûr şeyhiydi ve ben de uzak Draa Vâdisi'nden gelen meşhûr âlim Hacı Akıl Şâtir el-Mecarrib idim, bu yüzden kutsal şehirde ve çevresinde, ayrıca önemli veya özel durumlarda mükemmel ve safkan atlara binmek zorundaydık. Halef'e göre başka türlüsü düşünülemezdi. Kara yağız atının adı Barkh* idi ve mükemmel bir aygırdı. Benim atım Asil Ben Rih de böyle bir aygırdı ve ben üzerindeyken vurulmuş olan mükemmel atım Rih'in bir o kadar kıymetli oğluydu. Rih'e saplanan kurşun aslında benim yüreğime saplanmıştı. Okuyucularım bana yazmış oldukları sayısız mektupta onun ölümünü okurken dökmüş oldukları gözyaşlarından söz ediyorlar**. İnsan gözyaşlarından utanmamalı. O dokunaklı sahneyi düşündüğümde bugün bile hâlâ gözlerim dolu dolu oluyor. Daha önce de söylediğim gibi, beni İran yollarında büyük bir şerefle taşımış ve her türlü koşulda kendimi ona teslim edebilmiş olduğum asil bir at olan Rih'in kendisi kadar kıymetli oğlu Asil'e biniyordum. O benim için Halef'in Barkh'ından daha kıymetliydi.

Yola çıkmamıza az bir zaman kalmıştı ki Kara kendisi için de yanına bir at almak istedi ve Halef oğlunun ısrarlı ricâlarına daha fazla karşı çıkamadı. Kara için fevkalâde bir beyaz kısrak seçildi. Bu kısrak Haddedihnlerin eski şeyhi Muhammet Emin'in meşhûr beyaz kısrağının torunu Kavâma'ydı.***

Ardından yola düştük. Kırbaları ve diğer lüzumlu eşyaları

---

* *Şimşek.*

** *Bkz. Karl May ; "Haydut"*

*** *Hızlı.*

taşıyan develerle oldukça büyük bir kâfiie oluşturuyorduk. Develerin yanında safkan hayvanlar farklı görünürler, alelâde ve işe yaramaz gibidirler. Burada şunu belirtmek isterim ki develerin bir haftadan uzun süre susuz kalabildiği ve çölde yolculuk edenlerin bir deveyi bıçaklayıp midesinde bulunan suyu içerek susuzluktan ölmekten kurtulmalarının mümkün olduğu söylentisi doğru değildir. Gerçek olan şu ki deve yem konusunda kanaatkârdır ve hiçbir atın yemeyeceği dikenli ve iğne yapraklı bitkilerle yetinir; bu açıdan da faydalı bir çöl hayvanıdır. Bunun dışında geniş midesi sayesinde bir atla kıyaslandığında daha uzun süre yetinebileceği kadar çok miktarda su içebilir. Fakat daha ikinci gün yeniden susuzluk çeker, üçüncü gün ağırlaşır ve yük taşıyorsa dördüncü gün dermânı kalmaz. Elbette ondan beklenen işler de önemlidir. Devenin mide suyunun içilebilir olduğu ise eski ve asılsız bir kandırmacadır. Develerin su içirildikten kısa süre sonra nasıl kesildiklerini pek çok kez gördüm. Eti afiyetle yenir, fakat mide suyu daha alındıktan iki saat sonra sidik gibi görünür ve iğrenç bir kokusu vardır. Ardından pis bir gübre kokusu duyulana kadar hızla yoğunlaşır ve kararır. Beni susuzluğun değil, evvela bu gübrenin öldüreceğine iknâ olmuş olacağımdan, dilim damağım kurusa bile bu gübre suyundan içemezdim. Ne yazık ki bu eski ve görüldüğü üzere köküne kibrit suyu dökülemeyen kandırmaca, bugün hâlâ okul kitaplarında ve diğer kitaplarda yayımlanıyor.

Esas yolumuz Hit yakınlarında Fırat Nehri üzerinden ve sonra dosdoğru çölden geçip El Dyuf'a ve oradan da Cebel Şammar'ın merkezi Haîl'e uzanacaktı. Daha güneyde bir hat Necef Gölü etrafından dolanıyor ve daha sonra Cebel Daharah üzerinden Haîl'e uzanıyor. Biz ikisinin ortasından ilerledik, Daharah'ın yanından geçtik ve meşhûr Rumem Vâdisi'ne ulaşmaya çalıştık. Vâdi nehir yatağı demek ve oradaki şartlara göre akan bir su, fakat aynı zamanda tümüyle kurumuş çukur anlamına da gelebilir.

Burası, yani Cebel Daharah'ın güneyi Halef'le birlikte önden ilerlediğim ve onunla garbın demiryolları hakkındaki, bu bölümün başında sözünü ettiğim konuşmayı yaptığım yerdi. Ona sayısız teknik tertibatımızı anlattığım gibi, demiryollarımızı da tekrar tekrar anlatmış, onların insana nasıl bir refah getirdiklerini uzun uzadıya açıklamış ve vazgeçilmez olduklarını söylemiştim. Bir örnekle bunu gözlerinin önünde canlandırabilmesi için, meşhur ve müphem Mithat Paşanın Bağdat'ta yaptırmış olduğu atlı tramvaya dikkatini çekmiştim. Fakat tüm çabalarım boşunaydı. Başka zaman oldukça zeki ve anlayışlı olan Lu ufak tefek adam ufkunu genişletemedi ve kendi alışkanlıklarıyla tecrübelerine uymayan her şeyi işe yaramaz veya kötü olarak kabul etti. Böylece bizim trenlerimizde her iki cinsin yan yana oturmasına müsaade ediliyor olması, onun şarklı vicdanına âdeta bir günah olarak göründü. Kuşkusuz bu en başta gelen harem kuralına karşı işlenmiş bir suçtu. Halef hükmünü peşinen verdi. Aslında garbın trenlerinde karşı cinslerin yan yana oturmalarını umursamadı; fakat benim bunu onaylamış ve bizzat bu günâha katılmış olmam onu öfkelendirdi ve benden uzaklaştırdı.

Hiç endişe duymaksızın, içini döktüğü Hanne'sine gitmesine müsaade ettim. Hanne'nin onu düştüğü yanılgıdan kurtaracağını biliyordum. Dönüp arkama baktığımda tahtırevanın yanında atını sürerken oldukça hararetli bir biçimde Hanne'yle konuştuğunu gördüm. Konuşurken fazlasıyla ateşli el kol hareketleri yapıyor, kendini savunmak zorunda kalmış gibi görünüyordu; bundan Hanne'nin benim lehime konuştuğu açıkça anlaşılıyordu. Bir süre sonra Halef hecinini benden tarafa sürdü, elbette hemen bir şeyler söylemedi; çünkü az önce bana yönelttiği suçlama öylesine şiddetliydi ki şimdi yeniden dostça davranmak onun için kolay değildi. Öksürdü, tekrar tekrar küçük öksürüklerle gırtlağını temizledi ve nihâyet konuşmaya başladı:

"Sihdi, derin düşüncelere dalmış gibisin. Bunların ne tür düşünceler olduklarını öğrenebilir miyim?"

"Dostluğun güvenilmezliğini düşünüyorum."

"Benden dolayı mı?"

"Evet."

"Benim dostluğum kesinlikle güvenilmez değil; fakat içinde kadınların, kızların ve yabancı erkeklerin yan yana oturdukları araçlarınıza pek alışamıyor. En kötüsü senin de onlarla birlikte oturmuş olman."

"Bunun bana zarar vermiş olduğuna mı inanıyorsun?"

"Sana mı? Hayır, kesinlikle hayır!"

"Ya da kadınlara ve kızlara?"

"Onlara mı? Elbette buna da inanmıyorum, çünkü sen nasıl davranması gerektiğini çok iyi bilen kibar bir efendisin."

"Peki, ne onlara ne de bana bir zararı olmamışsa neden buna bu kadar öfkeleniyorsun?"

"Çünkü... hımmm!.. Çünkü yakışık almıyor."

"Kim söylüyor bunu?"

"Akıllı olan her adam."

"Öyle mi? Fakat ben aksini iddia ediyorum, demek ki aptal bir insanım. Teşekkürler Halef!"

"Sihdi, böyle düşünmemelisin. Seni tanıyorum ve senin dışında on kişiye yetip de artacak kadar çok akla sahip olduğunu biliyorum. Sana hakaret etmeye hiç niyetim yok."

"Peki, böylesine önemli ölçüde bir akla sahipsem, demiryollarımız hakkında hüküm verecek kabiliyete de sahibim demektir... Hanne'yle bu konuyu konuştun, değil mi?"

"Evet."

"Ne dedi?"

"Sihdi, tüm dişi zekânın timsâli Hanne'min ağzından duyduklarımı sana tekrarlayamam. Kısacası seni haklı buldu."

"Bunu tahmin ettim."

"Gerçekten mi? Tahmin ettin mi? Ben bunu tahmin etmedim."

"Ben senin Hanne'ni senden daha iyi tanıyor gibiyim. Şarkın diğer kadınları gibi kocasının, kendi iradesi olmayan ve başka insanların görmesine izin vermediği oyuncak bebeği olmak istemiyor yalnızca."

"Oyuncak bebek! Tuhaf! O da tam olarak aynısını söyledi. Bana kendisinin yalnızca benim La'abe'm* veya benim dışım-

---

* *Oyuncak.*

da hiçbir insanın görmemesi gereken kuklam olup olmadığını sordu. Bir düşünsene; eve döndükten sonra bir erkekler çadırı, erkeklerden oluşan bir harem kurmakla ve başka hiçbir kadının beni görememesi için oraya kapatmakla tehdit etti. Hatta tüm kadınlara yönelik bağışlanmaz bir hakaret olan 'tümüyle sefil bir harem idaresinden' söz etti."

"Bu konuda haklı."

"Haklı mı? Sihdi, Hanne'nin bana karşı bir isyan başlatmasını mı isterdin?"

"Hayır, yalnızca ona hak veriyorum. Ne yapacağına gelince, bu onun sorunu."

"Onun 'tüm kadınlara yönelik bir hakaret' olarak adlandırdığı şeyi anlamak istemedim, o zaman bana onu açıkladı."

"Peki şimdi kavrıyor musun?"

"Ben sana bir şey söylemeden yine her şeyi önceden biliyor gibisin. Ve gerçek şu ki saadet bahçemin en güzel çiçeği Hanne'nin tamamen farklı bir açıklama tarzı var. Bana karşı çıkılması mümkün olmayan nedenler dışında hiçbir neden göstermiyor. Şimdi de beni öylesine tesiri altına alan iki örnek verdi ki hakikaten daha başka ne söylemem gerektiğini bilemedim."

"Bunların ne tür örnekler olduklarını öğrenebilir miyim?"

"Gül ve Reçîna fenâ*; düşünsene!"

İyi kalpli Hanne'nin bu güçlü benzetmesine gülmekten alamadım kendimi; o anda Halef hemen konuşmaya girişti:

"Neden gülüyorsun? Bana mı gülüyorsun yoksa? Gözümün nuru Hanne'nin aklına bu pis kokulu reçine gelmişse, ben ne yapabilirim! Hanne bana, insan birine bir gül gösterebilir mi, diye sordu ve ben buna 'evet' cevabını vermek zorunda kaldım. Bunun ardından, birinin burnuna doğru bir parça pis kokulu reçine uzatmak nâzik bir davranış mıdır, diye sordu ve ben buna 'hayır' cevabını verdim. Ben bunu söyler söylemez, benim kendisine mis kokulu bir gül gibi değil, aksine pis kokulu bir reçine gibi davrandığımı söyleyerek beni tenkit etti. Tıpkı insanın reçineyi hiçbir burnun ondan rahatsız olmaması için

---

Pis kokulu reçine.

sakladığı gibi, şarklı kadınların da kocaları tarafından kafese kapatıldıklarını iddia etti. Bunun mevcut olabilecek en büyük hakaret olduğunu, daha farklı davranmam gerektiğini, çünkü kadın cinsine yönelik böyle bir aşağılamaya daha fazla dayanmasının imkânsız olacağını söyledi. Sana söylüyorum Sihdi; Hanne öfke içinde bizim memleketimizde de demiryolları ve lokomotifler olmasını istedi. Kendisine daha fazla reçine muamelesi yaptırmaya niyeti olmadığını, aksine kocalarıyla aynı haklara sahip garplı kadınlar gibi vagonlarda kocasıyla beraber oturmak istediğini söyledi. Düşünsene: Haklar! Benim Hanne'm, tüm sevilesi kadınların en yumuşak başlısı ve en sabırlısı haklardan, erkeklerin sahip olduklarıyla aynı haklardan söz etti! Bundan sonra kadınlar şimdi olduğu gibi alıkonmazlarsa ne olur?"

"Alıkoymak mı? Yoksa onların vahşi hayvanlar gibi bizi yemek için üzerimize atılacaklarını mı sanıyorsun?"

"Hayır, hemen en kötüsünü söylemek zorunda değilsin. Fakat ben, onları çok dar sınırlar içinde tutmak gerektiği görüşündeyim."

"Hangi sınırlar mesela?"

"Hava kararır kararmaz dışarı çıkmaları yasaklanmalı!"

"İyi, devam et!"

"Kendi kocaları olmayan bir erkekle yalnız kalmaktan kaçınmak zorundalar."

"Bu talebinde tümüyle ciddi misin?"

"Elbette! Bu konuda şaka yapmam. Bu sınırları aşan bir kadına, tıpkı Padişahın kendi haremine davrandığı gibi davranmalı."

"Nasıl?"

"O böyle kadınları bir çuvala koydurup suya attırır."

"Sevgili Halef, yanında böyle bir çuval var mı?"

"Hayır."

"Yazıklar olsun!"

"Neden?"

"Senin Hanne'ni böyle bir çuvala koyup karşımıza çıkan ilk suya atabilirdik."

"Benim Hanne'mi mi? Dünyevî hayatımın mutluluğu için en gerekli gerekliliği mi?" diye sordu şaşkınlıkla Halef. "Neden, çabuk söyle, neden?"

"Az önce saydığın her iki sınırı aştı da ondan."

"Şaka yapıyorsun Sihdi, şaka yapıyorsun."

"Hayır. Bunu yaptığına ben şahidim."

"Sihdi, üzme beni. Benim Hanne'm ben olmayan bir adamla baş başa mıydı?"

"Evet, hatta zifiri karanlıkta, yeni ay sırasında, istirahat yerinizdeki çadırların arkasında."

"Onun tüm suçların en büyüğünü işlemiş olabileceğine kesinlikle imkânsız gözüyle bakmama rağmen kederimden öleceğim. Fakat sen söylüyorsun Sihdi, benim ilk ve en iyi arkadaşım olan ve ispatlayamayacağı bir şeyi bana söylemeyecek olan sen..."

"Buna şâhit olduğumu daha önce söyledim ve şimdi ikinci bir şâhit daha olduğunu söylüyorum sana."

"Kimdir o? Çıkar baklayı ağzından! Bunu benden gizlediği için o alçak herifi öldüreceğim."

"Sevgili Halef, bu bir intihar olurdu."

"İntihar mı?.."

"Evet, çünkü bu ikinci şâhit sen kendinsin."

"Sihdi, benim için giderek daha anlaşılmaz oluyorsun."

"Unutmuş gibi görünüyorsun, bu yüzden hatırlamana yardımcı olmak istiyorum. İran seyahatimiz sırasında Tigris'e doğru yola çıkmadan önceki o yeni ay gecesini hatırlıyor musun?"

"Evet."

"O gün senin Hanne'n gece yarısından sonra Hacı Halef olmayan bir adamla birlikte uzun süre çadırlarınızın arkasındaydı*."

O anda sevinç içinde her iki elini avuçlarını açarak yukarıya kaldırdı. Derin bir nefes aldı ve keyifle şunları söyledi:

"Elhamdülillah! Yüreğime su serptin! Ey Sihdi, nasıl korku salmıştın ruhuma! Hayatımın tüm saadeti yıkılacak gibiydi. Bir başkası benimle böyle konuşacak olsaydı, saf güneşin kusursuz

---

* *Bkz. Karl May, "Babil Harabelerinde"*

resmi Hanne'yi iftiralarıyla kirletmeye cesaret etmiş olmasının cezası olarak bir anda saplanıverirdi hançerim bedenine. Fakat bunları sen söylemiş olduğundan, bana böylesine derin bir acı veren kelimeler yalan olamazdı. Bu yüzden kendimi üzerine büyük bir dağ yuvarlanmış küçücük bir böcek gibi ezilmiş hissettim. Ama senin yola çıkmamızdan önceki geceyi kastettiğini duyduğumda bu dağ yine kayboldu ve böcek şimdi neşe içinde zıplamaya devam ediyor; çünkü biliyorum ki o sırada Hanne'mle konuşmuş olan o yabancı adam sendin."

"Peki bu seni mutsuz etmiyor mu?"

"Mutsuz mu? Onun kadar eşsiz bin tane Hanne'm olsaydı, hepsini sana emânet edebilirdim."

"Sana inanıyorum. Fakat benim için onur verici olan bu güvenle ne yapmış olduğunu biliyor musun?"

"Eşi benzeri olmayan bir güven duydum sana."

"Doğru, ama aynı zamanda garba karşı yaptığın suçlamayı geri aldın ve bizim demiryollarımızı onayladığını gösterdin."

"Ben böyle düşünmüyorum, Sihdi! Demiryollarınız benim hiç hoşuma gitmedi. Onları onaylamak aklımdan bile geçmedi."

"Fakat kesinlikle onayladın."

"Nasıl?"

"Dikkat et! Şimdi sana soruyorum: Tren vagonlarında kadınların tanımadıkları erkeklerle birlikte oturmalarının günah olduğunu mu düşünüyorsun?"

"Evet, kesinlikle günah."

"Peki, kadınların başka erkeklerle birlikte bilhassa gece vakti ve çadırların arkasında yan yana bulunmalarının günah olduğunu da düşünüyor musun?"

"Aslında evet; elbette o kişi sensen buna müsaade ederim, çünkü karımı sana emânet edebileceğimi biliyorum."

"Fakat sen böyle bir vagonda bulunsaydın, her erkek karısına veya kızına senin yanına oturması için izin verirdi."

"Öyle mi dersin?" diye sordu göğsü kabararak.

"Evet, çünkü dürüstlüğün ve güvenilirliğin daha ilk bakışta görünüyor."

"Hımmm! Peki karısıyla konuşmama da müsaade eder miydi?"
"Kesinlikle!"
"Hatta kadının yardımıma ihtiyacı varsa ona yardım edebilirdim, değil mi?"
"Kesinlikle! Kadınlarımızın ve kızlarımızın seyahat sırasında istifade ettikleri en büyük avantaj, birlikte seyahat ettikleri herkes tarafından korunup kollanmalarıdır."
"Sihdi, bu hoşuma gitti. Yanımdaki adamları seve seve nasıl koruduğumu biliyorsun. Erkekler söz konusu olduğunda bunu yapmak güzel, söz konusu olan kadınlar olduğunda da hakikaten güzel olmalı! Teşekkür olarak dostça bir gülümseme aldığımı düşünsene!"
"Hiç şüphesiz alırdın."
"Sihdi, senden ricâ ediyorum, bu dostça şükran gülümsemesinden Hanne'ye bahsetme. Aksi halde demiryollarınız hakkında yanlış bir kanıya kapılır ve bu beni üzer."
"Üzmek mi? Seni mi? Demiryolları hakkında hiçbir şey bilmek istemiyorsun sanıyordum!"
"Çok doğru! Aslında onlardan hoşlanmıyorum; fakat kadınlar dostça takdir edilerek bir gülümseyişle ödüllendirilen namuslu ve yardım sever erkeklerin yanına oturuyorlarsa, benim de trenle yolculuk etmemin günah olması için mantıklı bir neden görmüyorum. Sana şunu söylemeliyim ki buradan Mekke'ye giden böyle bir tren olsaydı büyük ihtimalle deve üzerinde oturup durmazdım."
"Trene mi binerdin?"
"Evet. Böyle bir kadına seyahatlerimizden, yürekliliğimizin ve cesaretimizin tehlikeli maceralarından da bahsedebilir miydim?"
"Evet. Hatta bunun için sana teşekkür bile ederdi, çünkü bu hikâyelerle onu sıkılmaktan kurtarırdın."
"Yalnızca sıkılmaktan kurtarmaz, coğrafya ve tarih bilgisini artırmasına da önemli ölçüde katkıda bulunurdum. Muhtemelen bunun için de dostça bir gülümseme görebilirdim. Sihdi, demiryollarınız düşündüğümden çok daha farklıymış. Neden

bana bu gülümsemeden daha önce bahsetmedin? Fakat seni bir konuda uyarmak zorundayım; hâlâ esas meseleyi unutuyorsun. Ve ben bu yüzden yanlış bir kanıya kapılacak olsam, bunun için yapabileceğim hiçbir şey olmadığı halde suçu bana atıyorsun. Teknik tertibatlarınızın bu zamana kadar düşünmüş olduğum gibi kötü olmadıklarını şimdi anlıyorum ve... Oraya, yukarıya bak Sihdi! Şu iki Nussûr'u* görüyor musun?"

"Evet," diye cevap verdim. "Bir süredir onları izliyordum."

"Şimdi tam üzerimizde süzülüyorlar, sanki gizlice bizi izliyor gibiler."

"Evet. Bizden herhangi bir şey yağmalayabilirler mi görmek istiyorlar. Üzerimizde kaldıkları ve bize eşlik ettikleri sürece bu bölgede yalnız olduğumuzdan emin olabiliriz. Ayrıca bu kuşlar hakkında yanıldın, onlar Nussûr değiller. Nissr diye beyaz kafalı akbabalara denir, fakat dişisiyle birlikte üzerimizde süzülen bir sakallı akbaba, ki ona el-Büc denir. Daha çok Mısır'da ve Mağrip ülkelerinde görülür, burada çok ender rastlanır. Bu ikisinin buraya güney batıdan geldiklerini gördüm. Bak, yine o yönde uzaklaşıyorlar! Bu çok tuhaf."

"Neden?"

"Çünkü orada, bizim yanımızda bulabileceklerinden daha kolay yem bulacaklarına inanıyorlar. Bu kuşlar oldukça uzağı görebiliyorlar. Uzak bir mesafeden bizi fark ettiler ve izlemek için bu tarafa geldiler. Şimdi tekrar uzaklaşmalarından, geldikleri yerde bizim yanımızda olduğundan daha fazla yağmalayabilecekleri şey olduğu sonucunu çıkarabiliriz. Bizim hayvanlarımız sağlıklı ve güçlü, bu yüzden hızlı hareket ediyoruz. Bu kuşlar hiç şüphesiz bunun ne anlama geldiğini biliyorlar. Orada, güney batımızda hal ve hareketleri akbabalara kolay yem umudu veren hastalıklı canlılar olmalı."

Kuşları gözlerimizle tâkip ettik. Halef artık onları seçemiyordu; bense akbabaları daha fazla uzaklaşmayan, aksine belli bir yerin üzerinde süzülen küçük noktalar halinde hâlâ görebiliyordum.

---

* *Akbaba*

"Hâlâ görüyor musun?" diye sordu Halef.

"Evet," dedim. "Orada hastalıklı bir mahluk veya daha fazlası olmalı."

"Belki bir ceset?"

"Mümkündür, fakat orada akbabaların korktukları yaşayan birileri de var, aksi halde çoktan yere inmiş olurlardı."

"Hastalıklı bir mahluktan söz ediyorsun. Öyleyse yardım etmek bizim görevimiz değil mi?"

"Şüphesiz."

"Fakat söz konusu olan bir hayvan da olabilir değil mi?"

"Bu da mümkün, mamafih öyle olsaydı aslanlar ya da panterler gibi büyük yırtıcı hayvanlar olması gerekirdi. Fakat onlar şimdi güpegündüz meydanda dolaşmazlar. Etrafta yırtıcı hayvanlar yoksa akbabalar yere iner ve avlarının yakınında sessizce bekleyerek otururlar. Bu yüzden oradakilerin herhangi bir nedenle artık yollarına devam edemeyen insanlar oldukları görüşündeyim. Onlara yardım etmek boynumuzun borcu, fakat bunu dikkatli bir şekilde yapacağız. Ben Harb'dan bu bölgede bedevî kabilelerinden birinin otlağı var mı öğrenelim!"

Daha önce sözünü ettiğim rehberimize yakınlarda bir otlak olup olmadığını sorduk. Bize kum çölünün ortasında bulunduğumuzu söyledi. O civarda tek bir kuyu bile yoktu, bu yüzden bir otlak bulmak mümkün değildi. En yakın su, tesirinin buraya dek ulaşmasının mümkün olamayacağı kadar uzaktaydı.

Tüm kervanımızın yolunu değiştirmemiz mümkün olmadığından, ağır ağır hayvanlarımızı sürmeye devam ettik ve Ömer Ben Sadek ile Haddedihnlerden birini akbabalarının üzerinde durdukları yere gitmekle görevlendirdik. Gerekirse anında yardım edebilmek için yanlarına dolu bir kırba aldılar. Çöl yüzeyi görünürde düzdü; fakat aslında iki adamımızı kısa süre sonra görmemizin artık mümkün olmayacağı kadar dalgalıydı. Onlar geri dönene kadar bir saatten fazla zaman geçti. Ömer Ben Sadek daha uzaktayken şöyle bağırdı bize:

"Efendi, kervandan ayrılıp bizimle gelmelisiniz! Kurtaracak beş insan var."

"Kim onlar?" diye sordum.

"Muhtemelen Mekke'den geliyorlar."

"Muhtemelen mi? Kesin bir şey söylemediler mi?"

"Hayır. Çölde herkes tedbirlidir bilirsin. Elbette onlara düşman olan bir kabileden de geliyor olabilirdik."

"Burada bir Târ* gütmemizin mümkün olmayacağı kadar uzakta yaşayan Haddedihnler olduğumuzu söylemedin mi onlara?"

"Elbette söyledim, ama inanmadılar. Sen olsaydın, sen de hemen her şeye inanmazdın; aksine önce kişileri ve söylediklerini bir denemeden geçirirdin."

"Beş adam mı var?"

"Beşi yaşıyor ve bir de ölü var."

"İyisi mi en başından anlat!"

"Tamam. Hayvanlarımızı güneybatıya sürdük ve çok geçmeden yine havada hareket etmeden süzülür gibi görünen akbabaları gördük. Yaklaştıkça daha net fark ettik ki akbabalar süzülmüyor, aksine yavaş yavaş daireler çiziyorlardı. Daha sonra ilgilerini çeken şeyleri gördük. Altı hecin yerde yatıyordu, yanlarında binicileri vardı; hayvanlar ve insanlar, cesetler gibi hareketsiz... Yanlarına vardığımızda develer kafalarını kaldırdılar, ama hemen yeniden indirdiler. Zorla dört nala koşturulmuş gibi son derece yorgun görünüyorlardı ve neredeyse susuzluktan ölmek üzereydiler. Adamlardan üçü orta yaşlı, biri genç ve biri de ihtiyardı. İhtiyar olan içlerinde en az bitkin olan gibi görünüyordu, hemen bizden su istedi, çabucak onlara su verdik. Neredeyse kırbada bir damla su kalmayana kadar içtiler."

"Peki ya ceset?"

"Nasıl biri olduğunu göremedik, çünkü üzeri bir harmani ile örtülmüştü."

"Neler konuştunuz?"

"İhtiyar adam kim olduğumuzu sordu ve biz de söyledik, fakat 'Allah bilir!' diyerek şüpheli sözler sarf etti. Ona adını sorduğumda kendisinin ve oradaki herkesin Mekkeli olduğunu

---

* *Kan davası.*

söyledi ve ben de ona 'Allah bilir!' diyerek karşılık verdim. İnsanlar ve hayvanlar için su, develer için de biraz yem istedi; hâlâ un ve hurmaları olduğunu söyledi."

"Nereden geliyorlar?"

"Bunu söylemedi. Kendisinin de bize bir şey sormadığını, müminlerin kardeşlerine adlarını ve nereden gelip nereye gittiklerini sormadan yardım etmeleri gerektiğini söyledi."

"Ya bu adamın temiz bir vicdanı var, ya da iyi eğitim görmüş, Mekke'de yüksek mevki sahibi bir Müslüman. Belki her ikisi de doğrudur, fakat elbette şunda haklı: yardımımıza ihtiyacı var ve biz ona her şeyi etraflıca sormadan önce yardım etmek zorundayız. Şanslıyız ki bu yardımseverliğin bizi tehlikeye düşüremeyeceği kadar bol suyumuz var. Haydi gidelim!"

Yolumuzdan saptık ve Ömer Ben Sadek'i bizi söz konusu yere götürmesi için tâkip ettik. Oraya üç çeyrek saat sonra ulaştık. Develer bitkinlikten yığılmış oldukları şekilde yatıyorlardı hâlâ, hörgüçleri son derece zayıflamıştı, geviş getirdiklerine dair en ufak bir ağız hareketi görülmüyordu. Beş adam yere çömelerek dar bir çember oluşturmuşlardı. Ortalarında duran ölünün üzeri örtülüydü ve onu kuma saplamış oldukları uzun namlulu tüfekleriyle destekleyerek oturur vaziyette doğrultmuşlardı. Yüksek sesle dua ettiler. Yanlarına vardığımızda dua etmeyi kestiler ve diğerlerine kelime kelime duayı tekrarlatan İhtiyar ricâdan çok emreden bir ses tonuyla şöyle dedi:

"Görüyorum ki suyunuz ve kuru samanınız var. Develere içmeleri ve yemeleri için verin, bize de birkaç dolu kırba bırakın. Fakat Allah'ın yanına almış olduğu kulu için duamızda bizi daha fazla rahatsız etmeyin!"

Bu adamın fevkalâde mütevâzılığına diyecek yoktu! Yiyeceğin ve özellikle de suyun böylesine değerli olduğu bu yerde öncelikle hayvanlarına su içirmemiz, karınlarını doyurmamız ve sonra çok sayıda dolu kırbayı İhtiyara vermemiz gerekiyordu! Bunu yaparken de tek bir şükran sözü beklemeden hemen oradan uzaklaşmak zorundaydık! Bu emrin üzerine Halef'in eli her zaman kemerinde asılı duran su aygırı derisinden kamçısına uzanıverdi. Fakat bir işaretle onu durdurdum ve kulağına şöyle fısıldadım:

"Burada gururlu ve kinci Arapların arasındasın, daha sonra bunu kanınla ödemek zorunda kalmadan kırbacını sallayabileceğin esir alınmış çiftçiler arasında değil."

"Öyleyse söyle, ne yapacaksın?"

"Atlara su ve saman verelim, zavallı hayvanlar sahiplerinin utanmazlığı yüzünden ıstırap çekmemeli."

"Peki ya adamlar?"

"Bizden kibarca ricâ etmedikçe daha fazla su alamayacaklar. Burada kalıyoruz."

"Burada mı? Bu heriflerin yanında mı? Elhamdülillah, sana bu değerli fikri veren Allah'a şükürler olsun! Çünkü burada onların yanında kalırsak büyük ihtimalle başımıza bir şeyler gelecek, fakat onların da başına gelecek."

"Yolumuza kesinlikle daha fazla devam edemezdik, çünkü birazdan gece olacak ve biraz zaman kaybettiğimiz için burada kalmamızın en iyisi olduğunu düşünüyorum. Adamlarına gereken emirleri ver!"

Haddedihnler yanımızda olduğundan hiçbir şeyle ilgilenmem gerekmedi. Hecinden indim, kilimimi sereceğim bir yer buldum ve sonra aygırımı okşayıp ona birkaç hurma vermek için yanına gittim. Benim bu ilgime alışmıştı. Ardından kilimimin üzerine rahatça kuruldum.

Bile bile yabancıların yakınına, Ömer Ben Sadek'in "İhtiyar" olarak adlandırmış olduğu dua okutan adamın karşısına oturmuştum. Hilekâr bir yüzü vardı. "Genç" onun yanında oturuyordu ve ona o kadar benziyordu ki oğlu olduğunu düşündüm. Gözlerinde kıpır kıpır, huzursuz, güven uyandırmayan bir şeyler vardı. Diğer üç adamın özellikle anlatmaya değer hiçbir şeyleri yoktu.

Üçünün de ortak yanı büyük bir takatsizlikti, muhtemelen onları susuzluktan ölmekten kurtarmak için tam zamanında gelmiştik. Bu yüksek sesli uzun duanın onlara zor geldiğini seslerinden anladım. Karşılıklı edilen bu duaya kesinlikle gereksinimleri olmadığı halde neden susmuyorlardı? İhtiyarın sesi boğuk ve yorgun titremelerle çıkıyordu:

"Ey, Yüce Rabbimin tüm yarattıkları içinde en yücelttiği*. Tüm yaratılanları bekleyen o hadise gerçekleştiğinde** kimsem yok sığınacak, bir tek senden başka!"

Diğerleri onun ardından duayı tekrar ettiler ve o duaya devam etti:

"Ve Rahîm olan Allah'ın çıktığımda ceza günü karşısına; Ey Allah'ın Resûlü, senin gücün yeter bana yardıma.

Çünkü bu dünya ve öbür dünya aittir dağıtmış olduğun bolluğa ve sen her şeyi bilirsin; her ne yazılıysa öbür dünyanın yazı tahtasında ve her ne yazdıysa kalem.

Ey nefsim, yanlış yola saptığında Allah'ın merhametinden şüphe etme; çünkü her nerede bağışlanacak bir şey varsa, farksızdır büyük de olsa günahların, küçük de.

Umuyorum ki geldiğinde onu kullarına gösterme vakti, ne kadar büyükse günahları, o kadar büyük olur Rabbimin merhameti.

Ey Rabbim, izin ver sende olsun umudum ve izin ver de doğru çıksın hesabım!

Bu dünyada ve öbür dünyada hoşgörülü ve merhametli ol kuluna, çünkü korkunç ve dehşet verici olan ona meydan okuduğunda, kaçıp oradan uzaklaşıyor verilmiş tek dayanağı.

Ve izin ver, çözülsün rahmetinin bulutları, yağsın Resûlün üstüne sağanak rahmet yağmurları!.."

İhtiyar duayı okurken Haddedihnler onun ve adamlarının develerine su ve saman vermişlerdi, şimdiyse istirahat yerimizin hazırlığıyla ilgilenmeye başlamışlardı. O sırada adam duaya ara verdi ve Haddedihnlerin başı olduğumu düşünmüş olacak ki telaş içinde bana şöyle dedi:

"Nedir bu gördüğüm? Develerinizin semerlerini çözüyorsunuz. Öyle görünüyor ki sanki burada kalmaya niyetlisiniz."

"Hakikaten öyle. Burada kalıyoruz" diye cevap verdim sakince.

** Muhammet kastediliyor.*

*** Ölüm.*

"Buna hakkınız yok."
"Neden? Çöl Allah'ın mülküdür. Kimseden izin almaya ihtiyacımız yok."
"Biz buraya sizden önce geldik."
"Öyleyse biz de sizden daha uzun kalırız; böylece iki zaman eşitlenmiş olur."
"Fakat biz yalnız kalmak istiyoruz."
"Siz hiç yokmuşsunuz gibi davranacak ve sizinle tek kelime konuşmayacağız."
"Ama görüyorsunuz ki burada bir ölümüz var. Ceset mikrop saçıyor."
"Bize bir şey olmaz, çünkü ona dokunmayacağız."
"Allah bana öfkeme hâkim olmam için güç versin! Duyuyor ve görüyorsun ki uzaklaşmanızı istiyoruz."
"Ve sen de görüyorsun ki biz tam aksini yapmak niyetindeyiz; Allah yalnızca bir tarafın dileğinin gerçekleşmesini yaşam kitabına yazmışsa, o taraf biziz. Ve siz yaşam kitabında yazana teslimiyet göstermek zorundasınız."
Ben en samimi halimle, o ise son olarak çok öfkeli bir ses tonuyla konuşmuştu. Bu can sıkıcı konuşmanın sonunda ne olacağını merak ediyordum. Halef de tıpkı benim gibiydi; tahtırevanın yere indirilmesi ve Hanne'sinin küçük, ama çabucak kuruluveren kadınlar çadırına rahat bir şekilde yerleştirilmesiyle ilgilenmişti, sonra gelip yanıma bir kilim serdi ve üzerine oturdu. Ardından yavaş sesle:
"Böyle bir karşılamaya hazırlıklı mıydın Sihdi?" diye sordu.
"Hayır" diye cevap verdim.
"Ben de değildim. Böylesi bir nankörlük görülmemiştir. Ne yapacaksın?"
"Önce sessizce bekleyeceğiz. Ettikleri duayı dinlemek istiyorum."
O sırada İhtiyar yeniden dua etmeye başladı:
"İşte Muhammet, bu dünyanın ve öbür dünyanın efendisi, insanların ve cinlerin efendisi; insanoğlunun birbirinden ayrılmış iki büyük âleminin: Arapların ve Acemlerin efendisi.

Emir ve nehiyde, kabulde ve rette, yoktur Peygamberimizin adâleti üstüne.

O sevgili ki umudumuz; pençesine düştüğümüz her türlü korkudan duası kurtarır bizi.

Ve her kim bağlanırsa ona, bağlar kendini asla kopmayacak bir urgana.

Üstündür diğer peygamberlerden, hem bedeni hem ruhuyla, ne bilgisine ne de meziyetine erişemez hiç kimse.

Ve hepsi umar ve bekler Allah'ın Resûlünden, bir avuç su içebilmeyi denizinden, ya da durmaksızın yağan rahmetinden.

Ve dururlar yanında, kimi bilgisinden bir nokta, kimi bilgeliğinin söz dinleten nişanının sınırlarında, erişemeden bilgisine ve bilgeliğine Resûlün huzurunda.

Ruh ve beden O'nda, kusursuz bir birlik olduğunda, O'nu kendine sevgili edindi, tüm insanları yaratan Rabbim.

Hiç kimse yoktur ki eşit olsun O'na üstünlüğü ve birdir O'nun güzelliğinin özü.

Hıristiyanların kendi peygamberleri için dediklerini sen sakın ola deme, aksine överken O'nu, methettiğin her ne ise, canı gönülden öv.

Ve O'nun şahsına atfet, atfetmek istediğin asaleti ve şerefine atfet, atfetmeyi dilediğin büyüklükte şerefi.

Allah'ın Resûlünün mükemmelliğinin yoktur sınırı, çünkü; öyle ki ağzıyla söz söyleyen herhangi biri, O'nun ne kadar mükemmel olduğunu tüm sınırlarıyla getiremez dile.

Mucizeleri şerefinin yüceliğine tekabül ederse ve o zaman yüce adı söylenirse, can verir çürümüş ölü kemiklerine.

Hayrımız için çabalarken, aklımızın kavrayamadığı şeylerle imtihan etmedi bizi ve böylece ne şüpheye düştük, ne de bir kuruntu düştü içimize.

Onun özünü kavramak, ölümlülerin kudretini aşan bir vazife ve ne yakında, ne de uzakta görürsün, bu gayeye ermeye aciz kalmayan birini.

Güneşe benzer O'nun özü, küçük görünür insanın uzaktayken gözüne, fakat yaklaşınca kör eder gözlerini.

Allah'ın yüce Resûlünün olmasına müsaade ettiği her bir mucize, yalnızca O'nun nurundan ulaştı onlara.

Çünkü O büyük bir fazilet güneşi, diğer peygamberler ise yıldızları bu güneşin ve o yıldızlar ki güneşten aldıkları ışıkla aydınlatıyorlar insanlık için karanlığı..."

Okuyucuyu sıkmaktan sakınmam gerektiği halde burada bu duaya yer verdim, çünkü bu dua Muhammet'e övgü için yazılmış olmakla birlikte, cenazelerde okunan en meşhûr İslâm şiirlerinden biri olan Kaside-i Bürde'nin bölümlerinden oluşuyor. Müslümanların iddia ettikleri gibi, farklı inanışa sahip başka herhangi bir şairin eseriyle karşılaştırılamayacak güzellikteki bu meşhûr İslâm şiirini öğrenmek, yalnızca bir bölümü dahi olsa, muhtemelen bazılarına cazip gelecektir.

"İhtiyar" Bürde şiirini ezbere biliyor gibiydi, çünkü bu bölümleri bir kitap yardımı olmadan aktarmıştı; yani sıradan bir Arap değildi. Dua sırasında bir imamın vazifelerine tümüyle vakıf olan fanatik bir Müslüman etkisi uyandırıyordu. Bunu yaparken, kesinlikle dostça olarak nitelendirilemeyecek bir ifadeyle sık sık bakışlarını üzerimizde gezdiriyordu. Oğlunun gözlerinde ise bize duyduğu nefret en ufak bir gizleme çabası olmadan açıkça görülüyordu.

Dua bende yine manevî bir ihtiyaçtan değil, başka bir sebepten ediliyor etkisi uyandırmıştı. Bezgin ve bıkkın geliyordu kulağa, adamlar zorlanıyormuş gibi yavaş sesle konuşuyorlardı, duayı tekrarlatan adamın henüz söylememiş olduğu bölümleri söylüyorlar ve o duaya ara verdiğinde yeniden başlamamasına vesile olacak şekilde yere uzanıyorlardı.

Yalnızca kendileriyle konuşmamıza zaman bırakmamak için dua ettiklerini düşündüm. Muhtemelen bize kendileri hakkında bilgi vermek istemiyorlardı. Bunun bir nedeni olmalıydı ve bu tutumlarının lehlerine olmayacağını düşünmekte sanırım haksız değildim.

Onlar orada ölü gibi hareketsiz yatarlarken karanlık çöktü ve Haddedihnlerimiz güneşin batışından kısa süre sonra kılınması farz olunmuş olan Mağrib'i kıldılar. Tamamen gece olduğunda ise Aşiya veya gece duası okundu. Her iki duada da yabancılar yerlerinden doğruldular ve onlarla birlikte dua ettiler. Birer Müslüman olarak bize karşı ne hissederlerse hissetsinler, kayıtsız şartsız bunu yapmaları gerekiyordu. Elbette sadece bizim seslerini duymamızı sağlayacak kadar yavaş sesle dua ettiler; bu saygısızlıktı, fakat sakin bir biçimde kabullendik. Duanın ardından ateş yakmak için Halef'le birlikte Hanne'sinin çadırına gittim; bunun için yolda gelirken ince dallar kesmiştik. Aşçılık sanatı söz konusu olduğunda Halef karısının "yerküredeki tüm aşçılar içinde en sevimlisi ve en ustası" olduğunu söylerdi. Aşçıların aşçısı bize kahve yaptı ve ardından kızgın küller içinde Kurss tari, yani kek şeklinde küçük taze ekmekler pişirdi. Kahve pişirme sanatının bu kıymetli eseri için yanımızda güğüm getirmiştik. Haddedihnler bu mis kokulu içecekten kendi paylarına düşeni alabilmek için, sıcak sıvıları da muhafaza edebildikleri meşin kupalarını hazırlamış bekliyorlardı.

Kahvenin muhteşem kokusu ateşten yayıldığında yabancılar yeniden canlanıverdiler. Kısa bir süre yavaş sesle kendi aralarında konuştular, ardından "Genç" ayağa kalktı ve yanımıza geldi.

"Biz de kahve istiyoruz!" dedi, hiç de küçük olmayan derin bir kabı bize doğru uzatarak.

Bunu öyle bir ses tonuyla söylemişti ki sanki yalnızca istemesi yeterliydi. Halef üzerine atılmaya ve haddini bildirmeye yeltendiyse de, onu kolundan tutup oturttum ve hem çok kısa, hem de kesin bir cevap verme işini kendim üstlendim:

"Bu kahve sadece bizim için."

"Biraz alsam?" diyerek çıkıştı bana utanmaz.

"Hayır, hayır, hayır ve dördüncü, onuncu, yüzüncü kez hayır!" diye bar bar bağırdı, o an öfkesine daha fazla hâkim olamayan ufak tefek Hacı.

Genç adam gerisin geri dönerek tabanları yağladı ve yanımızdan uzaklaştı. Arkadaşları her kelimeyi duymuşlardı, kafa kafaya verip fısıldaştılar. Ne konuştuklarının bizim için bir önemi yoktu.

"Sihdi, sence bu adamlara karşı tedbirli olmamız gerekir mi?" diye sordu Halef.

"Hayır," diye cevap verdim. "Hem de hiç."

"Bence de. Biz elli iki silahlı adamız, onlarsa yalnızca susuzluktan ölmüş beş kişi. Fakat buna rağmen gece boyunca hepimizin birden uyumaması gerektiğini düşünüyorum."

"Ben de aynı fikirdeyim. Öyleyse adamlarından sabaha kadar nöbetleşe uyanık kalacak birkaç kişi belirle!"

Daha sonra ekmeklerin kokusu kendini fark ettirdiğinde "Genç" yine yanımıza gönderildi.

"Bize ekmek verin!" dedi, daha önce kahve istemiş olduğu ses tonuyla.

"Neyiniz varsa onu yiyin!"

Muvaffak olamadan uzaklaşmak zorunda kaldı yine, fakat çok geçmeden yeni bir taleple geri döndü:

"Öyleyse bize su verin, dolu bir kırba!"

"Hepsi bitti."

"Orada Kırbât* duruyor, görüyorum."

"Onlar sadece bizim için. Daha fazla neyimiz varsa çoktan aldınız."

"Çöl kanunlarını ve misafirperverliği, istemek zorunda kaldığımız suyu bile bizden esirgeyecek kadar az mı biliyorsunuz?"

"Tüm kanunları, hatta nezâketin tüm gereklerini biliyoruz, fakat siz bunlara yabancı gibisiniz. Şimdi defol yanımızdan, aksi halde..."

"Aksi halde ayaklarını yerden öyle bir keseceğim ki rüzgârlara karışıp uçmayı öğreneceksin!" diyerek öfkeyle bağırdı ona Halef. "Su, ekmek, kahve! Bakarsın bu herif Kavuara** ve sahlafe kebîre*** kadar büyük bir istiridye de ister!"

Hacı benimle birlikte Konstantinopolis'te bulunduğu sıralarda kaplumbağa, istiridye ve havyarın lezzetli yiyecekler olduklarını öğrenmişti. Mekkeli, hakikaten öyle idiyse tabii, gururlu

---

* *Birden fazla sayıda kırba.*

** *Havyar.*

*** *Dev kaplumbağa.*

ve umursamaz bir el hareketiyle bize sırtını döndü ve uzun süredir birbirleriyle fikir alışverişi yapmakta olan arkadaşlarının yanına gitti. Nihâyet bir karara vardıklarında ihtiyar olan ayağa kalktı ve ağır ağır, fakat gözle görülür bitkinliğine rağmen başında bir taç taşıyormuş edasıyla yanımıza kadar yürüdü.

"Oğlumu üç kez yanınızdan kovdunuz" dedi her kelimeyi sert bir şekilde vurgulayarak. "Soruyorum size: neden?"

Aslında ona cevap vermeye değmezdi; fakat böyle adamlarla mümkün olduğunca açık konuşmakta fayda vardır, bu yüzden onu bekletmemeyi tercih ettim ve şöyle cevap verdim:

"Bu soruyla idrak etmede küçük bir çocuk, fakat akılsızlık ve cahillikte bir dev olduğunu kabul ediyorsun."

"Bana hakaret etme! Bana karşı büyük bir nezâketle davranılmasına alışığım ben."

"Fakat sen kendin bir nezâketsizlik örneğisin. En azından kendin için beklediğin saygı ve hürmeti hak ediyoruz."

"Siz mi?.." derken öyle kibirliydi ki seve seve bir tokat patlatabilirdim ona. "Doğru ya, siz benim kim olduğumu bilmiyorsunuz. Öyleyse dinleyin ve huşu içinde eğin başınızı! Benim cettim Qatadah, kutsal şehir Mekke'nin tüm Büyük Şerifleri içinde en parlak nuru olan meşhûr Muhammet Ebu Numehyy'in torunuyum ben. Bizler, onun evlatları, öldüğümüzde cenazelerimiz merasimle Kâbe'nin etrafında yedi kez tavaf edilerek taşınır. Allah'ın yarattığı şu koca dünyada başka hangi insan böylesi bir takdire şayandır?"

"Sen öldün mü?"

"Hayır" diye cevap verdi şaşkınlıkla.

"Yani henüz Kâbe'nin etrafında taşınarak dolaştırılmadın?"

"Hayır."

"Öyleyse bu gerçekleşene kadar bekle, belki o zaman cenazeni saygıyla anarız."

"Buna cesaret etme!.. Tabii, sen benim adımı da bilmiyorsun; bu yüzden öfkeme yenilmeyeceğim. Bu adı kulaklarının tıkanmış deliğiyle kirletmenin hiç gereği yok, bana El Gani dediklerini ve Mekke'nin şimdiki Büyük Şerifi Aun er Rafiq'in gözdesi olduğumu söylemem yeterli olacaktır sana. İşte şimdi bana ve bizim hepimize karşı nasıl davranman gerektiğini biliyorsun."

Bu adamdan daha kibirli ve daha burnu büyük olmak mümkün değildi. Oradaki ölünün kim olduğunu merak ediyordum.

"Diğerlerine karşı da mı? Onlar kim?" diye sordum önce.

"İçlerinden biri Ben Abadilah, benim oğlum; geriye kalan üç adam kutsal şehirden geliyorlar, ki isimleri orada en itibarlılarından sayılır."

"Peki ya ölü?"

"O Allah'ın ve peygamberin sevdiği kullarından biriydi. Ona El Müneccim derlerdi, ki bundan onun ayrıcalıklarının eşsiz yüceliğini çıkarabilirsin. Ruhuna öyle bir armağan verilmişti ki bedenini terk ederek başka hiçbir ölümlünün öğrenemeyeceklerini görebilmek ve duyabilmek için uzak diyârlara ve geçmişe, hatta gelecek zamanlara gidebilirdi. Bedenine geri döndüğünde ise o zamanların ve diyârların tüm sırlarını söyleyebilirdi. Onlardan biri gibi cinler ve Melâyik* ile konuşurdu ve bu yüzden münasebet kurduğu tüm varlıkların irade ve davranışları üzerinde güç sahibiydi. Şimdi ise Allah'ın cennetine, dünyevî yaşamı sırasında münasebette bulunduklarının yanına gitti. Ben onun en iyi arkadaşıydım. Benim evimde kaldı, kör olmuş olduğundan ona evimde gönlünce yaşayabileceği bir yer verdim. Allah'ın seçtiği kullarına vermiş olduğu merhameti gösterdim ona ve o karşılığını verdi. Şimdi bizim kim olduğumuzu biliyorsun ve hem benden, hem de oğlumdan bağışlanmayı dileyeceksin."

"Bağışlanmayı dilemek mi? Bunu yapacağıma inanıyorsan..."

Konuşmaya devam edemedim, çünkü Halef eliyle ağzımı kapadı ve:

"Sus Sihdi, ricâ ediyorum sus! Az önce kahvenin kaynadığı gibi kaynıyorum ve eğer senin yerine konuşmam için bana izin vermezsen güğüm patlayacak. Konuşabilir miyim?"

---

* *Melekler.*

"İyi, konuş öyleyse! Elbette patlamana müsaade edemem."

Halef ayağa fırlamıştı, derken yüzünü benden çevirip El Gani'ye döndü ve kulağa sakinmiş gibi gelen, fakat yalnızca öfkeden kudurduğunda konuşmaya çalıştığı bastırılmış bir ses tonuyla şöyle sordu:

"Demek sizden bağışlanmayı dileyeceğimizi düşünüyorsun?"

"Evet" diye cevap verdi yüksek sesle.

"Ve az önce huşu içinde başımızı eğmemizi istedin, değil mi?"

"Evet."

"İt oğlu! Neler geçiyor aklından? Biz başımızı yalnızca Allah'ın huzurunda eğeriz, fakat hiçbir insanın, ki bu insan Padişahın kendisi bile olsa önünde başımızı eğmeyiz. Fakat senin önünde?.. Sana söylüyorum, asil başımı senin önünde birazcık bile öne eğmektense, en çirkin kurbağanın tapınarak dizlerine kapanmayı tercih ederim. Sen hakikaten şimdiki Büyük Şerifin gözdesiysen; Büyük Şerife, beş dakikalık bir süre içinde utançtan ölmesine değmeyecek bir oyunu müminlere sunmak istemiyorsa, kendisine başka bir gözde bulmasını söyleyebilmek için mümkün olduğu kadar çabuk gideceğim ziyaretine. Siz köpekler ve köpek oğulları ve köpek ataların torunlarının çocukları ve köpek torunları, biz geldiğimizde neredeyse susuzluktan ölmüştünüz. Sizin kirli ruhlarınız sadece sakalınızın en uçtaki kılıyla kararmış uzuvlarınıza bağlı. Çölde sahip olunabilecek en değerli şeyi, suyu verdik size; tek bir teşekkür sözcüğü söylemeden bir büyük kırba dolusu içtiniz. Ardından ricâ etmeden kahve istediniz, daha sonra size ekmek vermemiz için emirler yağdırdınız ve develerinize bile su içirmiş olmamıza rağmen, en sonunda size ağzına kadar dolu bir kırba daha vermemiz için emir yolladın. Bu su, ardı arkası kesilmeyen bu su nereden geliyor? Bizim çölden kaynaklar fışkırttığımızı mı sanıyorsun sen? Ve tüm bunları öyle bir tarzda söylüyorsun ki sanki biz senin köleleriniz. Kibrinin verdiği ahmaklıkla, adını duyunca hayretten ağzımızın açık kalacağını zannediyorsun. Ne diyorlardı sana? El Gani, zengin! Bize bu zenginliği hırsızların ve dolandırıcıların elleriyle çalıp bir araya getirmediğini, onu namuslu bir şekilde edindiğini kanıtlayabilir misin? Ve bu zenginliği hakkını vererek edinmiş olsaydın, insanın zenginliğiyle hiçbir şekilde böbürlenmemesi gerektiğini, çünkü bunun insana Allah tarafından hiçbir şeyi olmayanlara hayır işlemesi için yalnızca geçici olarak verildiğini bilmen gerekirdi. Biz de zenginiz, hatta senin on katın daha zengin, fakat bununla övünmüyoruz ve sende olduğu gibi, üç katı şişirilmiş kibirliliğin mutlak işareti olmaktan başka bir şey ifade etmeyen bir isim yaratmıyoruz bu zenginlikten kendimize. Aslında sana ağzımla değil, şu su aygırı derisinden yapılmış kırbacımla cevap vermeliydim; fakat bu zavallı haline öyle acıyorum ki merhamet damlıyor tüm parmak uçlarımdan, bu yüzden şimdi dayak yemeden kurtaracaksın yakanı. Fakat yalnızca tek bir kez daha, senden dokuz kat göğün üstünde değilmişiz süsü verirsen kendine, köpek derini öyle bir yüzeceğim ki tüm yerkürede senden çıkan paçavralara yetecek yer bulmak mümkün olmayacak. Şimdi defol ve tekrar yanımıza gelme! Seninle böylesi sevecen ve sabırlı bir lütufkârlık içinde konuşmuş olanın kim olduğunu bilmen için adlarımız sana gideceğin yere kadar eşlik edecek. Benim adım Hacı Halef Ömer bin Hacı Ebu'l Abbas ibn Hacı Davud el-Gossara, büyük Şammar kabilesinden Haddedihnlerin şeyhi."

Halef "eşlik" sözcüğünü gerçekleştirmişti, çünkü elindeki tehditkâr kırbaçla tek tek her bir ismi söylerken Mekkelinin ayak parmaklarına öyle bir vuruyordu ki Mekkeli her seferinde geri adım atıyordu. Bu bize göre şahâne olan tarzıyla onu adım adım, daha doğrusu tekmeleye tekmeleye tâkip ederken hiç durmadan kırbacını savurarak sözlerine devam etti:

"Ve işte orada tüm dünyada çok meşhûr olan ermiş Hacı Akıl Şatir el-Mecarrib bin Hacı Âlim Şacî er Gâni ibn Hacı Dâim Meşûr el-Azîm bin Hacı Takî Ebu Fadl el-Mükerrem oturuyor."

Halef'in benim yeni ismimi çok iyi ezberlemiş olduğu anlaşılıyordu. İsmimin her bir bölümü için El Gani'nin ayak parmaklarına bir tekme savuruyor, Gani ise Halef'in adımları birbirini fazlasıyla hızlı tâkip ettiğinden bu tekmelerden kendini kurtaramıyordu. Yerine vardığında tüm bu ıstırap yolu boyunca tek bir kelime dahi etme fırsatı bulamadan bitkin bir halde oracığa çöktü.

"İşte, şimdi orada bütün o akıl almaz mükemmelliğin içinde oturuyorsun!" dedi Halef keyif içinde. "Kibrin yine ayaklarını kaşındıracak olursa, hemen bana söylemen yeterli; seve seve onu tüm ayak parmaklarından ezerek kovalarım."

Sözlerinin ardından geri döndü ve tekrar yanıma çöküverdi.

"Sihdi, iyi mi ettim, kötü mü?" diye sordu yavaş sesle.

"Ben senden memnunum" diye cevap verdim.

"Ya sen Hanne?"

Halef'in öbür yanında oturan Hanne şöyle karşılık verdi:

"Benim Halef'im yaptıklarında olduğu kadar kelimelerinde de cesur, Büyük Şerifin gözdesi bile ona karşı gelemiyor."

"Hayır, hele o hiç gelemez. Sana gelince..." dedi annesinin yanına oturmuş olan oğluna dönerek, "tüm yaşamın boyunca babanın izinden git; o ki şerefine leke sürdürmez ve bütün Müslümanların peygamberi olan Muhammet'in bizzat kendisi bile Haddedihnlerin şeyhine karşı saygıda kusur işlemeyi aklından geçirseydi, bütün ayak parmaklarını ezerdi."

Halef'in bizi çok eğlendiren bu davranışı Mekkelilerin gözünü öyle korkutmuştu ki kendi aralarında yüksek sesle konuşmaya cesaret edemediler. Ya oturdular, ya da hep bir arada sessizce uzandılar ve içlerinden biri bir şey söyleyecek olsa bunu öylesine alçak sesle yaptı ki ne dediğini duyamadık.

İlkdördün göğe yükselmişti ve hem Mekkelilerin küçük, hem de Haddedihnlerin daha büyük olan grubunu yeterince ışık seline boğuyordu, ki böylece Mekkelilerin yaptıkları her şeyi rahatlıkla görebilmemize olanak sağlıyordu. Üzeri örtülü bir halde Mekke yönüne çevrili duran ceset garip bir intiba bıraktı bende. Kör Müneccim ne zamandan beri ölüydü? Bunu bilmiyorduk. Çölde de, Müslüman ülkelerde olduğu gibi ölüyü çok çabuk gömmeye uğraşırlar. Ne zaman öldüğü hakkında bir şeyler öğrenme isteğimizden vazgeçmek zorundaydık, çünkü olanlardan sonra bu adamlarla tek kelime dahi konuşmayı aklımızın ucundan geçiremezdik. Ayrıca bize karşı tamamen sessiz kalacaklarına inanıyorduk. Bu yüzden bir süre sonra El Gani'nin ayağa kalkıp bizden tarafa doğru yolu yarılayana dek gelmiş olmasına ve bana şu sözleri sarf etmesine az şaşırmadık:

"Duyduğum kadarıyla adın Hacı Akıl Şâtir. Seninle konuşabilir miyim?"

"Evet" dedim, adımın ilk kısmının o tekmelere rağmen aklında kalmış olmasına şaşırarak.

"Bize kim ve ne olduğunuz konusunda doğruyu söyleyip söylemediğinizi bilmek isterdim."

"Gerçeği söyledik" dedim.

"Senin hakikaten büyük bir âlim olup olmadığını test etmeme müsaade eder misin Efendi?"

"Beni test edebilecek kadar bilgili bir adam değilsin, yine de buna bir itirazım yok."

"Az önce ettiğimiz dua neydi?"

"Kaside-i Bürde'nin bir bölümü."

"Peki bu kaside kime ait?"

"El-Bussuri'ye."

"Bana onun tam ismini söyle!"

"Şeref ed Dîn Ebu Abdullah Muhammed Ben Saîd Ben Hammâd Ben Muhsin Ben Abdullah Ben Şamhagh Ben Hilal as Sanhâcı. Büyük ihtimalle sen bu ismi ezbere bilmiyorsun."

"Biliyorum, çünkü bunu her âlim bilir. Bu ismi ezbere bildiğine göre sen de bir âlimsin. Peki bu adamların Haddedihnler olduklarını bana nasıl kanıtlayacaksın?"

"Sana kanıtlayacak hiçbir şeyim yok, inan ya da inanma, bizim için fark etmez."

"Bu davranışın söylediğinin gerçek olduğunu kanıtlıyor. Sormak isterim; ölümüz için farz olan duaları etmeye devam edersek, bu sizi rahatsız eder mi?"

"İslâm'ın emirleri yerine getirilmeli."

"Bize biraz daha su verecek misiniz?"

"Yalnızca bunu bizden ricâ edecek olursanız."

"Yolculuğunuz kutsal şehir Mekke'ye mi?"

"Evet."

"Bizimki de öyle. Şimdi ölüyü gömecek ve dua edeceğiz. Ardından yola düşeceğiz. Develerimize su içirmiş olduğunuzdan Bîr Hilu'ya kadar dare ederler, fakat biz burada ve yolda su içemezsek susuzluktan ölürüz. Bu yüzden sizden bir kırba daha ricâ ediyoruz."

"İyi, ricâ ettiğin için su alacaksınız. Yanınızda içlerinden birini doldurabileceğimiz kırbalar olmalı."

"Teşekkür... ederim."

Heceleri tek tek uzatıp alışılmadık bir vurguyla söylese de, bu beni sözümden döndüremedi. Yerine dönüp oturduğunda, içinde kıyâmet gününün tasvir edildiği bir kabir ilâhîsini, Heşriye'yi söylemeye başladılar.

"...Var olan her şeyi yaratmış olanın mükemmelliğini takdir ediyorum. O kullarını ölüme tâbî kıldı, ki ölüm yaratılmış olanların tümünün ve istisnasız bütün insanların kaçınılmaz sonu olacaktır..."

Çok ince sesle söylenen bu ilâhi bittiğinde, bulundukları yerden biraz uzakta, yumuşak kumda elleriyle bir mezar kazdılar ve ölüyü taşıyıp içine yatırdılar. Diğerleri mezarın yanında diz çökerken, imam ayakta kaldı ve şöyle seslendi:

"Ey müminler, yanıma gelin; çünkü vefat eden bir Müslüman'ın cenaze duasını edeceğiz!"

Bu çağrıya uymak dinen şarttır. Biz oraya gitmedik, fakat İslâm'ın kurallarına göre bu esnada oturmaya devam etmemiz bağışlanmaz bir günah olacağından, ayağa kalktık. O sırada İhtiyar ellerini başının iki yanına kaldırdı ve başparmaklarıyla kulaklarına dokunarak şöyle dedi:

"Allah büyüktür; Allah çok büyüktür."

Mekkeliler bu sözleri yüksek sesle tekrar ettiler. Hemen ardından İhtiyar, Kuran'ın ilk bölümü olan Fatîha'yı okudu, bir kez daha "Allah büyüktür" diye bağırdı ve diğerleri tekrar ettikten sonra şunları ekledi:

"Ey Allah'ım, peygamber efendimiz Muhammet'e, onun ailesine ve onun tarafında olanlara karşı şefaatli ol ve onları koru!

"Allah çok büyüktür!"

Bu yakarış da diğerleri tarafından tekrar edildikten sonra ihtiyar Gani dua etti:

"Ey Allah'ım, burada yatan senin kulun ve sana kulluk edenin oğludur. O ki bu dünyanın ve onun meşguliyetlerinin uykusundan uyandı ve her şeyden önce sevdiklerinden ve burada onu sevmiş olanlardan ayrılarak kabrin alacakaranlığına ve orada öğreneceklerine yöneldi. O ki senden başka ilah olmadığına, sana ortak koşulamayacağına ve Muhammet'in senin kulun, senin elçin olduğuna ve senin her şeye kâdir olduğuna şahadet getirdi. Ey Allah'ım, o senin konutunda oturmaya gitti, çünkü sen yanında oturulabileceklerin en iyisisin. O senin merhametine muhtaç ve sen onu dilediğin gibi cezalandırabilirsin. Onun için şâhitlik etmek istediğimizi yakararak geldik huzuruna. Ey Allah'ım, eğer hayır işlemiş biri ise sevaplarını hesabına kat; ama fenâlıklar yapmış biriyse yaptığı kötülükleri onun hesabına katma! Ondan merhametini ve yardımını esirgeme, onu kabir imtihanından ve azabından muaf tut; mezarını geniş, toprağını bol eyle ve onu cennetine gönderene kadar senin azabından koru, merhametini ondan esirgeme; sen ki merhamet edenlerin en yücesisin!.. Allah büyüktür!.. Ey Allah'ım, onun için yerine getirdiğimiz bu görevi ve bunun bize sevabını geri çevirme ve bizi onunla imtihan etme! Ey, tüm yaratılmışların efendisi; bizi, burada yatmakta olanı ve bütün Müslümanları bağışla!"

Esas dua bitince önce sağa sonra sola doğru eğildi ve bunu yaparken de iki kez şöyle dedi:

"Selâmet üzerinize olsun; El insâf!"

Bu selâmlama, Müslüman inancına göre ölünün her iki tarafında görünmeden durduklarına inanılan meleklere yapılır. Sonra adamlarından dinî vazifelerini yerine getirmelerini istedi:

"Bu merhuma hakkınızı helâl edin!"

Ölünün üzeri kumla örtüldükten sonra yine Fatîha okundu ve bunu Bakara sûresinin son üç ayetinden oluşan son dua izledi:

"Semâvat ve arzda bulunanların hepsi Allah'ın mülküdür. Gönlünüzde olanları açığa vursanız da gizleseniz de fark etmez, Allah onunla sizi sorguya çeker, sorgudan sonra dilediğini affeder, dilediğine azap eder. Allah her şeye kâdirdir. Gönderilen peygamber, Rabbi tarafından kendisine indirilene îman etti, müminler de îman ettiler. Onlardan her biri Allah'a, O'nun meleklerine, kitaplarına, peygamberlerine îman ettiler. Biz de onun için Allah'ın peygamberlerinden hiçbirini ayırmayız. Onlar 'işittik, itaat ettik. Ey Rabbimiz, marifetini niyaz ederiz. Dönüş yalnızca sanadır' dediler. Allah her şahsa ancak gücü yettiği kadar sorumluluk yükler. Herkesin kazandığı ya kendi lehinedir, yahut aleyhinedir. Ey Rabbimiz! Unutursak veya hataya düşersek bizi hesaba çekme. Ey Rabbimiz! Bizden öncekilere yüklediğin gibi bize de ağır bir yük yükleme. Ey Rabbimiz! Bizim gücümüzün yetmediği işlerden bizi sorumlu tutma, bizi affet, bizi bağışla, bize acı. Çünkü sen bizim mevlâmızsın. Kâfir kavimlere karşı bize yardım et."

Yerleşim yerlerinde âdet olandan çok daha farklı bir şekilde gerçekleştirilen cenaze töreni, bu şekilde son bulmuş oluyordu.

El Gani adamlarından birini doldurmamızı istediği boş bir kırbayla yanımıza yolladı, ardından yola çıkmak için hazırlandılar. Develerine bindiklerinde diğerleri bize bakmadan uzaklaşırken, El Gani devesini yanımıza kadar sürdü ve şöyle dedi:

"Bu sizin vazifeniz olduğu halde, bizimle birlikte yüksek sesle dua etmediniz. Ona mahrum kaldığı toprağı vererek defnine katılmazsanız öbür dünyada size beddua etsin diye, ölünün yüzünü örtmeden bıraktık. Hakaretlerinizi aklımda tutuyor, yanımda götürüyorum; fakat Mekke'ye adımınızı attığınız anda sizinle hesaplaşacağım. Söylediğiniz hiçbir söz yanınıza kalmayacak. Allah belanızı versin!"

O anda Halef ayağa fırlayıp kırbacını çıkardı, Mekkeliye doğru atıldı ve onu iki ya da üç kez öyle güçlü kırbaçladı ki Mekkeli acıdan öğürdü. Hacının olağanüstü çevikliği karşısında kendini kurtaracak zaman bulamamıştı. Halef durmaksızın bağırıyordu ona:

"Köpek! Köpeğin dedesi! Köpek oğlu köpeğin torunu! Hesabının bir kısmını şimdiden aldın bile! Kalanını sana Mekke'de ödeyeceğim. Hazır ol! Ben mutlaka sözümde dururum."

"Büyük Şerifin gözdesi" bize birkaç beddua daha ettikten sonra adamlarıyla birlikte gözden kayboldu.

Kör Müneccim

Haddedihnler büyük bir hararetle Mekkelilerle karşılaşmamız hakkındaki fikirlerini paylaştılar. Halef de onlara katıldı, bense sessiz kaldım. Uzun bir süre sonra bunun farkına vardığında sessizliğimin sebebini sordu bana. Yanıtını daha sonraya ertelemeliydim, sessizliğim ona bir ceza olmalıydı; bu konuda ne kadar hassas olduğunu biliyordum. Bağışlanması mümkün olmayan iki hata yapmış olduğunu elbette ona karısının ve oğlunun huzurunda söyleyemedim. Mekkelilere adlarımızı söylememeliydi ve son olarak El Gani'ye vurmaması gerekirdi; çünkü bu adam hakikaten kutsal şehrin önde gelen şahıslarından biriyse ve Büyük Şerifle samimi bir ilişkisi varsa başımıza büyük dertler açabilirdi. Ayrıca ben bir Müslüman değildim ve bu yüzden en çok dikkat çeken ben olmuştum.

Şerif kelimesi asil, soylu, yüce gibi anlamlara geliyor. Şerif olabilmek için mutlaka Muhammet'in kızı, Ali'nin karısı olan Fatima'nın soyundan gelmek gerekiyor. Sadece şerifler yeşil bir kefiye takabiliyor ve yeşil bir cüppe giyebiliyorlar. Böyle bir asilzâdeye yönelik en ufak bir hakaret çok sert cezalandırılıyor. Şeriflik erkeklere olduğu gibi kadınlara da devrediliyor. Özellikle İran'da çok sayıda Aşrâf* kolları var: Aliîler, Fatımîler, Caferîler gibi. Hemen hemen her Müslüman şehrinde Nakîb el-Aşrâf adı verilen seçkin memurlar tarafından bu unvanı hak eden ailelerin ve kişilerin isimleri zapta geçiriliyor, buna rağ-

* *Şerif sülalesi*

men kendilerini şerif olarak tanımlayan, fakat öyle olmayan aileler de var. Bu kayıtlar her yıl büyük hac kervanlarıyla birlikte Mekke'ye getirilip Büyük Şerifin görüşüne ve onayına sunuluyor. Büyük Şerif peygamber soyundan gelenlerin tümünün başı, Mekke'nin valisidir, Kâbe'nin ve tüm kutsal yerlerin en yüce koruyucusudur ve her yıl kendisine sultan tarafından zengin hediyeler gönderilir. Şeriflik aslında yalnızca manevî bir nişan ya da rütbedir ve bir şerif Muhammet'in soyundan gelişini dünyevî menfaatleri için kullanmamalıdır. Fakat İslâm dünyasında her ilişkide manevî şartlar hüküm sürer ve bu yüzden Aşrâf da manevî açıdan olduğu gibi maddî varlıklar açısından da peygamber soyundan gelmeyen kişilerden çok daha önde yer almaya hakkı olduğuna inanır. Bu durum özellikle Büyük Şerif, Şerîf el-Aşrâf* tarafından benimsenir. Büyük Şerif kendini sultandan, yani tüm müminlerin hâkimi ve lideri olan halifeden daha aşağıda görmek istemez. Tarihte bunun örneklerine pek çok kez rastlanmıştır. İstanbul'dan Mekke'ye uzanan yol uzak oldukça uzundur. Dolayısıyla iki şehir arasındaki dizginleri gerektiği kadar sıkı tutmak mümkün değildir; işte bu yüzden Mekke'nin efendisi Padişaha yumruğunu gösterecek durumdadır. Büyük Şerif, Mekke ve Medine'ye gelen milyonlarca Müslüman hacıya, kutsal yerlerden böylesine uzakta olan Sultandan daha yakın gelir. Sebepler düşünüldüğünde, onların Sultandan çok Büyük Şerifin nüfuzuna inanmalarında şaşılacak bir şey yoktur.

İşte El Gani'nin kendisini onun gözdesi olarak adlandırmış olduğu Büyük Şerif hakkında söylenebilecekler bunlar. Bu tâbirin şarka has bilinen bir abartıyla söylenmiş olduğunu düşünmüş olsam da, şüphesiz içinde bir gerçek payı da mevcuttu. Ziyaret etmek istediğim yerlerin hâkimiyle bir biçimde ilişkisi vardı; tüm dikkatime ve bütün cesaretime rağmen her fırsatta bana kurtulmamın mümkün olmadığı tuzaklar kurabilirdi. Ve ben bu tuzakları, El Gani'nin taktığı yeşil kefiye onun Muhammet'in evlatlarından biri olduğunu hepimize kanıtlamış ol-

---

* *Şeriflerin şerifi.*

duğu halde, kızgın kırbacını harekete geçirmiş olan Halef'in düşüncesizliğine borçlu olurdum. Çünkü Muhammet'in evlatlarına hakaret etmek başka birine hakaret etmekten on kat daha tehlikelidir. Hacı'nın Mekkelinin küstahlığına karşı oldukça şiddetli, fakat elbette yalnızca kelimelerle verdiği mücadeleyi tümüyle desteklemiştim; çünkü bu birilerine meydan okuyan bir saldırı değil, aksine haklı bir müdafaa olmuştu. Fakat şeriflik unvanına sahip bir Arap'a kırbaçla saldırmak, benim tasvip edemeyeceğim bir düşüncesizlikti. Bu yüzden Hacı yatmaya gitmeden önce bir kez daha atına baktığı sırada onun peşinden gitmeyi bir fırsat bildim. Orada yalnızdık. Daimi sessizliğim amaçladığım etkisini yitirmemişti. Halef beni şu sözcüklerle karşıladı:

"Bu burnu büyük adamın kırbacımın tadına bakmasını sağladığım için bana öfkelisin Sihdi, fakat o bunu hak etti."

"Akıllı olan, insanlara bu şekilde davranarak çıkar sağlayamayacağını bilir. Adlarımızı söylememeliydin, onun bizim hakkımızda hiçbir şey bilmemesi daha iyi olurdu. Fakat sen tanımadığın her insana ne kadar meşhûr bir herif olduğunu hemen söylemek zorundasın!"

"Öyle değil miyim?"

"Hayır!"

"Ya sen?"

"Ben de değilim. Bazı bölgelerde tanınıyoruz, hepsi bu. Hiçbir şeyle böbürlenmemiz gerekmiyor. Senin ve benim dışımda milyonlarca insan, bambaşka herifler var. Fakat sen, bir seferinde bir aslanı vurmuş oldukları ya da birkaç Kürdün önünde hemen tabanları yağlamadıkları için bir Haddedihn şeyhinin ve şarkta oradan oraya dolanıp duran garplı bir Dudet el-Kutub'un* yeryüzünde yaşayanların tümü içinde en mükemmelleri ve en kudretlileri olduklarını düşünüyorsun. Bizi böylesine yüceltmemelisin. Sana diyeceğim o ki bizim gibi bir milyon insan ansızın ölüverse, dünya tarihi sükûnet içinde akışına devam eder."

---

* *Kitap kurdu.*

"Buna inanmıyorum Sihdi."
"Fakat bu böyle."
"Hayır, çünkü benim Haddedihnlerim de şüphesiz dünya tarihinin bir parçası ve ben şimdi ansızın ölüversem, coğrafyanın ve tarihin Haddedihnlere ait bölümü en acı gözyaşlarına boğulur ve büyük üzüntü duyar. Peki ya sen burada ölsen ve Alman Bedevîlerinin kabilesine geri dönmesen onlara ne olurdu? Öncelikle hareminde büyük bir ağıt ve feryat figan yükselirdi. Sonra senin kadınlar çadırından vatanının tüm dağlarının, ovalarının ve yaylalarının üzerine asla kurumayacak bir gözyaşı seli akıverirdi. Vahalarınızdaki palmiye ağaçları acıdan çürürdü ve deve sürüleri iyileştirilmesi mümkün olmayan üzüntü salgınıyla teker teker yok olurdu. Kırıp geçirirdi sonsuz bir keder..."
"Sus artık!" diyerek kestim sözünü. "Benim Emme'm yasımı tutar ve çok geçmeden peşimden gelirdi, bundan eminim; fakat senin asla kurumayan gözyaşı selin yalnızca senin fantezini basabilirdi. Başkalarından daha iyi değiliz. Ayrıca ne zaman sen ve ben söz konusu olsak, daima aksettirdiğin gibi davul zurnayla yedi mahalleye duyuracak bir şeyimiz yok. Kulaklarını iyi aç, 'sen ve ben' diyorum. Ne kastettiğimi anlıyor musun?"
"Hayır."
"Ne zaman ikimizden bahsetsem, öncelikle senin adını söyleyecek kadar kibar davranıyorum. Fakat sen sürekli olarak 'ben ve sen' veya 'beni ve seni' diyorsun, yani daima kendini ön planda tutuyorsun. Yıllar boyunca buna dikkat ettim ve tek bir istisnayla karşılaşmadım."
"Sihdi, bunun hiç farkında değilim."
"Az önce de öyle yaptın. İkimizden söz ederken sadece sana borçlu olduğum nezâketi düşünmüyorum, aynı zamanda arkadaşlığımızı ve sana olan sevgimi de düşünüyorum. Bu yüzden seni sürekli olarak ön planda tutuyorum. Fakat sen bunu düşünmüyorsun ve kendini çok çok önemli bir insan olarak gördüğünden, sevgili Ben'ini istisnasız her zaman öncelikli tutuyorsun."
"Buna inanmak istemiyorum."

"Her ne kadar dolaylı yoldan olsa da bunu sana kanıtlayabilirdim."

"Neyle?"

"Kitaplarımda seyahatlerimizi ve yaşadıklarımızı da yazdığımı biliyorsun. Seni tam olarak olduğun gibi tasvir etmemi istedin benden. Bunu yaptım ve şimdi böyle bir kitabı eline geçiren herkes, beni daima arka planda tuttuğuna iknâ olabilir."

Dehşet içinde kolumu tuttu ve alelacele sordu:

"Sihdi, hakikaten kitaplarda yer alıyor mu bu?"

"Evet."

"Merhametli ol ve bunun böyle olmadığını söyle!"

"Bunu yapamam, çünkü gerçekten öyle."

"Allah kerîm! Öyleyse Allah bana merhamet etsin! Bu insanlar benim hakkımda neler düşünecekler? Beni, büyük Şammar kabilesinden Haddedihnlerin şeyhini ne zannedecekler? Benim 'Ben'im her zaman senin 'Sen'inin önünde bulunuyor, çünkü ben benim 'Ben'imin önünde senin 'Sen'ine öncelik hakkı tanımadım! Tüm şânım yitip gitti! Şimdi benim 'Ben'imin devâsa bir saygısız olduğu düşünülecek ve senin tümüyle hak ederek sahip olduğun 'Sen'ini bağışlanmaz bir biçimde geri plana itişimle, haklı olarak benim Ben'im suçlanacak! Saygılı mütevâzılığımın şerefi iki paralık oldu ve benim iyi huyluluğumun parıltısı karanlığa karıştı. Ey Sihdi, bana, senin sâdık Halef'ine bunu neden yaptın?"

"Sen öyle istedin. Seni olduğundan daha farklı tasvir etmemeliydim."

"Şüphesiz hakikat bu, fakat bu arzumu dile getirdiğim sırada ben ve sen yabancıydı bana. Şimdi ise senin Hacı Halef'in tüm garpta ün salmış bir adam. Bu yaptığınla bûtün o eski iyi şöhretim rezil kepaze oldu. Ben çürük bir su kabağı, kokmuş bir elma, hiçbir sincabın kemirmek istemeyeceği kurt yeniği dolu bir kayın kozalağı oldum. Bana bir iyilik et Sihdi ve bunu değiştirmem mümkün mü söyle!"

"Bir kez kitapta yer alan ne yazık ki bir daha oradan çıkarılamaz."

"Peki ya sen yeni bir tane yazarsan ne olur?"

"O zaman seve seve dileğini yerine getirmek ve değiştiğini göstermek isterim. Yeter ki bu değişiklik gerçek olsun."

"Gerçek olacak, söz veriyorum sana. Arkadaşım olduğun için elbette beni ve seni incitir, eğer..."

"Dur!" diye kestim sözünü. "Az önce yine 'beni ve seni' dedin."

"Sihdi inan bana geride kalmak istedim, fakat tam tersi öyle bir çıkıverdi ki ağzımdan, benim önümde meydana çıkmak için yer bulamadın. Lâyık olduğun önceliği göremediğin zaman bana bunu sürekli hatırlatmanı senden ricâ ediyorum. Yani Sen'in bu geri plana itilişin beni senin nezdinde şanımdan mı etti?"

"Şanından etmedi, yalnızca senin için ve tarzın için karakteristik olduğunu söylemek istedim. El Gani'ye karşı davranışındaki düşüncesizliğinin cezasıydı bu. Kırbacın bugün bize çok pahalıya, hatta hayatımıza bile mâl olabilir. O bir Arap, yani kindâr ve bunun yanı sıra bir şerif. Sarığının yeşil rengine hiç mi dikkat etmedin?"

"Sihdi, öfkeden gözlerimin önü öylesine yeşerdi ki sarığının rengini ayırt etmem mümkün değildi. Umuyorum ki sen, Mekkelilerle karşılaşmamızı yazarken benden ve kırbaçtan bir arada söz etmezsin, değil mi?"

"Hımmm! Bu arzunu seve seve yerine getirmek isterdim, fakat inan ki bu benim için mümkün değil."

"Neden?"

"Çünkü bu fevri davranış biçiminin sonuçları muhtemelen kendini gösterecek ve bunlardan söz ederken sebebini, yani kırbacını da anlatmak zorundayım."

"Bu beni çok üzüyor. Aptallıklar yapan bir insan olarak tasvir edilmek istemediğimin elbette farkındasındır."

"Öyleyse aptallık etmekten sakın kendini!"

"Bunu bana söylemek çok kolay, fakat bakla dilimde ya da uzuvlarımda bir kez hareketlenmeye başladı mı, ben onu tutamadan dışarı fırlıyor. Ama az evvel sen kitaplardan söz ederken aklıma iyi bir fikir geldi. Şu andan itibaren bu kitaplarda ölçülü düşüncenin ve ağırbaşlı basiretin ışık saçan misali olarak parıldamaya niyet ettim. Bundan böyle hangisi olması gerektiğini tam olarak hesap etmeden önce parmağımı dahi oynatmayacağım. Fakat sen arkadaşım olarak, söylememem ya da yapmamam gereken şeyleri söyleme ya da yapma tehlikesiyle karşı karşıya bulunduğumda, hiç vakit kaybetmeden kitapları hatırlatarak bana destek olmak zorundasın."

"Tamam, kabul ediyorum."

"Fakat o sırada orada bulunanların hiçbiri bunu fark etmemeli. Bunun için benimle uzun konuşmalar yapmaktan kaçınmalısın Sihdi. Sadece 'Kutub'* de, yeter; bir başkası öğrenmeden ne kastettiğini bilirim böylece. Bu kelime en şiddetli öfkemde hiddetimi uysallıkla söndürerek sakinleştirecek beni; her heyecanlanışımda dünya tarihinin benim tarafımdan, benim sözcüklerim ve eserlerimle şekillenen kısmının şanıma leke düşürecek hiçbir şey içermemesi gerektiğini hatırlatacak bana. Ara sıra oluverdiğim kudurmuş aslanı hemen sakin ve sabırlı bir kuzuya dönüştürmek istediğinde yalnızca bu kelimeyi 'Kutub'u söylemen yeterli olacak. Fakat şundan da eminim ki senin öfkeni yatıştırmak için benden isteyebileceğin her şeyi yaptım ve kırbacımla yapmış olduğum lüzumsuz hareketten bir daha söz etmemeni ricâ ediyorum."

Onun için konu bu kelimelerle kapansa da, benim için elbette henüz kapanmamıştı; çünkü çok geçmeden bu yaptığının sonuçlarıyla karşılaşacağımızdan emindim.

Artık yatma zamanı gelmişti. Yolculuk sırasında bindiğim hecine bir kez daha baktım ve ardından aygırım Asil'i yanıma çağırdım. Bir zamanlar uyku arkadaşım babası Rih'di. Şimdi onun yerini Asil dolduruyordu. Asil'in boynu bana yastık vazifesi gördü ve uykuya dalmadan önce onun için seçtiğim sûreyi kulağına okudum. Ardından etraf sessizliğe boğuldu. Nöbet tutmakla görevlendirilmiş olan Haddedihn dışında herkes istirahata çekilmişti. Çok geçmeden bir silah sesiyle uykumuzdan fırladık. Akbabalar cesede haddinden fazla yaklaşma cesaretini

* *Kitaplar.*

göstermişlerdi, bu yüzden nöbetçi havaya ateş ederek onları kovalamıştı. Daha sonra tekrar uykumdan uyandığımda Fecr, yani gün doğumunda kılınan namaz zamanıydı. Haddedihnlerin çoğu çoktan uyanmıştı. Hanne, sabah kahvesini pişirmek için ateş yakmıştı. Kahvenin yanında dünden kalma ekmekleri yiyecektik.

Burada şunu belirtmeliyim ki bedevîler oldukça kanaatkâr bir yaşam sürerler ve sadece bayram ziyafetlerinde bu kuralın dışına çıkarlar. Yerlilerle eşit şartlarda yaşamak isteyen bir yabancının, hızla hastalığın pençesine düşmemesi için, onlar kadar kanaatkâr olmaya gayret göstermesi gerekir. Bir zamanlar çölde karşılaştığım yabancı gezgini ve onun çölde yaptıklarını bugün hâlâ gülümseyerek anıyorum. Bana "çölde" saat başı şişelerce su içtiğini gözle görülür bir hoşnutlukla anlatmıştı. On dört çadırla yolculuk etmiş, çadırlar kurulur kurulmaz bir şişe şarap, sardalye, soğuk dil ve bisküviden oluşan kahvaltısını yapmıştı. Öğle vakti öküz kuyruğu ya da kaplumbağa konservesinin yanında bir tavuk çorbası içmiş, bunu koyun ya da kuzu kebabı, yumurta veya pirinçten yapılmış bir yemek ve bisküvinin yanında kahveyle şarap izlemişti. Bu efendi sesinde gururlu bir memnuniyetle bana, "çölde" eldivenlerini giymeden asla bir bedevîyi ziyaret etmediğini de söylemişti. Ve bana anlattıklarını daha sonra yazıp bastırarak yayımlattı. Bedensel keyiflerine aşırı düşkün olan Avrupalıların, güney ülkelerinde bulundukları sırada yeme içme konusundaki titizlikleri yüzünden kuvvetten düşmelerine ve sıcaklara dayanamayarak cinnet geçirmelerine işte bu yüzden şaşırmamak gerekir. Ben her zaman tam olarak yerlilerle eşit şartlar altında yaşadım ve asla ekstra yemekler ve tatlılar tadarak kendimi onlardan üstün göstermem gerektiğini düşünmedim. Onlar ne yedilerse ben de onu yedim ve tüm diğer konularda da bu ilkeyi benimsemiş olduğum için, cinnet geçirmeden yerlilerle gayet iyi geçinebildim.

Sabah kahvelerimizi içtikten sonra yola çıkmayı kararlaştırabildik. Fakat bağışlanmaz bir dini ihmalkârlıkla suçlanmak istemiyorsak, yola çıkmadan önce Müneccimin cesedini tamamen kumla örtmek zorundaydık. Birkaç Haddedihn onu gömmekle görevlendirildi ve Halef onlara cesedin üstünü rasgele örtmemelerini, onun için yüksek ve sağlam bir mezar tepeciği yapmalarını emretti; böylece çöl hayvanları cesede erişemeyeceklerdi. Mümkün olan yerde her şeye bizzat katılmak yönündeki eski alışkanlığımı tâkiben, görevlendirilen adamlarla birlikte Mekkelilerin cenazeyi yatırmış oldukları yere gittim. Halef de yanımdaydı.

Cesedin vücudu kumun içine gömülmüştü, kafası ise hâlâ dışarıdaydı ve yüzü bir giysi parçasıyla örtülmüştü. Bu parçayı yüzünden çektim.

"Allah, Allah!" dedi Halef. "Nasıl da saygıya değer bir ifade bu! Geçmiş yüzyılların peygamberlerini aynen bu adam gibi canlandırmıştım gözümde."

Hakkı vardı, ben de tıpkı onun gibi düşünmüştüm. Böylesine güzel, böylesine azametli, ihtiyar bir yüzü pek nâdir görmüştüm.

"Uyuyan biri gibi görünüyor" diye devam etti Halef, "düşünde Allah'ın cennetini gören biri gibi. Bak, nasıl da bahtiyar gülümsüyor!"

Ölülerin "bahtiyar gülümseyişi" ile ilgili tecrübelerimi düşününce bu bana tuhaf geldi; çünkü sonları zulümle gelmiş olan en acınası insanlarda görmüştüm bu gülümsemeyi.

Müneccimin yüz hatlarını incelerken yüzünün rengi dikkatimi çekti; yanaklarındaki kan çekilmişti, solgundu ve rengi oldukça tuhaftı. Elimi yanağına koydum ve soğuk olduğunu hissettim. Kollarından ve ellerinden kumu uzaklaştırdım. Onlarda da ölümün soğukluğu vardı.

Müneccimin kör olduğunu bildiğimden donuk gözlerine bakmadım. Ceset kokusu yoktu, elbette ölümün getirdiği kaskatılık mevcuttu, fakat tıpkı soğukluk ve gözün saydam tabakasının değişmesi gibi bu da ölümün şüphe götürmez bir delili değildi. Yanımızda duran birkaç Haddedihnden Mekkeliyi tamamen kumdan çıkarmalarını istedim.

"Neden?" diye sordu Halef şaşkınlıkla.

"Yüzünde hâlâ hafif bir yaşam soluğu varmış gibi bir hisse kapıldım, ki bu yalnızca baygınlık esnasında görülür."

"Sadece baygın mı? Yani ölü gibi mi görünüyor? Sihdi, başka hiç kimsenin yaşamayacağı pek çok şey yaşadık, fakat ölmüş gibi görünen birini yeniden canlandırmaya şüphesiz hiç denememiştik. Ölümün kudretinin bile karşımızda dimdik duramayacağını söyleyebilseydik, bizim için büyük bir şeref olurdu."

"Sakin ol, yine aceleci olma sevgili Halef! Burada yalnızca zâhirî bir ölümün söz konusu olduğunu henüz iddia etmedim. Herhalde yanılıyorum, fakat yine de ölümünün hakikaten vuku bulmuş olduğundan emin olmadan bu adamı tamamen gömmemeyi kendime görev biliyorum."

"Peki bundan nasıl emin olabilirsin?"

"Nefesini ve nabzını dinleyerek."

"Nefesini mi? Artık nefes almıyor, herkes anlar bunu."

"Sûreta ölmüş birinin nefesi öyle yavaştır ki yalnızca azamî dikkatle fark edilebilir. Göreceğiz!"

Haddedihnler kumu uzaklaştırdılar ve Müneccimi mezarın yanına koydular. Yanı başında dizlerimin üzerine çöktüm, göğsünü açtım ve gözlerimi göğüs kafesinin üzerinden ayırmadım. Halef aynı amaçla yanımda yere çöktü. Tüm diğer Haddedihnler de yanımıza gelmiş ve muazzam bir heyecan içinde etrafımızı sarmışlardı. Daha bir dakika geçmemişti ki Halef bağırdı:

"Şimdi nefes aldı! Gördün mü Sihdi?"

Göğüs kafesinde çok hafif ve oldukça derinden bir hareket olmuş gibi geldi bana da. Bir parça deri istedim, boru şeklinde büktüm ve Haddedihnlere sessiz olmalarını söyleyip, onu Mekkelinin kalbinin üzerine koydum. Bir dakikadan fazla olmuştu ki bir ses duyduğumu sandım, fakat hiçbir şey söylemedim; daha sonra sesi tekrar duydum. Farkına varmış olduklarım daha kısa olan ve daha net duyulabilen diyastole kalp atışlarıydı; ilk duyduklarım ise daha kuvvetli ve daha uzun, daha boğuktular ve bu tür kalp atışları zâhirî ölümlerde asla duyulmaz. Artık düşündüğüm şeyden emindim ve ayağa fırlayarak şöyle dedim:

"Halef, dileğin kabul oldu, bu adam yaşıyor, sadece ölmüş gibi görünüyor ve Tanrının yardımıyla ruhunu geri çağırmayı başaracağız."

"Elhamdülillah! Ölümü yenecek ve yeniden yaşama, meşrû biçimde ait olduğu yere geri dönmesini emredeceğiz! Fakat nasıl yapılacağını bilmediğim için, bize bunun nasıl olacağını söylemeni istiyorum Sihdi!"

"Bu Tanaffus masnû* ile olacak. Yardım etmek için fazlasıyla geç kalmak istemiyorsak, hiç zaman kaybetmemeliyiz. Ne yapman gerektiğini sana göstereceğim."

Mekkelinin vücudunun üst kısmını soyduk ve biraz yükselterek sırt üstü yatırdık. Ben düzenli aralıklarla kollarını göğüs kafesinden kaldırıp, ellerini yavaşça başının üstünde birleştirdim ve sonra yine bedeninin iki yanına indirdim. Halef'in aynı düzenli aralıklarla Müneccimin karnının alt kısmını yukarı doğru bastırarak itmesi gerekiyordu, ki bu sayede göğüs kafesi düzenli olarak genişleyip daraldı ve böylece akciğerler dönüşümlü biçimde nefes alıp tekrar vermeye zorlandı. Bunu yapmadan önce Müneccimin dilini bir Haddedihnin onu tutabileceği kadar dışarı çekmiştim, aksi halde dili nefes borusunu tıkayabilirdi. Biz bu şekilde uğraş verirken Müneccimin bedeni, bacakları da dahil olmak üzere, iki Haddedihn tarafından ara vermeksizin iyice ovuşturuldu.

Ufak tefek, geveze Hacı'nın bunları yaparken konuyla alakası olmayan, fakat heyecanını yatıştırdığını düşündüğüm için müdahale etmediğim fikirler ürettiğini söylemeye elbette gerek yok. Çabalarımız uzun süre muvaffakiyete eremeyecek gibi göründüğünden bilakis şevkini canlı tutmak gerekiyordu.

Bir saatten fazla bir zaman geçmişti ki bu tekdüze hareket beni bitkin düşürdü. Bir süre için yerimi başkasına devretmeye karar verdiğim anda birdenbire Müneccimin yüzüne renk geldiğini fark ettim. Artık bitkinliğim umurumda bile değildi. Müneccim kısa süre sonra kendi kendine nefes aldı ve gözlerini açtı.

** Süni teneffüs.*

Muhteşem mavi gözlerden ya da gök mavisi gözlerden söz eden pek çok kötü şiir okudum, fakat o güne dek hiç gök mavisi bir çift göz görmedim. Bu yüzden kesinlikle saf mavi göz olmadığını iddia ettim. Fakat herhangi bir zamanda hakiki gök mavisi gözler var olduysa, bunlar Müneccimin gözleriydi. O gök mavisi gözler târifi mümkün olmayan bir ifadeyle Hacı'ya çevrildiler. Bu bana tümüyle yabancı bir parıltı, öbür dünyadan gelmiş gibi görünen bir bakıştı.

"Sihdi, kendinde! Nefes alıyor ve bana bakıyor" diye keyifle bağırdı Halef.

"Susadım!" diye inledi hasta adam.

Haddedihnlerden biri su getirdi. Onu dik oturttuk ve dikkatlice, damla damla içirdik suyu. Henüz güçsüz olan soluğu bu düzenli yutkunma hareketleriyle güçlendi. Soluk alışı düzeldi.

"Teşekkürler!" dedi, dayanılmaz susuzluğu dinmiş gibi görünürken. Ardından yavaş yavaş yere uzandı, gözlerini tekrar kapadı ve uykuya daldı; ama bu soluk alıp verişini engellemedi. Aksine yüz çizgileri giderek daha güçlendi.

"Gözlerini gördün mü Sihdi?" diye sordu Halef bana.

"Evet" diye cevap verdim.

"Peki seni hayrete düşürdüler mi?"

"Hayır. Bu göz rengi yalnızca kuzeye has değil. Hatta ben bu rengi Sahra'nın güneyinde esmer tenli insanlarda dahi gördüm."

"Kastettiğim bu değil. El Gani Müneccimin kör olduğunu iddia etti, fakat bu gözleri gördüğümden beri bunun bir yalan olduğunu düşünüyorum."

"Ben de aynı görüşteyim, fakat elbette yanılıyor olabiliriz. Bekleyip görelim!"

"İyi ama şimdi ne yapacağız? Yola çıkmak zorundayız ve o uyuyor."

"Onu şimdi rahatsız etmemeliyiz, o uyanana kadar kalacağız."

"Ya sonra?"

"Sonra onunla konuşacağız, yani ne yapmak isteyeceğini öğreneceğiz."

"İyi, bekleyelim öyleyse! Acele etmemizi gerektirecek hiçbir şey yok ve o uykuda yeniden güç toplarken, biz onun rahmetli ruhunu ölümün ülkesinden geri çağırmış olduğumuz kıyâma sevinebiliriz. Daha önce hiç böylesi bir kıyâm duydun mu Sihdi?"

"Evet. Hatta yeniden dirilen birini çok yakından tanıyor ve oldukça çok seviyordum, artık fânilerin arasında olmasa bile bugün hâlâ seviyorum onu."

"Kimdi o?"

"Benim büyükannem, babamın annesi. O çocukluğumun fâni meleğiydi ve şimdi şüphesiz meleklerin yanında bulunuyor. Tıpkı anneminki gibi onun da gönlü öylesine zengindi ki bugün bile o zenginlikten beslenerek yaşıyorum; o var olan en büyük zenginlik, benim sevgili Halef'im. Tetanosa yakalanmasının ve öldüğünün sanılmasının sebebi bir sinir zedelenmesiymiş. Onu tabuta yatırmışlar ve gömmeden az önce, ardından ağlayanlar ona son vedâlarını ederlerken, hâlâ yaşadığı fark edilmiş."

"Tesâdüfen mi?"

"Halef, benim için tesâdüf yoktur bilirsin. Tanrının her şeye kâdir olan hikmeti sebep ve sonucu insanın zayıf gözlerinin göremediği bir bağla birbirine bağladığında, insanlar bunu açıklayabilmek için bana nahoş gelen bir kelime olan 'tesâdüfü' kullanılıyorlar. Zeki insanların bile bu kelimenin ardına sığınıyorlar."

"Büyükannen sûreta öldüğü sırada sen doğmuş muydun?"

"Hayır. Büyükannem o zamanlar çok gençmiş. Fakat canlı canlı gömülme düşüncesinin onda yaratmış olduğu, dehşetli korkudan ileri yaşlarına kadar sık sık söz etti."

"Bu korkuyu gerçekten hissetmiş mi? Duydum ki sûreta ölen biri ruhu bedenini terk ettiği ve bedeninin dışında gezindiği için hiç kendini bilmezmiş."

"Âlimler, hakiki bir zâhirî ölümde bilincin ve duyuların hassasiyetinin tümüyle kaybolduğunu iddia ediyorlar. Benim büyükannemin durumu da iki gün boyunca böyleymiş, üçüncü gün şuuru yerine geldiğinde kendini tabutun içinde yatarken bulmuş. Elbette bunu sadece etrafında bulunanların konuşmalarından anlamış. Fakat görmesi ya da hissetmesi mümkün değilmiş; çünkü ne gözlerini açabiliyor, ne de herhangi bir uzvuyla en ufak bir hareket yapabiliyormuş. Daha sonra bu hadiseyi anlatırken o dehşetli korkuyu, yaşadığına dair bir işaret verebilmek için çaresizlik içinde nasıl kıvrandığını târif edecek kelime bulamadı. Fakat söylediğine göre iradesi, ruhanî kudretinin tümü, hiçbir tesir gösteremeden bedenin üzerinde var olmuş. O anda tek kurtuluşunun dua etmekte olduğu gelmiş aklına. Büyükannem çok dini bütün bir kadındı. Tahmin edersin ki o sırada tümüyle şuuru yerindeyken içine gömüleceği kabrinin karanlık kapısının önünde asla etmediği kadar içten dua etmiş. Kutsal kitabımız şöyle der: 'Yüreği temiz olanın duası, içtenlikle edilmişse, çok şeye kâdirdir.' Büyükannem bu içtenlikten yoksun değildi ve böylece kutsal sözler onun için gerçek oldu. Bir çocuk vedâ etmek için elini tuttuğunda nihâyet parmaklarını oynatıp çocuğun elini sıkabilmiş. Çocuk korkudan çığlık atmış ve titreyerek onun 'henüz tamamen ölmediğini, aksine elinin hâlâ canlı olduğunu' söylemiş. Bunun üzerine orada bulunanlar bu iddianın gerçekliğine iknâ olmuşlar ve onu doktora götürmüşler. Böylece hasta büyükannem doktor gözetimi altında yavaş yavaş yeniden yaşama döndürülmüş."

Sözlerimi bitirmeden önce Hanne çadırından çıkmış ve yanımıza gelmişti. Anlattıklarımı büyük bir ilgiyle dinlemiş ve aklına şöyle bir soru gelmişti:

"Sihdi, büyükannenin ruhunun bedenini terk etmiş olduğuna inanıyor musun?"

"Evet" diye cevap verdim.

"Bence bu çok önemli! Anlattıklarından büyükannenin bir ruha sahip olmuş olduğu sonucunu çıkarabilir miyiz?"

"Kesinlikle."

"Allah'ın bir ruh vermiş olduğu yeryüzündeki tek kadının o olduğuna inanıyor musun?"

"Hayır, çünkü her dişi Tanrının bu armağanını alır."

"İslâm dinine göre, kadın bir ruha sahip değildir ve bu yüzden cennetin sonsuz hazlarından da istifade edemez. Yine İslâm'a göre, kadın sadece bedeniyle erkeğine hizmet etmesi için yaratılmıştır ve bedeninin ölümüyle onun için yaşam tümüyle sona erer. Efendi, o gece seninle çadırların arkasında, beni üzen bu yanlış inanç hakkında konuştum. Kadınların da bir ruha sahip olduklarına ve bu yüzden de tıpkı erkekler gibi cennetmekânlık olduklarına beni iknâ ederek yüreğime su serptin. O zamanlarki içten ricâmı duydun ve Halef'i, dünyevî mutluluğumun kurucusunu da ruhumun ölümsüz olduğuna inandırdın. Büyükannenin ruhundan söz ettiğin bugün, sözlerini duymuş olan tüm erkeklerin akıllarındaki 'ölümsüzlüğümüze' dair son şüpheyi de silmeli. Öğrenmek istediğim bir şey daha var. Büyükannenin ruhu o sırada bedenini terk etmiş ise, geri dönüşüne dek geçen süre boyunca bir başka yerde bulunmuş olmalı. Biliyor musun, nerede?"

"Hayır."

"Ona sormadın mı?"

"Çocukken hiç sormadım, çünkü bunun için gerekli olan anlayıştan yoksundum. İlham gerçek inancın ilk doğan kız çocuğudur, bu yüzden hakikaten inanan biri için kesinlikle var olmayan 'inancın gizemlerini' daha sonra araştırmaya başladım. O sıralar büyükannemden, bilincinin kayboluşu ve tekrar yerine gelişi arasındaki boşluğun, sonraları uyanmış herhangi bir hatıra ile doldurulup doldurulamayacağı hakkında pek çok kez ehemmiyetle bilgi almaya çalıştım. Fakat hiçbir şey bilmiyordu."

"Bunu kavrayamıyorum. Senden insan ruhu hakkında duyduklarıma bakılırsa, ruhun yaşamında ve bilincinde hiçbir zaman bir fasıla vuku bulamaz."

"Fasıla mı? Doğru sözcük bu. Böylece bana öyle bir mukayese olanağı veriyorsun ki her ne kadar tümüyle uymasa da en azından sana kısmen bir açıklama getiriyor. Ut çalmayı bildiğin için beni anlayacaksın. Ruhu bedenini terk ettiği sırada sûreta ölmüş olan büyükannemin beyninde fasılalar ortaya çıkmıştı; ki bunlar daha sonra da zihnin çağrışımlarına duyarsız kalarak kendilerini gösteren boş, hissizleşmiş kısımlardı. Fakat açıkça hatırlayamasa bile geriye dönük kutsal bir sezi, edinilmiş mesut bir bakışın dini bütün duygusu kalmıştı geride. Fakirlik ve endişe içinde geçmiş olan yeryüzündeki yaşamının, onun zayıf ve dünyevî hafızasının tutamamış olduğu 'ihtişamın yeniden uyanışına' yönelik en büyük umudunu gördüm böylece. Büyükannem ölümüne kadar kendini hiçe sayan bir sadâkat ve teslimiyet içinde ailesi için çalışıp, bu işten arta kalan her an kendini semâvî aydınlanmaya ulaşmaya adayarak çifte bir yaşam sürdü. Eminim ki bu aydınlanma onun için çoktan gerçekleşmişti."

"Ne kadar da eminsin Sihdi!" dedi Hanne, oldukça etkilenmiş bir halde ellerini kavuşturup birbirine kenetleyerek. "Seni bu inancından caydırabilecek hiçbir şey yok, değil mi?"

"Yok! Dünyevî ve ruhsal yaşamın mümkün olan her türlü kötülüğüyle inancım uğruna savaştım ve bugün de hâlâ her an onun için savaşmaya ve hayatımı ortaya koymaya hazırım. İnan bana, beşerî varlığıyla görülebilen düşmanlar benim bu bahtiyar eden îmanımın en güçlü ve en fenâ aleyhtarları değiller. En ateşli savaşlar karanlık güçlerin tesirinin daha büyük olduğu iç dünyada sonuna dek sürdürülüyor, yaşamda ise yalnızca bu tesirin sonuçları gözler önüne seriliyor. Meleklerin böylesi güçleri ve böylesi savaşları senden uzak tutmak için ellerini senin üzerine açıyorlarsa, ne mutlu sana, benim sevgili Hanne'm! Zaferle onlardan kurtulabilmek için gerekli olan îman gücüne her insan sahip değil."

Bunu söylediğimde içtenlikle gülümsedi bana ve şöyle dedi:

"Sihdi, neden savaşmalı, kesinlikle ihtiyacım olmadığı halde böylesi zor bir işe ne için girişmeliydim? Sen bana harikulâde inancını öğrettin ve onu benim yüreğime yerleştirdin. Bana verdiğin bu inanç iyi. Beni ve yaşamımı güpegündüz aydınlatan ve ısıtan bir güneş gibi duruyor yüreğimde ve böyle bir güneşin durduğu yerde hiç şüphesiz karanlık güçler var olamaz. Biz bugün burada dünyevî bir kıyâm, bir ölünün bedeninin yeniden dirilişini yaşadık; fakat sen inancınla çok daha önce muhteşem bir kıyâm, bir ruhun ölümden yaşama dönüşünü ve yanılgının mezardan çıkışını yaşattın bana. O mezarda benim için bir yeniden uyanış değil, aksine yalnızca bir çürüme vardı. Bu kıyâm senin yaşam kitabına kaydedildi ve bir gün yaptıkların, söylediklerin ve düşündüklerin tartıldığında senin için şâhitlik edecek."

"Tanrının rızâsıyla oldu bu ve onun tüm insanları bahtiyar eden sevgisinin bir armağanıydı; kendime bundan bir pay çıkarmaya hakkım yok. Ona böylesine itaatkâr olmaya ve tümüyle itimat etmeye açık bir yüreğe inancı yerleştirmek çok kolay. Her insanın bağrında bu hasret yatıyor; fakat orada aynı zamanda kibrin, burnu büyüklüğün, zevk düşkünlüğünün, itaatsizliğin hayâletleri ve kelimelere dökülemeyen daha başka pek çok hayâlet oturuyor."

O sırada Ömer Ben Sadek aldı sözü:

"Efendi, bu hayâletlerden bahsederken gerçeği söylüyorsun. Beni tanıdığın sırada ne biçim bir adamdım! İntikam ve kanlı bir ödeşme hırsıyla yanıp tutuşan bir insan, yalnızca kendini seven, düşmanlarından nefret eden ve diğer tüm insanlara karşı kibirli bir umursamazlıktan başka hiçbir şey hissetmeyen bir Müslüman'dım. Tüm o insanlar içinde beni saygıya zorlayan ilk insan sendin. Bu yüzden ben de, tıpkı şimdiki şeyhimiz Hacı Halef gibi, senin bir Müslüman olmanı arzu ettim. Çünkü sana çok şey borçluyduk ve yalnızca peygamberin yandaşlarına açık olduğuna inandığımız cenneti sana bahşetmek istiyorduk. Seni Müslüman yapabilmek için hiç durmadan çabaladık, sense buna hiç ses çıkarmadın ve tüm çabalarımızın karşılığı yalnızca bir gülümseyişindi. Senin yerinde bir başkası olsaydı Hıristiyanlığın öğretilerini kullanarak bizimle savaşırdı ve bizi birbirimize düşman edecek, nihâyetinde ayrılmamıza sebep olacak ateşli bir söz dalaşı çıkardı ortaya. Fakat sen vaizlerin düştüğü davranış hatasına düşmeyecek kadar zekiydin. Onlar bizim öğretilerimizi bilmeden kendi öğretilerini en doğru ve en iyi olarak kabul etmeye bizi zorladılar. Sen öğretiler getirmedin, büyük sözler söylemedin, fakat yaptıklarınla konuştun.

Sen öyle bir hayat sürdün ki o senin inancının iknâ edici vaazıydı. Biz senin yoldaşlarındık ve böylece senin hayatını birlikte yaşadık. Hayatının özü sevgiydi. Biz bu sevgiyi öğrendik ve her şeyden evvel seni sevdik. Senden ayrılamadığımız gibi, sevgiden de ayrılamadık. Sevgi içimizde büyüdü ve daima daha güçlü oldu; seni kucaklamakla kalmadı, karşımıza çıkan herkesi de yavaş yavaş kucakladı. Bizim sevgimiz şimdi tüm yerküreyi ve üzerinde yaşayan tüm insanları kuşatıyor. Kuran'ı unuttuk ve peygamberin yasalarına karşı umursamaz olduk, böylece sözünü ettiğin hayâletler bize hâkim oldular. İzinden gittiğimiz örnekle kabilemiz büyük ve meşhûr bir kabile oldu, çünkü seni sevdik ve bu örnek bize senin tarafından verildi. Böylece sen kendini beğenmişliğin, nefretin ve intikamın hayâletini yendin içimizde; bizden Allah'ın sulh yollarında ilerleyen insanlar yarattın ve senin sayende ben kan davası güden merhametsiz biri olmaktan çıkıp, sevginin ebedî gücünden gelen öğretisini tüm yaşamıyla ve ardından ölümüyle desteklemiş olan Tanrının Oğlu'nun itaatkâr bir yandaşı oldum. Şeyhimizin mutluluk kaynağı Hanne, bir kıyâmdan söz edebilecek olan tek kişi değil, aksine biz hepimiz bir kıyâm, bir yeniden diriliş yaşadık. Efendi, yüreğim beni buna teşvik ettiğinden sana şunu söylemeliyim ki bugün önümüzde gerçekleşen kıyâmı da senin keskin gözlerine borçluyuz."

"Peki bir soru daha" diyerek söze karıştı Hanne yine. "Senin sevecen huzur kaynağın Emme de senin gibi sağlam bir inanca sahip mi?"

"Evet" diye cevap verdim.

"Her zaman öyle miydi?"

"Ben onu tanıdığımda o çoktan bu inanca sahipti, inanç onun tabiatının derinliklerinde saklı duruyordu."

"Ve sen bu güneş ışığını onu çağıran gün ışığına çıkardın, değil mi? Sevgi dolu ellerinle ona baktın ve tıpkı kendi elleriyle büyütmüş olduğu bir ağacın meyvelerinin insana iki katı mutluluk verdiği gibi bundan mutluluk duydun. Sihdi, ne kadar çok isterdim Emme'ni tanımayı! Onun hatırı için her şeyi yapardım, hatta isteseydi onunla birlikte canının istediği kadar uzaklara, yan yana yolculuk edebilmek için sizin tren vagonlarınızdan birine binmekten çekinmezdim."

"Fakat ben de gelirdim!" dedi Halef hemen. "Kadınlar daima korunup kollanma ihtiyacı duyarlar ve ardından bunun için sundukları dostâne gülümsemeyi bir yabancıdan çok kendi kocaları hak eder."

"Gülümseme mi?" diye sordu Hanne. "Dostâne bir gülümseme, öyle mi? Bununla ne kastediyorsun, sevgili Halef?"

"Çünkü... koruma... onların ihtiyaç duydukları koruma", diye çekinerek kekeledi ufak tefek Hacı. Derken kararlı bir halde bana döndü: "Sen söyle ona Sihdi! Ben kendi kendimi ele verdim ve sen, benim bir kez bile görmediğim trenlerinizi elbette benden daha iyi biliyorsun."

"Tüm sevimlilikler içinde en sevimlisinin" yüzü ciddi bir ifade almıştı. Şimdi sabırsızca bana bakıyordu. Bu yüzden Halef'in yerine, bu gülümseme hakkında hiçbir şey öğrenmemesi gereken Hanne'ye şöyle bir açıklama yaptım:

"Karılarımızın ve kızlarımızın da içinde yolculuk yapabildikleri trenlerimiz hakkında Halef'le konuştum. Vagonlarda olmak öyle çok hoşlarına gidiyor ki hep dostça gülümsüyorlardı."

"Ama bu Halef'in hoşuna gitmiyor, değil mi?" diye sordu. "Neden bir kadın bir şey onu memnun ettiğinde gülümsememeli? Ben de gülümserdim. Buna bir itirazın var mı Halef?"

"Hayır, hiçbir itirazım yok!" diye cevap verdi Halef, bu gülümseyen meseleye tehlikesiz bir yön vermeyi başarmış olduğum için çok sevinerek. "Aksine gülümseyişinin parıltılarını yüzümde hissetmekten çok mutlu olurdum, biliyorsun bunu. Şuna bakın, yoksa yanılıyor muyum! Ölümden kurtardığımız adam hareket ediyor gibi görünüyor."

Haklıydı ve Mekkelinin uyanışı o anki sohbet konusunu değiştirmek isteyen Halef'in çok işine yaradı.

"Su!" Önceki gibi yavaş bir ses döküldü yine Müneccimin dudaklarından. Vücudunun üst kısmını dik tutmaya çalışıyordu ki iki Haddedihn hemen yardımına koştu.

Ona su verdiler ve bu kez suyu bir dikişte içti. Sonra öylece oturdu, harikulâde gözlerini etrafta gezdirdi, derin derin nefes aldı ve ellerini kavuşturarak usulca, kendinden geçmiş gibi şöyle dedi: "İnsanlar uyuyorlar, fakat öldüklerinde uyanacaklar."

Sonra gözlerini kapattı ve yardıma ihtiyaç duymadan tekrar uzandı. Sesi içten gelen bir yankıyla güçlenmiş gibi derinden, fakat elbette vurgu dolu çıkmıştı. Telaffuz ettiği kelimeler Arapça bilmeyen birine hiçbir anlam taşımıyor gibi gelebilirdi, fakat bende alışılmışın dışında bir tesir bıraktı ve o kelimelerin aynı şekilde Haddedihnleri de etkilediğini, içlerinden çoğunun bunun üzerine yavaş sesle ve huşu içinde söylediği bir "Amîn!" ile anladım. Bu söz Halife Ali'nin meşhûr Yüz Kelâmı'ndan biriydi. Az önce ölümden dönen bu adam bu sözü neden söylemişti, düşünmüş müydü yoksa aniden içinden mi gelmişti, bunu bilmiyordum; fakat o anki duruma ve o durumun yarattığı duygulara öylesine uymuştu ki beni etkiledi.

Müneccimin etrafını çevreleyerek sessizce durduk ve şimdi ne yapacak diye bekledik. Bir süre düzenli nefes alarak hareketsiz yattı. Sonra yine doğrularak oturur ve gözlerini açmadan eliyle yanını işaret ederek şöyle dedi:

"Otur yanıma!"

Kimi kastettiğini bilmiyorduk; fakat diğer herkese öyle gelmişti ki bu talebi yerine getirmesi gereken bendim.

"Az önce ne dediğimi duydun mu?" diye sordu o an.

"Evet" dedim.

"Bu sözü biliyor musun?"

"Halife Ali Bin Ebu Talip'in yüz kelâmından ikincisiydi."

Ben sözümü bitirdikten sonra sanki hâlâ sesimi dinliyor gibi hafifçe benden tarafa eğdi başını. Sonra gözleri hâlâ kapalı olduğu halde:

"İkincisi mi? Bu doğru! Ama bu kelâmın açıklamalarını bilmiyorsun, değil mi?" dedi.

"Biliyorum."

Başını bana doğru biraz daha eğdi ve şu soruları sorup cevapları dinlerken daima büyüyen bir şaşkınlık ifadesi aldı yüzü:

"Her ikisini de mi?"
"Arapça'sını ve Acemce'sini."
"O açıklamaları kim yaptı?"
"Vatvat lakâbını almış olan İranlı şair Raşid ed Din."
"Nasıl? Onu bu kadar iyi tanıyor musun?"
"Üç hükümdârın saraylarında yaşadı ve Hicrî takvime göre 578* yılında öldü."
"Maşallah! Dördüncü halifenin bu ikinci kelâmının Arapça açıklaması nedir?"
"İnsanlar bu dünyada yaşadıkları sürece gamsızdırlar. Derin bir uykuya dalmış gibidirler, ki böylece cennetin sonsuz hazlarını ve cehennem alevlerinin azabını unuturlar. Fakat öldüklerinde bu gamsızlık uykusundan uyanırlar ve kendilerini yaratmış olana hizmet etmekteki ihmalkârlıklarına pişman olurlar; onlara her şeyi bahşetmiş olana şükretmeyi ihmal etmiş oldukları için kendi kendilerine sitem ederler, fakat artık pişman olmak için fazlasıyla geçtir ve sitem etmek faydasızdır."
"Peki Acemce açıklaması?"
"İnsanlar bu dünyada kaldıkları sürece diğer dünyanın meselelerine aldırış etmezler. Ancak öldükleri zaman pervasızlık uykusundan uyanırlar. Sonra yaşamın değerini anlamamış ve doğru yolda yürümemiş olduklarının farkına varırlar ve kötü sözleriyle çirkin davranışları yüzünden pişman olurlar, fakat bunun onlara artık hiçbir yararı olmaz."
O an yüzünde dikkatle dinlediği halde çok şey söyleyen bir ifade belirdi. Bir an için bekledi ve ardından şunu sordu:
"Şimdi yanımda oturduğunu düşündüğüm kurtarıcım El Gani misin sen?"
"Hayır."
"Bana bu iki açıklamayı da onaylayıp onaylamadığını söyle öyleyse!"
"Takdire lâyık bulmadım, çünkü fazlasıyla yüzeyseller. Bu kelâmın derin anlamına değinmiyorlar."
"Peki nedir bu anlam?"

---

* *İ.S. 1182.*

"İnsanlar uyuyorlar, fakat öldüklerinde uyanacaklar. Bu şu anlama geliyor: İnsanlar uykuda gibi gözleri kapalı yaşıyorlar, ebedî bir hayatın kanıtlarını görmüyorlar, Allah'ın ve onun habercilerinin seslerini duyduklarında rüyâ gördüklerini sanıp onların peşinden gitmiyorlar. Fakat sonra, ölüm onları bu uykudan sarsarak uyandırdığında ve gözlerini açmak zorunda kaldıklarında, ihmal ettiklerini telâfi edebilmek için aşıp geri dönemeyecekleri büyük sınırların ötesini hazırlıksız görecekler. Sonra uyanışları bir sarsıntıya ve saadetleri korkuya dönüşecek."

"Allah'ım, Allah'ım!" diye bağırdı o anda. "Yeryüzüne geri döndüğümü sandım ve hâlâ senin, bana rehberlik etmiş olan senin yanındayım! Hayır, sen El Gani değilsin. O asla böyle sözler söylemedi. Elimi tut ve söyle bana; yoksa gözü kapalı yaşayan ve uyanışları pek korkunç olacak olanlardan mıyım ben de!"

"Sevgiye sahip misin?"

Neden bu soruyu sordum? Şüphesiz kısa süre önce Haddedihnlerle sevgiden söz etmiş olduğum için. Arabın davranışlarını ve söylediklerini tam olarak anlamadım. Aslında "onlar" ile kastettiği kimlerdi, bilmiyordum. Manzara kesinlikle tuhaftı. Bizi çevreleyen uçsuz bucaksız çölün üzerinde hâlâ aç akbabalar süzülüyordu, hiç şüphesiz gece boyunca yakınlarımızda bir yerde tünemişlerdi. Uzun bacaklı ve kambur develerin acayip şekilleri, fantastik giyimli bedevîlerin huşu içinde bizi çevreleyişi, açık duran mezarın yanında benimle yaptığı izah edilemeyen konuşmalarıyla bu gizemli yabancı adam, az önce yaptığımız dini sohbet ve bunun sonucunda kendimi içinde bulmuş olduğum ruh hali, derken Ali'nin kelâmının mezardan çıkıp gelen anlamı... Bunların hepsi bir araya gelerek bu soruyu sormama sebep olmuş olmalılardı.

"Sevgi mi?" dedi. "Uykudan uyanış anında sevgi doğrudan doğruya önem taşıyacak mı?"

"Yalnızca sevgi tek başına önem taşır. O kandilin yağıdır, onsuz doğru yolu bulamazsın."

"Yağ mı? Kandil mi?" diye sordu bağırarak ve o zamana kadarki dikkatli dinleyici tavrını bir kenara bırakarak. "Bâkirelerin düğün şölenine gidişlerini andırıyor bu!"

"Evet." Bu sözün bende yarattığı heyecanla, Hıristiyan olduğumu bilmemesi gereken bir Müslüman'ın huzurunda bulunduğumu düşünmeden konuşmaya başladım. "O zaman Göklerin Egemenliği, kandillerini alıp güveyi karşılamaya çıkan on kıza benzeyecek. Bunların beşi akıllı, beşi akılsızdı. Akılsızlar yanlarına kandillerini aldılar, ama yağ almadılar. Akıllılar ise kandilleriyle birlikte kaplar içinde yağ da aldılar. Güvey gecikince hepsini uyku bastı, dalıp uyudular. Gece yarısı bir ses yankılandı: 'İşte güvey geliyor, onu karşılamaya çıkın!' Bunun üzerine kızların hepsi kalkıp kandillerini tazelediler. Akılsızlar akıllılara: 'Kandillerimiz sönüyor, bize yağ verin!' dediler. Akıllılar şöyle cevap verdiler..."

Anlatmaya devam edemedim. Ben bunları anlatırken Müneccimde, en azından tâkatsiz halinde beklenmedik bir değişiklik oldu. Sanki damarlarındaki kan yenilenmişti ve sinirleri yeni bir yaşam şevki kazanmıştı. Vücudunun üst kısmını dikleştirdi. Gözlerini açtı ve parıldayan, târifsiz bakışlarını bana çevirdi; yüzündeki çöküntü kayboluyor gibi görünüyordu ve mimikleri gitgide daha canlı bir hal aldı, tâ ki her iki elini de bana doğru uzatıp korkulu bir haykırışla sözümü kesene kadar:

"Dur! Daha fazla dinlemek istemiyorum. Senin hakkında yanılmışım. Sen o değilsin, az önce benim yanımda olan ve o olduğunu sandığım kişi değilsin."

"Öyleyse söyle, kimmişim ben!"

"Peygamberin habercisi, Ben Nûr*"

"Hayır, ben sözünü ettiğin kişi değilim, onu tanımıyorum bile. Peygamberi anlatan hiçbir kitapta onun adından söz edilmiyor."

"Dünyevî bir kitapta yer almaz, fakat Kitâb et Tûbâniyîn'de** ondan söz edilir. Şimdi nerede olduğumu bilmiyorum; sen Ben Nûr değilsin, El Gani de değilsin. Hâlâ ölüler ülkesinde miyim, yoksa yine yeryüzüne geri mi döndüm?"

---

* *Işığın Oğlu.*

** *Rahmetliler Kitabı.*

Ne tuhaf! Bir çılgın, bir deliyle mi uğraşıyorduk yoksa? Müneccim parıldayan gözleriyle etrafına baktı, kör olduğuna kimse inanamazdı. Yoksa ölüler ülkesinde olmayı mı isterdi? Ona El-Müneccim, kâhin demişlerdi. Bu kelime astrolog anlamına da geliyordu. Kâhin, astrolog, müneccim; bu kelimeler Tevrat ve İncil'deki yasaklara aldırış etmeyen biri için uyarıcı birer tesire sahiplerdi. Güney Afrika'daki yağmur duacılarının, panayırdaki astrologların ve benzerî ayaktakımının hokus pokuslarını düşündüm. İlk kez bu adam bende böylesine derin ve saygı uyandıran bir etki yaratmıştı. O an ona karşı yalnızca dikkatli olmam gerektiğini hissettim. Hanne oldukça geri çekilmişti, Halef üzgün üzgün Müneccime bakıyordu ve Haddedihnler, şaşırsınlar mı yoksa onunla alay mı etsinler, tam olarak bilmiyor gibi görünüyorlardı.

"Yeryüzündesin" diye cevap verdim son sorusuna.

"Neresinde?"

"Daha önce neredeysen orada."

"El Gani'nin yanındaydım. O nerede? Onu duymuyorum."

"Ama bizi görebiliyorsun, değil mi?"

"Görmek mi? Allah vallâhi! Sözlerinden anladığım şu ki beni tanımayan insanların yanında bulunuyorum. Kör olduğumun farkında değil misiniz?"

"Hayır! Daha çok mükemmel gözlere sahip gibi görünüyorsun."

"Yanılıyorsun. Gözlerimin parladığını biliyorum, fakat bu parıltı bir aldatmaca. Benden ne kadar uzakta bulunursan bulun sesini duyabiliyorum, ama seni göremiyorum. Yalnızca bana yaklaştığında bir hayâletin belli belirsiz silûeti gibi algılayabiliyorum seni."

"Sanki hayâletler görmüş gibisin."

"Evet, pek çok kez! Fakat El Gani nerede? Onun için endişeleniyorum. O beni anlayabilen ve bana göz kulak olabilen tek kişi, o benim kurtarıcım, o olmasaydı ben çoktan ölmüş ve çürümüş olurdum. Nerede, söyleyin bana! Sizden ricâ ediyorum."

Gerçekten korkmuş gibi görünüyordu. Onu denemek zorundaydım. Bunun için kemerime sokmuş olduğum bıçağımın kabzasını tuttum ve birdenbire çekip, gözüne sokacakmış gibi yüzüne doğru salladım. Bıçağın ucu neredeyse gözüne değecekti, buna rağmen kılını kıpırdatmadı. Gören biri farklı davranırdı, Müneccim'in kör olduğundan artık şüphem kalmamış gibiydi. Bu yüzden onunla eskisinden daha samimi konuştum:

"Öncelikle bize kendin hakkında bilgi verirsen, istediğin bilgiyi alacaksın. Her şeyden önce sana şunu söylemek istiyorum ki korkmana lüzum yok. Sana dostça ve yardımsever davranacak olan iyi insanların yanındasın. El Gani bir Mekkeli mi?"

"Evet, biz hepimiz Mekkeliyiz. Fakat ben körüm ve bu yüzden size nasıl cevap vermem gerektiğini bilmiyorum. Sizden ricâ ediyorum, çaresizliğim karşısında müsamahakâr olun ve önce bana kim olduğunuzu söyleyin."

"Haydi, önce bizim istirahat yerimize gel! En fazla elli adım yürümen gerekiyor."

"Öyleyse götür beni!"

Ben Müneccimin elinden tutmadan önce, Halef az önce bıçakla yaptığım denemeyi tekrarladı. Kör bunu hakikaten fark etmedi, güzel gözlerindeki bakış hâlâ boş, cansız ve hareketsizdi. Daha sonra birlikte yürümeye başladığımızda, mezar tam önünde duracak şekilde tuttum onu. Üç adım attık ve onu kenara çekmiş olmasaydım, muhakkak mezarın içine düşecekti. Onu istirahat yerimize götürmeme gerek yoktu; bunu yalnızca ihtiyar adamın yürüyüşünü incelemek için teklif etmiştim. Güvensizlik içinde hareket ediyordu, ki bu kesinlikle çektiği zahmetin ve mahrumiyetin bir sonucu değildi. Ona yol gösteriyor olmama rağmen adımlarını yalnızca körlerde görülen bir dikkatle atıyordu. Yani bir riyakârlıkla karşı karşıya değildik.

Müneccimin başarıyla geçtiği sınavın iyi sonuçları, artık onun için yürekten merhamet duyan Haddedihnlerin davranışlarında hemen kendini gösterdi. Ona oturacağı yumuşak bir yer hazırladılar ve ne arzu ettiğini sordular. Müneccim yine su istedi. Üçüncü kez susuzluğunu giderdi ve ona aç olup olmadığını sorduğumuzda şöyle cevap verdi:

"Ne kadar zamandır yemek yemedim, bilmiyorum; çünkü bedenimin içinde değildim ve geceyle gündüzü ayırt edebilecek gözlere sahip değilim. En son Yôm el-Cuma'nın* erken saatlerinde yemiş olmalıyım."

"Ve bugün Yôm el-Etnên**" dedi Halef. "Öyleyse tamı tamına üç gün hiçbir şey yemedin."

"Yine de aç değilim. Fakat sizden bunu ricâ etmemin mahsuru yoksa, tütün verin bana!"

O sırada kısa saplı, alışılmışın dışında büyük başlıklı, eski bir pipoyu çoktan çantasından çıkarmış ve onu iki dudağının arasına sıkıştırmıştı. Ricâsı yerine getirildi. Şunu söylemeliyim ki ricâsını hararetli bir ses tonuyla dile getirmişti ve yüzünde dileğinin yerine getirilmesini beklemekte güçlük çeken bir hasret vardı. Ve dileği gerçekleştiğinde öyle şevkli tüttürdü ki yaşamı sanki o pipoyu mümkün olduğu kadar çabuk yeniden doldurabilmesine bağlıydı.

"Zavallı kör adam!" diye acıyarak mırıldandı. Hanne bana. "Daha biraz önce ölümden döndü, arkadaşları onu çölün ortasında terk etti. Onun için nasıl bir karara vardın?"

Hanne'ye sakin olmasını işaret ettim ve tam konuşmak için ağzımı açmıştım ki niyetimi anlamış olan Halef hemen fısıltıyla şöyle sordu bana:

"Sihdi, ona kim olduğumuzu söyleyecek misin?"

"Evet" diye cevap verdim fısıltıyla.

"İzin ver, bunu ben yapayım! Şüphesiz senin kadar iyi tanıyorum bizi."

Solunda oturmakta olduğum Körün diğer yanına oturdu ve anlatmaya başladı:

"Şimdi çok meşhûr iki adamla tanışacaksın. Bu yüzden sana söyleyeceklerimi dikkatle dinle! Benim adım Hacı Halef Ömer bin Hacı Ebu'l Abbas ibn Hacı Davud el-Gossara, büyük Şammar kabilesinden gelen Haddedihnlerin en büyük şeyhi. Diğer yanında oturan bu adam şarkın ve garbın en büyük âlimi. As-

---

* *Cuma.*

** *Pazartesi.*

lında o Âlim el-Ulema*, çünkü onun kafasında binlerce bilim dalı ve bu bilim dallarının her birinin içinde iki yüz altmış Medâris'de** okuyup üstesinden geldiği yüzün üzerinde noksansız bilim bulunuyor. En uzak Mağrip ülkesinden geliyor ve bilindiği üzere en zeki insanların geldiği Draa Vâdisi'nde doğmuş. Adı..."

"Kutub!" diyerek sözünü kestim.

"Ne var? Ne diyorsun?" diye sordu bana, bu kelimenin aramızda kararlaştırdığımız anlamını şevki yüzünden düşünmeden.

"Kutub!" diye tekrar ettim.

"Vahayâti!" diye bağırdı hatırlayarak. "Vallahi dilim sürçtü! Ben geride kalmalı, seni ön planda tutmalıydım."

"Kesinlikle, sevgili Halef."

"Vallahi kötü, vallahi tuhaf bir hâdise bu! Bağışla beni, Sihdi! Bunu hemen düzelteceğim ve ilk önce senin adını, ondan sonra kendiminkini söyleyerek sözlerime en başından başlayacağım."

"Artık buna gerek yok. Önce benim adımı söyle ve kendininkini boş ver, çünkü onu çoktan söyledin zaten!"

"Fakat benimki geriden gelmeli, yoksa bu seni rencide eder."

"Bir kez daha kendi adını söylersen; benimkini sadece bir kez, fakat kendininkini iki kez dile getirmiş olursun ve bu çok daha rencide edici."

"İyi, garbın en uzak ülkelerinden birinden geldiğin ve Draa Vâdisi'nde gözlerini dünyaya açtığın için senin istediğin gibi olsun. Senin çok meşhûr adın, Hacı Akıl Şâtir el-Mecarrib Ben Hacı Âlim Şaci er Gâni Ibn Hacı Dâim Meşhûr el- Azîm Ben Hacı Takî Ebu Fadl el-Mükerrem."

Halef'in bu kuyruklu ismi çabucak ve hata yapmadan söyleyişini dinlemek hakikaten eğlenceliydi. Elli Haddedihnin iki düzine kelimeyi alçak sesle hep birlikte söylerken ve dudaklarını

---

* *Tüm âlimlerin âlimi.*

** *Üniversite.*

geviş getiren adatavşanları gibi hareket ettirirken sergiledikleri manzara da bir o kadar eğlendirdi beni. Müneccim bir bedevî olduğu için, bu ismin ve az önce Halef'e böyle bir konuda haddini bildirişimin ona tuhaf gelmesinden korkmama gerek yoktu. Dikkatle dinlemişti ve ardından şöyle sordu:

"Yoksa sen birkaç yıl önce eski Babil'de Birs Nimrud'un harabelerinde kaçakçıların hazinesini bulmuş olan Haddedihn şeyhi Halef Ömer misin?"

"Evet, o benim" diye kendinden emin bir halde cevap verdi ufak tefek Hacı. "Yani senin, benim bu kahramanlığımdan haberin var, öyle mi? Peki nerede duydun bunu?"

"Şiilerin kutsal mekânı Meşed Ali'de."

"Ne zaman?"

"El Gani ve ben orada bulunduğumuz sırada."

"Fakat siz Şii değilsiniz, değil mi?"

"Hayır. El Gani Büyük Şerifin elçisi olarak oraya gitti ve beni de yanında götürdü."

"Orada ne işi olduğunu sorabilir miyim?"

"Bunu bilmiyorum, bana söylemedi. Fakat yalnızca Büyük Şerifin ve habercisinin bilmesi gereken dinî bir mesele gibiydi."

"Ve orada benden söz edildiğini duydunuz, öyle mi?"

"Evet. Sizin o zamanlar yaşadığınız macerayı çok iyi bilen İranlılar vardı orada*. Sizin tarafınızdan yakalanmış olan kaçakçılar ceza almak yerine gümrük memurluğu vazifesine verilerek bağışlandılar. Bu yüzden buldukları her fırsatta şanınızdan söz ediyorlar. Biz de bunu bu şekilde öğrendik."

"Sizin diyorsun, yani yalnızca benden bahsetmiyor musun?"

"Çünkü senin yanında biri daha vardı, garptan gelen bir Efendi. Hıristiyan'dı ve ona Kara Ben Nemsi Efendi derlerdi. Doğru mu?"

"Garbın neresinde doğmuştu?"

"Almanya'da."

"Hakikaten bir Hıristiyan mıydı?"

"Olabileceklerin en iyisiydi."

---

* *Bkz. Karl May: "Babil Harabelerinde".*

"Onun hakkında anlatılanlara bakılırsa, bir Hıristiyan olmasına rağmen tüm Kuran'ı ezbere biliyormuş. Gerçek mi bu?"

"Evet."

"Kuran'ın tefsirlerini de tümüyle biliyor olmalı."

"Bu da doğru."

"Ben fakir bir adamım ve hiçbir varlığım yok; fakat zengin olsaydım, onun yanında birkaç gün geçirebilmek ve onunla konuşabilmek için servetimin yarısını seve seve verirdim."

"Neden?"

"Çünkü onun Kuran'ı bildiği gibi, ben de Hıristiyanların kutsal kitabını biliyorum. Böyle bir adamla gerçeği su üstüne çıkarmak ve onu İslâm dinine kazandırmak bana büyük bir haz verirdi."

Bunu söylediği sırada, sözünü ettiği meseleye canla başla sarılmış ve çok endişeye kapılmış biri gibi derin derin nefes aldı. Bu onun Kuran inancını destekleyen bir ifade değildi. Kaldı ki benimle gerçeği su yüzene çıkarmak istiyor olması, onun henüz gerçek olanı bilmediğini gösteriyordu. Buna rağmen beni İslâm dinine kazandırmak istediğinden söz ettiğinde, elbette bu tâbiri yalnızca kendi şüphesini gizlemek için kullandı. Bakıp da görmeden kaynağın yanından geçip giden ve bu yüzden onu asla bulamayan, susamış pek çok insandan biri gibiydi bu adam. İddiasına bakılırsa, Hıristiyanların kutsal kitabını biliyordu ve bu nedenle "Ben gerçeğim ve yaşamım" sözünü de biliyor olmalıydı; fakat gerçek bilginin kaynağında kalmamıştı. Halef benim çıkardığım neticeleri çıkaramaz, çoklukla hislerine kapılıp konuşurdu; şimdi yine aynı şeyi tam olarak kendine has bir tarzda yapıyordu.

"İsteme bunu!" diyerek uyardı Müneccimi.

"Niye istemeyeyim?" diye sordu Müneccim.

"Çünkü umduğunun tam aksi gelirdi başına."

"Nasıl?"

"Müsaade edersen, bunu sana bir örnekle açıklayayım. Erbil'deydik. Belki bilmezsin, Cezire'de bulunan şehirlerden biri- ve namaz kılmak için camiye gittik. Kara Ben Nemsi Efendi,

Tanrının Müslümanlara ait olan evinde bir Hıristiyan duası etmeyi günah olarak görmez; hatta böylece caminin mukaddesliğine leke sürüleceğini değil, aksine kutsanacağını düşünür. Ona göre, kişi yalnızca kendi inancını inkâr etmemelidir. Yanımızda diz çökmüş olan müftü de dahil, kimse onu tanımıyordu. Daha sonra müftü, Efendinin bir Hıristiyan olduğunu öğrendi ve mukaddesâta leke sürdüğü için onu ihbar etti. Mahkemeye çıkarıldık ve orada kadı, Kara Ben Nemsi'nin suçunu mümkün olduğunca ağırlaştırabilmek için uğraştı. Fakat Kara Ben Nemsi öyle cevaplar verdi ki hâkim gitgide daha çok öfkelendi ve sonunda hiddetle haykırdı ona: 'Hiçbir kadıdan korkmaz mısın sen?' Efendi gayet sakin cevap verdi: 'Hayır, kadı benden korksun!' Bu sözünün ardından Şeyh-Ül İslâm'ın kısa süre önce çıkan fetvasını ileri sürdü; ki bu fetvaya göre tahsil görmüş Hıristiyanlar, ibadetimizin örnek teşkil eden örf ve âdetlerini öğrenebilmek için dinimize uygun ve saygılı bir biçimde davranırlarsa camilere girebileceklerdi. Bu örnekten anlayacağın gibi, onu onaylamadığı bir şeye teşvik etmek olacak şey değil. Durumu tersine çevirmeyi başarıyor. Efendiyi İslâm dinine kazandırmak istemiş olan Müslümanlar tanıyorum, fakat bunun sonucunda sadece şunu elde ettiler: kendileri Hıristiyan oldular."

"Âlimliği daha büyük olsa bile, benim için böyle bir tehlike söz konusu olmazdı."

"Tehlikenin farkına varmazdın. O biliminin, Tanrıyı memnun edecek bir yaşam sürmek olduğunu ve tüm garbın ulemalarının kuru Chutab'ındansa* neşeli bir kahkahayı dinlemeyi daha çok tercih ettiğini söylüyor."

"Öyleyse burada olmaması iyi."

"Neden?"

"Az önce bana, yanımda oturmakta olan arkadaşının şarkın ve hatta garbın en büyük âlimi olduğunu söyledin de ondan."

"Ah evet, herhalde birbiriyle çok iyi geçinirlerdi; çünkü ar-

---

* *Dersler.*

kadaşımın kafasında mesken edinmiş olan sayısız bilime rağmen, asla bunu yüzünden anlayamazdı."

"Fakat ben biraz önce, Halife Ali'nin sözü üzerine yorumlar yaptığında bunu anladım."

"Evet, elbette arada bir böyle bir yorum yapmaktan kaçınmaz, fakat genellikle yorumunu kendine saklar ve bu huyu takdire şayandır, çünkü insanın onu kavrayabilmesi için kendini yeniden ifade etmesi gereken pek çok yorum vardır. Şimdi ikimizin de kim ve ne olduğumuzu biliyorsun. Allah seni bizimle bir araya getirmekle sana büyük iyilik etti. Yanımızda elli yiğit Haddedihn savaşçımız var; ayrıca zaman zaman bir kadın sesi gelecek kulağına. Konuşurken duyacağın kadın, kadınlar çadırımın edepli hâkimi Hanne; güzelliği ve cana yakınlığıyla Türkiye'nin ve tüm İran vilâyetlerinin en büyük hazinelerinden biri. Allah ona ebedî gençlik, bana ve ona mutlu bir ömür versin! Bilmek istediğin başka şeyler varsa, sana daha sonra anlatabiliriz. Şimdi sen konuş bakalım! Yoksa soru sormam mı gerekiyor?"

Müneccim cevabını kısa bir süre geciktirdi. Fakat çok geçmeden sabırsızlanmaya başlayan Hacının tekrar eden öksürüklerini duyunca şöyle dedi:

"Kendim hakkında söyleyeceklerim çok kısa olabilir. Beni de âlim kişilerden biri sayarlar. Bundan çok uzun yıllar önce Mekke'ye geldiğimde varlıklı bir adamdım. Servetim yabancı hacılar tarafından çalındı. El Gani'nin yanında ikâmet ettim. Bana baktı ve kör olduğumda beni yanına aldı. Bugün yalnızca onun iyiliği sayesinde yaşıyorum. İki ay önce Meşed Ali'ye gitmesi gerektiğinde, oradakilerin çoğu dillerini anlamadığı İranlılar olduğundan beni de yanında götürdü. Bugün Mekke'ye geri dönüyorduk. Suyumuz bitti ve neredeyse susuzluktan ölmek üzereyken çölün ortasında durmak zorunda kaldık. Allah'ın ölmemize karar verdiğine inandık. Sonrasını biliyorsunuz."

Halef'e baktım; tekrar soru sormaya niyet etmişti ki durdurdum onu. Mekkelinin suskunluğuna rağmen öğrenmek istediğim bazı noktalar vardı. O bizim misafirimizdi ve mutsuz, kör bir adamdı; bu tür insanlara karşı çok ısrarcı davranmak doğru olmaz, fakat benim bu zamana kadar verdiği yetersiz mâlumatla yetinmemek için çok yerinde sebeplerim vardı. Bu yüzden ona saygılı bir üslûpla sordum:

"El Gani'nin hangi meslekle meşgul olduğunu bize söylemek ister misin?"

"O Şeh el-Hâre*" diye cevap verdi.

"Peki asıl adı nedir?"

"Size asıl adını söylemedi mi?"

"Hayır."

"Öyleyse izin ver, ben de adını saklı tutayım! O benim şükran duymakla yükümlü olduğum kurtarıcım. Bile bile gizlediği bir şeyi söylemeye benim hakkım yok."

"Dürüst bir adamın adını gizlemeye ihtiyaç duymayacağı görüşünde olmama rağmen, senin bu minnettarlığına saygı duyuyorum. Henüz kendi adını da söylemedin."

"Efendi, beni riyakârlıkla mı itham ediyorsun?"

"Hayır. El Gani'den öğrendiğim kadarıyla sana El-Müneccim diyorlarmış, bu benim için yeterli. Fakat çölün ortasında ne zaman durmuş olduğunuzu öğrenmemin bir sakıncası yoktur umarım."

"Yôm es Şabt'ın** erken saatleriydi."

"Yani dün değil evvelsi gün. Peki sen ne zaman uykuya daldın?"

"Deveden düşer düşmez; inecek gücüm yoktu."

"Uyurken düşünde başka bir dünya mı gördün?"

"Efendi, müsaade et, buna cevap vermeyeyim! Senin düş olarak kabul ettiğin başka türlü bir şey. Sen meşhûr bir âlimsin, fakat sana söylememeyi tercih ettiğim şeyi kavramaya senin tüm âlimliğin yetmez."

"Ben aksini düşünüyorum, bir âlim olarak âlim olmayan birinden daha kolay kavrardım."

"Hayır. Şüphesiz bu en yüksek ruhsal sağlığın bir delili olsa

---

* *Bir mahallede en yüksek mevki sahibi olan kişi.*

** *Cumartesi.*

da, sen bunu bir hastalık olarak kabul ederdin. Senden iç dünyama girmeye çalışmamanı ve beni tekrar El Gani'yle bir araya getirmeni ricâ ediyorum."

"Bu arzunu yerine getirmem ne yazık ki şu an mümkün değil, El Gani gitti."

"Bensiz mi?.."

"Evet. Senin öldüğünü düşündü ve seni çoktan toprağa gömdü. O adamlarıyla birlikte uzaklaştıktan sonra seni mezardan çıkardım ve hâlâ yaşıyor olduğunu gördüm."

"Ölü mü? Çoktan gömdü mü?" diye sordu dehşet içinde. "Allah'ım, sen bana merhamet et! El Gani benim her seferinde çok geçmeden kendime geldiğimi kuşkusuz biliyor."

Heyecandan farkına varmaksızın, bu sözlerle bana sırrının yarısını açıklamıştı! Diğer yarısını ben kafamda tamamladım ve bu yüzden ona şunu sordum:

"Bu tür durumlarda genellikle ne kadar süre kendinden uzakta kalıyorsun?"

"Yalnızca birkaç saat."

"Ve bu kez iki günden daha uzun sürdü. Mamafih alışık olduğun bir durum söz konusu değildi; sen sûreta ölmüştün. Uzun süren deve yolculuğunun yorgunluğunu, susuzluğunu, senin iddia ettiğin gibi 'en yüksek ruhsal sağlığın bir delili' olarak tanımlamadığım sinir hastalığının etkisini ve oldukça ağır, ciğerine kadar tütünle zehirlenmiş bir tiryaki olduğun ve bu yüzden az yemek yiyor gibi göründüğün gerçeğini göz önünde bulundurmalıyız. Tüm bunlar, muhtemelen bilmediğim daha başka sebeplerle müşterek tesir yaparak, zâhirî ölüm olarak tanımladığımız halin ortaya çıkmasını sağladılar."

"Zâhirî ölüm mü?" diye sordu. "Tam iki gün boyunca uyudum mu? Haklı olabilir misin? Gerçekten ölmeden gömülmüş olsaydım, dehşet verici olurdu. Zâhirî ölüm! Zaten hakiki bir ölüm yok, çünkü sizin hakiki ölüm olarak adlandırdığınız şey sözde bir ölümden başka bir şey değil. Bizim 'beden' adı altında bu dünyada giymiş olduğumuz, fakat asla tekrar giymeyeceğimiz dünyevî giysinin çıkarılışıdır ölüm. Bu beden temel unsurlarına ayrılmak üzere geride bırakılır, fakat onu giymiş olan ruh kendisini hapseden bedenden sonsuza dek ayrılarak özgür kalır."

Bu ifade biçimi beni tereddüde düşürdü. Çünkü dinine bağlı bir Müslüman gibi konuşmadı, bu yüzden konuşmasını bölmeden edemedim:

"Söylediklerinle Muhammet'in öğretilerine ve Kuran'ın tüm tefsirlerine aykırı düşüyorsun."

"Hayır" diye karşılık verdi. "Unutma ki peygamber ve onun halefleri kuru fikirli garplılar değil, şarklılardı ve kendilerini mecaz yoluyla ifade etme alışkanlığına sahiptiler! Hacı Halef seni şarkın ve garbın en büyük âlimi olarak nitelendirdiğinde, bunu kelime anlamıyla değil, aksine pek çok sıradan âlimden daha fazla şey öğrendiğin ve bildiğin anlamında düşünmeliyim. Hatta İncil'i bile böyle bir bakış açısıyla okumak ve yorumlamak gerekir, çünkü İncil'in içinde yer alan kitapların yazarları da şarklılardı."

"Öyleyse bu kitapların Kutsal Ruh tarafından yazdırılmış olduğunu inkâr ediyorsun."

"Hayır, fakat bu ilhamın alınışında bir yanlışlık olmadıysa, o şarkın dili aracılığıyla konuştu. Kutsal Ruh'un kendisi bir şarklı olamaz."

"Yani yeniden diriliş sırasında elementlerin, çözülmüş ve dağılmış beden parçalarını geri vereceklerinin mecâzî olarak aktarılmış olduğunu mu söylüyorsun? Yeniden dirilen kişi uzuvlarını topraktan, kanını sudan, etini ve saçlarını bitkilerden ve yaşamını ateşten geri mi alacak?"

"Eski İranlıların, Parsilerin bir öğretisi bu; Parsizmi biliyor musun?" diye sordu şaşkınlıkla. "Neden örneğini hakkında konuştuğumuz İncil'den vermiyorsun? Elbette, -diye devam etti hemen- bilmediğin için İncil'den hiçbir kanıt gösteremeyeceğini unutuyorum."

"Etin yeniden dirilişinden söz ettiğini biliyorum" diye karşılık verdim.

Bir Hıristiyan olduğumu gizlemem gerektiği için, örnek olarak İncil'den bölümler vermekten kaçınmak zorunda olduğumu düşündüm. Beni hayrete düşürerek şunları söyledi:

"Havari Pavlus şöyle der: 'Dünyevî bir beden ekilir ve ruhanî bir beden olarak yeniden dirilir; dünyevî beden olduğu gibi, ruhanî beden de vardır."

Şimdi şaşırma sırası bendeydi. Bu Müslüman, Korintlilere yazılmış mektupları biliyordu. Sözlerine devam etti:

"Ruhun ve bedenin bu hayattaki müşterek tesiriyle gözle göremeyeceğimiz ikinci bir beden oluşur, ki bu beden dünyevî bedenin gözeneklerine nüfuz eder ve onunla ruh arasındaki bağlantıyı kurar; ölümlü bedenin cismanî olmayan cevherlerinden ortaya çıkar ve onunla birlikte yok olmaz, aksine sonsuza dek ruha eşlik eder. Havarinin bedenin kıyâmından söz ederken kastettiği bizim gözlerimizin göremediği bedendir."

"Tahminime göre bu Ebu en Nasriniya* Origenes'in görüşüydü."

"Origenes'i biliyor musun?" diye bağırdı. "Öyleyse düşündüğümden daha bilgilisin. Yani ölümden korkmadığımı, çünkü ölümün bu dünyada ruhu ve ruhanî bedeni korumuş olan kaba giysiyi çıkarmaktan başka bir şey olmadığını söylediğimde beni anlayacaksın. Ölümden sonra her ikisinin de artık bu korumaya ihtiyacı kalmıyor. Elbette bu kaba bedenin çıkarılması, sıradan bir elbiseden kurtulmak kadar kolay ve sancısız olmuyor ve bu yüzden az önce sûreta ölmüş olduğumu söylediğinde korktum. Bunun doğru olduğuna inanamıyor, daha çok senin yanılmış olduğunu düşünüyorum. Bedenim bir süre için ruhum tarafından terk edilmeye alışkın ve bu kez ruhum iki gün boyunca, yani başka zaman olduğundan daha uzun süre bedenimde bulunmamışsa, bunu mezara yalnızca küçük bir adım kaldığının işareti olan zâhirî bir ölüm olarak tanımlamamalı."

Müneccimi kurtarmakla elde ettiğimiz liyakâti küçültmeye yaramış olan bu açıklama üzerine Halef söz aldı. Konuşmanın

* *Kutsal kitaplar yorumcusu. Öğretileri, burada bedenin yeniden dirilişi konusunda olduğu gibi, pek çok yönüyle Hıristiyanlık öğretilerinden ayrılır.*

son kısmı hoşuna gitmemişti ve hak ettiği şükrandan mahrum kalacağına inandığından birdenbire öfkelendi:

"Bir adım daha mı? Yani mezarın dışında bulunmuş olduğunu mu sanıyorsun? Sen çoktan mezarın içine yatırılmıştın ve üzeri neredeyse tamamen kapatılmıştı, yalnızca yüzün hâlâ açıktaydı. Ruhun merakla dünyanın etrafında dolaşmak için sık sık bedenini terk etmeyi huy edinmişse, benim buna diyebileceğim hiçbir şey yok; çünkü o benim ruhum değil, ben onun böylesi düşüncesizliklerine müsaade etmezdim. Bir kez olsun geri dönüş yolunu unutacak olsa, aç ve erkeksiz kalmış bir dul gibi yeryüzünde dolaşıp dururdu ve o sırada ben, onu nerede aramam gerektiğini bilemeden yatıyor olurdum. Bana en çok neyin nahoş gelebileceğini elbette sana açıklamama gerek yok. Şüphesiz her mantıklı insan, garbın kadınları ve kızları gibi onun da trenlerde samimiyetle gülümseyerek yolculuk etmesine müsaade etmek zorunda kalmadan kendi meşrû ruhuna sahip olmak ister. Bedeninde ikâmet eden ruhun bu dikkatli muamelenin dışına çıkması hoşuna gidiyorsa diyecek sözüm yok, çünkü bize onun kısa süre sonra tekrar geri döndüğünü söyledin. Fakat ruhun tam iki gün boyunca ortadan kaybolmaya başladığında mesele düşündürücü bir hal alıyor. Bundan da hoşlanmak niyetindeysen sana engel olamam; yalnızca şunu söyleyebilirim ki senin yerinde olsam böylesine kontrolsüzce etrafta dolaşıp duran bir ruhun başına neler gelebileceğini ona anlatırdım. Fakat en kötüsü, ruhun tarafından böylesine düşüncesizce terk edilen bedenin hakkında düştüğün yanılgı. Ruhunun bu başına buyrukluğunun bedenine hiçbir zarar veremeyeceğine inanıyor gibisin. Ah, Müneccim, senin ruhun bedeninin içindeyken onun ipiyle kuyuya inilmez; çünkü aksi halde kesinlikle başka türlü konuşurdun. Anladım ki seni nerede ve nasıl mezardan çıkardığımızı gerçeğe uygun biçimde anlatarak sana yardım etmek zorundayım. Öyleyse dinle beni!"

Bunu, akbabaları fark etmiş olduğumuz andan içinde bulunduğumuz zamana dek gelişen olaylar hakkında oldukça canlı bir anlatım izledi. Kör, yol arkadaşlarının kendisini nasıl ve neden terk etmiş olduklarını ilk olarak bu esnada daha detaylı bir biçimde öğrendi. Hakikaten gömülmüş olduğunun bilincine vardı ve büsbütün korkuya kapıldı. O zamana kadar ihmal etmiş olduğu şükran ifadesini, bu konuda çok kibirli olan Halef'i memnun eden bir üslûpla telâfi etti.

Derken korkusuna ve minnettarlık duygularına bir de çaresizliğinden kaynaklanan büyük bir endişe eklendi. Şimdi ne yapacaktı? Yakınları onu toprağa gömmüştü, kördü ve her türlü çareden yoksun, yabancı insanların arasında yaşamaya devam edecekti. Anlaşılan o ki bizim yanımızda güvende olacağına onu inandırmıştık. Biz de Mekke'ye gidecektik, yani yolumuz onunkiyle aynıydı ve ona develerimizden birini vermekle hiçbir şey kaybetmezdik. Bunu duyduğunda çok mutlu oldu ve bizimle birlikte yola çıkmak için yeterince güçlü olduğunu söyledi.

Bu sözde güce haddinden fazla güvenmemiz için geçerli sebeplerim vardı. Mezardan uzaklaşıp kilimin üstüne oturduğumuzdan beri şehir askerleri gibi duman altı olmuş ve sekiz kez çubuk tüttürüp sonuna kadar içmişti; bugüne kadar tanıdığım en büyük tiryakilerden biriydi. Muhtemelen tütünün zehri bedeninin içine iyice işlemişti ve midesi tümüyle harap olmuştu. Bu yüzden şimdi, hiçbir şey yemeden geçirdiği böylesine uzun bir sürenin ardından aç olmadığını iddia ediyordu. Ona adamakıllı karnını doyurmadan yola çıkmayacağımızı söyledim ve Hanne'nin ona erzak çantamızdan çıkarıp getirdiği yiyecekleri yiyip bitirmesi için neredeyse zorlamam gerekmiş olsa bile sözümde durdum. Bir göz doktoru olmasam dahi, körlüğünün de çok fazla tütün içmesiyle yakından ilgili olduğunu düşünmeden edemedim ve 'zaman' daha sonra bu düşüncemde haklı olduğumu bana kanıtlayacaktı.

Aslında iddia ettiği gibi biri olmadığı konusundaki şüphelerimi silemedim ve bunun için haklı sebeplerim vardı.

Bir âlim olduğunu ispatlamıştı. Hatta İncil'i biliyordu, ki bu çok nâdir rastlanan bir durumdu. Eski İran teolojisi hakkında da bilgi sahibiydi. Bunun dışında, zengin bir adam olarak Mekke'ye gelmiş olduğunu anlatmıştı. Şarklı bir âlimin dar geliriyle uyuşmazdı bu. İfade tarzı da dikkatimi çekmişti. Kullandığı üslûp doğma büyüme bir şarklının teşbih, istiare ve mecaz bakımından zengin üslûbu değildi; uzun zamandır şarkta bulunan bir Avrupalının üslûbuna daha yakındı. Yalın bir dille, benzetmeler kullanmadan ifade etti kendini. Bazı Arapça sesleri telaffuz edişi de çekti dikkatimi. Her iki Ha, Ain, Sin ve Szad ile Ghain ve Ghen arasındaki fark, ilk Kâf... Bunların hiçbirini bir yerli gibi telaffuz etmiyordu. Bazı kelimeleri de ilgisiz yerlerde kullandı; gerçi bunu Araplar da yapardı. Onun benim için bir bilmece olduğunu söylemem, elbette şaşılacak şey değil.

Sıralamaya devam edecek olursam, El Gani'yle ilişkisini de tam olarak anlayamamıştım. Ondan pek az söz etmiş olduğu için değil, çünkü yabancılara karşı ihtiyatlı davranması kolayca anlaşılabilirdi; fakat kendisine yapılan iyilikler için duyduğu minnettarlığın dışında, bu adama karşı gizlemeye çalıştığı iyi veya kötü daha başka duygular da besliyor gibi görünüyordu. Bu asil Mekkeli Meşed Ali'ye giderken kör, yaşlı ve eli ayağı tutmayan bu adamı neden yanına almış, neden ondan böylesine uzun ve zahmetli bir yolculuğa çıkmasını istemişti? Kendisine tercümanlık etmesi için mi? Kesinlikle hayır. Mekke'de Acem diline hâkim haddinden fazla genç insan var ve El Gani'nin tek yapması gereken onlardan birini seçmekti. Ayrıca az çok okumuş her İranlı Arapça da konuşuyor ve El Gani Meşed Ali'de Arapça'sıyla gayet iyi idare ederdi. Her halükârda bu işin içinde hiç kimsenin, en azından bir yabancının öğrenmemesi gereken bir şeyler vardı.

Şu sözcüklerle ifade etmiş olduğu hastalıklı hâli bana tuhaf göründü: "Bedenim bir süre için ruhum tarafından terk edilmeye alışkın." Derin ve daha uzun süreli baygınlıklar farklı hastalıklarda ortaya çıkar. O epileptik, histerik ya da uyurgezer miydi? Her ne olursa olsun sinir hastasıydı! Bu baygınlıklar esnasında başka bir dünyada olduğunu ve o dünyayı hatırladığını iddia etti. Benim ilgimi çekmek için daha fazlasını söylemesine gerek yoktu. Ben realist bir adamım ve fantezilerden hoşlanmam, yalnızca beş duyumla algıladıklarımı gerçek kabul ederim; fakat buna rağmen, ya da belki sırf bu yüzden

"bakarım seve seve
gizli kalmış şeylerin bulunduğu
böylesi köşelere,"

ruhanî köşeler ya da kuytu yerler olsalar bile. Ve Müneccimin bu baygınlıklarının ardında merakımı cezbeden bir şeyler saklıydı.

Bizi tehditler yağdırarak bırakıp gitmiş olan El Gani'ye gelince, şayet "endişe" yerinde bir tâbir olursa, artık onu önceden olduğundan daha az endişeyle düşünüyordum. İçimdeki duygunun tam olarak ne olduğu belli değildi, fakat elbette kendini açığa vurdu ve bu duygunun El-Müneccimle dost olmamızı sağlayacağı ortadaydı. Nâdiren bana böyle hissettirmiş olsalar bile, bu tür önseziler beni neredeyse hiç yanıltmadılar.

Sahip olduğumuz en konforlu semer, İhtiyar için örtüler ve yumuşak çullarla bir koltukta olduğu kadar rahat oturabileceği biçimde hazırlandı. Deveye binmeden önce bizden kendisini mezarın yanına götürmemizi ricâ etti; göremese de, en azından elleriyle bir kez olsun orayı yoklamak istiyordu, ki orası az kalsın onun mezarı olacaktı. Hanne ona refâkat etmek için elini tuttu ve şöyle dedi:

"Senin şimdiki kıyâmın, gözlerinin sana yeniden diriliş yerini göstermedikleri dünyevî bir kıyâmdır; fakat bir gün semâvî kıyâmın geldiğinde gözlerin açılacak ve Allah'ın kalpleri temiz olanlarla O'nu ve kullarını seven herkes için hazırlamış olduğu İhtişamın Ülkesi'ni gözlerinle göreceksin. Allah yekûn ma'ak, Allah seninle olsun!"

İranlı

Bugünkü yolculuğumuzun amacı Bîr Hilu'ya varmaktı. Bir Hilu güneydoğu kervan yolu üzerinde değil, aksine oranın oldukça uzak bir paralelinde yer alıyor. El Gani'nin Müneccim hakkında söylemiş olduklarını da hesaba katınca, bu Mekkelinin her zaman sadece peygamberin şehrinde konaklamadığından, aksine çölü de oldukça iyi bildiğinden emin oldum.

Çöl!..

Daha önce çölü ve farklı çöl türlerini şimdi tekrarlamamamı gerektirecek kadar sık tasvir ettim. Çöllerin fizyolojik özellikleri, bu zamana kadar pek değer verilmemiş anlamından daha iyi bilinir; oysa ki çöl, Vahalarında yaşayan insanların eğiticisidir. Çalılık nasıl yalnızca kendine has bir yaşam ve yine yalnızca kendisi için mümkün olan biçimler geliştiriyorsa, çöl de insanın başka bölgelerde arayıp bulamayacağı kendi hususi bitki, hayvan, insan ve yaşam formlarına sahiptir. Freiligrath, "Çöllerin kralı aslandır" sözünü hakikaten böyle düşünerek söylemişse, şüphesiz bunu kabul etmez ve şöyle derdi: "Aslan yalnızca çölde değil, diğer bölgelerde de görülür." Ancak buna rağmen haklıyım; çünkü aslan hakikaten bir gün çölde görülecek olsa, bu ancak çöl kenarında mümkün olabilir ve aslan yolunu şaşırmıştır. Bir etobur olarak bol suya ihtiyacı vardır ve onun meşhûr "Aslanla Gezintisinde" anlattığı zürafa gibi o da bir çöl hayvanı değildir ve çölde bir günden daha uzun süre kalmaya dayanamaz.

İnsanoğlu konaklamak için seçmiş olduğu topraklardaki doğa koşullarına uymak konusunda yeteneklidir; evi yerleşik ya da göçebe olsa da fark etmez, onu taşıyan zeminin kendine has özelliklerini benimseyerek bir yerde ne kadar uzun süre kalırsa o kadar çok o toprağın oğlu olur. Çölde ikâmet edenler de böyledir. Dil alışkanlığından, tamamen yanlış bir ifade kullandım aslında. Çöl bir yerleşim yeri değildir ve ancak kervan yolları çölden geçtiğinde yalnızca gezginlerden söz edilebilir, ikâmet edenlerden değil.

Çöl, Tanrının rahmeti ve merhameti için sonsuz bir dua gibi yakararak uzanıp gider. Dünyevî açlığın ve çaresizliğin oldukça dokunaklı bir resmidir. Güneşin kavurduğu kayalıklar çırılçıplak yükselir; çoğu tuhaf, fantastik biçimlidir, bazı kayalar tek tek dört bir yana dağılmışken, bazıları birleşerek yabanıl silsileler oluşturur. Bu kayalıklar bazen öyle tuhaf parçalardan oluşurlar ki yıkılan şehirlere, harabeye dönmüş şatolara ve kalelere baktığını sanır insan. Bazen de insafsız bir kaderin yumruğuyla ezilmiş gibi yassılaşmış, parçalanmış ve çatlamış, derinliklerine ekvator güneşinin yakıcı sıcağının bile işlemeyeceği uçurumlarla yarılmışlardır. Bu tasvir, Tanrı tarafından sözde terk edilen o toprakların öyküsüne tıpatıp benzemiyor mu?

Çoğu göğe uzanan yükseltileri "susuz çöl", yani ezilmiş, gaddarca oraya buraya fırlatılmış kaya kütlelerinin örttüğü çöl izler; öyle bir görünüşü vardır ki sanki şeytan kovuluşundan dolayı duyduğu öfkeyle burayı yerle bir etmiş ve paramparça ettiği her şeyi dört bir yana fırlatmıştır. Bu çölde kayaların her boyu mevcuttur; bir tarafta sadece bir, sadece iki veya üç tane kaya varken, diğer tarafta iblisin kendine yapmış olduğu bir yuva gibi iç içe geçmiş ve her bir günâhı, her bir ayıbı ezilmiş dağlardan oluşan bir melûnluk nişanesiyle gösterircesine üst üste yığılmışlardır. Ufka kadar gözümüzün görebildiği her yer bu işaretlerle doludur ve ufkumuz ne kadar genişlerse işaretlerin sayısı da o kadar çok olur. Onların arasında kaya parçaları, çöl güneşinde olgunlaşıp kararması için ekilmiş cehennem mahsulü sayısız hububat gibi dururlar. Bu tek başına bir gezginin şiddetli sıcağa rağmen tüylerini diken diken eder, çabucak ilerleyebilmek için devesini haydalar ve şöyle der: "Allah'ım sen beni koru!"

Ardından kumun susuz çöl ile birbirine karıştığı çöl gelir. Batıda, buradan günlerce uzakta, geniş kum düzlükleri yer alır. Çoğu zaman hüküm süren batı rüzgârı, çölün üzerinde süzülüp en narin ve en hafif tanecikleri daha sert olan her yere, küçük de olsa her tepeciğe bırakabilmek için yanına alır. Tepecik günden güne büyür. Rüzgâr onu yükseltir ve sürüklediği kum zirveye kadar havalanır; orada kalamayan tanecikler tepenin öbür tarafından aşağıya yuvarlanır. Bu sırada metal tınısını andıran sesler duyulur. "Melekler fısıldıyor" der, gece vakti yarı uykulu halde bunu duyan bedevî. İşte bu çöldür, bir kum tepesi. Narin, tınlayan kum tanecikleri hiç durmadan ilerlerler, susuz çöle ulaşıp onun boşluklarını ve çukurluklarını doldururlar, yıkıntılarına tırmanıp üzerini bir paltoyla örterler, sert hatlarını yumuşatır ve kaba enkaz yığınlarını yavaş yavaş pürüzsüz dalgalara dönüştürürler: Fısıldayan melekler şefkâtli bir uğraş içinde kapatırlar şeytanın icâdının üstünü.

Ve daha açıklarda nihâyet genişleyiverir ölü kum çölü. Kavurucu sıcak parıldayan yoğunluğuyla çölün üzerinde bir yük gibi durur, gökyüzü erimiş kurşun gibi uzanır ve yerküreyle birleşen bir maden denizini andırır; günlerce yerle gök arasında bir sınır çizgisi görülmez. Gözler yanar, göz sinirleri yorgunluktan işlevini reddeder, çünkü hasretli bakışlar durup dinlenecek tek bir nokta bulamaz. İnsanın mesafe duygusu yok olur, biçimi olmayan bir sonsuzluğun ortasında yol aldığını sanır ve o sonsuzluk içinde kendi benliğini yitirir. Enerji tükenir, irade körelir, duyuların hassasiyeti azalır ve eksik olan algıların yerini insanı kendi arzularıyla aldatıp oyalayan sanrılar alır. Bu yüzden bu çöl, asıl serap bölgesidir; ayrıca bir çok yalnız gezginin ve bir çok kervanın tümüyle kurban verilmiş olduğu yıkıcı kum fırtınalarının merkezini oluşturur. Hakiki, aldatmacalardan uzak bir vaha manzarasının uyandırdığı hazzı târif etmek içinse kelimeler yetmez.

Ve çöl nasılsa, çölde yaşayan kişi de öyledir. İçinde aynı hararetli sıcağı barındırır, ki o sıcakta ruhunun şekli de tuhaflaşır. Susuz çöl ve yanan kum gibi çaresiz, aç ve susuz, her anında Allah'tan merhamet bekleyerek ilk gününden son gününe dek göğe doğru uzanır yaşamı. Bu yüzdendir derin dindarlığı, fakat bu dindarlığın dışa vurumu zahmetli genel kurallara bağlıdır. Çölün insafsız katılığı çöl insanını ciddi ve katı yapar, çöl ona karşı ne kadar acımasızsa, o da kendine yakın olmayan diğer insanlara karşı o kadar gaddardır. Çöl kanunları gibidir, ödün vermez, doğruluğundan şüphe edilemeyecek fikirleri ve üstün iradesiyle bildiğini okur. Çölün sıcaklık farklılıkları kendini onun duygularında gösterir; gündüz kendisini heyecanlandıran bir şeyden, akşam soğuk ve hor gören bir tavırla uzaklaşabilir. Şimdi çok sevdiği karısını, birkaç saat sonra kanunen geçerli olan "boş ol!" sözüyle yanından kovabilir. İsa'nın öğretisinin büyük çağrısı olan hayırperverliği hiç bilmez, çünkü çöl ona sevgiden yana hiçbir şey vermez. Çöl hiçbir şey vermediği gibi, sadece kurban ister; çöl insanı da çölün kendisi kadar bencildir ve hatta gökyüzüne bile tek başına sahip olmak ister. Çöl tüm gün susuz kalınca, gecenin çiyini son damlasına kadar içine çeker; aynı şekilde çöl insanı da sabırla tüm mahrumiyetlere boyun eyer ki sonunda kendini sonsuz bir hazza ve nefsine hâkimiyete teslim edebilsin. Tüm iç dünyası, tenhâ yollarda sadece birkaç kuyunun kesintiye uğrattığı bir göçten ibaret olduğundan, kendisi için öbür dünyayı en iç açıcı renklerle harikulâde bir vaha gibi süsler ve orada sonsuz hazlar içinde mest olur, ki dünyevî yaşamı ona bu hazlardan yalnızca arada bir hafif ve anlık tatlar sunar. Sıkıntıları ve mahrumiyetleri bedensel olduğu gibi, arzularının ve uğraşlarının hedefleri de genellikle âfakidir. Çöl insanı duygusuzdur; bu yüzden ne dünyevî bir mutluluğu, ne de geçmişindeki cennetmekânı safi gönülden düşünebilir. Ruhunun temeli kayalık ve taşlık çöllere, derin kum çöllerine benzer. Tuhaf, darmadağın, maceracı bir rüzgâr yükselir yerden; sıcak Samûm* süpürüp çölün üzerini, cehen-

---

* *Çöl rüzgârı.*

nem ateşiyle bezenmiş ölümcül kum bulutlarını döndürerek önüne katar. Fakat tıpkı çöl gibi, ruh da çiysiz olmadığından; ekonomik, ahlâki ve dinî terbiyenin manevî koşullarından mahrum değildir. Peki ama fedakârlık isteyen bu su arama vazifesini içlerinde taşıyan dürüst öncüler nerede? Bu konuda hakikaten yardım etmek isteyen biri, bunun için yatıracağı sermayenin yüzde kaç faiz getireceğini hesaba katmadan etmemelidir; ilk olarak muhtemelen orada fanatik bir muhalefete sebep olacak ve en azından başarısını belirsiz bir zamana erteleyecek olan dini hoşgörüsüzlükten de vazgeçmesi gerekir. Tanrı, o büyük hesaplaşma günü geldiğinde sevaplarını ve günahlarını karşılaştırmak için bu sermaye yatırımlarını defterine kaydeder; ki farklı inançlara sahip olanları, öğretilerinden çok yaşamıyla iknâ etmek için uğraş veren her insan en iyi misyonerdir. Tanrıyı memnun eden ve diğer insanların hayrına olan bir yaşam, toprağa tohum ekmek için yapılacak yegâne doğru hazırlıktır ve öyle ise bu hazırlık vaazla sözlerde gerçekleştirilecektir.

Haydi, hayâlinde benimle çöle gel, sevgili okur! Sen ki bedeninin gereksinimlerini en cüzî miktara indirmeyi öğrendin. Açlık seni rahatsız etmiyor artık ve susuzluğuna da sana emredilmiş olan dereceye kadar hükmetmeyi biliyorsun. Kendini orucun gereklerine hazırladın ve şimdi artık ruhun vazifesinin bedeninkinden üstün olduğunu deneyimleyeceksin. Özellikle yarı uygar ya da hiç uygarlaşmamış milletlerde, bireylerin ya da tümüyle halkın yaşamındaki önemli dönüm noktalarından önce orucun farz olmasının nedeni budur. Hatta Kızılderililer isim verme töreninden veya şifâlı bir ilaç seçiminden önce uzun süre oruç tutarlar. Ruh daha özgürleşmiş ve faaliyetlerine eskisinden daha az gem vurulmuş gibidir. Ruhanî algıların sanki iki katı hassasiyet kazanmış ve düşüncelerin kanatlanmıştır. Dış dünyadan daha çok iç dünyanda yaşarsın. Develerin seni sallaya sallaya yürümelerine alıştın; bu seni rahatsız etmiyor artık. Hecininin yüksek semerinde otururken, yumuşak adımlarının tesiri sana kadar ulaşmayan hayvanın hareketlerine dikkat etmiyorsun. Yüksek kayalıklarla dolu bir çölden ya da susuz çölden geçerken, bedensel varlığınla kendini bu heybetli taş ve moloz denizinde küçük, değersiz, terk edilmiş hissediyorsun; büyük bir kum okyanusunun üzerinde ilerlerken okyanusun arkanda kaybolduğunu görmüyorsun, ama o bu sırada hiç durmadan büyüyerek uzanıyor önünde. Ne bir başlangıç var, ne de bir son; sınırlar yok burada, çünkü yerle göğün her ikisi arasında artık bir çizgi tanımayan evliliğine dönüştü ufuk. Aşağısı nerede bitiyor ve yukarısı nerede başlıyor bilmiyorsun; üzerinde parıldayan güneş, toprağı ve onunla birlikte seni hiç durmadan yukarıya çekiyormuş gibi hissediyorsun. Ve yerle göğü artık birbirlerinden ayıramadığın gibi, dış dünyaya ve iç dünyana da aynı zamanda bakıyorsun. Bedensel gözlerinin önündeki sonsuzluk, ruhanî gözlerinin önünde duran ölçülemeyen uzaklığa benziyor. Sen bunu hissetmeden uzaklaşmaya devam ediyor vücudun ve ruhun uçuyor. Vücudun mu? Artık bir vücudun yok, sen yalnızca ruhsun. Vücudun bu sınırsızlık içinde gitgide daha değersiz, daha önemsiz oldu; ta ki sonsuzlukta bir hiç olup düşüncelerinden silinene kadar. Fakat ruhunun var olmak zorunda olduğu ve var olmaya devam edeceği de senin için zerre kadar şüphe edilemeyecek bir aydınlanma oldu. Sen bu ruhun bizzat kendisisin ve nasıl ki burada bir son yoksa, sen de bir sona eremezsin. Şüphe yalnızca bu dünyada barınabilir ve sen kendini artık burada hissetmiyorsun ve biliyorsun ki şu andan itibaren seni ölümsüzlüğüne duyduğun inançtan caydırmayı başarabilecek hiçbir güç yok.

O anda sözcükler duyuyorsun; uzaklardan, çok uzaklardan sesleniyor gibiler sana, fakat şüphesiz seni dünyaya geri çağırıyorlar. Artık öbür tarafta değil, aksine sınırlarımızın bu tarafındasın ve görüyorsun ki az önce konuşan Şeyh el-Cimal* ileriyi işaret ediyor ve sen o işaret parmağını gözlerinle tâkip ederken, uzaklarda çölden geçmekte olan bir kervan fark ediyorsun. Rehberleri o kervandan ve sizin rehberiniz de sizden ayrılıyor. Kervanlar yollarına devam ederlerken iki rehber konuşmak için birbirlerine doğru sürüyorlar develerini. Bu yabancı

* *Kervanbaşı, kervan rehberi.*

gezginlerin görünüşleri hayrete düşürüyor seni; soruyorsun kendi kendine, bu gerçek mi yoksa hayâl mi diye. Silûetler iki yatay çizgiyle ortalarından ikiye ayrılmış, çizgilerin aralarında hiçbir şey yok, altlarında develerin adım adım ilerlemeye devam eden bacaklarını ve yarım vücutlarını görüyorsun, çizgilerin üzerinde ise develerin vücutlarının üst yarısı binicileriyle birlikte havada süzülüyor gibi; görüntünün bir bölümü dik, diğer bölümü eğri. Bunun sebebini yerden yansıyan güneş ışınlarında aramalısın, bu sana bölünmüş silûetlerin tuhaf titreyişlerini açıklar. Kim onlar? Nereden geliyor, nereye gidiyorlar? Şeyh el-Cimal bunu öğrenip söyleyecek size. Fakat kim olurlarsa olsunlar çöldeler ve seninle aynı şeyleri hissedip düşündüler. İçlerinde tek bir kişi bile yok ki Tanrının mevcudiyetinden ve ebedî yaşamdan şüphe etsin; çünkü onlardan her birinin ruhu o sırada senin ruhunun bulunduğu yerde, yani yukarıdaydı.

Gün sona eriyor ve Mağrib zamanında mola veriliyor. İstirahat yerleri hazırlanıyor ve ardından su dağıtılıyor. Ve şu çağrı insanı nasıl da yüce duygulara taşır:

"Haiy'ilas Balât, haiy'ilal felâh, Allahü ekber, la ilahe illallâh... Haydi namaza, haydi selâmete, Allah büyüktür, Allah'tan başka ilâh yoktur!"

Hızla çöken karanlığın ardından akşam namazı kılınıyor, sonra örtüyorlar battaniyeleriyle üzerlerini. Bedevîler uyuyor, fakat senin gözlerin açık, çünkü burada herhangi başka bir yerde olduğundan daha büyük bir ihtişam ve parıltı içinde yükseldi Tanrının yıldızları. Bakışlarını zorlayıcı bir kudretle çekiyorlar üzerlerine ve bakışlarınla birlikte ruhunu çekiyorlar tüm düşünceleriyle.

Memleketinin, daha güneydeki bu manzaradan farklı manzaraları olan gökyüzünü düşünüyorsun. İçinde yaşayan herkesle birlikte sevgili baba evin geliyor aklına. Sevgini veridiğin o insanlara gidebilmek için çırpınıyor yüreğin. Çölden memleketine, uzak diyârlardan doğmuş olduğun yurduna döndüğünü düşünüyorsun. Fakat sen yitirmeden evinde olduğun duygusunu, yıldızların parıltısı seni yeniden buraya çekiyor. Burada da evinde değil misin, Yeşaya'nın* sözünü ettiği Göklerdeki Babamızın yanında: "Kadın emzikteki çocuğunu unutabilir mi? Rahminden çıkan çocuktan sevecenliği esirger mi? Kadın unutabilir, ama ben seni asla unutmam!" Böylece çöl senin evin oluyor ve yıldızlar da seni birer yabancı gibi selâmlamıyor. Sanki İsa'nın bizim için hazırlamış olduğu, Babamızın konutundaki yerlerden sevgi ve ümit dolu sözlerle parıltılar saçıyor yeryüzüne yıldızlar. Bizim ufacık dünyamızdan milyonlarca kat daha büyük olan bu güneşlerin ve dünyaların seni ürkütmemesi, aksine inancını ve güvenini güçlendirmesi mucizevî değil mi? Senin yaşamın en fazla yetmiş, bilemedin seksen yıl sürerken, onların milyarlarca yıldır var olmuş ve daha milyarlarca yıl var olacak olmaları seni huzursuz etmiyor. Ve şüphesiz sen umuduna umut katıyorsun; çünkü İsa şöyle der: "Yer ve gök ortadan kalkacak, ama benim sözlerim asla ortadan kalkmayacaktır." Ve ebedîyen kalacak olan bu sözler, bizim zaman ve ebedîyet için çocukları olduğumuz Göklerdeki Babamızın sevgisinin sözleridir. İyi bir insansan, gökyüzüne bak ve söyle: bu parlak yıldızların her birinden hoşlanmadın mı? "Hayır" de, diyebilirsen! Diğer şiirlerimle birlikte yayımlanan şu sözleri dinle:

Yıldızlara sordum
Uyanıp sessiz bir gecede,
Acaba o uzak diyârlarda
Sevgimi bilen var mı diye.
O anda bir nur indi yere,
Aydınlatarak doldu yüreğime
Ve tüm şarkılarımı alıp
Sana götürdü Tanrım, gök kubbeye.
Yıldızlara sordum
Uyanıp sessiz bir gecede,
Neden o kadar uzaklara
Götürdü şarkılarımı diye.

---

* *Kutsal Kitap. 49, 15.*

O anda geldi cevap:
"Dünyevî şöhreti düşünme;
O şarkıları sana ben verdim,
Onlar benim servetim!"
Yıldızlara sordum
Uyanıp sessiz bir gecede:
"O uzak diyârlarda
benim için de ihtişamlı gök kubbede
bir yer var mı diye?"
O anda ilâhî ses duyuldu yine:
"Bir zamanlar benden kopup gittin
ve döneceksin
şarkıların gibi sen de
yeniden baba evine!"

Bak, bu kadar sağlam ve emin benim îmanım, böylesine sarsılmaz ve mesut inancım; benim, henüz atmış kısa yılı doldurmamış bu yaşlı insanoğlunun*, babama duyduğum güveni yitirmemdense, bu yıldızların milyonlarca yıldır var olmalarına rağmen ışıklarını yitirmeleri şüphesiz daha kolay; ki onun konutunda yerim hazır, yeter ki daima ona lâyık olayım.

O yıldızların parıltısında uzanan çöle bak! Göklerdeki Babamızın eseri değil mi? Yoksa adına bilim dediklerinin yardımıyla ulaşabileceğin ve kimyasal açıdan açıklık getirebileceğin bir başka anakaynağı olduğunu mu düşünüyorsun? Sana söylüyorum, mutlak olan tek gerçek bilim Tanrının hikmetidir ve onun hikmetinden doğup tüm dünyalar üzerinde ışıldayan parıltı, hiçbir insanoğlu tarafından bilim yoluyla kaynağına kadar tâkip edilemez. Meşhûr Fransız astronom Camille Flammarion elektrik ışığı yardımıyla Marslılarla konuşmak istediğinde, binlerce yıldır yanıt bulamamış mukaddem soruların sorulması gerekirdi öncelikle ve şayet bunu başarmış olsaydı, bilim sadece en yakın gezegene ulaşmış olurdu, ki sayısız gezegen ve onların

* *Karl-May Yayınevinin notu: Karl May bu romanını 1898 yılında, 56 yaşında yazdı.*

devâsa uzaklıkları düşünüldüğünde bu kesinlikle bir başlangıç olarak kabul edilemezdi. Akvaryumumdaki küçük ve hareketli kırmızı süs balığımın uzaklardaki Titicaca gölünde bir balık tanımlama araştırması yapmayı aklına koymasıyla hemen hemen aynı şey olurdu bu. Halef yıldızlara Uyûn es Semâ "Göğün gözleri" der; ona bunun sebebini sorduğumda şu cevabı verdi: "Sakin bir gecede parıldayan gök kubbenin altında uzanırken, Allah onun himâyesinde huzurlu ve güvende uyuyabileceğimi söylemek için binlerce şefkatli yıldız gözüyle aşağıya, bana bakıyormuş gibi hissediyorum."

Derken ayın parlak ışığı yıldızların ışıklarına karıştığında, erimiş gümüşten berrak bir deniz yayılır sanki çölün üzerine ve dalgaları en muhteşem sedef parıltılarıyla nur saçar. Ay başka hiçbir yerde böylesi büyülü bir ışığa sahip değildir. Dalgalı havada bir oraya bir buraya süzülür ışınları. Çöl perisi dolaşır aydınlık gecede, elbisesinin etekleri usulca okşar kumu; bir peri ordusu kraliçelerini ay ışığıyla süsleyebilmek için ayın ışınlarını yakalamaya çalışarak uçuşur etrafta. Örümcek ağı inceliğindeki gümüşî ipliklerden parıltılı kumaşlar dokunur ve üstleri yıldızlar gibi parıldayan pullarla süslenir; zümrüt rengi kumaş ve pırlanta gibi parıldayan argaçtan yapılmış tül, hafif hafif esen güzel bir koku gibi rüzgârda upuzun salınır. Elmas pırıltılarından oluşan alın bağı masallardaki kadar ihtişamlı ışıltılar saçar. Böylece çöl perisi hafif pırıltılar saçan gümüşî bir tülün üzerinde oradan oraya süzülürken Şehrâzat'ın en muhteşem rüyâsından bile daha güzeldir. Gündüz tenhâ ve bir ölü kadar hareketsiz olan çöl öylesine gizem dolu ve muhteşem bir şiirdir ki artık, bentlerinin yalnızca son mısrasını anlarsın sen: "Rabbe övgüler sun, ey ruhum; O'nun kutsal adına övgüler sun, ey bütün varlığım! Rabbe övgüler sunun, ey sizler, O'nun melekleri ve siz O'nun bütün göksel orduları, Rabbe övgüler sunun, söylediklerini yerine getiren güç sahipleri!" Meleklerin ilâhilerini işitiyor musun? Kapat gözlerini ve yüreğini dinle! Orada da yükseldi parıldayan yıldızlar ve yayıldı aydınlanmaya aç ruhuna Tanrının ışığı. Sesler yükselecek içinde, onlara dikkat et sadece! Şu ana kadar yürümüş olduğun patikadan, müminlerin kervan yoluna çağırıyorlar seni; o yol ki vaat edilen topraklara uzanıyor. Ruhun onlara itaat etmek için yola çıksa da, uyku kollarının arasına alıyor yorgun bedenini. Allah yebârik fik, Allah yidîlak nûro, letetak sa'ide, Allah seni kutsasın, Allah sana nûrundan bahşetsin, iyi geceler!..

Bugün geçtiğimiz çöl, yerlilerin bile içlerine korku salan Nufud'un güneydoğu uzantısıydı. Yönümüzü tayin etmekte zorlandık. Bu çöl uzunlamasına ve genellikle birbirine paralel sıralanmış, yer yer birbirinden tamamen ilgisiz duran ve düzensiz enine uzantılarla birbirine bağlanmış kum tepelerinden oluşuyor. Bu yüzden aralarında daha çukurda kalan dörtgenler bulunuyor ve tümüne birden kuşbakışı bakıldığında kâğıt helva dedikleri örgülü hamur işlerine benziyor. Düşündürücü olan, burada bizi zor bir ilerleyişin bekliyor olmasıydı; çünkü birbiriyle bağlantılı, düz yollar yoktu ve biz bir dörtgenden diğerine geçmek için aralarında bulunan yükseltileri aşmak, yani bir kâğıt helvadan dışarı çıkıp tırmanmak ve sonra öbür taraftan başka birinin içine doğru ilerlemek zorundaydık. İyi birer tırmanıcı olmadıkları için develeri fevkalâde yorar bu; çünkü yamaçlar genellikle çok dikti ve böylece kâğıt helvanın çukurda kalan yerleri esaslı uçurumlar oluşturuyorlardı, uçurum kenarlarının sağlam bir destek sunmayan ve her adım atışında hucunun ayaklarının altından kayan gevşek kumdan oluşması da yürümeyi oldukça güçleştiriyordu.

O sırada bize bir faydası olmayacak ya da felâket getirebilecek yanlış yollara sapmamız kolaydı. Fakat birincisi yeterince deneyime sahiptik, ikincisi Ben Harb hakikaten iyi bir rehberdi ve üçüncüsü seçtikleri yolla bu bölgeyi çok iyi bildiklerini ve hiç şüphesiz pek çok kez buradan geçmiş olduklarını kanıtlamış olan Mekkelilerin izlerini tâkip ettik.

Çölde hiç canlı yok değildi. Zaman zaman adam boyunda tek bir çalıya, bir kertenkeleye ve küçük çöl tilkilerin izlerine rastladık. Bir panterin ayak izlerini de gördük; elbette küçük ve pek nâdir olmayan türdendi.

El-Müneccim sakindi, aralıksız süren bir yarı uyku halinde gibi görünüyordu. Tasvir ettiğim tepe sırtlarından birine vardığımızda henüz öğlen olmamıştı ve geriye baktığımızda bu bölgede bizim dışımızda başka insanlar da olduğunu gördük. Sol arkamızdaki bir tepenin üzerinde, iyi birer binici oldukları ve develerini büyük bir telaşla sürdükleri gözden kaçmayan bir kalabalık vardı. Ben yirmi iki adam saydım. İlerlemeye devam ettik. Bize yaklaştılar ve o sırada fark ettik ki içlerinden yirmi adam üniforma giyiyordu. Askerler! Burada, Arap çölünde Türk askerleri! Bunun önemli bir nedeni olmalıydı, çünkü Arap bedevîleri hümayun askerlerin tâbiiyetine yılmadan karşı çıkarlar. Fakat bu mesele bizi ilgilendirmiyordu ve bu yüzden sakin bir halde yolumuza devam ettik.

Bir süre sonra bize yetiştiler. İki sivil önden gidiyordu, içlerinden biri bize seslendi. O bir İranlıydı, görür görmez anladım. Giysisi ipektendi, silahları güzel ve çok değerliydi. Onu taşıyan hecinin âdeta bir eşi daha yoktu. Böylesine kusursuz yaratılmış, muhteşem hatlara sahip bir binek devesi daha önce hiç görmemiştim. Rengi açık griydi ve uçan beyaz at gibi lacivert benekleri vardı; açık kırmızı gözleriyle bu dişi deve en fazla beş yaşındaydı. Öyle sâdık, öylesine zeki bir bakışı vardı ki bu bakışı şimdiye dek hiçbir devede fark etmemiştim. Bacakları küçük, hatları dolgun ve yuvarlaktı. İtiraf etmeliyim ki bu hayvana hayranlık duydum.

Binicisi de bir o kadar iyi bir etki bıraktı bende; elbette pahalı giysisi ve silahları sayesinde değil, çünkü bu tür formaliteler bende asla saygı uyandıramaz. Fakat yüksek semerde hükmetmeye ve kendisine itaat edilmesine alışmış bir kral gibi dik ve gururlu oturuyordu. Ve bu gurur doğaldı, içten geliyordu. Siyah, çok bakımlı bir sakalla çevrelenmiş yüzü ruhanî bir vazifenin işaretini taşıyordu ve gözlerinde şefkatli bir bakış vardı, fakat bu bakıştan kendisine azmin veya öfkenin ateşinin de yabancı olmadığı seziliyordu. Sözün kısası bu adamda gerçek bir asâlet havası vardı.

"Es selâmın aleyküm!" diye Acem aksanıyla bizi kibarca

selâmlarken bakışlarını merakla üzerimizde gezdiriyordu ve sonra hayranlık dolu bir ifadeyle atlarımıza takıldı gözleri.

"Ve aleyküm es selâm!" diye cevap verdim aynı kibarlıkla ve aynı Acem şivesiyle.

Halef konuşmak için çoktan ağzını açmıştı, fakat ondan önce davrandım, çünkü böyle bir adamın karşısında Halef'in aceleci tarzı iyi karşılanmazdı. Cevabım üzerine adamın yüzünde dostça bir gülümseme belirdi ve:

"Acemce konuşuyorsun, İranlı mısın?" diye sordu.

"Hayır, fakat uzun süre bu ülkede bulundum, ülkeyi sevdim ve orada sâdık dostlarım var."

"Muhabbet-i-tu kem ne şeved, Muhabbetin bol olsun! Ben mukaddes Meşed Ali'nin başnâzırı Khutab Ağa. Allah bu toprakları kutsasın ve korusun!"

Bana öylesine meraklı bakmamış olsaydı bile, kibarlığı karşısında adımı söylerdim. Öyle de yaptım:

"Benim adım Hacı Akıl Şâtir Efendi ve şarkın zenginliğini görüp insanlarını tanıyabilmek için garptaki uzak bir ülkeden geldim."

Fakat bu benim Halef'im için fazlasıyla mütevâzı bir ifade olmuştu. Son kelimeyi henüz telaffuz etmemiştim ki telaşla karıştı söze:

"Ama bu adının sadece başı, şânı büyük devamını ve muhteşem sonunu ne yazık ki yersiz bir alçakgönüllülükten genellikle söylemiyor. Tam adı, ki bu ad daha da uzatılabilirdi, Hacı Akıl Şâtir el-Mecarrib Ben Hacı Âlim Şaci er Gâni Ibn Hacı Dâim Meşhûr el-Azîm Ben Hacı Takî Ebu Fadl el-Mükerrem Efendi. Doğum yeri yalnızca meşhûr adamların çıktığı büyük Draa Vâdisi ve kafasında tüm bilimlerin sayfaları, satırları ve paragrafları yığılı bulunuyor. Allah onun ruhunun bu meziyetlerini korusun!"

Khutab Ağa bu uzun şerit açılana dek sabırla gülümseyerek bekledi ve sonra şöyle sordu:

"Ya sen? Sen kimsin ve diğerleri kim?"

"Ben Hacı Halef Ömer bin Hacı Ebu'l Abbas ibn Hacı Davud

el-Gossara, büyük Şammar kabilesinden Haddedihnlerin şeyhi. Bu adamlar savaşçılarımdan bazıları; bizimle birlikte Mekke'ye gidiyorlar."

İranlının, benim adımın söylenişi sırasında biraz alaycı bir hal almış olan gülümseyişi o an yitirdi alaycılığını.

"Haddedihnleri duydum" dedi. "Barıştan ve dürüstlükten yana, cesur ve sakin insanlar. Garptan gelen bir dostları var, adı Kara Ben Nemsi Efendi, savaş ve barışın tüm faydalı sanatlarını öğretmiş onlara."

"Doğru. Kimden öğrendin bunu?"

"Sen hakikaten Hacı Halef isen, bana senin de onu tanığını söyleyen bir adamdan öğrendim."

"Ben Hacı Halef'im. Adı ne bu adamın?"

"Mirza Cafer, benim en iyi dostum."

Mirza Cafer! Halef'le yaptığımız son İran seyahatinde* çok önemli bir rol oynamıştı. İranlı ondan Mirza Cafer diye söz etti, Cafer Mirza diye değil; yani ona bir soyluluk unvanı değil, sıradan bir unvan verdi. Bu dikkatli tarzı bana, onun Cafer hakkında burada söyleyebileceğinden daha fazlasını bildiğini kanıtladı. Şaşırdım. Khutab Ağa, Cafer'i en iyi dostu olarak nitelendirdi; fakat Cafer'in hususi durumunu düşünerek dikkatli olmak zorundaydık. En iyisi bu tanışıklıktan daha fazla söz etmemekti, fakat bu gibi durumlarda tedbirli davranmak bizim ateşli Hacı için ne yazık ki mümkün değildi. Sohbetin devamına kendimce yön vermek ve ona susmasını işaret etmek istediysem de, heyecandan bana bakmadı ve Cafer'in adı söylenir söylenmez sevinçli bir telaş içinde şöyle bağırdı:

"Mirza Cafer! Bizim İranlı dostumuz! Onu sen de mi tanıyorsun? Sen de bizim gibi onu dostun olarak görüyorsun demek! Şuraya, Efendimin kemerine sokmuş olduğu hançere bak! O silah Mirza Cafer'den bir armağan ve bizim için büyük değer taşıyor."

Ne büyük dikkatsizlik! Bu sözlerle Halef, az önce iddia etmiş olduğumuz gibi bir adam olmadığımı açığa çıkardı. Khu-

---

* *Bkz. Karl May ; " Gölgelerin Komplosu"*

tab Ağa gözleriyle usulca süzdü beni. Yüzünde sırrımızı anlayıp anlamadığına dair hiçbir ifade göremedim, fakat o andan itibaren sadece benimle konuştu:

"Buraya kadar hangi yoldan geldiğinizi sormama izin ver! Böyle bir ricâda bulunmamın nedenini sana daha sonra açıklayacağım."

"Yukarı Cezireden geliyoruz" diye cevap verdim. "Ve Hit'in güneyine doğru ilerleyip Fırat'tan geçtik."

"Necef Gölü'ne uğradınız mı?"

"Hayır."

"Öyleyse Hille ve Meşed Ali'den Mekke'ye uzanan kervan yolunu da izlemediniz?"

"Hayır. O yol bizim yolumuzun solunda, baya uzakta kalıyordu."

"Yazık! O yoldan gitmiş olsaydınız, belki bana aradığımız küçük bir kervan hakkında bilgi verebilirdiniz."

"Aramak mı? Arıyor musunuz? Tuhaf!"

"Tuhaf mı? Aramamızı neden tuhaf buluyorsun?"

"Çünkü bana hem onları aradığınızı, hem de nerede bulunduklarını söylüyorsunuz; Meşed Ali'den Mekke'ye giden yoldalar."

"Öyleyse sana bu kervanın bizden saklanmak için türlü sebepleri olduğunu söylemek isterim."

"Sizden saklanmak zorundalarsa, size onları ispiyonlayabilecek diğer insanlara görünmemek için de sebepleri vardır."

Hafifçe başını salladı ve sanki gizlediği bir fikir onaylanmış gibi memnun bir gülümseme yayıldı dudaklarına ve sonra konuşmaya devam etti:

"Şimdi görüyorum ki sen hakikaten Mağrip'ten gelen zeki bir efendisin; çünkü yalnızca birkaç saniye içinde başka birinin uzun bir araştırmanın sonucunda elde edebileceğinden daha fazlasını düşündün. Aklından geçenleri tahmin edebiliyorum ve biliyorum ki bizi burada görmek seni şaşırttı."

"Yanılıyorsun. Başka biri olsa, sen aradığınız adamların buradan çok uzakta bulunan kervan yoluna saptıkl'arını bizzat kendin söylediğinde, sizin burada olmanıza şaşırırdı. Fakat ben burada bulunuşunuzdan, bu adamların kervan yolundan ayrılmış oldukları sonucunu çıkarıyorum. Öyle sanıyorum ki yoldan ayrıldıklarına dair izler buldunuz."

"Haklısın Efendi. Meşed Ali yolundan batıya saptıklarını keşfettik."

"Tâkip edildiklerini biliyorlar mıydı?"

"Hayır. Fakat suçları ortaya çıkar çıkmaz peşlerine düşüleceğini elbette hesaba katmış olmalılar."

"Bunun ne tür bir suç olduğunu sorabilir miyim?"

"Söyleyeyim. Meşed Ali'den mukaddes bir şey çalındı. Buna inanabiliyor musun?"

"Neden olmasın? Bundan çok daha kötü suçlar işleyen insanlar tanıdım."

"Daha kötüsü olamaz! Kim kutsal bir şey çalarsa, Allah'tan çalar."

"Bir avare de Allah'tan çalar, çünkü yaşamın günleri ona değil Allah'a aittir ve yaşamdan bir gün, Meşed Ali'nin ya da Kerbelâ'nın kutsal duvarları içindeki herhangi bir nesne kadar önemlidir."

"Bu konuda seninle tartışamam, çünkü sen Fren...", bir an için sustu ve kendini toparlayarak şöyle devam etti; "Uzak Mağrip'ten gelen bir adam olarak benden farklı düşünüyor olmalısın. Hırsızlık yapıldığını hırsızlar kaçtıktan dört gün sonra fark ettik ve ben mâbedin koruyucusu olarak hemen peşlerine düştüm."

"Fren..." demişti, Frenkistan, Frenklerin, Hıristiyanların ülkesi mi demek istemişti? Öyleyse Halef'in dikkatsizliği, benim Draa vâdisinden gelen adam değil, Kara Ben Nemsi olduğumu açığa çıkarmıştı. Bu keşfin sonuçlarına engel olmak zorundaydım.

"Hırsızların hangi yola sapmış olduklarını hemen anladın mı?"

"Evet. Onlar Mekkeliydi, bu yüzden seçtikleri yol konusunda şüphem yoktu."

"Fakat sizi yanıltmak için ilk önce başka bir yöne sapmaları da mümkündü" diyerek söze karıştım.

"Bunu düşünecek kadar dikkatliydim ve tedbirimi ona göre aldım. Kerbelâ ve Hit'e, Hille ve Bağdat'a, Samaua ve El-Cuf'a giden yollara birlikler yolladım. Mekkelilerin dört gün önce oradan geçtiklerini öğrendiğim Akabet eş Şeytan'da anladım ki yolladığım tüm bu adamlar hırsızları bulamayacaklardı. Demek ki benim saptamış olduğum Mekke yönü doğru yöndü."

"Ve amacınıza ulaşamadan uzun süre bu yolu tâkip ettiniz."

"Ne yazık ki gerçeği söylüyorsun. Şeytan sanki bizim için onları görünmez kılarak koruyor hainleri."

"Öyleyse şeytan sizin gözleriniz üzerinde, benim gözlerim üzerinde olduğundan daha fazla iktidar sahibi."

Khutab Ağa önce büyük bir merakla baktı bana, ardından telaşla: "Senin gözlerin mi? Onları gördün mü?" diye sordu.

"Evet."

"Nerede?"

"Buradan bir günlük yolun üçte biri kadar uzakta."

"Allah râzı olsun! Sözlerine inanıyorum, yanılıyor olamazsın; çünkü biliyorum ki sen..." yine sustu ve sonra çeviriverdi lafı: "Sen Draa vâdisinden gelen çok zeki bir efendisin. Hemen geri dönmeliyiz, çünkü..."

"Acele etme!" diyerek sözünü kestim. "Artık arkamızda değil, önümüzdeler. Tâkip ettiğimiz şu izlere bak! Bunlar aradığın hırsızların izleri."

Sözümü bitirir bitirmez Halef şöyle bağırdı:

"Efendi, böyle söyleme! Mukaddesâtın soyulmuş koruyucularını yanıltacaksın. O izler..."

"Lütfen sus!" diye bağırdım çok sert bir biçimde, Hanne, oğlu ve Haddedihnler yanımızda oldukları halde. "Her zaman ne söylediğimi bilirim, bunu öğrenmiş olmalısın."

"Evet" diye cevap verdi, hâlâ itiraz etmeye can atarak. "Senin aklının benimkinden uzun olduğunu daima kabul ettim, fakat benimki daha geniş ve bu yüzden sorulması gereken, burada yanılgının uzunlukta mı yoksa genişlikte mi olduğu."

"Sevgili Halef, aklının genişliğiyle böbürlenme! Az önce bu genişliğe rağmen affedilemeyecek bir hata işledin."

"Ben mi? Nasıl? Ne yaptım ki?"

"Bunu sana daha sonra söyleyeceğim."

"Hayır Sihdi. Şimdi öğrenmek istiyorum."

O sırada İranlı bana döndü:

"Ona bunu benim söylememe müsaade eder misin?"

"Evet, söyle" dedim, böylece benim için de Halef'in dikkatsizliğinin etkisinin nerelere kadar ulaştığı açığa kavuşacaktı.

Khutab Ağa yine o ironik gülümsemesini takındı ve ufak tefek Hacıdan şöyle bir talepte bulundu:

"Bir kez daha bu efendinin kim olduğunu gerçeğe uygun olarak söyle bana!"

"Bu efendinin adı Hacı Şâtir el-Mecarrib Ben Hacı Âlim Şaci er Gâni Ibn Hacı Dâim..."

"Sus!" dedi gülerek Başnâzır. "Adı bu değil. Ben onun adını senden daha iyi biliyorum."

"Öyle mi? Madem daha zekisin, söyle bakalım adını!"

"Almanya'dan gelen Kara Ben Nemsi."

O anda Halef'in yüzünü görmeniz gerekirdi. Şaşkınlıktan neredeyse önceden olduğundan bir kat daha asıldı yüzü.

"Sen... biliyorsun... biliyorsun..." diye kekeledi.

"Evet, biliyorum!" diyerek güldü İranlı.

"Onunla daha önce tanıştın mı?"

"Hayır."

"Gördün mü?"

"Hayır, görmedim. Fakat onun hakkında anlatılanları duydum."

"Fakat bu efendinin o olduğunu nasıl bilebiliyorsun?"

"Bu bana az önce söylendi."

"Kimin tarafından?"

"Senin!"

"Ben?.." dedi kaldı. "Benim mi?" diyemedi Hacı. Fal taşı gibi açılmış gözleriyle Khutab Ağaya baktı ve öfkeyle şöyle dedi:

"Dinle, benimle dalga geçmeyi yasaklıyorum sana! Eğer benimle, büyük Şammar kabilesinden Haddedihnlerin şeyhiyle anlamsız bir oyun oynayabileceğini düşünüyorsan, nezâketsizliğin dilinin neler başarabileceğini hemen öğreneceksin. Kâinatın tüm hakaretlerini başına çalacağım. Benimle kavga etmek niyetindeysen, bütün o mukaddesâtın saygı göremez benden; çünkü hakikat senin Meşed Ali'nin tümünden daha kutsal. Az önce yalan söyledin. İtiraf et!"

"Yalnızca gerçeği söylemiş olduğumu itiraf edebilirim. Sen biraz önce Efendinin kemerinde taşıdığı hançerden söz etmedin mi?"

"Evet, ondan söz ettim."

"Onun Mirza Cafer'den bir armağan olduğunu söylemedin mi?"

"Evet."

"Böylece bu efendinin Akıl Şâtir değil, Kara Ben Nemsi olduğunu açığa vurdun."

"Niye ve nasıl?"

"Çünkü ben Cafer'in bu hançeri dostu Kara Ben Nemsi'ye hediye ettiğini Cafer'in kendisinden duydum."

Halef'in suratı o an yine beş karış oldu.

"Bu doğru! Allah'ım, ne dikkatsiz insanlar var! Efendiyle birlikte Mekke'ye gitmek istiyoruz ve o bir Hıristiyan olarak kutsal şehre giremeyeceği için, onu bir Müslüman âlimi yaptım ve ona uzunluğu Bağdat'tan İstanbul'a kadar ulaşan bir isim verdim. Ve ben bu kadar zahmete girmişken, Mirza Cafer hançerin hikâyesini sana anlatacak kadar dikkatsiz davrandığı için, aklımın bütün genişliğinin bu çabasının boşa olduğunu öğreniyorum."

O anda Hanne kendini daha fazla tutamadı. Tahtırevanın kenarından bize doğru eğildi ve öfkeyle ona bağırdı:

"Hacı Halef, dikkatsiz olan sendin, sen!"

"Niye?"

"Mirza Cafer hüsnüyet sahibiydi, ayrıca efendimizin başka bir isim taşımak zorunda kaldığı bir zamanda bu başnâzır ile karşılaşacağımızı bilemezdi. Fakat sen efendinin asıl adının bir sır gibi saklanması gerektiğini biliyordun, Başnâzırın Mirza'yı tanıdığını da duydun ve buna rağmen hançerden bahsettin! İkisinin bu armağan hakkında konuşmuş olabileceklerini tahmin edebilirdin."

"Öyle mi? Tahmin edebilir miydim?" diye sordu süt dökmüş kedi gibi.

"Edebilirdin ve etmeliydin! Neden hep Sihdi konuşmak istediğinde konuşuyorsun? Böylesi büyük bir kabilenin meşhûr şeyhinin ağzı sıkı olmalı!"

Halef sırtını dikleştirdi, ellerini kavuşturdu ve şöyle dedi:

"Haklısın, ey Hanne, kadınlar çadırının tüm akıllıları içinde en akıllısı; ben meşhûrum ve susacağım. Bu kez de benim ruhuma hitap ettin."

Derken İranlının tesellisiyle büyük bir gönül rahatlığına kavuştu:

"Ey Haddedihnlerin şeyhi, efendinin güvenliği için endişe etme! İçimizden hiç kimse onun gerçek adını başkalarına söylemeyecek; Allah'ın, peygamberin ve Halife Ali'nin oğullarının huzurunda sana söz veriyorum. Kara Ben Nemsi'yi böylesi beklenmedik bir biçimde tanımak beni mutlu etti ve sadece o Kara Ben Nemsi olduğu için sözlerine inandım. Hırsızları gördüğünü söylüyorsa, ben hakikaten öyle olduğundan eminim."

"Öyle" dedim inancını destekleyerek.

"Adamlar gördün" diye devam etti. "Fakat onların sözünü ettiğim adamlar olduklarını nereden biliyorsun?"

"Sürekli olarak dört günden bahsettin ve diğer bazı ayrıntıları da hesaba katmam, düşündüğüm kişilerin aradıklarınız olduğunu anlamama yetti."

Burada şunu belirtmeliyim ki El-Müneccim hâlâ uykuda gibiydi ve ne develeri durduğumuzun, ne de sohbetimizin farkına varmadı. Güneş onu rahatsız etmesin diye yüzüne bir tülbent örtmüştük. Yani tanınması mümkün değildi.

"Yanılıyor olmanın mümkün olmadığını düşünüyorsun, öyle mi?"

"Neden mümkün olmasın? Hiçbir beşerî düşünce mutlak

doğru değildir, fakat bu konuda yanılmadığımı sanıyorum. Sormama müsaade et: altı kişiler mi?"

"Evet."

"İçlerinde tuhaf davranışları olan bir adam var mıydı?"

"Evet. Cinliydi. Sanırım o hırsızlık hakkında hiçbir şey bilmiyor."

"Ondan başka daha yaşlı bir adam ve oğlu vardı, değil mi?"

"Evet."

"Ve orta yaşlarda üç adam daha?"

"Bu da doğru."

"Bu adamlar Mekkeli olduklarını mı söylediler?"

"Evet. Baba bize Büyük Şerifin elçisi olarak geldi."

"Böyle bir elçiyi hırsızlıkla suçlamak oldukça cüretkâr bir fikir değil mi?"

"Evet, bunu anlamak kolay değil. Sadece bu yüzden delillere inanmamız tam dört günümüzü aldı; fakat sonra deliller daha fazla şüphe edemeyeceğimiz kadar arttı."

"Hâlâ yanılıyor olamaz mısınız? Bu soruyu kendi kendime de soruyorum; çünkü sana şunu itiraf etmeliyim ki suçlular benim için de önemli kişiler ve belki gelecekte şimdikinden daha önemli olacaklar. Yani bu soruyu sormak için sebeplerim var."

"Efendi, biliyorum ki Kara Ben Nemsi kendisini buna teşvik edecek iyi sebepleri olmadan asla hiçbir şey yapmaz ya da söylemez. Sanıyorum ki bu adamlarla karşılaşmanız sıradan bir karşılaşma değildi ve sana, mukaddesâtımızı yağmalamış olan hainlerle temasa geçmiş olduğunuzu garanti ediyorum. Kendim gibi seni de iknâ edebilmem için sana deliller sunmam gerekirdi ve bunun için haklarında hiçbir Şii'yle, özellikle de farklı inanca sahip kişilerle konuşmamamız gereken şeylerden söz etmem ve mekânları târif etmem yeterli olurdu. Fakat sana yemin ediyorum ki yanılmıyorum. Muhtemelen niyetimi gerçekleştirmem için bana yardımcı olabilirsin ve bunu gönül rahatlığıyla, bu adamlara sebepsiz yere acı vermekten korkmana gerek kalmadan yapabileceğinden emin olabilirsin. Mirza Cafer'den öğrendiğim kadarıyla, Şiilerle yaşamış olduğun deneyimler sende bize karşı sevgi uyandırabilecek deneyimler değilmiş; fakat senden ricâ ediyorum, tiksindiğin ve hor gördüklerinle aynı kefeye koyma beni. Sen burada onlara benzemeyen ve nankörlük etmeyen bir adama destek olacaksın."

Ona tüm kalbimle inandım. Onun bende yarattığı etkiyi en iyi şu cümleyle ifade edebilirim: bir Şii, Şia'nın en işe yaramaz tortularını başından attığı yerde çok kıdemli bir memur, bununla beraber namuslu bir adam. Bu yüzden ona istediği bilgiyi vermeye hazırdım ve bunun için iki nedenim daha vardı. Birincisi onun kendisini Cafer'in sadece bir dostu olarak nitelendirmediğini, aksine hakikaten öyle olduğunu ve bu dostluk sebebiyle bir Hıristiyan olduğum için hiçbir şekilde ayağımı kaydırmaya çalışmayacağını anladım. Ve ikincisi küstah Gani'nin, "Büyük Şerifin gözdesinin", aranan bir suçlu olduğunun ortaya çıkması benim çok işime geldi. Asla kindar biri olmadım, fakat bizi çok hor görmüş olan bu gururlu Müslüman'ın şimdi adi bir suçlu olarak târif edilmiş olmasını, başkalarının acılarından haz almadan hoş bir keşif şeklinde değerlendirmemin sakıncası yoktu. Bu onun hakkındaki düşüncelerimizi değiştirdi; artık onun yüzünden endişeye kapılmamıza hiç gerek kalmadı.

"Sana yardım edebiliriz ve edeceğiz de" dedim. "Bunun için zaman kaybetmemeli ve burada daha fazla sohbete dalmamalıyız. Gerekeni yolda konuşabiliriz."

Yanımdaki Başnâzırla birlikte kâfilenin başına geçtim ve Halef'e bize eşlik etmesini işaret ettim. İranlının, benim ve Hanne'nin haddini bildirmiş olduğumuz bu ufak tefek adam, süt dökmüş kediye dönmüştü ve tahtırevanın yanında kalmakta ısrar etti. Geri planda kalmanın Halef'e ağır geldiğini biliyordum ve bu yüzden ona işaret ederek, Haddedihnlerin şeyhi ve benim dostum olarak ait olduğu yeri gösterdim. Dikkatsizliği kabul edilemezdi, fakat korkulan sonuçları doğurmadı ve düşüncesiz açıklamalarını yalnızca bana olan sevgisinden yapmıştı. Haddedihnler arkamızdan geldiler ve onları Chabir'leriyle* birlikte askerler tâkip etti. Tahmin edileceği gibi bu sırada devele-

* *Kumandan.*

rimizi dörtnala sürdük. Khutab Ağa muhtemelen bizden kesin bilgiler duymayı bekledi; fakat onun ve bizim birlikte hareket etmemiz gerektiğinden, her şeyden önce onun hangi özelliklere ve görüşlere sahip olduğunu öğrenmek istedim ve bu yüzden konuşmaya öncelikle soru sormakla başladım:

"Meşed Ali'den yola çıkarken böyle bir yolculuk için kaçınılmaz olan tehlikeleri düşündün mü?"

"Evet, ama onlardan korkmuyorum" diye cevap verdi. "Başnâzır olmadan önce Şehinşahın subayıydım ve ilk kez çölde bulunmuyorum. Bizim Chabir'imiz de güvenebileceğim, mükemmel bir kumandan."

"Senin çölden korkmadığını tahmin ettim; çünkü bu yola kendin çıkmamışsın da, sanki bir başkasını bununla görevlendirmişsin gibi çekiniyorsun ondan. Chabir'inizin takdire şayan bir adam olduğuna şüphe yok, aksi takdirde kervan yolundan uzaklaşmaya kesinlikle cesaret edemezdi."

"Bu yolun dışında bulunan ve bedevîlerin varlıklarından habersiz oldukları kuyuları biliyor. Örneğin, bugün Bîr Hilu'ya vardığımızda nerede iyi su bulabileceğimizi kesin olarak biliyor."

"Biz de oraya gitmek istiyoruz ve büyük ihtimalle orada hırsızlarla karşılaşacağız."

"Ne mutlu bana! Sana şunu itiraf etmek isterim ki onlara henüz çöldelerken yetişebileceğimden neredeyse ümidi kesmiştim; ki elbette bunun mutlaka gerekli olduğunu belirtmemin lüzûmu yok."

"Evet, yolculuk sırasında çaldıkları eşyalar yanlarında olur ve böylece suçları ispat edilebilir; ayrıca çölde diğer insanlardan farkları da olmaz. Ama daha sonra, Mekke'de, ganimetlerini saklarlar ve liderleri Büyük Şerifin sözde hamisi olduğundan onlara karşı bir dava açmak da mümkün olmaz. Fakat bu beni tekrar sorduğum soruya götürüyor, ki bu soruyla kastettiğim çöldeki tehlikelerin bununla ilgisi yoktu."

"Başka ne gibi tehlikeler var?"

"Sizin için daha başka, çok daha büyük, Şiiler ve Sünniler

arasındaki nefretten kaynaklanan tehlikeler var. Meşed Ali'den çıktığın anda artık Şii bölgesinde bulunmuyorsun ve Mekke'ye giden yolda ne kadar ilerlersen düşmanlığın merkezine o kadar yaklaşıyorsun. Arabistan halkı fanatik Sünniler, bir de aralarında baskıyı ve saygısız bir tutumla özgürlüklerine tecavüz edilmesini reddeden bedevîler var. Bu yüzden özellikle askerlerden nefret ediyorlar. Ve sen, yirmî Türk askeriyle birlikte bir Şii, kalkıp bedevîlerin senden iki katı nefret ettiği Arap çölüne geliyorsun. Adamlarının sayısı sizden daha az olmayan her bedevî alayının hemen üzerinize atılacağından eminim. Bu yolculuğa çıkarken bunu düşündün mü?"

"Evet, fakat hırsızlara çabucak yetişebileceğimizi sanıyordum."

"Sizden dört gün önde olmalarına rağmen mi?"

"En iyi develere sahip olduğumuzdan arayı hızla kapatabileceğimi zannediyordum. Hecinime bak, adı Meşhûr! Bu isim çok şey anlatıyor gerçi, ama elbette yeterli değil. Çarbağ'ın meşhûr hayvan çiftliğinde yetiştirildi, çiftliğin idarecisi babamın kardeşidir ve bu deveyi bana o hediye etti; yoksa asla satılmazdı. Sen bir sarrafsın. Buna ne diyorsun? Bir Bişari kısrağının iki katı kadar hızlı ve bir kartalın güçlü akciğerlerine sahip. Ataları Afrika'nın Bayuda çölünden geliyor ve büyükbabası Bokhara Emiri Muzaffer ed Din'in Ircar-Syrdarya meydan muharebesinde bindiği gri-mavi erkek deveydi. Bu devenin efendisini tâkipten kurtaran eşsiz hızı, daha sonra şair Ben Şa'at tarafından coşkuyla dile getirildi."

"Hiç böyle bir hecin görmedim ve sen sözünü etmeden çok önce gizli bir hayranlık uyandırdı bende. Allah sahibine bağışlasın! Fakat askerlerin hucunu onun kadar hızlı değillerse, kısrağının mükemmelliği senin ne işine yarar? Dört günlük arayı kapatabilmek için ne kadar hızlı ve ne kadar süre durmadan ilerlemeniz gerektiğini hesaplamış olsaydın, peşinde olduklarınızın Mekke'ye şüphesiz senden daha önce ulaşacakları sonucuna varırdın. Ama şansın varmış ki suları bitti ve susuzluktan ölmek üzere olduklarından birkaç günü istirahat ederek geçirdiler. Bizimle karşılaşmasalardı telef olacaklardı."

"Ya Ali! Onları görmekle kalmayıp, üstüne üstlük onlarla konuştunuz mu?"

"Bundan da fazlasını yaptık, bir gece onların yanında istirahat ettik."

"Yanlarında istirahat mi ettiniz? Efendi, bana anlatmalısın!"

"Önce bir soru daha. Kimdir bu Büyük Şerifin elçisi?"

"Bunu sana söylemedi mi?"

"Senin ağzından duymak istiyorum."

"Çok zengin olmalı ki ona El Gani diyorlar. Aynı zamanda Mekke'nin bir bölümündeki mahallelerin Şeh el-Hâre'si. Meşhûr Qatadah sülalesinden geliyor, Muhammet Ebu Numehyy'in evlatlarından biri ve adı Abadilah el-Varaka, fakat kendisine el-Varaka* denmesinden hoşlanmıyor."

"Neden?"

"Çünkü bu isim onun için kolayca tehlikeli olabilir."

"Ah! Demek bu yüzden adını söylemiyor. Sadece El Gani ismini kullanıyor."

"Asıl adını söylemedi mi?"

"Söylemedi. El-Varaka adının nesi tehlikeli?"

"Bunu anlayabilmek için bugünkü Büyük Şerifin hayatını ve Sultanın elçisi Osman Paşayla arasındaki uzun ve amansız kavgayı bilmen gerekirdi."

"Her ikisini de biliyorum. Paşa yönetime nizam getirmek, hastalıkların, özellikle de veba ve koleranın önüne geçmek ve her şeyden önce kervan yollarının güvenliğini sağlamak istedi. Büyük Şerif bu şekilde haklarına tecavüz edildiğini düşündü ve Paşayı tanımayı reddetti. İkisi arasında amansız bir savaş başladı, ki bu savaş Büyük Şerif tarafından mümkün olan en çirkin çarelere başvurularak sürdürüldü. Örneğin bir keresinde camiye, Paşanın Allah tarafından lânetlendiğini ve onu öldürecek olan kişinin günahları hesaba katılmaksızın cennete gideceğini anlatan bir yazı asılmıştı."

"Benim kastettiğim bu" diye atıldı İranlı. "Bu yazıyı şerifin adına El Gani yazmış ve asmış olmalı. Bütün dünya bunu bilir,

* *Üzeri yazılı sayfa, çoğulu evrak.*

bunu söyler ve bu yüzden ona Abadilah el-Varaka derler. O buna tahammül edemez; çünkü sultanın memurlarından biri bu adın kaynağını bulmayı aklına koyacak olursa, bu Gani'nin özgürlüğüne, servetine ve hatta daha fazlasına mâl olabilir. Ve şimdi onunla nasıl karşılaştığınızı bana anlatmanı ricâ ediyorum."

İranlının bu ricâsı üzerine Halef, anlamlı bir öksürükle dikkatimi çekmeyi başardı ve yalvarırcasına bana baktı. Anlatmalıydı, mutlaka anlatmalı! Bunu benden istemişti, Halef'ten değil! Onun anlatma tutkusunu bilenler, bakışlarının bana neler söyleyebileceğini tahmin edebilirler. Halef bir olayı doğru bir üslûpla aktarma becerisinin yalnızca kendisinde olduğundan emindi. Başka her konuda diğer insanların tümünden daha fazla güvendiği beni bile, herhangi bir şeyin onun görüşüne uygun biçimde aktarılması için yeterince kabiliyetli bulmuyordu. Hele hele şimdiki gibi bir olayı! Bir ölünün yeniden dirilişi! Şii mâbedinin Büyük Şerifin gözdesi ve elçisi olan bir Sünni tarafından yağmalanması! Peki bu hikâyeyi dinleyecek olan kimdi? Şiilerin en ulu vazifelerinden birine sahip ve hatta dostumuz Mirza Cafer'in dostu olan bir adam. Anlatma işini bu konuda tümüyle kabiliyetli bir adamın üstlenmesi için bu sebepler fazlasıyla yeterli değil miydi? Peki kim böyle bir adamdı? Hacı Halef Ömer, büyük Şammar kabilesinden Haddedihnlerin şeyhi! Ona müsaade ettiğimi işaret eder etmez başladı konuşmaya:

"Onlarla karşılaşmamızın nasıl gerçekleştiğini bilmek mi istiyorsun? Nasıl gerçekleştiyse, olduğu gibi anlatacağım sana ve eminim ki anlattıklarımı huşu içinde bir hayranlıkla tâkip edeceksin. Allah her insana bir ağız ve bir dil bağışladı; fakat bu ağızdan bu dil yardımıyla dünya tarihinin geçmişteki, günümüzdeki ve gelecekteki olaylarını böylesine güzel ve rahatsız etmeyen bir nizam içinde, sanatın yasalarının ve ahenkli dil hâkimiyetinin kurallarının talep ettikleri gibi aktarabilmek için gerekli olan muhteşem armağanı herkese bahşetmedi. Bu yüzden senden dikkatle dinlemeni ve sözümü kesmemeni istiyorum."

İtiraf etmeliyim ki tam bir şâheser dinledik, elbette Halef'in tarzına uygun bir şâheser. Halef hareketsizi hareketlendirmekten, ölüyü canlandırmaktan anlıyordu. Her şey onunla hayat, renk ve içerik kazandı. En basit şeyi bile kendisini şevke getiren bir tarzda anlatmayı bildi. Serçe albatrosa ve su damlası sel baskınına dönüştü. Hanne'den bir tanrıça, benden bir yarı tanrı, kendindense şarkın nazım sanatında hayat bulan ve tüm güçlere, kuvvetlere ve yasalara hâkim olan her akıl almaz varlığın onda birleştiği bir varlık yarattı. İranlının bu tasvirleri nasıl karşılayacağını düşünürken yüreğim ağzıma geldi. Ne mutlu ki o bir şarklıydı ve bu yüzden gerçek olanı ayırt edebildi ve fanteziye kaçan ne varsa, garpta yalnızca anlatılan masallara inanan çocuklara has sessiz bir hayranlıkla dinledi.

Halef hikâyesinin sonunda Ağaya bir şeyler söylemesini bekleyen bir bakış fırlattı ve Ağa yeniden gerçeğe adapte olabilmek konusunda anlatıcı kadar hızlı olmadığı için bu bakışa rağmen susunca;

"Pekâla, buna ne diyorsun? Daha önce hiç böylesi kahramanlıklar duydun mu ve bir kez olsun bir Hakavâti'nin* konuşmasında böylesine mükemmel bir nazım sanatı dinledin mi? Bu kıyâmı, henüz kesinlikle ölmemiş ve dünyayı henüz terk etmemiş olmasına rağmen yeniden dünyaya dönmüş olan bir ölünün yeniden dirilişini kavrayabiliyor musun?" diye sordu Halef.

"Evet, sen mükemmel bir anlatıcısın. Pek nâdir bulunur senin gibisi" dedi İranlı tüm ciddiyetiyle. "İnsan seni bütün gün dinleyebilir."

Bu onun için zekâsına ve yiğitliğine hayranlık duyulmasından daha yüce bir övgüydü. Semerinin üzerinde geriye döndü ve bizi biraz uzaktan tâkip etmekte olan Hanne'ye seslendi:

"Şimdi Khutab Ağanın söylediklerini duymalıydın; ey Hanne, bahtiyar eden dişiliğin tüm çiçek tarhları üzerindeki en güzel çiçeksin sen! Ağa benim, insanın cennetin sevinçlerine bir kez bile özlem duymadan bugünden ertesi günün sabahına

---

* Anlatıcı.

dek dinleyebileceği eşsiz bir anlatıcı olduğumu düşünüyor. Yani böylece tenkit edilen övülüyor, aşağılanan yüceltiliyor ve nihâyet deha tüm yüceliğiyle tanınıyor. Ey Hanne, benim sevgili karım, ey Kara Ben Halef, benim itaatkâr oğlum, daima eşinizin ve babanızın izinden giderseniz aynı şânı elde edersiniz ve bir gün yalnızca sözde ölür, fakat aslında sağ salim gelecek nesillere ulaşırsınız! Koruyup sakınan Allah'ım bunu da göstersin!"

"Bana bu kıyâmı kavrayıp kavrayamadığımı soruyorsun" diye düşünceli bir halde Halef'e doğru dönerek konuşmaya devam etti İranlı. "Bu Mekkeliler neredeyse iki ay Meşed Ali'de yanımızdaydılar ve o sıralarda El-Müneccim mezara konmamış olsa da, ruhu kendisine dönene kadar saatlerce bir ceset gibi kaskatı gördük pek çok kez onu. O zaman da ne yaptığını ve nerede bulunduğunu bilmeden sık sık uykusunda dolaştı."

"O haldeyken ona seslendiniz mi?"

"Seslendik."

"Peki bunun üzerine uyandı mı?"

"Hayır. Hiç anlamadığımız ya da nâdiren anlayabildiğimiz cevaplar verdi ve sonra ruhu geri döndüğünde yalnızca bir an için bilinci yerine geldi; çünkü ruhunun yokluğu onu çok yormuş ve bu yüzden dinlenmesi gerekiyormuş gibi hemen ardından yattı ve uykuya daldı."

"Kimsenin gözetimi olmadan mı gerçekleşti bu?"

"Hayır, çünkü El Gani her zaman yanındaydı ve ona göz kulak oldu. Onu insanlara gösterdi ve onların Müneccime sorular yöneltmelerine izin verdi, o da soruları cevapladı. Cevaplar genellikle başka bir dünyadanmışçasına mucizevî geliyordu insanın kulağına ve sonra yine her çocuğun onun ne kastettiğini hemen kavrayacağı kadar kolay anlaşılır oluyorlardı. Ona özellikle hastalıkların çarelerini soruyorlar ve onun sayesinde gizli kalmış her türlü şeyi keşfetmeye çalışıyorlardı. El Gani bunun karşılığında gümüş ve altın alıyordu; Şiilerin kutsal mekânlarını ziyaret eden binlerce hacıdan öyle çok para aldı ki paraları Mekke'ye götüremediği için sarrafa giderek senede çevirdi."

"Ya, para için Körün gözlerini açtı öyle mi?"

"Evet."

"Böylece onu gelir kaynağı olarak kullandı. Müneccime karşı sözde hayırperverliğini şimdi anlıyorum. Buna başından beri inanmamıştım. Hasta adam bunu sezinlemeden, aynısını Mekke'de daha büyük bir başarıyla yapardı. Onu bir mahkûm gibi alıkoydu ve kullanabildiği kadar kullandı. Eli ayağı tutmayan bu yaşlı adamı Meşed Ali'ye giderken neden yanında götürdüğünü de anlıyorum şimdi; tercümanlık edeceğini söyleyerek onu kandırdı. Fakat asıl neden orada da onunla para kazanmak niyetinde oluşuydu ve onu Mekke'de bırakamazdı. O zaman onu başka adamlara emânet etmek zorunda kalacaktı, ki onlar Köre koruyucusunun hayırperverliğinin gerçek nedenini ispiyonlayabilirlerdi. Bundan kaçınmak için onu yanında tutmak zorundaydı. Bu zavallı yaşlı adamın Meşed Ali'de yapılan hırsızlık hakkında hiçbir şey bilmediğini mi düşüyorsun?"

"O büyük ihtimalle suçsuz. Sanırım sana her şeyin nasıl olup bittiğini anlatmalıyım; Kara Ben Nemsi'den mâbedin sırlarını başka insanlardan olduğu kadar saklı tutmama gerek yok! Hatta ihtiyar soyulacağımızı bilseydi bizi uyarırdı, diye düşünüyorum. Bir Hıristiyan olarak onun durumunu nasıl açıklıyorsun bilemiyorum; muhtemelen hastalık olarak görüyorsun, çünkü ondan 'hasta adam' diye söz ettin. Fakat ben bir Müslüman olarak eminim ki ruhlar onu ele geçirmiş ve bunlar iyi ruhlar, çünkü söylediği ve yaptığı her şey iyi ve dinimize uygun. Şimdi sizin yanınızda olduğu için mutluyum, burada güvende ve 'Büyük Şerifin gözdesini' yakaladığım zaman ona, suçsuz Müneccime saygı göstermek zorunda kalmadan istediğim kadar katı davranabilirim."

"Hırsızları ele geçirmeyi başarırsan onlara ne yapacaksın?"

"Meşed Ali'ye götüreceğim."

"Yanıtlayabileceğimiz bir sorun daha var mı?"

"Hayır. Bir arzum daha olursa daha sonra Bîr Hilu'da yeniden bir araya geldiğimizde söylerim."

"Öyleyse bizden daha önce ayrılmak istiyorsun?"

"Hemen ayrılmalıyım, çünkü benim için fazlasıyla yavaş ilerliyorsunuz. Yoksa kervanını önde götürmek ve bana eşlik etmek mi istersin? Efendi, sana bundan çok memnun olacağımı elbette söylememe gerek yok."

"Müsaade et, Haddedihnlerin yanında kalayım. Benim yerim onların yanı, ayrıca beni ilgilendirmeyen meselelere karışmamayı daima ilke edinmişimdir. Meşed Ali'nin mukaddesâtının soyulmuş olması beni hiç ilgilendirmiyor ve artık Gani'yle alıp verecek hiçbir şeyim yok. Yani hırsız avına katılmam için sebep yok."

"Haklısın Efendi. Senden kalmanı ricâ ediyorum. Fakat bu akşam sizi Hilu kuyusunun yanında tekrar göreceğiz, değil mi?"

"Evet. Eminim ki hırsızları tutsak etmiş olacaksın."

"Kesinlikle; tabii onlarla orada karşılaşırsak."

"Başka bir yerde olamazlar, çünkü su için oraya gitmek zorundalar. Ve daha ileriye gidebilmek için fazlasıyla güçsüz ve bitkin olduklarından orada kalacaklar. İzin verirsen bir sözüm daha var sana: geldiğinizi uzaktan görüp kaçmamaları için dikkatli ol!"

"Sanmıyorum! Fırtına gibi üzerlerinde olacağız. Allah sizin sayenizde doğru yolu bulmama izin verirse, onlara kaçma fırsatı tanıyacak kadar ihmalkâr olmayacağım. Şimdi müsaade edersen, bir süre için size vedâ edeceğim."

Kumandanını ve askerleri yanına çağırdı ve onlarla birlikte hızla uzaklaştı. Onlar artık kendilerini göremeyeceğimiz kadar uzaklaşana dek bir süre önümüzdeki tepelerin üzerinde görünüp, çukurların içinde gözden kayboluşlarını izledik. O sırada Hacı Halef şöyle dedi bana:

"Sihdi, onunla birlikte gidip arzusunu yerine getirseydin daha iyi olmaz mıydı?"

"Niçin?"

"Şüphesiz onunla tek başına gitmez, beni de yanına alırdın. Böylece bu gururlu, yağmacı Mekkelilerin burunları sürtüldüğü sırada orada olabilmek bizim için büyük mutluluk olurdu."

"Hakikaten Hanne'ni bırakıp gider miydin Halef?"

"Neden olmasın? Şüphesiz yalnızca az bir zamanımızı alırdı, ayrıca Hanne oğlumun ve elli cesur savaşçının himâyesi altında."

"Hâlâ az olan o saatleri bekliyorsan, Mekkelilere has tevazuunun tadını çıkarmak için henüz yeterince vaktin var demektir. Ve eğer benim Emme'm burada, Arap çölünde yanımda olsaydı, yüz savaşçının varlığı onu yalnızca bir saat bırakıp gitmem için vesile olamazdı. Tehlikenin çoğunlukla beklenmedik bir anda geldiğini yaşadıklarımızdan öğrenmiş olmalısın. Hayır, Hanne'nin yanında kalıyoruz. El Gani'yle zamanı gelince görüşeceğiz."

Böylece dileği yerine gelmişti. Elbette İranlıyla karşılaşmamız bizim için cazip bir sohbet konusu oldu ve Halef bu konuyu Hanne'si ve oğluyla en ufak ayrıntısına kadar konuştu.

Şeyh Tavil

Öğle vaktini geçmiştik ve güneş tepemizde yükseliyordu. Sıcaklık en yüksek derecesine ulaşmıştı, bu yüzden develeri kısa bir süre soluklandırabilmek için mola verdik.

Müneccimi semerden kaldırdığımızda uykuya benzer halinden çıkıp ayılmasa da, onu kendisi için serdiğimiz battaniyenin üzerine oturttuğumuzda tuhaf bir biçimde yere düşmedi. Ruhu bedeninde olmamasına rağmen bu durumunun bedeninin hareketini etkileyen ruhanî bir sebebi var gibi görünüyordu. Ahşaptan oyulmuş bir figür gibi orada tamamen hareketsiz otururken, ağzında bir çubuk varmış ve tütün içiyormuş gibi hareket etmeye başladı dudakları. Onun muhteremliğine rağmen bu hareketi bizi güldürdü.

Derken kollarını birdenbire iki yanına uzatıverdi, sanki sağa sola tutunmaya çalışıyordu. Hızla imdadına yetişip tuttum onu, aksi halde düşecekti. Derin bir nefes aldı ve etrafına bakmak istermiş gibi başını hareket ettirdikten sonra şunu sordu:

"Şimdi neredeyiz?"

"Bîr Hilu'nun dört saat kuzeyinde" diye cevap verdim.

"Siz kimsiniz? Siz benim yoldaşlarım değilsiniz."

"Bizler bu sabah seni mezardan çıkarmış olan Haddedihnleriz."

Sesimin tınısını tâkip ederek parıldayan gözlerini bana çevirdi ve şöyle dedi:

"Evet, hatırlıyorum. Artık El Gani'nin yanında değil, sizin

yanınızdayım ve sen Draa Vâdisi'nden gelen âlimsin, sesinin tınısından tanıyorum seni. Yüksek, apaydınlık bir yerdeydim ve senin koruyucu meleğini gördüm. Adı Meryem ve bana seni selâmlamamı emretti. Evi Allah'ın tahtının basamaklarında, sûreti güzellik, giysisi bilgelik, sesi müsamahakârlık ve bakışı sevgi. Senin üzerine uzattığı ellerini ve ellerinden üzerine yağan inancı, güveni ve Allah'a bağlılığı gördüm. Seni ise birbirleriyle savaşan iki ayrı sûrette gördüm; biri güneşin doğuşuna kızan gecenin gölgesi gibi karanlıktı, diğeri Hıristiyan altarlarının etrafında parıldayan duru ışık gibi aydınlık ve saftı. Karanlık olan henüz üstesinden gelememiş olduğun hatalarından, ışıklı olansa mükemmelliğe ve cennete adadığın düşünceler ve duygulardan oluşuyordu. Karanlık olan güçlü, çevik ve kurnazdı, fakat aydınlık olan ondan daha kuvvetliydi, tanrısal inâyetin kalkanıyla ve mutlak iradenin kılıcıyla donanmıştı. Ve onları savaşırken izlediğim sırada meleğinin sesini duydum: 'Onun için endişelenme, çünkü o kazanacak ve karanlık ışığa dönüşüne dek gitgide daha arınmış olacak. O yenilemez, çünkü onu koruduğumu biliyor.' Sana meleğin bu sözlerini söyleyebilmek için geri döndüm; hatırlıyorum."

Bu tuhaf sözler, ona hiç tuhaf gelmemiş gibi konuşmuştu. Sustum, çünkü bunun üzerine ne söyleyebileceğimi hakikaten bilmiyordum. O da bir cevap beklemiyor gibiydi, düşünceleri bundan çok oldukça nesnel bir şeye yöneldi:

"Bana tütün verin!" diye ricâ etti, cebinden piposunu çıkarırken.

Bu arzusunu yerine getirdik ve o, daha önce de kendisinde gözlemlemiş olduğum gibi, şevkle piposunu tüttürmeye başladı. İranlıyla yaptığımız konuşmanın sonucunda Köre sormak istediğim birkaç soru takıldı aklıma. Fosur fosur tütün içişi ve bu sayede yüzüne yerleşen oldukça hoşnut ifade "ruhunun artık tamamen onunla birlikte" olduğunu bana kanıtlayana kadar bekledim ve sonra ona şunu sordum:

"El Gani'nin seni Acemce bildiğin için tercüman olarak yanında götürdüğünü söylemedin mi bana?"

"Evet, bunu söyledim ve öyle de oldu" diye cevap verdi.

"Yani ona orada her dışarıya çıkışında ve tüm yolculuklarında eşlik etmen mi gerekiyordu?"

"Hayır, çünkü bildiğin gibi ben körüm. O dışarıya çıktığında her yerde konuşabileceği, Arapça veya Türkçe anlayan insanlar bulurdu."

"Öyleyse seni yanına almaya aslında ihtiyacı yoktu, değil mi?"

"Elbette vardı! Çünkü evde olduğu zaman sık sık Acemce konuşan ziyaretçileri gelirdi ve bana ihtiyacı olurdu."

"O dışarıdayken senin de ziyaretçilerin olurdu, öyle değil mi?"

"Hayır, çünkü beni içeri kilitlerdi ve kör bir insan Meşed Ali gibi bütün hacı kâfilelerin dolaştığı -ki içlerinde kötü insanlar da var- yabancı bir yerde sayısız tehlikeyle karşı karşıya olduğundan bunu yapmakta çok haklıydı."

"Peki Mekke'de bulunduğunuz zaman durum nasıl?"

"Orada beni pek çok insan ziyaret eder ve ben de zaman zaman El Gani'yle, koruyucumla birlikte dışarı çıkarım."

"Bu insanlar seni her halükarda âlimliğin yüzünden mi ziyaret ederler?"

"Genellikle benden bir yanıt bekledikleri önemli dini soruları sormak için gelirler. Fakat ben ne söylediğimi daha sonra pek nâdiren hatırlarım, çünkü bilincimi kaybederim ve umumiyetle onlar gittikten sonra yeniden kendime gelirim."

"Bilincin yerinde olmadığı sırada neler olduğunu bilmiyor musun?"

"Geçmişi, günümüzü, geleceği, tüm zamanları görürüm. Bu dünyaya ait mekânlar görürüm ve bu dünya üzerinde bulunmayan mekânlar. Yalnızca kendi şahsımı ilgilendiren hiçbir şeyi görmem."

"En çok senin işine yaraması gerekirken bundan mahrum kalmış olman tuhaf."

"Ben memnunum, çünkü bana bu zamanları ve mekânları gösteren Ben Nur başka türlü olmasını istemez."

"El Gani o sırada gördüğün ve duyduğun her şeyi öğrenir mi?"

"Ona bunların çoğundan bahsederim, fakat inanmaz. Bu dünyaya vedâ etmiş olanların ülkesinde bulunduğumu ona söylediğimde sadece güler, fakat sen olsan bana inanırdın."

"Yanılgıya düşme! Müslümanlar da İncil'in kutsal bir kitap olduğunu kabul ederler, çünkü Muhammet ondan faydalanmış ve İncil'deki peygamberlerin hakiki peygamberler olduklarını açıklamıştır. Ve bu kutsal kitap insanın ölülerle konuşmasını yasaklar."

"Bu dünyada olmadığım zaman yanlarında bulunduklarım ölüler değil, aksine yaşayanlar ve konuştuğum zaman sadece Ben Nur'la konuşuyorum, o bir ölü değil. Hiç kimsenin ruhumun duyduklarını duymaktan korkmasına gerek yok. Gördüklerimi sana söylediğim vakit karını ve çocuğunu duymamaları için yanımdan uzaklaştırman gerekmiyor, çünkü bunlar benim dudaklarımı kullanan ulu semâvî sesler. Ben astrolog, rüyâ yorumcusu veya falcı değilim, aksine gözlerimin körlüğü yüzünden biçâre kaldığımdan beri zenginlerden ve akıllılardan esirgenmiş olanın açıkça bildirildiği fakirlerden ve aklı ermeyenlerden biriyim. Ben ne bir medyumum, ne de bir peygamber, ne bir yalancı, ne de bir hayâlperest; ben çobanını arayan çölde kaybolmuş bir koyundan başka bir şey değilim. Hasretimden kaynaklanan dikkatim başka hiç kimsenin duymadığı çölün seslerini duymamı sağlıyor ve susuzluğum, çobanlarıyla birlikte kaynağın yanında duruyor olmalarına rağmen bahtiyar olanlar tarafından fark edilmeyen suyun nemini çok uzaklardan hissediyor. Onlar kendi kendini kandırmaktan ve yanılgıdan söz ediyorlar şüphesiz, fakat ben bu seslerin ve bu nemli soluğun yokluktan çıkarıp kuyuya götüren rehberliğine bırakıyorum kendimi. Sana bir şey söylemek istemedim, çünkü bana yabancıydın. Fakat seni anlattığım o savaşta görünce, beni mezardan çıkarmış olan senin, o mezarın öbür tarafında gördüğüm her şeyi bilmen gerektiğini düşündüm. Korkma! Ruhuna ve inancına zarar gelmeyecek, aksine var olan her şeyin kaynağının sevgi olduğunun ve yalnızca sevginin dünyevî mutluluğa ve cennete uzanan yolu gösterdiğinin idraki böylece verilecek sana."

"Sen de sevgiye sahip misin?" diye sordum sustuğu anda ona, tıpkı bu sabah Ali'nin kelâmının açıklamasının ardından sormuş olduğum gibi.

"Ona sahibim ve elbette onu bulamıyorum" dedi. "Bunu kavrayabiliyor musun?"

"Evet."

"Evet derken karşılıklı sevgiyi düşünüyorsun, fakat kastettiğim o değil ve şüphesiz ben de onu düşünüyorum. Elbette beni anlamayacaksın."

"Seni anlıyorum. Sevgi ve karşılıklı sevgi, yani verilen ve alınan sevgi yoktur. Sevgi birdir ve bölünmez."

"Bu doğru! Sevgi ilâhî bir güçtür, ilâhî gücün kendisidir; bıçakla kesilir gibi kesilemez ki böylece her insan kendisi için belirlediği ve bir başkasının değil, yalnızca kendi sevgisi olacak bir parça alabilsin. Annemi seviyorum, çocuğumu seviyorum demek yanlış; çünkü sevgi, gerçek sevgi sınır tanımaz ve kişilerle sınırlandırılamaz. Sevgi yaşamdır ve yaşam sevgidir. Nasıl 'yaşıyorum' diyorsan, 'seviyorum' da demelisin. Ve nasıl 'dostumu yaşıyorum' demek doğru olmazsa, 'dostumu seviyorum' demek de doğru olmaz. Gerçek sevgi zıttını tanımaz, nefreti tanımaz, tüm varlıkları kapsar, tek bir tanesini bile dışarıda bırakmaz ve her kim bu Allah sevgisine sahipse onun erkek kardeşini, kız kardeşini, tek bir insanı sevdiğinden söz edilemez. Sen yaşıyorsun. Senin bu yaşamını parçalara ayırabilir misin? Sen seviyorsun. Senin bu sevgini parçalara bölebilir misin? Sana yakın olduğu için bir insanı seviyorsan ve diğerlerini, sana uzak olanları sevmiyorsan bunun sevgi olduğunu sanma! Sevgi 'çünkü' ve 'ne için' tanımaz, kendinden başka hiçbir sebep tanımaz. Bu yüzden senin sorunu sana yönelttiğimde şaşırma: Sen sevgiye sahip misin? Sen gerçek sevgiye sahip misin?"

Ölü ve apaydınlık gözlerini bana çevirdi. Gözlerinin içinde sorduğu sorunun ifadesi olmalıydı, fakat sevgiye sahip olmadıkları halde durmadan sevgiden bahseden milyonlarca insanın yürekleri gibi boş ve anlamsızdı bakışları. Sorduğu soru benimkiyle tamamen aynı olmasına rağmen bir Hıristiyan olarak benim için, bendeki Müslüman için olduğundan tümüyle farklı olmalıydı. Benim bir İslâm taraftarı olduğumu sanması gerektiğinden İsa'nın öğrettiği sevgiden söz edemezdim, fakat o an tüm gözler benim üzerime çevrilmiş olduğundan elbette bir şeyler söylemek zorundaydım; bu yüzden şöyle cevap verdim:

"Tüm insanları yüreğimle kucaklarken hiç kimseyi bunun dışında bırakmamaya çabalıyorum. İyilik yapıyor, kötülükten tiksiniyorum, fakat kötü davranan kişilerden nefret etmiyorum. Benim en büyük çabam Allah'ın çocuklarından biri olabilmek ve tüm insanları erkek ve kız kardeşlerim olarak görebilmeyi içtenlikle arzuluyorum. Umuyorum ki kastettiğin sevgi budur."

"Hayır, bu değil. Sen çabadan, çabalamaktan, arzulamaktan söz ediyorsun; öyleyse henüz uğruna çaba harcadığın ve arzuladığın şeye sahip değilsin. Gerçek sevgi ummaz ve arzulamaz, çünkü o bizzat kendisi çoktan gerçekleşmiş olan, tamamlanmış olandır. O gökteki ve yerdeki yegâne güçtür. Diğer tüm sözde güçlerin adlarını söyle bana, şüphesiz onlar sevginin farklı görünümlerinden ya da tesirlerinden başka bir şey değildir. Sevgi asla son bulmaz. Ne hacim ne de zaman bağlamında sevginin başı ve sonu yoktur, yani başka hiçbir şey sevginin dışında var olamaz. Bir zerreyi ve uzayı, dünyevî zaman ölçüsünün bir kısacık saniyesini ve tüm sonsuzluğu doldurur sevgi. Ebeveyn, çocuk, eş, dost ve genel olarak insan sevgisi diye ayrılamaz. Her kim sevgiyi böyle parçalara ayırabileceğini sanıyorsa, sevgi ona yabancıdır. Bizim idrakimiz ve bizim peygamberliğimiz böylesine cüzî bir şeydir; fakat kusursuz bir bütün olan sevginin karşısında cüzî olan her şey sona erer."

Bu sözler neredeyse tümüyle Korintlilere yazılmış ilk mektubun on üçüncü bölümünden alıntılardı. Bir Müslüman'ın Kutsal Kitaptan yaptığı alıntıyı görmezlikten gelemezdim, bunu itiraf etmesi için onu zorlamak zorundaydım. Bu yüzden hemen şu soruyu sordum:

"Bu senin kendi görüşün mü, yoksa Kuran'da mı yazıyor? Bu sözlere Kuran'da rastlamadım."

"Hıristiyanların kutsal kitabından bir bölüm" diye cevap verdi.

"Yani sen tüm öğretilerin en yücesi ve en güzelini Muhammet'in eserinden değil, Kitâb el-Mukaddes'ten mi aktarıyorsun?"

"Evet. Fakat bu benim inancımdan şüphe etmen için bir sebep olmamalı, çünkü Muhammet'in kendisi bile sık sık bu kitaptan yararlanmıştır ve ben bunu yaparken, yalnızca onun bize kusursuz bütünlüğün idraki için vermiş olduğu örneğin izinden gidiyorum. Onun kadar aydınlanmış olmadığımızdan bizim için Kuran'da sayısız boşluk var, ki bu boşluklar yalnızca İncil'in gerçekleriyle doldurulabilir."

"Sözünü ettiğin kusursuz bütünlükten Kuran'da değil, İncil'de bahsediliyor, öyle mi? Bu yüzden ikincisinin değeri daha mı büyük?"

"Söylemek istediğim bu değil. Sözlerim yalnızca İncil'in peygamberin sûrelerinden daha kolay anlaşılabilir olduğunu ifade ediyor. Ona Hıristiyanlık dininin kurucusundan farklı bir yol farz olunmuştu, İsa sevginin ve barışın vaizi iken onun yolu savaştı. İsa'yı dinlemedikleri için onu bir Muhammet'in izlemesi gerekti. İsa öğretisinin tüm içeriğini şu emirle bir araya getirdi: 'Tanrıyı, Efendini tüm kalbinle ve komşunu kendin gibi seveceksin.' Ona itaat etmiş olsalardı, şu sözlerle müjdelemiş olduğu barış krallığı kurulmuş olurdu: 'Size esenlik bırakıyorum, size kendi esenliğimi veriyorum.' O barış prensi çarmıha gerildi ve perde tapınakta ortadan ikiye ayrıldığında Allah ve insanoğlu arasındaki barış ittifakı bozuldu ve dini kılıçların ucunda taşınıp yayılacak olan peygamberin gelişi şart oldu. Barış istemeyen kişi savaş istiyor demektir. İnsanoğlu İsa'nın öğretilerini reddettiği ve bugün hâlâ reddetmeye devam ettiği için, o öğretileri İslâm'ın savaşçılığıyla kabul etmek zorunda kalacak."

"İsa'nın öğretisi hakikaten söylediğin gibi reddedildi mi? Ben Hıristiyanların Müslümanlardan çok daha fazla olduklarını düşünüyorum. Öyle ki on beş Müslüman başına en az kırk Hıristiyan düşüyor."

"Kafaları sayıyorsan haklısın, fakat Allah insanın yüreğine bakar. Öyleyse yürekleri say, kafaları değil! O zaman ne kadar az Hıristiyan ve ne kadar fazla inançlı İslâm taraftarı olduğunu anlayacaksın. İsmen Hıristiyanlığı ne yazık ki fazlasıyla iyi biliyorum. Onu okuyup öğrendim ve gençlik yıllarımdan bu yana üzülerek gördüm ki..."

Büyük bir şevkle başladığı konuşmasını birdenbire kesti ve ardından kendini toparlayıp yavaş ve daha fazla düşünerek sözlerine devam etti:

"Şunu söylemek istedim: İsmen Hıristiyanlığı pek çok kitapta okudum ve Mesih'in öğretisine inanan biri nasıl olmalıysa onun tam tersi olan bazı sözde Hıristiyanlarla bir araya geldim. Sözünü etmek bile istemeyeceğim pek çok üzücü şey yaşadım. Bu yüzden bu konuyu kapatalım! En iyisi bana tütün verin! Pipom yine söndü."

Arzusunu yerine getirdiğimizde hayattaki en büyük zevkine kendini öyle bir bıraktı ki sohbetimize devam etmemiz mümkün olmadı. İstemediği kadar fazla konuşmuş olduğunu fark etti, birdenbire konuşmayı kesmesinin esas sebebi buydu. Bana gelince, ben duymuş olduklarımdan memnundum. Kutsal Kitabı neden bu kadar iyi bildiğini anladım: eskiden Hıristiyan'dı ve daha sonra Müslüman olmuştu. Sözde Hıristiyanlardan ve kötü tecrübelerden söz etmişti, elbette aydın bir adamın böylesi nedenlerle dininden dönmesi benim için anlaşılır şey değildi. Aydın sınıfına mensuptu, çünkü söylediği bazı şeylerden okumuş olduğu anlaşılıyordu.

Kısa süreli molamız sona erdiğinde onu yeniden semere yerleştirdik ve yolumuza devam ettik. Halef her zaman olduğu gibi benim yanımda yerini aldı ve bana Kör hakkındaki görüşlerini anlattı. Körün, üzücü tecrübelerinden söz etmiş ve bunun yanı sıra Hıristiyanlığı pek çok kitaptan okuduğunu anlatmış olması onun da dikkatini çekmişti.

"Biliyor musun Sihdi," dedi Hacı, "Hıristiyanlığı pek çok kitaptan okumuş olabilir, çünkü o bir âlim, fakat bize aktardığı görüşler kitaplardan çok onun kendi yaşamından kaynaklanıyor gibi. Bence bu inanca yürekten değil, yalnızca sözde bağlanmış Hıristiyanlarla çok sık bir araya gelmiş. Sen ne dersin?"

"O, çözümü benim için büyük anlam taşıyan bir bilmece" diyerek kaçamak bir cevap verdim. "Ancak onu tam olarak anlayabilirsem hakkında bir fikre sahip olabilirim. Onun yardımımıza ihtiyacı olan, terk edilmiş, bedbaht bir adam olduğu gerçeğiyle yetinmeliyiz şimdilik."

"Ona canı gönülden yardım edilecektir. Ölümden dönmüş olan bu adam bende öyle bir sempati uyandırdı ki mümkün olan her şeyi yapmaya hazırım onun için. Halihazırda kaybolan hayatını ona geri verecek olan bizler, gücümüz yettiğince ona bakmak zorundayız ve bunu yapacağız."

Bir sonraki saat içinde çölün tabiatı o zamana kadar olduğundan farklılaştı. Hayvanlarımızı çok yoran yükseltiler ve çukurluklar arasındaki değişim daha az tekrarlanır oldu, tamamen düz ve rüyet sahası uçsuz bucaksız bir çember oluşturan kum yüzeyi etrafımızda uzanana dek tepe dalgaları düzleşti ve vâdiler yükseldi.

Önceleri kum derin ve inceydi. Develerin ve atların ayakları kuma gömüldü. Daha sonra kum sığlaştı ve taneleri irileşti, zemin sertleşti. Gitgide daha fazla taşlı yer çıktı karşımıza, büyüklükleri arttı ve sonunda bu büyük yerler birleştiğinde kum kayboldu. Serîr'de, düz taş çölündeydik. Zemin rüzgârlar tarafından süpürülmüş ve yer yer öyle cilâlanmıştı ki tâkip ettiğimiz izleri kaybetmemek için çok dikkatli olmalıydık. Bu tür çöllerde hava sıcaklıkları arasındaki fark sıklıkla çok büyüktür, çünkü gündüzleri güneşin altında neredeyse kavrulan taşlar, geceleri kumlardan daha hızlı ısı kaybeder ve soğur. Avrupalıların böyle bölgelerde kendilerini çok iyi korumaları gerekir, çünkü ateş ve soğuk algınlığı kaçınılmazdır.

Bir süre sonra çevre yine değişti. Taş zemin engebeli bir hal aldı. Önce düz, ardından daha yüksek dalgalar oluştu; ilerledikçe dalgaların arasındaki çukurluklar ne kadar derinse, rüzgârın içlerine taşıdığı kumla o kadar dolu olduklarını gördük. Cilâlanmış gibi görünen yükseltiler, geniş ve düz Serîr'de tek tek adacıklar halinde yükselen ve uzağı görmeyi engelleyen sarp tepelere dönüştü. Böylesi bir arazi istenmeyen karşılaşmalardan korkan insanlar için her yöne bakış imkânı sağlayan açık çölden daha tehlikelidir. Ancak hiç düşmanları olmadığına inananların da dikkatli olmaları gerekir, çünkü Arap çölleri asla son bulmayan kanlı çatışmaların yeridir.

Rehberimiz Ben Harb bize, Bîr Hilu'nun buradaki etrafa dağılmış kayalık adacıkların en büyük ve en sarp olanının yanında ve bizden aşağı yukarı yarım saat uzakta bulunduğunu söyledi.

"Hemen yönümüzü değiştirmek zorundayız" dedi Halef.

"Neden?" diye sordum, ne düşündüğünü bildiğim halde. "Düz yoldan sapmamıza sebep ne olabilir ki?"

O an en sevimli ve kurnaz mimiklerinden birini yaptı ve şöyle dedi:

"Her gün Göklerdeki Babamıza dua ediyorsun ve şimdi bizzat kendin duanın şu bölümünün tersine hareket ediyorsun: 'Bizi şeytanın yoluna saptırma!' Hiç şüphesiz biliyorsun ne istediğimi, çünkü bunu ilk senden öğrendim. Kuyudakiler kuzeyden geleceğimizi sanıyorlar ve bu yüzden biz kuyuya başka bir yönden ulaşabilmek için yolumuzu değiştireceğiz."

"Bu ihtiyati tedbirin bugün gerekli olduğunu mu düşünüyorsun, Halef?"

"İhtiyat her zaman gereklidir Sihdi. Bunun için hiçbir sebep yokmuş gibi görünse de, ihtiyat daima ihtiyatsızlıktan daha iyidir. Özellikle de bizimki gibi bir yolculukta bir sonraki dakikanın neler getireceğini asla bilemez insan."

Bir an için durmuştuk, adamlarımızın hepsi yanımızdaydı ve böylece herkes bu sözleri duyabildi. Bir kez olsun ihtiyatlılık vaizi olabilmek Halef'e az gurur vermemişti ve bu yüzden sözlerine ders verircesine devam etti:

"Yiğitlik, bir savaşçının sahip olması gereken ilk ve en önde gelen özelliktir, fakat bunun hemen ardından ihtiyat gelir. Yalnızca yiğit olan bir adam ölümü çok kolay hiçe sayabilir ve yalnızca ihtiyatlı olan bir adam kolayca korkaklıkla suçlanma tehlikesine düşer. Fakat yiğitlik ihtiyatla birleştirilmişse, böylece düşüncesizlikler cesaretten duyulan şüphe kadar az gösterebilir kendini. Yiğitlik yalnızca savaşta, ihtiyat ise her zaman gereklidir; örneğin şimdi. Az sayıda Mekkelinin Bîr Hilu'ya gittiklerini ve onlardan dört kat daha üstün olan Başnâzırın peşlerinde olduğunu biliyoruz; onun karşısında aciz olduklarından ve bize daha da az zarar verebileceklerinden eminiz, bu yüzden kuyuya giden düz yola emniyetle devam edebilirdik. Fakat ben yine de bunu yapmamamızı öneriyorum, çünkü daha önce de söylediğim gibi, insan böyle bir yolculukta bir sonraki dakikanın neler getireceğini asla bilemez. Kuyuya başka adamlar da gitmiş olabilir, bu durumda İranlıyla Büyük Şerifin gözdesinin karşılaşmaları düşündüğümüzden farklı sonuçlanabilir. Öyleyse öncelikle oradaki durumun ne olduğunu öğrenmeye çalışmalıyız. Bunun için düz yoldan gitmeyecek, aksine kuyuya başka bir taraftan yaklaşacağız. O zaman yolumuzu değiştirmiş olmamızın gereksiz olduğunu görürsek, bu çeyrek saat kaybetmemek için zekice davrandığımızı sanarak hayâl kırıklığına uğramamızdan daha iyidir. Hangi taraftan gidiyoruz, sağdan mı soldan mı Sihdi?"

"Rehber bölgeyi tanıyor, kararı o vermeli" diye cevap verdim.

Ben Harb, yüksek kayalıkların sayısı orada daha çok olduğundan ve bu sayede saklanmak için daha çok yer bulabileceğimizden doğuya sapmamızın uygun olacağını düşündü.

Rehber kuyunun batımızda kaldığını anlayana dek güneydoğuya doğru kâh açık düzlüklerin üzerinden, kâh yerden dimdik yükselen kayalıkların yanından geçerek sürdük hayvanlarımızı. Tam batıya sapmaya karar vermiştik ki önden giden Ben Harb atını geri çevirdi ve şöyle bağırdı:

"Çabuk kayaların arkasına çekilin! Birileri geliyor."

"Kaç kişiler?" diye sordu Halef. Rehberin sözünü dinlemiştik, yaklaşmakta olan adamlar artık bizi göremezdi.

"Yalnızca üç kişiler" diye cevap verdi.

"Öyleyse korkmamıza gerek yok."

"Kişi sayısı önemli değil" diye atıldım. "Nereden geliyorlar?"

"Batıdan" dedi rehber.

"Öyleyse kuyudan geliyorlar. İranlının adamlarından mı?"

"Hayır, asker değiller."

"Öyleyse tedbirli davranmalıyız. Ne kadar yakınımızdalar?"

"Sadece iki dakika sonra buradalar."

"Biz üçümüz onlara doğru ilerleyeceğiz; sen, Hacı Halef ve ben. Diğerleri burada kalacak ve yalnızca silah sesi duyacak olurlarsa peşimizden gelecekler. Sorularına sen cevap ver. Ne istersen söyle, ama kim olduğumuzu, nereden geldiğimizi ve nereye gitmekte olduğumuzu söyleme! İleri!"

Kayaların arkasından çıktık ve iki yüz metre önümüzde develerinin üzerindeki adamları gördük. Birden durdular, biz de durduk; sonra yavaş adımlarla birbirimize doğru sürdük hayvanlarımızı. Aniden şaşkınlık içinde şöyle dedi rehber:

"Maşallah! Ortadaki uzun bedevîyi tanıyorum. Bu Tavil, Beni Khalidlerin şeyhi."

"O seni tanıyor mu?" diye sordum.

"Hayır. Onu sadece bir kez gördüm, ama o beni görmedi."

"Nasıl biri?"

"Kaba, merhametsiz, kindar; fakat şunu da eklemeliyim ki asla yalan söylememekle gurur duyar."

"Öyleyse çabucak hakkından geleceğiz."

"Bunu aklından geçirme, aksine dikkatli ol Sihdi! Bu bölgede yalnız değil. Korku nedir bilmez. Kükremesiyle gelişini haber veren bir aslan gibi dürüsttür, fakat sesinin gürüldeyişinin hemen ardından ölümcül atlayış gelir."

Daha fazla konuşacak zamanımız olmadı, çünkü Beni Khalidlere artık öyle yaklaşmıştık ki bir selâmlamaya öncelik vermek zorundaydık; tek sorun kimin önce başlayacağıydı, onlar mı yoksa biz mi. Rehbere ilk selâmı vermemesini söyleme fırsatını henüz bulmuştum ki üç binici develerini önümüzde durdurdular.

Ortalarındaki, yani Şeyh Tavil "iri cüsseli" anlamına gelen adına uygun olarak uzun boyluydu, güneşten yanmış yüzünün çizgilerinden samimiyet okunduğu söylenemezdi. Açıkça ilk önce bizim selâm vermemizi bekledi. Bunu yapmadığımızda öfkeli bakışlarını üzerimizde gezdirdi ve sert bir ifadeyle şöyle dedi:

"Eee? Dilinizi mi yuttunuz? Yoksa biriyle karşılaştığınız zaman selâm vermeniz gerektiğini henüz öğrenemediniz mi?"

Benim ufak tefek Halef'ime baktım; bu hitap karşısında sessiz kalabilmek için kendini zorladı. Şüphesiz Ben Harb'ımız şu cevabı vererek işini hiç de fenâ yapmadı:

"Her karşılaşmada iki taraf vardır. Öyleyse sözlerini sadece bize değil kendine de, size de söyle!"

"Dilini yutarsın inşallah! Sadece deliler kendi kendilerine konuşurlar. Ben sizden selâm istiyorum. Bunu yapmayarak bize hakaret etmeye cesaret ederseniz sonuçlarına katlanırsınız!"

"Bunun için de iki taraf gerekir. Öyleyse bekleyip kim sonuçlarına katlanacakmış görelim!"

Tavil tehditkâr bir tavırla elini, bir bıçağın sapının ve bir silahın kabzasının dışarıda kaldığı kemerine götürdü, fakat fikrini değiştirip yanındakilere dönerek aşağılayıcı bir ses tonuyla:

"Bunlar Allah'ın unuttuğu kulları olsa gerek! Ya da terbiyesizliğin kibarlık sayıldığı bir yerden geliyorlar. Fakat cehaletlerini hakaret kabul etmemeli, aksine onlara merhamet etmeliyiz. Acıyalım onlara!" dedi.

Ardından yine Ben Harb'a yöneltti sözlerini:

"Adım Tavil Ben Şahid, sayıları sonsuz Beni Khalidlerin meşhûr şeyhiyim. Gücüm bütün çöle ve tüm sınırlarına erişir ve hiçbir düşman bana karşı zafer kazandığını söyleyemez. İyiliğimden size bunu söylediğim için şimdi bana kim olduğunuzu söyleyeceksin. En azından iyiliğe iyilikle karşılık vermek gerektiğini öğrenmişsindir, değil mi?"

"Ben nâzik insanlar karşısında nâzik olmayı ve başkalarına karşı bana davrandıkları gibi davranmayı öğrendim. Madem ki sen bize kim olduğunu söyledin, merakını gidereceğim. Bizler Beni Solaib kabilesindeniz ve Cezireden geliyoruz."

Şunu belirtmeliyim ki Solaib bedevîlerine özel anlaşmalar nedeniyle diğer kabileler tarafından asla saldırıda bulunulamaz, fakat bunun için daima barışçıl davranmakla yükümlülerdir. Bu yüzden yiğitliklerinden söz edilmez ve Tavil kaşlarını kaldırarak alaycı bir gülüşle şöyle dediğinde şaşırmam yersiz olurdu:

"Solaib, ah Solaib! Budalılığınızın nedeni böylece açıklanmış oldu. Sizi tanıyorum. İyi silahlanmış gibi görünmenize rağmen kabilenizin yüz adamı bir savaşçının binde biri bile etmez. Korkaklığınız yüzünden tüm kabileler size müsamahakâr davranıyor ve şimdi sıra bizde. Nereye gidiyorsunuz?"

"Birkaç damızlık deve satın almak için Şakra'ya gönderildik."

"Öyleyse paranız vardır, değil mi?"

"Evet!"

Tavil'in birdenbire gözlerinin içi parladı ve adamlarına anlamlı bir bakış fırlattı; bu onun bizi hakikaten niyetini gizleme gereği bile duymadığı saf ve tehlikesiz insanlar olarak gördüğünün bir kanıtıydı. Paramızı nasıl alacağının planını çoktan yapmış olmalı ki şöyle dedi:

"Buradan Şakraya gidecekseniz düşmanlarımız olan Beni Lamların bölgesinden geçmek zorundasınız. Benim şimdi nerede bulunduğumu bilmemeniz gerekiyor ve tüm Solaib Arapları dedikoducu karılar olduklarından Beni Lamlarla savaşımız sona erene kadar sizi yanımızda alıkoyacağız."

Rehberimiz bu zorbalık beyanını duymazdan gelecek ve karşı çıkmak yerine safça bir soru soracak kadar zekiydi:

"Bîr Hilu'ya gitmek istiyoruz. Doğru yol üzerinde miyiz?"

"Evet, fakat şimdilik bu isteğinizden vazgeçecek ve bizimle geleceksiniz."

"Nereye?"

"Keşfe."

"Neden? Keşif yolculukları tehlikelidir."

"Bu ne korkaklık!" diye güldü. "Senin korkaklığından bir Solaib olduğun hemen anlaşılır. Fakat sırf bu kabileden olduğunuz için, birazdan öğreneceğiniz şeyi endişe etmeden söyleyebilirim size. Beni Lamlara karşı saldırıya geçmeden su temin etmek için büyük bir savaşçı birliğiyle Bîr Hilu'daydım, oraya önceden tanıdığımız Mekkeli adamlar geldi ve onlara misafirperverliğimizi gösterdik. Sultanın askerleri peşlerinden geldiler. Onun paralı savaş köleleri bizim tarafımızdan asla hoş karşılanmazlar ve bu köleler Mekkeli dostlarımıza hırsızlık suçlamasıyla hakaret ederek kendilerini suçlu durumuna düşürdüler. Bu yüzden onları yakalayıp silahlarını aldık. Fakat şimdi başkaları geliyor, elli adamdan oluşan bir birlik. Bunlar Şammar kabilesinden Haddedihnler; esasen akraba olmamıza rağmen onlarla da savaşmak durumundayız. Yalnızca bu bile Haddedihnleri ele geçirmemiz için bir sebepti, fakat bunun için bir sebebimiz daha oldu; onlar da Mekkelilere cezalandırılmalarını gerektirecek bir biçimde davranmışlar. Kendilerini müdafaa etmeden bize teslim olmayacakları için kurnazca bir plan yaptım. Kuyunun yanında yalnız olduklarına inanıp tedbirli davranmaya gerek duymayacaklar, o vakit üzerlerine hücum edeceğiz. Kuyudan bizi fark edemeyecekleri kadar geri çekildik, kaygısızca istirahat ettikleri sırada geri döneceğiz."

"İzlerinizi görmeyecekler mi?"

"Onları sildik."

"Fakat büyük bir birlik olduğunuza göre Bîr'in suyunu onların dikkatini çekecek kadar kullanmış olmalısınız."

"Dikkatlerini çekmek mi? Allah'ın beyinsiz kafalar vermiş olduğu Haddedihnlerin mi dikkatini çekecek? Suyu çekilmiş bir kuyunun, onu boşaltmış adamlara alâmet edeceği asla akıllarına gelmez. Nehirlerin arasında yaşıyorlar ve çöl yaşamından ancak bir kurbağanın safkan bir atın özelliklerinden anladığı kadar anlıyorlar. Biz üçümüz nasıl hareket edeceklerini görmek için şimdi başka bir yoldan Bîr'e gidiyoruz. Bizimle geliyorsunuz! Tehlike söz konusu değil, çünkü bizi görmemeleri için onlardan uzak duracağız. Yani korkmanız için bir sebep yok."

"Ama sizinle birlikte gitmemiz için de bir sebep yok. Biz Bîr Hilu'ya gitmek istiyoruz, ne işimiz var başka yerlerde!"

"Ama bizim işimiz var! Ve yanınızda biz olmadan sizi kuyuya yollayamayacağım için bizimle geliyorsunuz. Başınıza hiçbir şey gelmeyecek. Haddedihnler korkaklar olarak tanınır ve şeyhleri Hacı Halef Ömer'in daha ilk kurşunda ortadan sıvıştığını söylerler."

O anda sağ elini kırbacının sapına uzattı Halef ve öfkeden patlamak üzere ağzını açmıştı ki çabucak "Kutub!" deyiverdim ve ne mutlu ki hiddetine hâkim olacak ve susacak kadar zekiydi. Şüphesiz benim için sohbete katılma zamanı gelmişti. Beni Khalidlerin şeyhinin doğruculuğu bizi hor gördüğünün bir işaretiydi, ama bundan yararlanmamız gerekiyordu. Bu amaçla Tavil'e şu soruyu yönelttim:

"Şimdi sizinle birlikte gelirsek hiçbir şeyin bize zarar vermeyeceğinden emin misin?"

Bakışlarını sonsuz bir aşağılama ifadesiyle üzerimde gezdirdi ve şöyle cevap verdi:

"Kıymetli vücutlarınızın yaralanmayacağını ve temiz giysilerinizin kirlenmeyeceğini sana garanti edebilirim. Şimdi olduğunuz kadar sağlıklı ve temiz kalacaksınız."

"Sonra kuyuya gitmemize müsaade edecek misin?"

"Evet, Haddedihnlerin işini bitirir bitirmez, fakat şimdi kimse oraya gidemez."

"Mekkeli dostlarınız orada kalmadılar mı?"

"Hayır, onlar bizim yanımızda."

"Peki ya askerler?"

"Onları da yanımıza aldık. Göz altında tutmamız kolay olsun diye, taş duvarları tırmanılmayacak kadar yüksek bir oyuğa koyduk onları; önünde bir nöbetçimiz durduğu için oradan da kaçamazlar. Seni sakinleştirmek ve sizi iknâ edebilmek için şunu söyleyebilirim ki o adamlar da size hiçbir şey yapamazlar."

"Bu askerlerin başlarında onları komuta eden bir subay yok muydu? Böylesi eğitimli bir askerin tedbirliliği yüzünden onları kayaların arasına hapsetmeniz pek kolay olmamıştır, diye düşünüyorum."

"Subay ha! Tedbirlilik ha!" diyerek güldü ve yanındakiler de gülerek desteklediler onu. "Sen bir Solaibsin ve bu yüzden budalalığını bağışlamak gerek. Eğitim sırasında askerleri hiç görmemiş gibi bir halin var. Sağa dönerler, sola dönerler, hızla ileri koşarlar, birdenbire yollarından sapıp hızla geri koşarlar, tüfeklerini indirirler, tüfeklerini omuza atarlar, sağ bacaklarını kaldırıp sol bacaklarının üzerinde dururlar, sol bacaklarını kaldırıp sağ bacaklarının üzerinde dururlar ve bunların hepsini, subay bu gülünç zırvalıkları onlardan istediği için yaparlar. Ve sen bir Mharric'in* aklımıza koyduğumuzu yapmamıza engel olabileceğini mi sanıyorsun? Bunu yalnızca savaşla ilgili meselelerden hiçbir şey anlamayan bir Solaib düşünebilir. Ama yanlarında bir subay yoktu, aksine Allah'ın cehennemdeki en derin bataklığa yollayacağı kahrolası bir Şii vardı. Bu hain, Mekkeli dostlarımıza hakaret etmek ve onların hırsız olduklarını söylemek için peşlerinden gelecek kadar küstahtı. Hatta onları kendisine teslim etmemizi istemeye bile cesaret etti. Biz bunu reddedince azarlayarak ve hakaretler yağdırarak şerefimize öyle bir dil uzattı ki yalnızca inancını şaşırmış o herifin ölümüyle cevap verebilirdik söylediklerine."

"Yani artık yaşamıyor mu?" diye sordum, bu haberin bendeki tesirini gizlemek için kendimi zorlayarak.

"Henüz ölmedi, fakat yarın sabah erkenden biz kuyuyu terk ederken ölmüş olacak. Biz Mekkeli dostlarımızla birlikte onun için bir mahkeme düzenledik ve onu Fassâde'ye** mahkûm ettik. Bir Hıristiyan, bir Yahudi ya da başka bir gâvur olsaydı acımadan vururduk onu; fakat inancını şaşırmış bir Şii olsa bile yine de bir Müslüman olduğu için sadece birkaç küçük damarını açtık ve o damarlar yarın şafak vaktine kadar boşalmış olacaklar. Yani Allah'la ve ölüm meleğiyle olan hesabını bir düzene sokmak için vakti kalıyor. Daha önce hiç Fassade cezasını duydunuz mu?"

"Evet. Bu cezayı az önce sözünü ettiğin sebepten dolayı uygulayan kabileler var; ölüm kaçınılmaz, fakat ölümün yavaşlığı mahkûma öbür dünyaya atacağı adıma önceden hazırlanabilmesi için gereken zamanı veriyor. Hangi damarlarını deldiniz?"

"Sadece işaret parmağındaki iki atardamarı, şimdilik bu yeterli."

"Fakat yanındaki askerler açık damarların üzerini sararak kanamasını durdurmaya çalışacaklardır."

** Soytarı, maskara.*

*** Kan alma.*

"Bunu da yine yalnızca bir Solaib söyleyebilir. Şii askerlerin değil, savaşçılarımın yanında ve onlar kanın akışının sürekli olmasına dikkat ediyorlar. Onu öyle bir bağladık ki kolunu oynatamaz. Size her şeyi böyle kaygısızca söylememe şaşırıyorsanız tekrar ediyorum; bunu kısa süre içinde öğrenirdiniz, çünkü şimdi sizi yanımıza alıyor ve istirahat yerimize götürüyoruz."

"Hakikaten bunu yapacak mısınız? Arkadaşım kuyuya gitmek istediğimizi ve bu niyetimizi gerçekleştireceğimizi size söyledi."

"Sizin neye niyet ettiğiniz bizi ilgilendirmez, çünkü burada sadece bizim istediğimiz olur."

"Peki ya karşı koyarsak?"

"Karşı koymak mı? Gülünç. Üç Solaib korkağı bize karşı!"

"Siz de sadece üç kişiniz!" dedim.

"Sizin gibi on kişiye yeterdi gücümüz! Karşı koymaya çalışmayan, çünkü Allah'ın huzurunda yemin ederim ki..."

Tavil birden sustu ve büyük bir şaşkınlıkla arkasından çıkmış olduğumuz kayalığa doğru baktı. Arkamı döndüğümde, Hanne'nin üzerindeki mindere kurulmuş olduğu büyük tahtırevanı taşıyan iki deveyi gördüm. Develer, bu dik kafalı hayvanlarda sık sık rastlandığı gibi, herhangi bir sebepten huzursuz olmuş ve peşimizden gelmişlerdi. Neyse ki Haddedihnlerden hiçbiri tahtırevanı tâkip edecek kadar aptal değildi. Yalnızca üç adamla uğraşmak zorunda olduğumuzu bildiklerinden endişelenmediler ve kayaların arkasında kaldılar. Beni Khalidlerin şaşkın yüzlerini görmek bizim için harikulâdeydi.

"Bir tahtırevan ve üzerinde bir kadın!" diye bağırdı Tavil. "Kime ait bu kadın?"

"Bize" diye cevap verdim.

"Neden geride kaldı?"

"Kendisine sor! Ya da daha uygun bulursan, muhtemelen böyle istemiş olan develerine sor!"

"Bu tür şakalara müsaade etmem!" diyerek önerimi reddetti. "Sormak ha, bir kadına soru sormak!" Bu arada hayvanları bizden çok az uzakta duracak kadar yaklaşmış olan Hanne'yi eliyle işaret etti ve şöyle dedi: "Şu yaşlı, gözü çapaklı acûzeye bakın! Böyle bir surata sadece bir Solaibin karısı sahip olabilir, bizim yanımızda kendini göstermemesi gerekirdi."

Hanne bu alaycı sözleri duydu, ama sakin davrandı. Halef âdeta kaskatı kesilmişti. Onun "kadınlar çadırının en mükemmel çiçeğine" nasıl eşsiz bir sevgi duyduğunu ve Hanne'sinin "güzellerin en güzeli" olduğunu düşündüğünü bilen biri, eşine yapılan bu hakaretin Halef'i nasıl etkilediğini tahmin edebilir. Böyle bir şey daha önce hiç başına gelmemişti. Beni Khalidlerin şeyhi de o anda başına gelenleri herhalde daha önce hiç yaşamamıştı. Halef'in onu bir küfür yağmuruna tutacağını sandım, ama yanıldığımı anladım.

Ufak tefek Hacı tek bir ani darbeyle kaskatılığından sıyrılıvermiş gibi yüksek semerinden yere zıpladı, Tavil'in devesine doğru hızla koştu, iki eliyle binicinin bacağına yapıştı ve beni bile hayrete düşüren bir güçle onu aşağı çekti. Göz açıp kapayıncaya kadar kırbacını kemerinden çıkarmıştı ve yerde yatan adama öyle bir vurdu ki adam kollarını önünde tutarak hiç durmadan inen darbelerden sadece yüzünü koruyabildi. Halef bu sırada tek kelime etmedi, öfkesi o kadar büyüktü ki onu yalnızca kırbacıyla dindirebilirdi. Adam her kırbaçlanışında böğürdü. Kendisine yardım etmeleri için adamlarına bağırdı.

Adamlar yardım etmeye niyetlendikleri anda revolverimi çıkardım ve bir el ateş ettim, ki bu Haddedihnlerimiz için kararlaştırılan işaretti. Haddedihnler hemen imdadımıza yetiştiler ve beklenmedik ortaya çıkışları iki Beni Khalidin dikkatini öyle bir çekti ki şeyhleriyle ilgilenmeyi düşünemediler. Etrafları çevrildi ve onlar develerinden indirilirlerken şeyhi terbiye etmeye devam etmesi için meydan Hacıya bırakıldı. Sonunda Hacı kırbacını bırakıp yanıma geldi ve hâlâ öfkeden titreyen bir sesle şöyle dedi:

"Sihdi, yaptıklarım için Allah aşkına tek söz söyleme şimdi bana, aksi halde patlayacağım! Ne olacağına bu kez sen karar veremeyeceksin, itaat edilmesi gereken benim. Bu it oğlu benim karıma, Hanne'me, dünya üzerinde gezinen tüm varlıkların en güzeli, en temizi ve en iyisine salyasını akıttı. Ona bu pisliği ödettirmeme engel olursan, sana yemin ediyorum ki dostluğumuzu yüreğimden hemen silerim. Ona insanca davranacağıma söz veriyorum, ama benden daha fazlasını isteyemezsin. Kabul mü?"

"Evet" diye cevap verdim. "Çünkü biliyorum ki beni dostluğumuzu yüreğimden silmeye zorlayacak hiçbir şey yapmayacaksın. Hâlâ semerlerinde oturanlar aşağı insinler! Bir süre burada kalıyoruz."

Bu emrimi yerine getirdiler ve Hanne'yle Müneccimin aşağı inmelerine yardım ettiler. Müneccim uyanıktı, neler olduğunu bilmek istedi, fakat yalnızca kısa bir mâlumatla yetinmek zorunda kaldı. Beni Khalidleri bağladık. Şeyhlerinin yüzü ve elleri kırbaç izleriyle doluydu. Böğürmeye devam ederken Allah'a, Muhammet'e ve tüm halifelere kendisine şâhitlik etmeleri için seslendi; dediğine göre 'Solaib köpeklerinden' intikamını korkunç bir biçimde alacaktı. O anda Halef kırbacını tekrar eline aldı ve onu tehdit etti:

"Sus, tüm köpek babaların oğlu ve tüm köpek oğullarının atası, aksi takdirde baştan başlayacağım! Allah'ın Haddedihnleri beyinsiz yarattığını söyledin, senin beynin nerede? Hacı Halef Ömer'in elli Haddedihnle birlikte geleceğini biliyorsun ve hâlâ bizim Solaibler olduğumuza inanıyorsun. Gözlerin kör mü? Say bakalım bizi! Haddedihnlerin şeyhinin yanında hareminin hükümdârının da bulunduğunu duymadın mı? Sana bizim Solaibler değil, izlerini sürüp Bîr Hilu'da saldırmak istediğin adamlar olduğumuzu söylemesi gereken aklını nerede yitirdin? Şimdi bizi seninle gitmeye zorla bakalım beceriksiz, iktidarsız solucan! Hakikaten bizim gibi on adam korkutamaz mı seni? Haddedihnler gerçekten târif ettiğin kurbağalar mı? Şimdi orada kırbacımın darbeleriyle örtünmüş bir hâlde yatıyorsun. Cüssen benimkinden neredeyse iki kat uzun, fakat Allah on kat daha uzatmış olsaydı bile, senin akılsızlığınla doğanların ve akılsız ölen atalarının tek mirası olan aptallığının sonsuz büyüklüğü karşısında bir cüce olurdu şüphesiz. Sana bir bakış atanın hemen yüzünü çevirmesi gerekir, aksi takdirde ümitsizlik gözyaşları dökmekten başka bir şey yapamaz."

Sözlerini pekiştirmek için ona yüz çevirdi ve arkasında duran oğluna baktı. Onu elinden tutup öne çekti ve Tavil'i göstererek şöyle dedi:

"Tüm kadınlık ve annelik özelliklerini en mükemmel biçimde kendinde birleştirmiş olan annene 'gözü çapaklı bir acûze' demiş olan adam işte orada yatıyor! Ona ne yapmalı, haydi söyle bana!"

Kara Ben Halef bunu istemediğini gösteren bir el hareketi yaptı ve yalnızca tek bir kelime çıktı ağzından:

"Hiçbir şey!"

"Hiçbir şey mi?" diye sordu babası memnuniyetsizlik içinde. "Hiçbir şey yapmamalı mı?"

"Hiçbir şey! Böylesi bir küstahlığa yalnızca kırbaç cevap verebilir, ki o da cevabını verdi. Daha fazla dikkate almak onu onurlandırmak olurdu ve bunu yapmamamız gerekiyor."

Mert delikanlı dönüp annesinin yanına gitti. Halef arkasından baktı, bir süre başı önüne eğik derin derin düşündü, derken başını kaldırdı ve sevinçten gözleri parıldayarak şöyle dedi bana:

"Sihdi, yüreğimin oğlu Kara Ben Halef'in az önce ne dediğini duydun mu? Buna ne diyorsun?"

"Haklı" diye cevap verdim.

"Evet, haklı. Tüm kadınların en iyisinin uğradığı hakaret hak ettiği karşılığı buldu. Bu yüzden bu köpek oğlunun yaptığını tekrar düşünmemek gerek. Fakat başka meseleler yüzünden onunla konuşmaya devam etmeye mecburum ve umuyorum ki konuşmakla doğru davranmış olacağım. Tüfeğini yanına koyup kolunu ona öyle sıkı bağlayın ki ne kolunu ne de elini oynatabilsin!"

Ömer Ben Sadek iki Haddedihnle birlikte bu emri yerine getirirken Halef yanıma geldi, elini bana uzattı ve şöyle dedi:

"Sihdi, işaret parmağımdaki atardamarlar nerede göster bana, bunu bilmek zorundayım."

Ne yapmak istediğini anladım ve bunu kendisine söylemeden ona hak verdim. O an yapmak istediği şeyi ben de yapardım, çünkü İranlıyı kurtarmanın en kolay ve bizim için en tehlikesiz yolu buydu. Bu yüzden ona sorduğu damarların yerini gösterdim. Ardından küçük, keskin bir bıçak almak için tahtırevana gitti. Sonra bağlı olmasına rağmen üç dört Haddedihnin tutmak zorunda kaldığı Beni Khalid şeyhinin yanına döndü. Ben uzakta durup yalnızca Halef'in onun üzerine eğilişini izledim. Derken bir çığlık koptu ve Tavil'in bar bar bağırdığını duydum:

"Elime ne yaptın? Beni yaraladın. Elimden kan fışkırıyor."

"Evet, seni yaraladım" diye cevap verdi Halef. "Çöl kanununa göre gerekeni yaptım: kana kan, cana can! İranlıyı kan kaybından ölüme terk ettin ve şimdi onunla aynı kaderi paylaşıyorsun. Yarın sabah erkenden onunla birlikte yaşayanların diyârından gideceksin ve onunla aynı zamanda Sırât'a, ölümün köprüsüne ulaşacaksın. O köprüden bahtiyar bir halde kim geçecek, o mu yoksa sen mi, Allah bilir."

"Yani beni Fassâde ile mi cezalandırdın?"

"Tıpkı senin ona yapmış olduğun gibi, sadece işaret parmağındaki iki atardamarını deldim."

"Allah belanı versin! Kanımı akıtmaya nasıl cesaret edersin?"

"Sen onun kanını akıtmaya nasıl cesaret ettiysen aynen öyle ettim."

"Bu mahkemenin kararıydı!"

"Burada da mahkeme karar verdi, çünkü ben Haddedihn kabilesinin en yüksek hâkimiyim."

"Misafirlerimiz olan Mekkelilere hakaret ettiği için o Şii'nin Fassâde'den ölmesi gerekiyor."

"Ve senin de ona, bizim dostumuza hakaret ettiğin için Fassâde'den ölmen gerekiyor. Sen onun ölmesini istiyorsun. Şimdi iyi dinle: o ölürse sen de öleceksin, hayatta kalmak istiyorsan onun da kurtarılması gerekiyor."

Hacı, Şeyhi oracıkta bırakarak yanıma geldi ve:

"Sihdi, benden memnun musun?" diye sordu.

"Evet, hem de çok."

"Sevindim! Seni memnun etmek zordur; desteğini kazandığıma sevinebilmek bana nasip olduğu için bir o kadar daha büyük sevincim. Şimdi bu adama hangi şartlar altında canını koruyup koruyamayacağını söylemem gerekir mi, sormak isterim sana."

"Henüz değil, çünkü henüz kan alma konusunda ciddi olduğuna iknâ olmadı. Önce gerçekten korkuya kapılmalı. Hangi şartları onun önüne sürmek niyetindesin?"

"İranlı ve askerler karşılığında ona özgürlüğünü vereceğim. Başta ondan Mekkelileri İranlıya teslim etmesini talep etmek niyetindeydim. Fakat onların misafirleri olduğunu söyledi ve bu yüzden çöl yasasına göre isteğimi yerine getirmektense ölmeyi tercih eder."

"Bu doğru ve karakterinden dolayı eminim ki başka türlü davranmazdı. Öyleyse Mekkelileri ona bırakalım, biz onları nasıl olsa ele geçiririz!"

"Nasıl?"

"Tavil bir kere elimize düştü, bundan sonra neler olacak bir düşün! Beni Khalidlerine onun nerede olduğuna dair haber yollamayacak mısın?"

"Evet. Adamlarından birini, İranlı bizim yanımıza gelene kadar şeyhlerinin kan kaybedeceğini onlara söylemesi için yollayacağım. Ne dersin, onu gönderecekler mi?"

"Her halükârda."

"Peki ya askerleri?"

"Onları da gönderecekler. Gerçi bu onlara zor gelecektir, ama şeyhlerini kurtarabilmek için başka çareleri yok. Mekkeliler peşlerindeki adamların serbest bırakıldıklarını görür görmez ne yapacaklar, bir düşünsene!"

"Mümkün olduğu kadar çabuk ortadan kaybolacaklar."

"Ne tarafa gidecekler?"

"Mekke'ye."

"Evet, fakat biz onları orada İranlıya teslim etmek için yakalayacağız. Elbette kendilerini Beni Khalidlerin yanında başka herhangi bir yerde olduğundan daha güvende hissetmeleri ve bu yüzden biz İranlıyla birlikte oradan ayrılana kadar onların yanında kalmak istemeleri ihtimalini dikkate almak zorundayız. Buna mâni olmalıyız, çünkü bu Mekkeli hırsızlar bize öyle davrandılar ki kaçmalarını kolaylaştırmayı aklımızdan geçiremeyiz. Bir fikrim var; hırsızlık yaptıklarını itiraf etmeye onları mecbur edebilirsek kendimiz için de zekice bir iş yapmış oluruz. Kutsal şehirde bize düşmanca davranmayı aklına koyacak olursa El Gani'ye karşı elimizde bir silah olur böylece."

"Anlıyorum Sihdi, fakat kendi kendinle çelişiyorsun. Önce, onun misafiri oldukları ve isteğimizi yerine getirmektense ölmeyi tercih edeceği için Tavil'den onları teslim etmesini talep etmememiz gerektiğini söylüyorsun ve şimdi, oradan ayrılmamızı beklemek için onun yanında kalsalar bile onları ele geçirmeye mecbur olduğumuza karar veriyorsun. Bu iki farklı düşünce nasıl birleştirilebilir?"

"İnsanın hayatını riske atmak zorunda olduğu tamamen savaşçı bir yöntemle."

"Allah, Allah! Düelloyu mu kastediyorsun?"

"Evet. İranlıyı ve askerleri kendi özgürlüğü için teslim edecek, bu onun şerefine leke sürmez. Fakat çöl kanununa göre misafirleri teslim etmeye yalnızca düello ile zorlayabiliriz onu. Böylece kimse ona bu konuda söz söyleyemez. Söyle ona, karşıma çıkaracağı her düşmanla, her silahla ve istediği her şekilde bu işi bitirmeye hazırım."

"Maşallah! Kural gereği seninle El Gani'nin düello etmesi gerekirdi, çünkü söz konusu olan o. Ama hiç şüphe yok ki kıymetli canını riske atmaktan sakınacaktır. Yani onun için Beni Khalidlerin birliğinden bir temsilci seçmeye mecbur kalacaklar."

"Bunu şart koşuyorum."

"Sihdi, bir daha düşün, kesinlikle cılız bir adam seçmeyecekler."

"Böyle bir alçaklığı reddederdim. Bu meseleyi görüşmek için henüz vakit var. Öncelikle Beni Khalidlerin nerede konakladıklarını bilmeliyim ve şeyhleri bize bunu söylemeyeceği için, yerlerini aramak üzere şimdi yola çıkacağım."

"Ben de geliyorum!"

"Hayır! Durum kritik, her an önemli bir olay gerçekleşebilir ve bir kumandan olarak sen buradan uzaklaşmamalısın. Ama Kara Ben Halef'i yanımda götüreceğim."

"Oğlumu mu? Teşekkür ediyorum Sihdi, çünkü böylece gün ortasında bile fark edilmeden ilerleyebildiğini, ki bunu benden öğrendi, sana kanıtlama imkânı bulacak. Neye bineceksiniz? Deveye mi yoksa ata mı?"

"Atlarımıza! Seçme şansı olan biri tehlikeli bir keşif yolculuğu için ne diye güvenilmez develere binsin ki?"

"Gerek yok, yalnızca dizginlerle gideceğiz. Bir saat içinde gece olacak, o vakte kadar burada olmak zorundayız."

Birkaç dakika sonra Asil Ben Rîh'ime bindim, Kara Ben Halef ise kısrağının beyaz rengi bizi ele verebileceğinden onun yerine babasının kara yağız atını aldı. Aynı sebepten açık renk harmanilerimizi üzerimizden çıkardık ve renkleri çevreye zıt düşmeyen giysiler giydik. Rehberden edindiğim kısa ve üstün körü malûmat, kuyunun tam yeri ve çevresi hakkında yanlış yola sapmamızı engelleyecek kadar aydınlattı beni. Hemen ardından yola çıktık.

Adak Hazinesi

Doğrudan doğruya kuyuya giden yönden değil, biraz daha güneyindeki yoldan ilerledik ve sözünü ettiğim kayalıkların pek çoğunun yanından geçtik. Açık mesafenin bir sonraki kayalığa kadar gözetlenmediğinden önceden emin olmadan kayalıkların etrafında dolaşmadık. Uzakta hareket eden parlak noktalar görene kadar bu böyle devam etti. Onlar atlarını koşturan Beni Khalid bedevîleriydi. Binicilik gösterisi yapıyor, âdeta oyun oynuyorlardı; ki bundan, dikkatli olmaya gerek duymadıkları sonucunu çıkarabilirdik. Bir Hilu'dan, oradan fark edilememelerine yetecek kadar uzaklaşmışlardı ve keşfe gittiğini, Haddedihnler yaklaşır yaklaşmaz kendilerini haberdar edeceğini sandıkları şeyhlerine güveniyorlardı.

Onları görür görmez mümkün olduğunca yanlarına sokulabilmek için atlarımızdan inmeyi planlamıştık. Fakat o sırada hareket halinde oldukları için bunu gerçekleştirmek mümkün değildi. Yani ister istemez askerler ve Mekkeliler hakkında işimize yarayacak bir şeyler öğrenmekten vazgeçmek zorunda kaldık. Yapabileceğimiz tek şey Beni Khalidlerin kısa süre öncesine kadar bulunmuş oldukları kuyuyu araştırmaktı. Ancak orada bu adamlarla daha sonraki görüşmelerimizi kolaylaştırmamıza yarayacak bir keşif yapabilirdik. Bu yüzden sağa sapıp kuzeye doğru ilerledik ve atları dörtnala koşturduğumuz için on dakika sonra, rehberin târifine göre kuyunun bulunması gereken bölgeye ulaştık.

Dört yüksek ve sarp kaya kütlesi yamuk bir dörtgenin köşe noktalarını oluşturuyordu; en uzun tarafı sekiz yüz, en kısa tarafı beş yüz metre olmalıydı. Biz bu iki tarafın kesiştikleri yerde bulunuyorduk ve karşımızda duran köşede kayalardan yapılmış sundurmaya benzeyen yıkık bir duvar vardı, ki bu her halükârda Bîr'e işaret ediyordu. Dörtgenin zemini kumdan oluşuyordu ve Tavil'in tüm izlerin silindiğini söylemiş olması o sırada bana komik geldi. Zemindeki kum öyle ezilmişti ki olağanüstü büyük bir atlı birliğinin burada bulunmuş olduğunu görmemek için kör olmak gerekirdi. Elbette tek tek izleri birbirinden ayırt etmek benim keskin gözlerim için bile olanaksızdı.

Bir iz sürücü bu kadar bol miktarda ayak ve toynak iziyle karşılaştığında gayri ihtiyari farklı bir iz arar. Ben de öyle yaptım. Fakat bir tane bile bulmak mümkün değildi... ve işte, atımın ön ayağının tam yanında en çok iki karış büyüklüğünde bir taş parçası duruyordu, düz olan tarafı temiz ve yeni görünümlüyken diğer tarafı kirli ve aşınmış olduğundan görür görmez dikkatimi çekti. Kesinlikle bu parça yanımızda duran kayadan kısa süre önce kopmuş ve aşağı yuvarlanmıştı. Büyük ihtimalle önemsiz bir hadiseydi bu, fakat yine de yukarıya baktım ve taşın kırık yüzeyinin nereye uyabileceğini görmeye çalıştım. Kırılan yeri bulmakla kalmadım, daha da fazlasını gördüm. Sözünü ettiğim yerin biraz uzağında kumla dolu bir çatlak ve kumun içinde dört dik, sonlarına doğru çapraz giden çizgi vardı. Biri oraya tutunmak istemiş, fakat tutunamamıştı, dört parmağı kumun içinden geçerek kaymıştı. Peki ama yukarıda ne işi vardı?

Bu aslında önemsiz, fakat alışılmış bir soruydu; hiçbir ayrıntıyı gözden kaçırmamak için Kara Ben Halef'ten atından inmesini ve oraya tırmanmasını istedim. Şüphesiz bunu kendim yapmalıydım, ama himâyem altındaki Kara'ya keskin zekâsını göstermesi için bir fırsat vermek istedim. Bedevîler tırmanmaktan hoşlanmazlar, buna rağmen bir yere tırmanıyorlarsa, kesinlikle alışılmışın dışında bir sebebi olması gerekir. Ve sözünü ettiğim bu yerde yukarı tırmanmak kolay olmamıştı. Yoksa Beni Khalidlerden biri yukarıya bir şey mi saklamıştı? Hatta bir değil, iki kişiydiler; çünkü o sırada oraya daha dikkatli bakınca, kayanın dibinde iki ayak ucunun açtığı derin izleri gördüm ve bundan, birinin orada durup diğerini yukarı itmek için gayret sarf etmiş olduğu sonucuna vardım. Bu "diğeri" ya beceriksiz ya da yaşlıydı, aksi halde yardıma gereksinim duymazdı. Gerçekte olay nasıl gelişti bilmiyorum, fakat bu işte El Gani'nin parmağı olmalıydı.

Çevik Kara yardıma ihtiyaç duymadan hızla yukarıya, artık onu göremeyeceğim yere kadar tırmandı ve bir süre sonra tekrar ortaya çıkıp kafasını aşağı eğerek şöyle bağırdı bana:

"Sihdi, onu buldum. Bu bir bohça, bir seccadeye sarılmış ve bir ihram ipiyle etrafı çevrilmiş."

"Büyük mü?"

"Hayır, ama ağır. Onu sana getireyim mi, Sihdi?"

"Hayır, en azından şimdilik istemiyorum. Görmek için yukarıya geliyorum."

Atımdan atladım ve yerden muhtemelen sekiz metre yüksek olan kayaya tırmandım. Yukarı çıktığımda kayalıkların tepesinde olmadığımı gördüm, aksine dimdik yükselen çok sayıda kayabaşının etrafını nerdeyse çepeçevre saran bir çıkıntının üzerinde duruyordum. Rahatça yukarıya çıkılabilecek sadece tek bir yer olmadığını gördüm, fakat bizim tırmanmış olduğumuz yer içlerinde tırmanılması en zor olanıydı. Bundan da, bohçayi yukarı taşıyan adamların çok büyük bir telaş içinde oldukları ve tırmanmaya daha elverişli bir yer seçmeye vakit bulamadıkları anlaşılıyordu. Sözünü ettiğim zirveler çatlaklarla doluydu ve bohça bu çatlaklardan birinin içine sokulmuştu. Kimsenin görmemesi için üzeri taşlarla örtülmüş, Kara taşları üzerinden kaldırmıştı.

"Bohça iyi saklanmış mıydı?" diye sordum ona.

"Hayır" diye cevap verdi. "Onu buraya saklayan kişi büyük bir çaba harcamamış. Fakat saklayacağı yeri iyi seçmiş, çünkü bin bedevîden birinin bile aklına özel bir sebebi yoksa buraya tırmanmak gelmez. Ama üzerini taşlarla örterken pek özen göstermemiş."

"Çünkü buna ayıracak zamanı yokmuş, sevgili Kara. Bu hatanın nedeni aptallığı değil, telaşı. Aaa, bu seccadeyi hatırladın mı?"

"Hayır."

"Öyleyse ona dikkat etmemişsin. Bir Fâ ve onun üzerinde ters bir biçimde duran Kâf'tan oluşan tuhaf deseni yüzünden dikkatimi çekti. Bu seccade El Gani'nin."

"Yani o ihtiyar mı buraya tırmanmış?"

"Muhtemelen."

"Bohçanın içinde ne olabilir?"

"Tahminimce, içinde Meşed Ali'den çalınan eşyalar var. Bakıp göreceğiz, fakat tekrar aynı şekilde sarmaya ve aynı yere koymaya özen göstermeliyiz."

Seccadenin sargısı bir ihram ipinden ibaretti. Onu çıkardık ve bohçayı açtık. İçinde deriden yapılmış, farklı büyüklüklerde yirminin üzerinde kese vardı, keseler altın rengi püsküllerle süslenmiş ve ağızları renkli, ipek kurdelelerle bağlanmıştı. Her birinde ustaca kesilmiş fildişi küçük plakalar asılıydı, üzerlerinde harflerle yazılmış bir sayı ve içindekinin Acemce açıklaması vardı. Plakalardan bazılarını okudum, şöyle yazıyordu:

Se enguşt; üç parmak, penç çeşm; beş göz, dû bînî; iki burun, cehar dil; dört yürek, nuh pâi; dokuz ayak, se sebân; üç dil, dû kâm; iki damak.

İçindekilere dair açıklamalar beni hiç şaşırtmadı, çünkü ne anlama geldiklerini ve ne için kullanıldıklarını biliyordum. Şiilerde özellikle uzun süren hastalıklar ve zor iyileşen yaralanmalarda, bunlara maruz kalan kişilerin doktorlardan bulamadıkları çareyi kutsal yerlerde aramaları sıkça rastlanan bir durumdur. İmkânı olan kişiler bunun için bizzat Meşed Ali'ye veya Kerbelâ'ya gelirler, fakat seyahat etmeleri mümkün değilse söz konusu organlarının ya da vücutlarının bir kısmının taklidini bu yerlerden birine gönderirler ve 'kutsal yerlerdeki evliyâların' gönderenin duasını üstlenmeyi kabul etmesi için yanında bir de para armağanı yollarlar. Bu başvurulan en son ve söylenenlere bakılırsa aynı zamanda en güvenilir çâredir. Fakir biri bu taklit işini sadece ahşap, balçık, kurşun, kalay veya başka bir ucuz maddeden yapabilir ve bu yüzden Allah tarafından iyileştirileceğine dair umudu azdır. Bir zenginin durumu daha iyidir, çünkü kıymetli maddelerin karşılığını ödeyecek gücü vardır. Gümüş, altın ve hatta değerli taşlar seçer. Bu şekilde hac yerlerine öyle kıymetli şeyler gönderilir ki muhtemelen kimse bu kadar masrafı en meşhûr doktora bile yapmazdı. Prenslerin ya da diğer paralı adamların gerçek hazineler gönderdikleri de olur. Bu hazineler Kerbela ve Meşed Ali'nin yeraltındaki hazine odalarına konur ve değerleri milyonlarla ölçülür. Allah'ın hazinelerin tek alıcısı olmadığını söylememe gerek yok. Bir fatihin bu hazineleri Allah'ın iznini almadan ele geçirdiği de olmuştur. Fakat hazineler hiç durmadan artmaya devam ettiğinden, günümüzde her iki yerde toplanan servetle tüm İran'ın satın alınabileceği iddia edilir.

Yeni tanıdığımız Khutab Ağa, Meşed Ali'deki hazinenin başnâzırı olarak görevlendirilmişti, yani o şehrin en önde gelen memurlarından biriydi. Böyle bir adam bir hırsızın tâkibini şahsen üstlenmişse ve tehlikeli Arap çöllerinde uzun bir yolculuk yaparak kendini riske atmışsa, önemsiz eşyalar söz konusu olamaz. Üzerinde "se enguşt; üç parmak" yazan küçük keseyi açtım. İçinde saf altından yapılmış ve hastalıklı yerleri taklit edilmiş üç parmak vardı, her üçüne de kıymetli taşlarla süslenmiş birer yüzük takılmıştı. Diğer keselerin içindekiler de bu kadar kıymetli idiyse, bir hırsızın Meşed Ali'ye gidip Kans el-A'dhâ'ya gizlice girerek kendini büyük bir tehlikeye atmasına değerdi. Kans el-A'dhâ, Adak Hazinesi, orada toprağın derinliklerinde yer alan hazine odalarının, içinde insan vücudunun çeşitli kısımlarının kıymetli metaller ve taşlardan yapılmış taklitlerinin muhafaza edildiği bölümüne verilen addır.

Bohçanın ağzını bağladık ve yine halıya sardık.

"Bohçayı yanımıza alacak mıyız, Sihdi?" diye sordu Kara; gördüklerinden çok etkilenmişti, ki onun gibi genç biri için bu anlaşılabilir bir şeydi.

"Hayır" diye cevap verdim. "El Gani'nin hırsızlık yaptığını

ispat edebilmemiz için, kimsenin bohçayı fark etmediğini sanması gerekiyor."

Anlamadığı yüzünden okunuyordu. Fakat soru sorarak beni rahatsız etmeye cesaret edemediğinden, şöyle bir istekte bulundum:

"Haydi tekrar aşağı inelim! İndikten sonra sana bunu açıklayacağım. Taşları mümkün olduğunca eskiden durdukları gibi üstüne koy! Her şeyden önce El Gani'nin kayaya tırmanırken neden böylesine büyük bir telaşa düşmüş olduğunu öğrenmek istiyorum. Yanında bu kadar çok Beni Khalid varken gizlice yukarı tırmanıp eşyaları nasıl sakladığını hâlâ anlayamadım. Ne yaptığını kesinlikle fark etmiş olmaları gerekir."

Her şey yine eski halini aldıktan sonra aşağı indik ve sessiz sakin bizi beklemiş olan atlarımıza bindik. Yıkık duvarın öbür tarafına, kuyuyu bulmayı umduğumuz yere doğru ilerledik. Oradaydı. Yukarıya sıkıca bağlanmış, hurma ağacının liflerinden yapılmış bir urgan aşağı sarkıyordu; urganın ucunda taşla ağırlaştırılmış meşinden bir kova asılıydı. Bir zamanlar Rebekka'nın baş çoban İbrahim ve onun develerine su çektiği kuyu da tıpkı bu kuyu gibiydi. Şarkın belli başlı teçhizatlarında ve âdetlerinde en ufak bir değişiklik olmadan binlerce yıl geçebilir. Kuyunun yakınlarında kayalara fırlatılmış iki ceylan bağırsağı tiksindirici bir biçimde göze çarpıyor, batıdan gelen binicilerin bol miktarda ve henüz taze olan izleri çölden bulunduğumuz yere doğru uzanıyordu. Etrafta tek bir akbaba bile olmaması şaşırtıcıydı, aksi halde bu iki hayvandan arta kalanlar çoktan yok olurdu. Fakat onları görür görmez o zamana kadar farkına varamamış olduğum gerçeği hemen anladım.

"Şu bağırsaklara ve izlere bak!" dedim Kara'ya. "Bu zamana kadar bilmek istediğim her şeyi anlatıyorlar bana. Beni Khalidler burada istirahat ederlerken ceylanları gördüler ve geride tek bir kişi bile bırakmadan avlanma hevesiyle ceylanların peşinden gittiler. Bu arada bitkin düşmüş olan Mekkeliler geldiler ve bedevîlerin bu alana daha önce yerleştiklerini görmelerine rağmen burada durmaya mecbur kaldılar. Her şeyden önce çaldıkları paha biçilmez malları emniyete almayı akıllarına koymuşlardı, bedevîlerin onlara dostça davranmalarının önemi yoktu, böylesine kıymetli mallar herkesi baştan çıkarabilirdi. Bu yüzden El Gani aşağıda hazineyi saklayabileceği güvenli bir yeri boşuna arıyordu ki Beni Khalidlerin geri döndüklerini gördü. İşte o anda büyük bir telaşa düştü. Aşağıda saklayacak yer olmadığından çaresiz bakışlarını kuyunun en uzağında bulunan ve bu yüzden büyük ihtimalle en az dikkat çekebilecek olan kayanın tepesine çevirdi. Eşyaları çabucak seccadeye sardı, hızla oraya koştu ve onu saklamak için, ayak uçlarının izlerini gördüğümüz oğlunun yardımıyla yukarıya tırmandı. Bulduğu yeri taşlarla üstünkörü kapatabildi, çünkü bedevîler onun nerede bulunduğunu görebilecek kadar yakına gelmeden aşağı inmek zorundaydı. Sevinerek onların dostları olduğunu gördü, fakat elbette onlara bohça hakkında bir şey söylemekten kaçındı. Daha sonra İranlının askerlerle birlikte geldiğini gördü ve çalıntı malları saklamış olduğuna iki kat daha fazla sevindi, çünkü böylece kendisini ve arkadaşlarını aramalarına ses çıkarmayacaktı ve askerler hiçbir şey bulamayacaklarından, kendilerinin suçsuz olduklarını kanıtlayabilecekti. Evet, hatta kendisini tâkip edenleri, yani bedevîlerin büyük bir nefret besledikleri ve hor gördükleri Şiileri, yalnızca mezhep düşmanlığı yüzünden Sünnilerin başının gözdesini gafil avlayabilmek için peşine düşmekle suçlayarak daha fazlasını yapabilirdi. Bunu başardığını biliyoruz, çünkü Kans el-A'dhâ'nın başnâzırının kan kaybından ölmesi için damarları delindi."

"Aynen öyle, Efendi! Mekkeliler kuyudan ayrılmadan önce malları gizlice almak niyetindeler."

"Evet. İşte bu yüzden onları burada bırakıyorum ki Büyük Şerifin gözdesinin 'Adak Hazinesini' gerçekten soymuş olduğunu kanıtlayabilelim. Zamanı gelince El Gani'yi beklemek için Şeyh Tavil Ben Şahid ile birlikte yukarıya tırmanacağım. O hazineyi sakladığı yerden alır almaz, delil elimizde olacak. Fakat şimdi geri dönmeliyiz, çünkü güneş batıyor ve karanlık olmadan adamlarımızın yanına varmalıyız."

Geri döndüğümüzde üç Beni Khalid hâlâ yerde bağlı bir halde yatıyordu, yani her şey bıraktığımız gibi görünüyordu. Halef memnun bir ifadeyle:

"Geldiğiniz iyi oldu, Sihdi! Beni Khalidlerin şeyhiyle yaptığımız anlaşmayı sonuca bağlamak için sizi bekledik" dedi.

"Onunla bir görüşme yaptın demek! Nasıl bir uzlaşmaya vardınız?"

"Beni Khalidlerin şeyhi İranlıyla değiş tokuş edilmeyi kabul ediyor, fakat askerleri bırakmaya niyeti yok."

"Neden?"

"Adam başına adam istiyor. O ve iki adamı üç kişi ederlerken, İranlı askerleri ve Chabir ile birlikte yirmi iki kişi ediyorlarmış, yani şartlar hiç eşit değilmiş. Bu yüzden şimdilik sadece kendisinin ve İranlının serbest bırakılması gerekiyormuş."

"Niye şimdilik?"

"Mekkeliler için savaşmamız gerektiğinden. Galip gelirsek askerler serbest bırakılacak ve bedenlerine ya da canlarına kasıt etmemek şartıyla Mekkelileri biz alacağız."

"Peki ya Beni Khalidler galip gelirlerse ne olacak?"

"Bu durumda ne Mekkelileri ne de askerleri alamayacağımız gibi, İranlıyı da geri teslim etmek zorundayız."

"İranlıyı da mı? Haddinden fazlasını talep ediyor. Neden bu kadar ileri gittin?"

O anda Halef'in yüzünde kendinden emin bir gülümseme belirdi ve şöyle cevap verdi:

"Daha da ileri giderdim Sihdi, çünkü yenilmemiz için ufacık bir ihtimal dahi söz konusu değil. Bundan sen de benim kadar eminsin."

"Seni uyarıyorum, o kadar emin olma. Kibir cehaletten gelir."

"Bu kibir değil Sihdi, aksine sadece en mütevâzı kanaat. Büyük siyah panteri bir kediyle ölüm kalım savaşı vermeye yolla! Buna gülerse kibirli mi olur? Kedi onun dengi değil; yalnızca pençesiyle ona şöyle bir dokunacak olsa, zavallı ruhu tahtalı köyü boylayıverir. Biz Haddedihnlerin panter olduğumuzu, Beni Khalidlerin ise kedi olduklarını bir düşün. Bu durumda benim tevazuumu kibir olarak tanımlarsan, durumu tamamen yanlış değerlendirmiş olursun."

Düşüncesini tuhaf bir biçimde ispatlama huyunu bilmesem, sözlerine gülebilirdim. Ona şunu sordum:

"Yaşamdan ve ölümden söz ediyorsun. Savaş böylesine şiddetli mi olmalı?"

"Evet."

"Peki bu savaşa katılacak kişiler belirlendi mi?"

"Yalnızca ilk ikisi."

"Nasıl? Yalnızca ilk ikisi mi? Bu kadarı yeterli!"

"Hayır Sihdi, yeterli değil. Tavil Ben Şahid her iki taraftan üçer kişinin savaşması için ısrar etti."

"Neden?"

"Nedenini bilmiyorum. Bunu ona sormadım. Bizim için fark etmez; hatta Haddedihnlerimin her birine bir Ben Khalidle boy ölçüşme fırsatı tanınsaydı, bu onların daha çok hoşlarına giderdi."

"Bana sormadan üç aşamalı bir düelloyu kabul etmemeliydin. Benim dışımda hangi iki kişiyi seçeceğiz? Herkes kendini bunu yapmak zorunda hissedecek ve bu meseleyi zorlaştırıyor."

"Senin dışında mı?"

"Şeyh Tavil'e seçecekleri Ben Khalide rakip olarak beni göstermeni söylemedim mi sana?"

"Evet, elbette bunu söyledin?"

"Peki söylediğimi yaptın mı?"

"Hayır. Benim yerimi bir başkasının almasına müsaade edecek kadar şerefsiz olabileceğime hakikaten inandın mı? Tabiî ki rakip olarak seni değil, kendimi gösterdim."

"Hımmm! Hanne buna ne dedi?"

"Başka türlü olmasını hiç ummadı ve buna sevindi."

"Yani endişelenmiyor mu?"

"Endişelenmek mi? Benim için mi? Ah Sihdi, Sihdi! Benim Hanne'm cesur ve yenilmez Hacı Halef Ömer'i için mi korkacak! Savaşırken onun güzel, sevimli gözlerinin üzerimde olduğunu bilirsem, yüz devi boğabilirim. Emme'nin bakışı senin içinde de böyle bir savaşma hevesi uyandırmıyor mu?"

"Hayır."

"Öyleyse sana gerçekten şunu söyleyebilirim ki benim Hanne'm senin Emme'nden daha üstün. Erkeğinin böylesine barışçıl olmasını onaylayan bir kadının yanında o erkek tüm yiğitliğini kaybeder! Kadın erkeğiyle ve erkeğinin -kendi yüzünün sevimliliği ile hoş davranışlarının zarâfeti yüzünden yitirdiği-kahramanlığıyla nasıl gurur duyabilir? Hayır, Hanne'm beni bir kahraman olarak tanıdı, bir kahraman olarak kaldığımı görecek ve onun binlerce büyüleyici özelliğine rağmen şanıma asla en ufak bir leke düşmeyecek. İşte bu yüzden Şeyhe seni değil, kendimi rakip olarak gösterdim."

"Öyleyse geriye sadece üçüncü kalıyor."

"İkinci ve üçüncü demek istiyorsun."

"Hayır, çünkü ikinci benim."

"Sen mi? Sihdi, ricâ ediyorum, bir kez olsun daima en büyük tehlikeleri üstlenme alışkanlığından vazgeç! Birincisi sen aslında bir Haddedihn değil, bir Avrupalısın ve her zaman bizim için savaşmana göz yummak bizi bu şereften mahrum eder. Ve ikincisi savaşçılarım, senin öğüdünü dinleyerek Allah rızâsıyla çevremizdeki tüm kabilelerle barış içinde yaşadığımız için, yiğitliklerini kuvveden fiile çıkarma fırsatı bulamadan her gün tâlim yapıyorlar. Burada bir kez olsun diğer savaşçılarla boy ölçüşme imkânı buldular, sense bu mutluluğu onlara çok görüyorsun. Şimdi ne diyeceksin?"

"İyi sebeplerin var. Fakat biliyorsun ki ben daima başkalarından çok kendime güvenirim."

"Öyleyse sana bir sebep daha göstermek isterim, ki buna kesinlikle karşı çıkamayacaksın."

Halef iyice yanıma yaklaştı, oldukça düşünceli bir yüz ifadesi takındı, işaret parmağını ikaz edercesine yukarı kaldırdı ve yavaş sesle şöyle dedi:

"Bu savaşa katılırsan ve üçümüz de yenilirsek, öleceğiz ve her şey yitip gidecek. Ama katılmazsan, hâlâ yaşıyor olacaksın ve henüz hiçbir şey yitip gitmemiş olacak."

O an söylediklerine gülebilirdim. Elimi omzuna koydum ve şöyle cevap verdim:

"Kurnaz tilkiyi oynuyorsun, ama tevekkeli değil. Bu konuyu düşüneceğim. Haydi gel, Beni Khalidlerin yanına gidelim!"

Onlara doğru giderken Kara Ben Halef'in yanından geçtik. Herhangi birine, ki buna babası ve annesi de dahil, kayanın üzerinde bulmuş olduğumuz şeyden söz etmemesi gerektiğini ona söylemeyi unutmuştum. Yanından geçerken unuttuğum şeyi gizlice telâfi ettim, çünkü bu şartlar altında düşünmeden söylenen bir söz planımı mahvetmeye yeterdi.

Üç Beni Khalidin tıpkı bıraktığımız gibi orada öylece yattıklarını daha önce söylemiştim. Şeyhin delinmiş damarlarından hâlâ kan fışkırıyordu, şüphesiz kaybettiği kan henüz onu takatsiz düşürmemişti. Yanına gittiğimde sert bakışlarını üzerime dikti ve şöyle dedi:

"Şammar kabilesinden Şeyh Hacı Halef Ömer ile anlaşmaya vardım. O bu anlaşmanın ancak efendisi tarafından onaylandığında geçerli olacağını söyledi. O efendi sen misin?"

"Evet" dedim.

"Yani sana Efendi mi diyeceğiz? Bu benim için yeterli değil. Adın ne, kimsin sen?"

O sırada Halef, ben tek kelime söyleyemeden çabucak söze karıştı:

"Arap topraklarında ve geri kalan her toprak parçasında çok meşhûr olan bu adamın adı Hacı Akıl Şâtir el-Mecarrib Ben Hacı Âlim Şaci er Gâni Ibn Hacı Dâim Meşhûr el-Azîm Ben Hacı Takî Ebu Fadl el-Mükerrem, Mağrip'in en uzağındaki Draa Vâdisi'nden geliyor ve orada doğmuş olan herkes gibi kafasında yalnızca tüm bilimlerin kitaplarını taşımakla kalmıyor, aynı zamanda kendisi hiçbir düşmanın asla yenemeyeceği kadar yiğit, zeki ve güçlü bir savaşçı."

Tavil Ben Şahid adımın uzun kuyruğunun tek kelimesini bile dikkate almadı, kısaca bana şunu sordu:

"Bunları onaylıyor musun?"

"Evet" dedim daha kısa bir açıklama yaparak.

"Kararlaştırdığımız savaş ne zaman gerçekleşecek?"

"Ne zaman isterseniz, elbette mümkün olduğu kadar çabuk."

"Öyleyse kendinizi güvende hissedeceğiniz bir yer kararlaştırmak zorundayız, aksi halde bizim yanımızda bulunmaktan kesinlikle korkarsınız. Çünkü benim birliğimdeki savaşçıların sayısı sizinkinden kat kat daha büyük."

Bunu önemsemediğimi göstermek için elimi havaya salladım ve:

"Ateş yakmak için odununuz var mı?" diye sordum.

"Yeterince kurutulmuş deve pisliği ve odunumuz var. Madem kabul ettin, çöz ellerimi; çünkü hileye başvurmayacağımıza ve anlaşmamıza sâdık kalacağımıza hamaîlim* üzerine yemin etmeye söz verdim ve Allah biliyor ki verilmiş sıradan bir sözü bile bir yemin olarak kabul etmeye alışkınım ben."

"Savaşçılarına kim haber verecek?"

"Sizden biri benim adamlarımdan biriyle birlikte savaşçılarımın yanına gidecek. Her ikisi de İranlıyla birlikte geri dönecek. O zaman beni serbest bırakacaksınız."

Tıpkı onun daha önce bana yaptığı gibi, gözlerimi Tavil'in gözlerine diktim, küçük mendilimi çıkardım ve öncelikle kanamasını durdurmak için yanına çöktüm. Kanaması durunca bağlarını çözdüm. Hemen ayağa fırladı ve şaşkınlık içinde:

"Beni serbest mi bırakıyorsun?"

"Gördüğün gibi, evet."

"Bunu İranlı buraya geldiğinde ve böylece onu serbest bıraktığımızdan emin olduğunda yapmalıydın."

Cevap vermedim, adamlarını da çözdükten sonra şöyle dedim:

"Onlar da serbest. Bu bana daha önce sorduğun soruya cevabımdır. Sizden korkacağımızı söylemiştin. Hacı Halef Ömer ve Haddedihnleri sizinkinden on kat daha büyük olsa bile hiçbir düşman birliğinden korkmazlar, az önce sana bunu kanıtlamak istedim."

"Tayyib!" diye bağırdı Halef hayranlık içinde ve Haddedihnler de ona katıldılar.

---

* *Küçük Kur'an.*

Fakat ben sözlerime devam ettim:

"Hamaîlin üstüne ettiğin yemin senin olsun. Görüyorum ki Mekke'den aldığın Kuran'ı boynuna asmışsın; fakat 'sözüm yeminimdir' dediğin için sana inanıyorum. Her kim sözünü tutmazsa, yeminin kutsallığına da saygı göstermez. Şimdi adamlarınızın yanına döneceksiniz ve biz de sizinle geleceğiz."

O anda karanlık yüzü aydınlandı ve yüzündeki şaşkınlık ifadesi yerini sevince bıraktı.

"Efendi", dedi "böyle bir şey daha önce hiç başıma gelmedi. Sen ya çok aptalsın, ya da çok mert bir adamsın."

"Aptal değilim, aksine herkese hak ettiği şerefi veririm. Sen katı yürekli, belki de kana susamış bir savaşçısın, fakat asla sözünden dönmezsin. Haklı mıyım?"

Bana elini uzattı:

"İşte, sık elimi! Şimdi bizim düşmanlarımızsınız ve biz de sizin, birbirimizle savaşacağız; fakat hakikaten bizimle birlikte gelirseniz, hiçbir yerde yanımızda olduğunuzdan daha güvende olamazsınız. Sizlerin Solaib Arapları olduğunuzu sandığım sırada Haddedihnler hakkında küçümseyerek konuştum. Şimdi biliyorum ki sizler saygıda kusur etmemem gereken korkusuz adamlarsınız. Arzu ediyorsanız bizimle gelin! Fakat önden gitmeme müsaade ederseniz bu beni daha mutlu eder, çünkü böylece adamlarıma size karşı nasıl davranmaları gerektiğini söyleyebilmek için vaktim olur."

"İyi, öyleyse önden git! Sizi tâkip etmeyeceğiz, aksine asıl durağınız olan kuyudan tarafa sapacağız."

"Yolu biliyor musunuz? Çok yakında karanlık bastıracak."

"Biz buluruz, rehbere ihtiyacımız yok."

Develerine binip yola çıktılar. Onlar gözden kaybolunca, çoktan tahtırevanını terk etmiş olan Hanne yanıma geldi ve şöyle dedi:

"Sihdi, büyük bir zafer kazandığını biliyor musun?"

"Evet."

"Yine sadece sözlerinle nasihat vermekle kalmadın, aynı zamanda davranışınla öğrettin sevgiyi. Hıristiyan olduğunu Şeyhe söyleyebilseydin, bu tuhaf muameleyi kime borçlu olduğunu anlardı. Düellolar şüphesiz bizim lehimize sonuçlanacak, fakat durum böyle olmasaydı bile Beni Khalidlerin şeyhi isteklerimize karşı kulak tıkamazdı."

"Peki ya sadece rol yaptıysa?" diye atıldı Halef. "O zaman senin güvenin büyük ihtimalle bizi kötü duruma düşürürdü."

"Düşürmezdi baba" diye cevap verdi oğlu ona. "Sihdi'miz ne yaptığını biliyor. Ona güvenebiliriz."

O ana kadar Kara böylesine kararlı bir tarzla sözümüze karışmaktan hep çekinmişti. Babası hayranlıkla ona baktı, sonra memnun bir halde başını salladı ve şöyle dedi:

"Evet, böylesine önemli adamlar Sihdi'ye güveniyorlarsa, elbette şüphe etmemem gerekir. Cesur yüreğinden başka şeyler de geçiyor mu?"

Bunu sorduğu anda oğul babasına ışıldayan gözlerle baktı ve cevabı şu oldu:

"Beni Khalidlerle savaşacak üç kişiden biri olmak istiyorum!"

"Ne... ne... ne? Se... sen... mi?"

"Evet, istiyorum!" diye tekrar etti Kara, çok kararlı bir ifadeyle. Yüzü kızardı konuşurken.

Bana öyle geldi ki Halef onu sevinçten bağrına basmayı çok isterdi; fakat Kara yalnızca onun değil, Hanne'nin de oğluydu. Bu yüzden kendini tuttu, kararsız bakışlarını Hanne'ye çevirdi ve şunu sordu:

"Hanne, tüm yiğit oğulların en iyi annesi, sevgili Kara'mızın az önce dile getirmiş olduğu arzusunu duydun mu? Ne diyorsun buna?"

"İlk sözü sana bırakıyorum."

"Hayır! Kabilemin de, çadırımın da hükümdârıyım biliyorum; fakat bu kararı bir savaşçı olan baba değil, sadece ana yüreği vermeli."

"Bu anne babayı tanıyor ve onu nasıl sevindirip mutlu edebileceğini biliyor. Oğlumuz silah kullanmada babasının öğrencisiydi, onun bunu göstermesi arzusuyla yanıp tutuşuyorsun ve ben ona engel olmayacağım."

"Evet, bunu tüm yüreğimle arzu ediyorum" diyerek karısının sözlerini onayladı Halef.

"Öyleyse savaşacak!"

Halef bir sevinç nidası attı ve kollarını Hanne'ye dolamak için açtı, fakat o anda aklına bunu alenen yapmaması gerektiği geldi ve bu büyük sevincini başka bir şekilde göstermeyi denedi, önce Kara'ya sarıldı ve sonra beni de kucaklayarak şöyle dedi:

"Bunu duydun mu, Sihdi? Gönlümün çiçeği Hanne'nin bu şerefli vazife için onay vermiş olduğunu duydun mu? Fırat ve Tigris arasında yaşayan tüm halklar benim en şanslı baba olduğumu söyleyecekler, çünkü oğlumun yiğitliği benimkine benzeyecek ve tüm çadırlar ile tüm evlerde methimiz duyulacak. Geri çekilip savaşa katılmaktan vazgeçerek hayırlı bir iş yaptığın için, sana da borçluyum bunu."

"Böyle bir söz vermedim. Sadece bunu düşünmek istediğimi söyledim."

"Düşünmek için artık çok geç, çünkü bu savaşa Kara katılacak."

"Ama üçüncü kişi olabilirim."

Sözümü daha bitirmemiştim ki Ömer Ben Sadek çabucak araya girdi ve:

"Senden ricâ ediyorum, üçüncü sen olmayacaksın Sihdi. Sıradan savaşçılardan biri katılamazsa bu tüm kabilenin şerefine leke sürer. Ben ne bir kahramanım, ne de meşhûr bir adam; fakat Sahra'da, Türkiye'de ve Balkanlarda hem senin hem de Halef'in sâdık yoldaşı oldum. Sizinle aç, sizinle susuz kaldım ve sizinle yan yana savaştım, hiç kimse bir kez olsun vazifemi yerine getirmediğimi söyleyemez. Peki şimdi ne oldu? Kolum takatsiz düşüp silahım pas mı tuttu? İşe yaramaz, paslanıp çürümüş demirlerin atıldığı köşe mi benim yerim? Burada elli savaşçı duruyor. Siz üçünüzün her şeylerini alıp onlara hiçbir şey bahşetmemenize hepsinin göz yummaları mı gerekiyor? En azından içlerinden birinin sıradan bir savaşçının da kabilesinin şerefi için savaşabileceğini sizlere göstermeye hakkı yok mu? Söyleyeceklerim bu kadar. Şimdi kararını ver!" dedi.

Bunun üzerine şunları söyledim:

"Haklısın Ömer. Burada Haddedihnler ve Beni Khalidler, yani kabilemizin şerefi söz konusu. Bu yüzden yolunuza çıkmaya hakkım yok. Anlayacağın, arzun yerine getirildi! Biliyoruz ki Haddedihnleri sayende gurur duyabileceğimiz bir biçimde temsil edeceksin. Eski zaferlerine bir yenisini ekleyeceksin."

Böylece mesele halloldu. Hanne tekrar tahtırevanına bindi ve Mağrib'in son dua seslerinin bize kadar ulaştığı kuyuya doğru yola çıktık. Anlaşılan o ki Beni Khalidler çoktan kuyuya varmışlardı.

Hava karardı ve namazın bitişiyle birlikte bedevîler ateş yakmaya koyuldular. Bu yüzden geldiğimizi hemen fark etmediler. Kuzeydoğu tarafındaki gözetlenmeyen köşeye varınca durduk. Mekkelilerin Körü görmelerini istemiyorduk, bunun için onu Hanne'ye emânet ederek ikisini de orada aşağı indirdik. Hanne'nin bizden ayrı durması dikkat çekmezdi, bu tenhâ yer onun için âdetâ bir harem oluşturduğundan Mekkeliler oradan uzak durmaya mecburlardı. Her ikisini de rahat edecekleri biçimde oraya yerleştirdikten sonra kuyunun kenarına, ateşin alevlendiği yere doğru ilerledik.

Şeyh bizi gördü ve nâzikçe karşıladı. Düşmanları olduğumuz için bizi bir 'Merhaba' ile selâmlamadı, tek kelime etmedi, fakat bu sessizliği bize sözlerle gösterebileceği kadar saygı ifade ediyordu. O ne kadar sessizse, ateşin yanında oturduğu yerden ayağa fırlayıp atımdan inmemi beklemeden her iki elini bana doğru uzatan ve sevinç içinde şunları söyleyen kişi de bir o kadar gürültücüydü:

"Nihâyet seni gördüm, Efendi! Bana yardım edeceğini biliyordum. Fakat onunla birlikte kanım da akıp gittiğinden, zaman bana çok uzun geldi."

Bunu söyleyen kişi İranlıydı.

"Umudunu bize mi bağladın?" diye sordum.

"Evet, sadece sana, çünkü başka biri yoktu. Şeyhin benim hakkımda verilmiş olan kararı sana söylediğini biraz önce öğrendim; öyleyse sana olanları anlatmama gerek yok. Ancak söylemem gereken bir şey var, ki böylece neyle karşı karşıya olduğunu bilesin: Mekkeliler sizin geleceğinizden bahsettiler, ama ben onlara size rastlamış ve sizinle konuşmuş olduğumu söylemekten kaçındım. Sen benim hayatımı kurtardım. Sana daha sonra teşekkür edeceğim."

"Bana teşekkür etmen gerekmiyor. Senin yolunun bizimkiyle kesişmesi Allah'ın işiydi ve bu sayede hayatın kurtulduysa bana değil, O'na teşekkür et. Kan kaybı seni şu ana kadar çok sarstı mı?"

"Oldukça bitkinim, fakat yakında hiçbir şeyim kalmaz. Haydi, benimle ateşin yanına gel ve her şeyin nasıl olup bittiğini, daha neler olacağını anlat bana! Üç aşamalı bir düello olacağını duydum. Doğru mu bu?"

Şeyh Tavil Ben Şahid tekrar ateşin yanına çökmüştü; kimse bize bir şey söylemese de yapmamız gereken buymuş gibi Halef, Kara ve ben onun yanında yerimizi aldık. Haddedihnlerimiz biraz uzağımıza yerleştiler. Beni Khalidler küçük gruplar halinde çevreye dağıldılar. Kendi aralarında, bir şey anlayamayacağımız kadar yavaş sesle sohbete koyuldular. Son olarak Mekkeliler yakınımıza, kendilerini herkesten soyutlayarak hep birlikte kuyu duvarının dibine oturdular. Ağzımızdan çıkan her sözü duyuyorlardı. Buna hiç aldırış etmeden İranlının sorusuna cevap verdim:

"Evet, bu doğru. Düelloya katılacak üç kişiyi çoktan seçtik: Şeyh Hacı Halef Ömer, oğlu Kara ve savaşçılarımızdan biri olan Ömer Ben Sadek."

"Düellolar nasıl ve hangi silahlarla yapılacak?"

"Henüz karar vermedik."

"Allah'ım! Bu üçü hayatlarını benim için riske atmak zorundalar, bunun suçlusu benim ve elimden hiçbir şey gelmiyor! Baksana, bu hırsız köpekler çaldıklarını gelirken çöle saklamışlar! Siz galip gelseniz ve askerlerim serbest kalsalar bile, bu uzun yolculuğu boşuna yapmış olacağız ve çalınan malları tekrar ele geçiremeyeceğiz."

"Bu konuda ağzını açmamalısın!" diyerek ona emretti Beni Khalidlerin şeyhi. "Suçladığın kişiler hakaret dolu sözlerini duyuyorlar, onlar benim dostlarım ve konuklarım olduğu için buna göz yumamam. Bu şekilde konuşmaya devam edersen sözümü geri alır ve damarlarını yine deldiririm."

Tavil'in oradaki tek hükümdâr olduğunu sanmasına müsaade edemezdim. Bu yüzden sakin ve kararlı bir ifadeyle ona şöyle dedim:

"Ey Şeyh, müsaade buyur, ben aynı fikirde değilim! Sahip olduğum haklardan birinden burada vazgeçmeli miyim?"

"Hayır" diye cevap verdi.

"İyi! Mekkeliler senin dostlarınsa, İranlı da benim dostum. O seninle değiş tokuş edildi ve böylece tıpkı senin gibi özgür bir adam oldu. Özgür bir adam aynı zamanda özgürce konuşabilmeli ve bu şekilde birine hakaret ediyorsa, buna hakaret ettiği kişi müdahale etmeli; biz başka birinin bunu yapmasına izin vermeyiz."

"Bana izin verip vermemeniz umurumda değil" diye gururlu bir tavırla karşılık verdi. "Burada, bu kuyunun yanında tek efendi benim ve her kim konuklarıma hakaret ederse, bana da hakaret etmiş olur ve ben bunun cezasını vereceğim. Tekrar ediyorum; bir daha böyle söyleyecek olursa, bu Şii'yi yine bağlatacağım."

"Öyleyse ben de aynısını yapar, seni esir alırım."

"Maşallah! Bunu nasıl yapacaksın?"

"Bu benim sorunum! Bu durumda nasıl davranmak gerektiğini çok iyi bilirim. Bu tip silahlar hakkında bilgin var mı?"

İki revolverimi de kemerimden çıkarıp ona gösterdim.

"Allah!" dedi şaşkınlıkla. "Bunlar tıpkı Frenklerinkiler gibi çok sayıda mermi alan ve hızlı ateş eden silahlar. Bunları nerden buldun?"

"Mağrip'ten geldiğimi duydun. Orada yalnızca Hıristiyanlar değil, Müslümanlar da aynı silahlara sahip ve onları nasıl kullanacaklarını çok iyi biliyorlar. İranlı dostumu tekrar esir almaya kalkıştığın anda Haddedihnlerime seni yakalamalarını emreder ve mecbur kalırsam, bu kurşunla dolu namlulardan birinden çıkacak ilk kurşunu senin kafana sıkarım."

Tavil kaskatı kesilerek yüzüme baktı. Bu bakışa aldırmadığımı görünce kızdı:

"Neredeyse sana söz verdiğime pişman olacağım."

"Sözüne inandığım için beni pişman etmesen daha iyi olur!"

"Çok âmirane konuşuyorsun, Efendi!"

"Buna hakkım var! Ayrıca sana bir öğüt vereyim; Mekkelilerin dostların olduğundan bu kadar sık söz etme. Ben başnâzırın dostum olduğunu söylerken kendimi hiçbir riske atmıyorum, çünkü o namuslu bir adam. Fakat hırsızlık yaptıkları için çölün yarısı boyunca peşlerine düşülmüş adamların dostum olduklarını söylemeden önce iyice düşünüp taşınırdım."

"Onlar hırsız değil. Üzerlerini aradık ve hiçbir şey bulamadık."

"Khutab Ağa çaldıkları malları sakladıklarını söyleyerek aksini iddia ediyor. Yani ortada iki farklı iddia var."

"Öyleyse geri dönün ve çölü arayın! Çalıntı malları bulursanız bana getirin; o zaman size inanacağım, daha önce değil."

"İyi! Arayacağız ve sana bunu kanıtlayacağız. Evet, dahası var: o malları sen bizzat kendin bulacaksın."

Sert bir cevap vermek için tam ağzını açmıştı ki vazgeçti. Çünkü o anda Mekkelilerin oturduğu yerden çığlıklar yükseldi. Onları neyin korkuttuğunu anlamak için etrafıma bakarken, ağır adımlarla ateşin oluşturduğu ışık çemberinin içine doğru yürüyüp orada öylece duran Körün silûetini gördüm. Sol eli, sanki biri elini tutup ona yol gösteriyormuş gibi dururken, sağ elini tuhaf bir hareket yaparak havaya kaldırmıştı. Hanne daha sonra bize, Körün ilk başta uyur gibi yattığını, derken aniden ayağa fırlayıp onun kendisini tutmasına zaman bırakmadan yürüyüp gittiğini söyledi.

"El-Müneccim, el-Müneccim!.. Hayâlet... hayâlet... onun hayâleti!" diyerek korkudan avazı çıktığı kadar bağırdı El Gani. Adamları dona kalmış, hayâlet sandıkları silûete bakıyorlardı.

Beni Khalidler de şok içindeydiler. Titreyen ateşin etkisiyle tuhaf bir biçimde parıldayan figüre baktılar, 'hayâlet!' sözünü duydular ve batıl inançlı adamlar olduklarından korkuya kapıldılar. Böylece hepsinin gözleri dehşet içinde Müneccime çevrilmişti, bizimkiler ise Körün şimdi ne yapacağını sabırsızlıkla bekliyordu.

Kör öne doğru iki hızlı adım attı ve başını iyice yukarı kaldırıp duyulur bir sesle şunları söylediğinde gözleri kapalıydı:

"Kıyâmet gününe yemin ederim ki; kendini kınayan, haddini bilen, nedâmet çeken nefse yemin ederim ki... İnsan, kendisinin kemiklerini bir araya toplayamayacağımızı sanar öyle mi? Evet, bizim onun parmak uçlarını bile aynen eski haline getirmeye gücümüz yeter. Fakat insan, önündekini yalanlamak ister, 'Kıyâmet günü ne zamanmış?' diye sorar. Gel gelelim, göz kamaştığı, ay tutulduğu, güneşle ay bir araya getirildiği zaman! İşte o gün insan, 'Kaçacak yer neresi?' diyecektir. Hayır, hayır! Kaçıp sığınacak yer yoktur! O gün varıp durulacak yer, sadece Rabbinin huzurudur. O gün insana, ileri götürdüğü ve geri bıraktığı ne varsa bildirilir. Artık insan kendi kendinin şâhididir. İsterse özürlerini sayıp döksün. Resûlüm! Onu çarçabuk almak için dilini kımıldatma."

Bu Kuran'ın yetmiş beşinci sûresinin başıydı. Müneccim sustu. Boğuk bir sesle konuşmuştu, gümüş rengi sakalı titredi ve urbası yavaşça sallandı, ateş sûretinin üzerine değişen ışıklar ve gölgeler yansıtıyordu. Tüm bunlar kıyâmet ile ilgili söylediklerine eklenince doğaüstü bir görünüme büründü. İtiraf etmeliyim ki gerçeği bilmeme rağmen ben bile etkilendim. Tuhaf bir ürpertinin tüm bedenimde dolaştığını hissettim. İnsanın içine doğan birbirinden farklı hislerin ve onları uyandıran gizem dolu içgüdülerin tümünü kim açıklayabiliyor ki?

O anda Kör aynı etkileyici ses tonuyla yeniden konuşmaya başladı:

"Evet, işte buradasın, benimle konuşuyor, bana yol gösteriyorsun ve ben peşinden geliyorum! Dünyadan uzaktayım. İnsanların bedenlerini ayırt edemem, fakat kusurlarının ve günahlarının sellerinin bir okyanus gibi kutuptan kutuba aktığını görüyorum. Üzerimde parıldıyor göğün sevgisi, ne başı var ne sonu. Üzerimde dünyanın ışığına dua ediyor rahmetliler. Çok aşağılarda karanlık çöküyor toprakların üzerine, nefret ve nifak çöküyor dağların ve ovaların üstüne. Tanrının sesini duyan ve ebedî mutluluğa doğru yükselenler nerede? Sayıları o kadar az ki onları göremiyorum. İnsanoğlu görmek için gözlere, duymak için kulaklara sahip değil; gündüzün yerini gece alıyor. Biri imreniyor ve diğerine işaret ediyor, biri itiyor ve diğerini kakıyor. Böylece ışıktan uzaklaşıp karanlığa doğru birbirlerini ite kaka hiç durmadan ilerliyorlar. Kendi ruhlarının, göklerde hüküm süren ve tüm dünyalara hâkim olan sevginin ve hakikatin ruhundan daha zeki olduğunu sanıyorlar. Tanrının varlığını ya da yokluğunu muhakeme ediyorlar. Ya onu inkâr ediyorlar, ya da inkâr etmeseler bile, kör idraklerinin karanlığı içinde bir tapınak inşa ediyor ve kibirli zaaflarının bir sûretini o tapınağa koyuyorlar ki böylece o sûrete Tanrı diyebilsinler. Size söylüyorum, kendi kudretsizliğinize tapınmanız putperestliktir ve Allah bunu, cahillerin düştükleri gafletten daha sert bir biçimde cezalandıracaktır. Çünkü cahiller, kendilerine bir vahiy gelmediği için putlara taptılar ve bu yüzden kabahatsizdiler. Yüreklerinize nüfuz etmesine ve ruhlarınızı aydınlatmasına mâni olduğunuz hakiki ışığın oğlu, Ben Nûr söylüyor bunu."

Bu sözlerin ardından bir süre daha eli havada öylece durdu, sonra elini indirdi ve arkasını dönüp ışık çemberinden uzaklaşarak karanlıkta kayboldu. Hiç kimse peşinden gitmeye cesaret edemedi. Beni Khalidlerden biri bile yerinden kımıldamadı. Korkudan dona kalmış olan El Gani o anda ayağa fırladı ve şöyle bağırdı:

"Ta kendisiydi! Bu bir kıyâm! Yeniden dirildi ve ölümden sonraki yaşamı kanıtlayabilmek için bize kendini gösterdi. Bir zamanlar bana bundan söz etmişti ve ben inanmamıştım."

"Bir kıyâm mı? Yeniden mi dirildi?" diye sordu Şeyh Tavil Ben Şahid. "Öyleyse o bir hayâlet! Geri dönmüş olan bu ruh kime aitti?"

"Müneccime! Bugün sizinle buluştuktan hemen sonra, sana onun öldüğünü ve onu gömdüğümüzü anlatmıştım."

"Allah bizi korusun! İçinizden hiçbiri hayâletin kaybolduğu

yere gitmemeli, çünkü her kim bunu yapacak olursa onun peşinden ölüler diyârına gider. Mümkün olduğunca çabuk bu hayâletli yeri terk etmek için acele etmeliyiz."

"Peki ya düellolar? Onlara ne olacak?" diye sordum.

"Düellolar yarın gündüz yapılacak. Şimdi çöle, daha önce bulunduğumuz yere gidiyoruz. Bizimle geliyorsunuz, değil mi?"

"Hayır?"

"Neden gelmiyorsunuz?"

"Hayâletlerden korkmadığımız ve develerimiz susadığı için. Onlara su içirmek zorundayız."

"Kuyu boş, tüm suyunu çektik ve suyun yine birikmesi gerekiyor. Yani sabaha kadar hayvanlarınıza su içiremezsiniz."

Cevabımı beklemeden El Gani'ye döndü:

"Ayağa kalkın ve hazırlanın! Siz de bu hayâletli yerde kalmayacaksınız."

Mekkeli şöyle cevap verdi:

"Öncelikle Haddedihnlerin sizinle gelip gelmediklerini bilmem gerekiyor."

"Neden?"

"Dostumuzun hayâleti bize göründü. Bu yüzden kısa bir süre daha burada kalıp onun için dua etmeliyiz. Fakat dua sırasında Haddedihnler tarafından rahatsız edilmememiz gerek. Ancak sizinle birlikte buradan uzaklaşırlarsa bunu yapabiliriz, başka türlü olmaz. Duamızı eder etmez arkanızdan geliriz."

Bu bahaneden daha aptalca bir şey olamazdı. Asıl neden sakladıkları kıymetli mallardı. El Gani onları alıp adamlarıyla birlikte kaçmak niyetindeydi. Bunu başarırsa önümüzdeki gece boyunca, İranlının kendisini daha fazla tâkip etmeye cesaret edemeyeceği kadar uzaklaşacak ve böylece kendini emniyete alacaktı. Mekkeliler sözde hayâlet yüzünden az önce büyük bir dehşete kapılmışlardı; bu yüzden Beni Khalidlerin şeyhinin, El Gani'yi orada tutan sebebin duadan başka bir şey olduğunu anlaması gerekirdi. Fakat bu aklına gelmedi. Şüpheli gözlerle bana baktı ve ben de ona şöyle dedim:

"Anlaşıldı! Bu adamları dini vazifelerini yerine getirirlerken rahatsız etmek istemediğimizden sizinle birlikte geliyoruz. Fakat söyledikleri gibi hakikaten peşimizden gelmelerini sen sağlayacaksın. Çünkü onlar için savaşacağız. Haydi, yola çıkıyoruz!"

Müneccimin kaybolduğu yerde bulunan Hanne adamlardan hiçbirinin aklına gelmemiş gibiydi, bu yüzden ondan söz etmedim. Rahatlıkla onu olduğu yerde bırakabilirdik, çünkü kesinlikle orayı terk etmek niyetinde değildim. Halef'e gizli emri verdim:

"Şimdi sana söyleyeceklerime dikkat et ve ne diyorsam öyle yap! Sana sebebini açıklayacak vaktim yok. Beni Khalidlerin arkasından gideceğiz. Mekkelilerin bizi göremeyecekleri kadar uzaklaştığımızda, sen ve Haddedihnlerin kuyunun bulunduğu yerin etrafını gizlice kuşatmak için geride kalacaksınız. Dört kayanın etrafında bir çember oluşturup hiçbir Mekkelinin oradan çıkmasına izin vermeyeceksiniz!"

"Peki ya Hanne...?"

"Onun için endişelenme! Olduğu yerde kalacak. İranlı ve ben yanınızda olmayacağız. Oğlun Kara sana mâlumat verecek. Buna müsaade ettiğimi söyle ona!"

O anda, ateşin ışığının ulaşmadığı bir yerden Şeyhin emir veren sesi duyuldu. Oraya, önümüzde bir yere saklamış oldukları askerlerin götürülmeleri gerekiyordu. Derken sonunu Haddedihnlerin oluşturduğu kâfile harekete geçti.

Yeterince uzaklaştığımızda Halef Haddedihnleriyle birlikte geride kaldı. İranlıyı yanımda tuttum.

"Efendi, görüyorum ki bir şeyler planlıyorsunuz" dedi Khutab Ağa. "Ne olduğunu öğrenebilir miyim?"

"Henüz değil, fakat çok yakında öğreneceksin. Önce Şeyh Tavil'i çağırmam gerekiyor."

Buna gerek kalmadı, çünkü Ben Khalid atlılarının önden gitmeleri için biz yanına varana kadar durup beklemişti. Karanlığa rağmen İranlıyla benim yalnız olduğumuzu gördü ve:

"Haddedihnler nerede? Neden o kadar geride kaldılar?" diye sordu.

"Verdiğim sözü tutmak için."

"Hangi sözü?"

"Aramana gerek kalmadan çalınan malları bizzat senin bulacağın sözünü. Bırak adamların gitsin, sen bizimle gel!"

"Nereye?"

"El Gani'nin çaldıklarını gizlediği yere. Sizin avdan döndüğünüzü görünce malları sakladı."

"Beni tekrar esir alabilmek için tuzağa mı sürüklüyorsun?" diye sordu.

"Bana güvendiğini sanıyordum. İstediğim sen olsaydın, kendimi bu kadar zahmete sokmazdım."

"Bu doğru. Söz konusu mallar çok değerli mi?"

"Hem de çok!"

Tavil bir an düşündükten sonra şöyle dedi:

"Pekâlâ, istediğin şeyi yapacağım!"

Geri döndük ve sağa sapıp kayalıkların bulunduğu tarafa sürdük hayvanlarımızı. Oradan birinin bize seslendiğini duyduk. Haddedihnlerimizden biriydi bu; ona kendimi tanıttım. Develerimizi yere çöktürüp üzerlerinden indik ve Haddedihne onlara göz kulak olmasını emrettik. Sonra yanımdaki iki adamı kayalıklara varıncaya dek yürüttüm ve Kara'yla birlikte tepesine çıkmış olduğumuz kayanın değil, onun karşısındaki tırmanması daha kolay olan kayanın yanına kadar götürdüm. Mümkün olduğunca yavaş ve sessiz hareket etmelerini söyledim. Birbirimize yardım ederek kolayca yukarı tırmandık. Çevreyi iyi biliyordum, böylece karanlığa rağmen amacımıza en uygun olan yeri belirleyebildim ve El Gani'yi beklemek için oraya oturduk. Şeyh sessiz sakin duruyordu. Fakat İranlı susamayacak kadar gergindi. Mekkelilerin üzerleri aranmış ve yanlarında hiçbir şey bulunamamıştı. Ağa için ölümden kurtarılmış ve yeniden özgürlüğüne kavuşmuş olması büyük bir şanstı. Tehlikeli yolculuğunun amacına ulaşmaktan vazgeçmişti. O sırada beklemediği halde benden, çalınan malların burada olduğunu duydu. Bu onu kontrol edemediği bir telaşa düşürdü. Daha yeni yan yana oturmuştuk ki şöyle fısıldadı bana:

"Mukaddesât nerede duruyor?"

"Yakınımızdaki bir yarığın içinde. El Gani onları oradan alır almaz onu yakalayacağız. Böylece suçu ispatlanmış olacak ve bunu inkâr edemeyecek."

"Demek bunun için ateşin yanında kalmak istedi! Hayâletin içine saldığı korkuya rağmen!"

"Evet, bunun için! Açgözlülüğü korkusundan daha büyüktü."

"Peki sen burayı nasıl keşfettin?"

"Kara Ben Halef'le birlikte buradaydım ve birinin buraya, yukarıya çıkmış olduğunu kanıtlayan izler gördüm. Bu dikkatimi çekti. Yukarı tırmandık ve bulduk... Şışşşt, sessiz olun! Bir gürültü duydum."

Kulak kesildik. Evet, biri geldi, hem de bizim tırmanmış olduğumuz yerden geldi. Öyleyse gelen kişi bu taraftan daha rahat tırmanıldığını fark etmişti. Bu arada şunu söylemeliyim ki ateş hâlâ yanıyordu. Fakat bulunduğumuz kayanın tepesi arada kaldığından biz ateşi göremedik.

Gürültü giderek yükseldi. Gizemli kişi yukarıya adımını atmıştı ve dosdoğru yarığa gitti. Öyle oturuyorduk ki o yanımızdan geçerken yolunu kapatmamak için yalnızca biraz öne çekilmemiz gerekti. Eğildi. Bohçanın üzerinde duran taşları kaldırdığını gördük. Sonra onu yarıktan aldı ve geldiği yoldan geri dönmek için yürüdü.

Arkasından gittim. Geri döndü ve beni gördü, çünkü artık kayanın tepesi benim ve ateşin arasında kalmıyordu.

"Allah kerîm!" diye bağırdı.

Bıçağımı çıkardım, keskin ucu gözlerinin önünde parıldadı. Üzerine yürüdüm:

"Burada iki adam daha var. Onları görüyor musun? Bağıracak olursan bıçağı kalbine saplarım. Yere çök!"

Dediğimi yaptı. Çünkü o girişken ve kurnaz, fakat aynı zamanda korkak hırsızlardan biriydi. Silahlarını kemerinden çekip aldım ve Şeyhle İranlıya:

"Onu burada tutun! Ben hemen geliyorum" dedim.

Aşağı inmek için yanlarından ayrıldım, çünkü her halükârda kayalıklarda yalnız değildi ve suç ortağını ortalığı velveleye vermeden yakalamak istedim. İnmeye başlamıştım ki aşağıdan gelen yavaş bir ses:

"Her şey yerli yerinde mi?" diye sordu.

"Elbette" diye cevap verdim fısıldayarak.

"Gel öyleyse! Sana yardım edeyim."

Onu yere devirmek için üzerine atladım.

"Dikkat etsene!.."

Daha fazla konuşamadı, çünkü her iki elim de çoktan boğazındaydı. Korkudan dilini yuttu. O ihtiyarın oğluydu ve babası kadar korkaktı. Mücadele etmeye kalkışmadı. Develerimizi emânet etmiş olduğumuz Haddedihnin yanına kadar birkaç adım sürükledim onu.

"Beş savaşçı daha getir! Çabuk, ama sessiz ol!" diye emrettim Haddedihne.

Savaşçıların gelmesi en çok iki dakika sürdü. Gani'nin oğlunu onlardan ikisine teslim ettim ve diğer dört savaşçıyla birlikte, ateşin hâlâ söndürülmemiş olduğu kuyuya gittim. Orada "Büyük Şerifin gözdesinin" arkadaşlarının, yükleriyle birlikte yola çıkmaya hazır bir halde yere çökmüş olan develerinin yanında sabırsızlıkla beklediklerini gördüm. Adamlar Gani ve oğluna neler olduğunun farkında değillerdi. Gittiğimizi sanmışlardı ve beklenmedik bir anda ortaya çıkışımızdan çok rahatsız olmuşlardı, çünkü El Gani'nin her an çıkıp geleceğinden emindiler ve bizim yanında getireceği bohçayı görmememiz gerekiyordu. İçlerinden biri bana:

"Yine mi geldiniz?" diye sordu. "Neden geri döndünüz?"

"Size başınızdaki adamın nerede olduğunu sormak için" diye cevap verdim.

"Gitti."

"Nereye?"

"Bilmiyoruz."

"Dua etmek istiyordunuz. Duanızı bitirdiniz mi?"

"Sana ne bundan. Bu şekilde işimize karışmana kim izin verdi?

Ona hak ettiği karşılığı vermeme gerek kalmadı, o anda Halef geldi ve şöyle dedi:

"Sihdi, verdiğin emri yerine getirdim ve sonra muhtemel endişesini gidermek için Hanne'nin yanına gittim. O sırada sizin burada olduğunuzu gördüm ve bana ihtiyacın olup olmadığını sormaya geldim."

"Tam zamanında geldin. Adamların da yanımıza gelebilirler."

Halef sesini kuvvetlendirebilmek için iki elini ağzının kenarına götürüp bağırarak Haddedihnleri çağırdı. Çabucak geldiler ve Mekkelilerin etrafını çevirdiler. İki savaşçı Gani'nin oğlunu getirdikten sonra, ben Halef ve Kara'yla birlikte ihtiyarı almak için kayalıklara gittim. Beni Khalidlerin şeyhi ve İranlı hâlâ yukarıda, onun yanındalardı ve onu zorla aşağı indirdiler. Onu bohçasıyla birlikte ateşin yanına götürdük. Ateşi körüklemek için, Beni Khalidlerin yanına yığmış oldukları Cilâl'den ateşin içine bir miktar attık. Bunlar kurutulmuş deve pisliğinden yapılmış tezeklerdir ve çölde yakmak için kullanılırlar.

Mekkelileri bağlamamıştık, çünkü bu adamlar kaçmaya ya da şiddet kullanarak karşı koymaya cesaret edemeyecek kadar korkaklardı. Hepsi bir arada oturdu ve biz etraflarında çember oluşturduk. Tavil Ben Şahid, Halef ve benim aramızda yerini almıştı. Çalınan mallarının bulunması onun kafasını öyle çok meşgul etti ki az önce adamlarının tümünü yanına alarak kaçmış olduğu 'hayâleti' unuttu. Bohçayı zaptetmiş olması, içten içe eğlendirdi beni. Onu açabilmek için ihram ipini iyice kurcaladı. Bu Halef'i kızdırdı, fakat ona ses çıkarmamasını işaret ettim.

Beni Khalidlerin şeyhi gözle görülür bir sıkıntı içindeydi. Mekkelilerin dostları ve konukları olduklarını söylemişti ve bu yüzden sözüne uygun davranmak zorundaydı. Yanlarında getirmiş oldukları şeyi ellerinden alabilir miydi? Hırsız olduklarını söyleyebilirdi ve bu şekilde onlara hakaret etmiş olmaktan kaygılanmasına gerek yoktu; çünkü farklı inanca sahip biri buna maruz kaldığında, bu bedevîlerin gözünde 'hırsızlık' ahlâka aykırı bir suç değildi. Fakat böylece onlara malın şimdiki sahibi olma hakkını tanırsa, malları ellerinden alma yetkisi olmazdı. Ayrıca İranlının çok daha haklı iddiaları vardı, ki biz bunları her halükârda şiddetle desteklerdik. Şii düşmanca muamele görmüştü ve Mekkelileri haksız yere suçladığı için az kalsın ölecekti ve şimdi suçlamalarında haklı olduğu ortaya çıktı. Bu çelişkilerin üstesinden nasıl gelecekti?

Nihâyet bir karara varmıştı. Bohça açıldı. Oyun oynar gibi keseleri elinde peş peşe tarttı ve şöyle dedi:

"Bunları burada buldum ve şimdi kime ait olduklarına karar vermek gerekiyor."

İranlı hemen cevap vermek istedi. Fakat ona da susmasını işaret ettim. Şeyh sözlerine devam etti:

"Muhtemelen iki taraf da hak iddia ediyor. İddialarını itinayla gözden geçirecek ve sonra karara varacağım."

Konuşmasını burada kesmek zorunda kaldı. İki Beni Khalid geri dönmüşlerdi. Yalnız biri "hayâletten" korkardı. Şeyhin olmadığını fark etmişler ve onu aramaları için bu ikisini görevlendirmişlerdi. Sözünün yarıda kesilmesinden hiç hoşlanmamış olduğu Şeyhin yüzünden anlaşılıyordu. İsteksizce cevap verdi:

"Göz kulak olmanız gereken bir çocuk muyum ben? Burada yapmam gereken şeyler var. Hemen geri dönün ve savaşçılara benim için endişelenmemelerini söyleyin! Sabahın köründe bile olsa, ne zaman istersem o zaman gelirim!"

Tavil bunları söylerken keselerin görünmemesi için seccadeyi tekrar kapatmıştı. Bu meseleyi, mallara el koymayı başardığı takdirde adamlarının bundan kesinlikle haberdar olamayacakları şekilde halletmek istiyor gibi bir hali vardı. Yine de hiçbir şey habercilerine verdiği cevap kadar memnun edemezdi beni. Çünkü böylelikle bütün gece için savaşçılarının desteğinden vazgeçmişti. Onlar gittikten sonra seccadeyi tekrar açtı ve El Gani'ye dönerek şöyle dedi:

"Bunları yukarıya, kayanın içine sen mi saklamıştın yoksa başka biri mi?"

"Ben kendim sakladım" dedi. Karanlık ve kararlı yüzü niyetini ele veriyordu, hazineden vazgeçmeyecekti.

"Neden onları bizden, dostlarından sakladın?"

"Sizden saklamadım. O sırada uzaktan geldiklerini gördüğümüz savaşçıların kimler olduklarını bilmiyorduk."

"Buna bir şey diyemem. İnsan dostlarından hiçbir şey saklamaz. Bu keseleri nereden buldun?"

"Onlar uzun yıllardan beri bana ait; onları bana miras bırakmış olan babamın ölümünden beri."

"Neden bunları çölde yanında dolaştırıyorsun? Böyle şeyler evde bırakılır."

"Hayır, çünkü ben evde değilsem, benim yanımda evde olduklarından daha güvende olurlar. Onları hemen iade etmenizi talep ediyorum."

"Acele etme! Korkarım, biri daha mal sahipliğine tâlip olacak."

"Kesinlikle!" diyerek söze karıştı İranlı. "El Gani gerçeği söylemedi. Bunu ispatlamama gerek yok; çünkü bu öyle budalaca bir yalan ki buna inanmak için beyinsiz olmak gerek."

"Bu keselerin yasal sahibi olduğunu mu iddia ediyorsun?"

"Hayır, bunu söylemiyorum. Fakat şunu iddia ediyorum ki bu seccadenin içindekiler kutsal mekânımız Meşed Ali'nin Kans el-A'dhâ'sından çalındı."

"İddia ettiğin şeyi kanıtlayabilmen gerekir."

İranlı kemerinden küçücük bir not defteri çıkarıp açtı ve şöyle dedi:

"Kaybın farkına varır varmaz, çalınan malların bir listesini çıkardım. İşte burada. Listeyi yüksek sesle okuyacağım ve sen, okuduklarımın buradaki keselere asılmış yazılarla aynı olduklarını işiteceksin."

İranlı okudu ve Şeyh küçük fildişi plakalarda yazan kelimelerle duyduklarını karşılaştırdı. Hepsi kelimesi kelimesine aynıydı; ne bir hece eksik, ne de fazlaydı.

"Eee? Haklı mıyım?" diye sordu İranlı.

"Her ikisi de aynı" dedi Şeyh sıkıntılı bir ifadeyle. "Fakat bu şekilde delil göstermiş olduğunu sanıyorsan, yanılıyorsun. Senin listenin buradaki malları sıraladığından şüphe yok, fakat öncelikle bu malların Meşed Ali'deki 'Adak Hazinesinden' çalınmış olduklarını bize kanıtlamak zorundasın."

İranlı bu beklenmedik itirazla öyle sarsıldı ki o anda verecek cevap bulamadı. Fakat El Gani hemen söze karışarak büyük bir hazırcevaplılıkla bu boşluktan yararlandı:

"Durun! Hırsız değil, aksine malları çalınan kişi olduğumu kanıtlayabilirim. Bu liste bana ait. Onu ben hazırladım ve Meşed Ali'de bu Şii başnâzırın evinde bulunduğum sırada benden çalındı. Bu listeyi beni malımdan etmek için kullanacak kadar küstah."

Halef bana baktı ve ben de ona. İhtiyar Mekkelinin bu alçaklığı sinirimizi bozdu. Beni Khalidlerin şeyhininse çok işine geldi. İranlıya şu soruyu sorarken gülümsedi:

"Buna ne diyorsun? Davacıyken davalı oldun. Savun kendini!"

"Savunmak mı?.. Kendimi mi?.. Ya Ali!.. Nasıl bir... küstahlık bu!.. Tek kelime... tek kelime etmiyorum!.."

"Şaşırmadım. Küstahlıktan söz ediyorsun, bunun hesabını sana soracağım. Hırsızlık meselesine gelince: sen malların Meşed Ali'den çalınmış olduklarını iddia ediyorsun, konuğum ve dostum ise bu mallara sahip olabilmek için onun listesini çalmış olduğunu iddia ediyor. Her ikiniz de burada Beni Khalid kabilesinin hâkimiyet sahasında bulunuyorsunuz ve bu durumda karar yetkisi kabileye aittir. Biz kabilenin yalnızca küçük bir bölümüyüz. Bütün kabile toplanır toplanmaz Cemmâ'yı* bir araya toplayacağım ve kararı onlar verecek. O zamana kadar, bu seccadenin içinde bulunan her şeye el koyuyor ve nezâretim altına alıyorum."

Tavil bohçayı dürüp yeniden kapadı ve ipi etrafına dolayarak bağladı. İranlı bunu yapmasına engel olmak için ellerini uzatmak istedi. Yine ona bundan vazgeçmesini işaret ettim. Şeyh son düğümü de attıktan sonra ayağa kalkmaya yeltendi, ama onu kolundan tuttum ve:

"Gidiyor musun?" diye sordum.

"Evet" dedi.

"Bohçayla birlikte mi?"

"Kesinlikle! Buna karar verildi."

---

* *Kabilenin en yaşlılarından oluşan heyet.*

"Evet, senin tarafından. Ama gitmeden önce benim de bu konuda karar vermemi beklemek istemez misin? Senden farklı düşünüyor olabilirim."

"Hangi bakımdan?"

"Birçok bakımdan. İlk olarak biraz önce: 'Onları burada buldum' dedin. Gerçekten onları bulan kişi sen miydin?"

"Bunun bir önemi yok. Asıl bulan kim olursa olsun fark etmez."

"Hayır, fark eder. Çünkü haklarında bir karara varılana kadar mallar bulan kişinindir."

"Karar az önce verildi."

"Hayır, çünkü karar verebildiğini zanneden kişi geçerli bir karar verebilmek için en ufak bir hakka sahip değil."

"Beni mi kastediyorsun?"

"Evet. Başnâzır malların Meşed Ali'den çalınmış olduklarını iddia ediyor. El Gani ise Başnâzırın bu mallara sahip olabilmek için onun listesini çalmış olduğunu iddia ediyor. Her ikisi de burada Haddedihnlerin hâkimiyet sahasında bulunuyorlar ve bu durumda karar verme yetkisi Haddedihnlere ait. Bu kabilenin şeyhi Hacı Halef Ömer, nihaî karar verilene kadar bu seccadenin içindeki her şeye el koymakla yükümlü. Bu mesele hakkındaki doğru hüküm budur ve geçerlidir. Fakat senin hükmün yanlış ve bu yüzden geçersiz."

Şeyh Tavil yüzüme uzun ve fırsat kollayan bir bakış atıp hızla yerinden fırlayabilmek için oturduğu yerde ayaklarını kendine doğru çekti. O anda buna dikkat eden tek kişinin ben olmadığımı fark ettim. Kara yerinden kalktı ve sanki yapacak bir işi varmış gibi, yakındaki bir devenin yanında durdu. Bu sırada gencecik yüzünde anlamlı bir gülümseme dolaştı. Sırf gençliği yüzünden Beni Khalid şeyhi onun tehlikesiz olduğunu düşünmüştü. Şeyh hızla bohçayı kaptı ve gecenin karanlığında kaybolabilmek için ayağa fırladı. O anda Kara koştu, arkasından havaya doğru bir hamle yaparak adamın üstüne öyle bir sıçradı ki kaçak yüzüstü kuma kapaklandı. Hemen ayağa kalmaya çalıştı, ama yapamadı; çünkü Kara üzerindeydi ve iki eliyle boğazına sıkıca sarılmıştı. Elbette bunu gören çok sayıda Haddedihn Tavil'in üzerine atıldılar ve elleriyle ayaklarını öyle bir bağladılar ki kımıldayamadı.

Halef de aynı anda ayağa fırlamış, yıldırım hızıyla gerçekleşen hadiseyi görmek istemişti. Bana şunları söylerken gözleri sevinçten parladı:

"Sihdi, Kara'yı nasıl buldun?"

"Mükemmel!"

"Evet, mükemmel! Yazık ki annelerin en mükemmeli Hanne bunu göremeyecek kadar uzakta. Bu Beni Khalid şeyhiyle şimdi ne yapacağız?"

"Ne istersen onu yap!"

"İstediğin muameleyi yapacağımdan emin olabilirsin."

"Bunu yaparsan, sana fazlasını teslim edeceğim."

"Neyi?"

"Bohçayı ve bir de Mekkelileri."

"Böylece kimseden izin almak zorunda kalmadan Haddedihnlerin şeyhi olarak davranabilmemi sağladığın için sana teşekkür ediyorum Sihdi. Vereceğim kararın ne kadar zekice bir karar olduğunu çok yakında duyacaksın."

Hacı Halef heybetli adımlarla Tavil Ben Şahid'e doğru yürüdü ve ona şöyle dedi:

"Burada karar yetkisinin kime ait olduğunu sana kanıtladık. Büyük Şammar kabilesinden Haddedihnlerin kim olduklarını ve ne yaptıklarını çok iyi bildiklerini bir keresinde sana kırbacımla öğretmiştim. Fakat sen bunu anlamadın ve bu yüzden dersimi tekrar almak zorunda kaldın. Biz gittiğimiz her yerde hükümdârız, burada da hükümdâr biziz. Yanında bin savaşçı ya da daha fazlası olsaydı bile fark etmezdi; biz canımız ne isterse onu yapacağız. Bizimle bir anlaşma yaptın ve biz bu zamana kadar anlaşmaya uyduk, bundan sonra da uymak istedik. Fakat sana inanmış olduğumu mu sanıyorsun? Kırbacımın sana, Hanne'nin tüm zarâfetin ve dünyevî güzelliğin en kusursuz örneği olduğunu gösterdiği andan beri senin yüreğinde bize karşı bir intikam duygusu kabardı ve sen bunu saklamaya çalışsaydın bile, beni kesinlikle kandıramazdın."

"Sus!" diye bağırdı tutuklu. "Anlaşmamıza uyardım."

"Bohçayı elimizden almaya kalkışarak anlaşmayı çoktan bozdun."

"Anlaşmamızda bundan söz etmedik."

"Peki, öyleyse bunu kabul ediyorum; şartlarımızı yerine getirirdin. Fakat sizden ayrıldığımız andan itibaren intikamını almak için peşimize düşerdin."

"Evet, bunu yapardım. İnkâr etmeyecek kadar gururluyum ve şimdi sana intikamımı almaktan vazgeçmediğimi de söylüyorum. Daha başta, Haddedihn olduğunuz halde kendinizi Beni Solaib olarak tanıtarak bizi kandırdınız."

"Evet" diyerek hoşnut bir tavırla güldü Halef. "Beni Solaibler alışveriş yapmak istiyorlardı, yanlarında para vardı ve bu para senin çok ilgini çekti. Bu paranın hiç olmadığını ya da olsa bile onu bizden alamayacağını öğrenmek senin hayırperver yüreğine sonsuz acı vermiş, böylesine sevgili dolu bir yüreğe sahip olan senin gibi birini çok incitmiş olmalı."

"Alay etme! Serbest bırakılmayı talep ediyorum. Anlaşmamıza göre beni tekrar bağlamaya hakkınız yok. İranlıyı serbest bıraktım ve bu sebeple benim de serbest bırakılmamı talep etmek zorundayım. Hatta ona kıymetli hecinini bile geri verdik."

"Bu konuda haklısın. Fakat anlamadığın şu ki bizim senin iplerini şimdi ikinci kez çözmemiz gerekiyor. İranlıya karşılık seni bırakmak için bunu bir kez yaptık, o zaman şartlarımız eşitti. Fakat ikinci kez onun yüzünden değil, Kans el-A'dhâ'dan çalınan malları elimizden almaya yeltendiğin için tutsak edildin ve şimdi bu Adak Hazinesi karşılığında sana uzuvlarını kullanma hakkı verip vermeyeceğimiz ve bunu ne zaman yapacağımız bizim bileceğimiz iş."

"Şunu unutmayın ki savaşçılarım geri dönecekler ve beni kurtarıp intikamımı kan dökerek alacaklar."

"Allah, Allah! Yarından önce gelmemelerini biraz önce sen kendin sağladın. Ve gelecek olurlarsa ya da vaktinden evvel gelirlerse sanma ki korkarız onlardan! Bir Haddedihn yirmi Beni Khalide bedeldir ve ayrıca sen bizim için onlara karşı kullanabileceğimiz en iyi kalkansın. Bize saldırırlarsa senin kurşunu yiyeceğini öğrendiklerinde, hiç şüphesiz kıymetli canını tehlikeye atmaktan kaçınacaklardır."

"Cehennemde yanarsınız inşallah!"

"Günahları yüzünden yaşlı odunlar kadar kurumuş olan sizler kadar iyi tutuşmayız biz. Şimdilik seninle işim bitti. Hakkında vereceğim kararı sessizce beklemek zorundasın. Şimdi Mekkeli beyefendilerle ilgileneceğim."

Şeyh konuşmanın faydasız olduğunu anlamış olmalı ki sustu. Halef, El Gani'ye döndü:

"Sizin için kendimi yormamın lüzumu yok, bu yüzden mümkün olduğunca kısa keseceğim."

El Gani, Hacının aşağılayıcı sözlerinin tutuşturduğu öfkeyle dolu bir donanma fişeğine dönüştü ve patlayıverdi. Arapça, küfür sözcükleri açısından başka dillerde pek rastlanmayacak bir zenginliğe sahiptir. El Gani hepsini biliyor ve tüm küfürleri mümkün olduğunca çabuk sıralamak istiyor gibiydi. Halef'in üzerine öyle bir küfür yağmuru yağdırdı ki kolay kolay şaşkınlaşmayan Halef önce şaşkınlıktan sus pus oldu; fakat sonra her zamanki gibi içten bir kahkaha attı ve kahkahası giderek yükseldi. Haddedihnler birer birer ona katıldılar ve hepsi birden koro halinde öyle bir güldüler ki ister istemez ben de onlara uymak zorunda kaldım. Elbette bu Mekkeliyi susturdu. Kahkaha tufanı sona erdikten ve Halef neredeyse çarpılmış yüzüne çekidüzen verdikten sonra El Gani'ye şöyle dedi:

"Görüyorsun ya, az daha bizi gülmekten öldürecektin. Düşündüğümden çok daha tehlikeli bir adamsın, çünkü ciğerleri sağlam olmayan biri boğulur sana gülmekten. Bu yüzden seninle hiç uğraşmamayı tercih ediyorum ve meseleyi biraz önce niyet ettiğimden de kısa keseceğim. Seni Başnâzıra teslim ediyorum. Yakalayabilmek için peşine düştü, burada size yetişti ve şimdi ona aitsiniz. Hiçbir günah cezasız kalmaz; sizinki de kalmayacak."

İranlı hemen;

"Hacı Halef Ömer, ciddi misin?" diye sordu.

"Evet" dedi Halef.

"Ama unutma; bu adamları bana teslim ederek suçlu olduklarını ilan ediyorsun!"

"Bunu biliyor ve böyle olmasını istiyorum."

"Öyleyse onlarla ne istersem yapabilir, nasıl istersem öyle cezalandırabilirim."

"Hayır."

"Kendi kendinle çelişiyorsun. Onları benim ellerime bırakıyor ve istediğim gibi muamele etmeme izin vermiyorsun."

"Beni doğru anlamanı ricâ ediyorum. Burada karar yetkisine sahip olan kişi benim ve onları sana teslim ederek, mesuliyet meselesinde senin lehine karar veriyorum. Sen tutsak edilmiştin ve şimdi özgürsün, onlar özgürdüler ve şimdi tutsaklar. Bin Beni Khalid olsalardı dahi bunu değiştiremezlerdi. Onların mesuliyeti sana verildi. Fakat cezalandırılmaları konusunda tek başına değil, ancak bizimle birlikte karar verebilirsin; çünkü Mekkelilerle birlikte Haddedihnlerin hâkimiyet sahasında bulunuyorsun ve biz Beni Khalid şeyhi ile onlarla ilgili bir anlaşma yaptık. Anlaşmanın şartlarını yerine getirmeye mecburuz; çünkü insan bir kez bir söz vermişse, o sözü en büyük düşmanına vermiş olsa bile tutmak zorundadır. Bugün gündüz vakti, Mekkelilere yetişebilirsen onları Meşed Ali'ye götürmek niyetinde olduğunu söyledin; ki orada ölüm cezasına çarptırılacaklarından hiç şüphe yok. Fakat biz Tavil Ben Şahid ile, onlar için savaşmamız gerektiği konusunda anlaşmaya vardık ve bu savaşı kazandığımız takdirde Mekkelilerin gözdelerine ve canlarına zarar gelmeyeceğine söz verdik. Verdiğimiz sözü senin maksatlarına uydurabilmek için üç kişinin katılacağı bir görüşme yapacağız."

"Kim bu üç kişi?"

"İlk kişi benim, çünkü ben..."

"Kutub, kutub!" diyerek kestim Halef'in sözünü.

Bir an düşünüp bununla ne imâ ettiğimi anımsaması gerekti, ardından kendini toparladı ve gülerek şöyle cevap verdi bana:

"Bağışla Sihdi, haklısın, yine ilk önce kendimden söz ettim. O halde bu üç kişiden ilki, bu hakem tayiniyle biraz önce hâkimiyetimi kabul ettiği için teşekkürlerimi sunduğum Sihdi'miz. Ondan sonraki sensin, ey Khutab Ağa, soyulan hazinenin başnâzırı. Ve son olarak... duyuyor musun Sihdi? En sonuncusu benim, hâkimiyet sahasında bulunduğunuz Haddedihnlerin şeyhi. Biz üçümüz ne yapılması gerektiğini görüşeceğiz ve biz neye karar verirsek o yapılacak! Hiç kimse bize engel olamaz."

El Gani öfkeyle karşı çıktı söylediklerine:

"Siz hiçbir şeye karar veremezsiniz! Benden çalınan listenin de kanıtladığı gibi, bu mallar bana ait. Mekke'de nasıl bir güce sahip olduğumu unutmayın ve..."

"Kes sesini!" diyerek susturdu onu Beni Khalid şeyhi. "Mekke'de kim ve ne olduğun bu Haddedihnlerin umurlarında değil ve tehditlerin faydasız. Fakat ben tamamen farklı konuşabilirim, çünkü söyleyeceklerimin bir önemi var. Biraz önce iki habercimi kovalarken dikkatsizlik ettim; şimdi savaşçılarım sabaha kadar bekleyecekler. Ama sabah mutlaka gelecekler ve o zaman bir Haddedihn yirmi Beni Khalide bedel miymiş göreceğiz. Ayrıca askerler elimizde, onlar bizim rehinlerimiz. İçimizden tek bir kişinin bile kılına zarar gelirse, askerlerin hepsini vururuz. Anlayacağın, verecekleri karar bizi korkutamaz. Ayrıca yalnızca bu askerler için değil, sizin için de savaşacağımız konusunda anlaşmıştık. Yani bu düello neticesinde sizin başınıza hiçbir şey gelemez. Hiç şüphesiz biz galip çıkacağız ve daha şimdiden kesin olarak şunu söyleyebilirim ki siz de tıpkı benim gibi serbest bırakılacaksınız."

Halef alaycı bir tavırla söze karıştı:

"Sonsuz büyük bir zekân var. Buradan göğe kadar erişiyor. Fakat kafanın bu kadar üzerinde, tâ yukarıda durduğu için, bu meselenin aşağıda farklı bir biçimde gelişmiş olduğunu göremiyor. Öncelikle, senin için de savaşılacağını kimse söylemedi. Sonuç ne olursa olsun sen bizim esirimiz olarak kalacaksın. Dahası, anlaşmamızı Mekkeliler henüz senin koruman altındalarken yapmıştık. Şimdi bizim hâkimiyetimiz altındalar ve bu yüzden anlaşmamız onlara dayandığı kadarıyla artık geçerli değil. Yoksa hakikaten bizim, farklı bir biçimde çoktan ele geçirmiş olduğumuz kişiler ya da mal sahipliği uğruna savaşacak kadar aptal olduğumuzu mu sanıyorsun?"

"Düpedüz korkaklık olurdu bu!" dedi Şeyh küplere binerek. "Tüm dünyaya söylerdik, bizden korktuğunuzu."

"Buna sadece gülüyorum. Bizim esirimizken ve muhtemelen kurşunu yiyecekken söyle bakalım! Şu kırbacıma bakın! Sizden biri benim isteğim olmaksızın tek kelime daha edecek olursa, bu kırbaç hemen onun ağzını kapatacak. Söz veriyorum ve sözümü mutlaka tutacağım. Sizinle boş yere tartışıp durmaktan daha önemli işlerimiz var."

Bunu söylerken ufak tefek Hacının ses tonu öyle iknâ ediciydi ki o andan itibâren sustular. Davranışını çok takdir ettim. Beni memnun etti. Kararı ona bıraktığımdan beri bambaşka bir adam olmuştu sanki. Kendini benden bağımsız hissetti ve bu ona fevrî hareket etmesini önleyen bir güven verdi. Birkaç Haddedihni nöbetçi olarak görevlendirdi ve onlara, Beni Khalidler gelecek olurlarsa anında bize haber vermelerini emretti. Su dolmuş mu diye kuyuya baktık ve olan suyu aşağı sarkıttığımız kovayla çektik. Böylece en azından yettiği kadarıyla atlarımıza ve develerimize su içirebilecektik. Biz bunları yaparken Halef ne olup bittiğini anlatmak için Hanne'nin yanına gitti. Söylediğine göre; Hanne'nin de yanımızda olmasını çok isterdik, fakat henüz gizlemek istediğimiz Müneccim onun nezâreti altında olduğundan bu isteğimizi gerçekleştiremedik.

Kara Ben Halef, her hayvanın payına düşen suyu içebilmesi için kuyunun başındaki çalışmalara gözcülük etti. Bense nöbetçilerin vazifelerine uygun biçimde dikilip dikilmediklerini kontrol etmek için dolaşmaya çıktım. Beni Khalidlerle çatışmamız, başta tahmin edebileceğimizden daha fazla dallanıp budaklanmıştı; fakat sonucun bizi memnun edeceğinden şüphem yoktu.

Hayalet

Yürüyüşten döndüğümde Halef de geri gelmişti. Bana, yalnızca benim duymam gereken bir şey söylemek ister gibiydi.

"Sihdi", dedi gizemli bir ifadeyle, "kendi başıma emir verebilmem için bana izin verdin, fakat şimdi sana sormadan yapmak istemediğim bir şey var."

"Nedir o?" diye sordum.

"Hanne'mi tanıyorsun, bütün insanların tüm kafaları içinde en zeki kafacığa o sahip. Bunu biliyorsun, değil mi?"

"Kesinlikle."

"Güzel! Çünkü bu zamana kadar bilmeseydin, şimdi kabul etmek zorunda kalırdın. Onun bu akıllı küçük kafasında beni heyecanlandıran bir plan oluştu. Çok sessiz duruyorsun. Sana ne söyleyeceğimi merak etmiyor musun?"

"Susuyorum, çünkü ne kadar az konuşursam aklından geçeni o kadar çabuk öğrenirim."

"Bu plan esir bulunan askerlerle ilgili. Biz kendimizi her açıdan Beni Khalid şeyhine verdiğimiz sözden bağımsız kıldık, fakat askerler bunun dışında kaldı ve onların kurtulmaları için hâlâ savaşmak zorundayız. Gece Beni Khalidleri oyuna getirerek askerleri kaçırmayı başarabilseydik, buna gerek kalmazdı. Sen de aynı fikirde değil misin?"

"Sana hak veriyorum. Evet, hatta itiraf etmeliyim ki bunu ben de düşündüm. Onları kurtarmanın kolay bir yolu var; Şeyhe karşılık askerleri isteyebilir, Beni Khalidleri buna yanaşmaya mecbur bırakabiliriz. Fakat Şeyh daha önce de değiş tokuş edildiği için, bu tutum bana çok akıllıca gelmiyor ve ben..."

Birdenbire sözümü kesti:

"Akıllıca! Evet, doğru kelime bu Sihdi. Akıllı olmalıyız ve sana, bizim böyle olmamıza gerek olmadığını söylüyorum, çünkü tüm dünyevî kurnazlıkların en kurnazı Hanne bizim için çoktan akıllı oldu. Ruhsal güçlerimizi harcamamız gerekmiyor, çünkü saygımın kusursuz nesnesi olan Hanne bu işi bizim yerimize yaptı. Olup bitenleri anlatmak için biraz önce onun yanına gittim; kalbinin erkeği olarak bunu ona borçluydum. Böylece, bizim henüz askerlerin serbest kalmalarını sağlayamadığımızı ve bu yüzden onlar için savaşmak zorunda olduğumuzu öğrendi. O barışta olduğu kadar savaşta da cesur, yiğit ve atılgandır; bizi yenmelerine izin vermeyeceğimizi biliyor ve bu yüzden yüreğinde korkudan eser yok. Fakat zeki bir kadın olarak; aynı başarıya kurnazlık ya da şiddet yoluyla ulaşmak konusunda seçme olanağına sahipsek, kurnazlığa öncelik vermemiz gerektiğini düşünüyor. Ve o bu düşüncesini dile getirir getirmez, sevgili küçük kafasında sözünü ettiğim plan da çoktan uygulamaya hazır hale gelmişti. Bu planı öğrendiğinde hayrete düşeceksin."

"Planı bana bu yüzyıl içinde anlatırsın umarım!"

"Kesinlikle, sevgili Sihdi. Önce bir soru sormama müsaade et: Beni Khalidler biraz önce kimden kaçtılar?"

"Müneccimden; çünkü onun bir hayâlet olduğunu sandılar."

"Peki bu hayâlet ansızın onlara tekrar görünürse ne olur?"

"Hımmm. Bu Hanne'nin fikri mi?"

"Evet. Nasıl buldun?"

"Tamamen kadınsı bir fikir."

"Hakikaten öyle, değil mi? Tamamen kadınsı! Büyük düşünülmüş ve son derece yerinde bir fikir. Başarı kaçınılmaz: hepsi tabanları yağlayacak."

"Hakikaten böyle mi düşünüyorsun?"

"Düşünmek mi? Bundan eminim. Sen de aynı fikirde olduğuna göre, plan uygulanacak."

"Ağır ol, sevgili Halef! Aynı fikirde olduğumu kim söyledi?"

"Aksini söylemediğine göre aynı fikirdesin. Bu yüzden Hanne'min muhteşem fikrini uygulamaya koyacağız."

Yürüyüp gitmek için adımını atmıştı ki onu tuttum ve şöyle dedim:

"Acele etme Halef! Müsaade et, heyecanım biraz yatışsın. Peki Beni Khalidler tabanları yağlamazlarsa ne olacak?"

"Kaçacaklar" dedi ısrarla. "Hanne öyle söyledi ve söylediği gibi olacak. Senin realist bir insan olduğunu biliyorum, fakat hayâlet ellerinde yanan meşalelerle ansızın yanlarında belirdiğinde nasıl bir dehşete kapılacaklarını kafanda canlandırabilecek kadar hayâl gücüne sahip olduğundan şüphe yok."

"Meşale mi?"

"Evet, lif ve katrandan yapılmış meşalelerle. Biliyorsun, yolculuğumuz sırasında gerekirse istirahat yerimizi aydınlatabilmek için yanımıza birkaç tane almıştık."

"Elbette bunu biliyorum. O meşalelerle ortaya çıkacak ve Beni Khalidler tabanları yağlayacak, öyle mi? O sırada askerleri de yanlarında götürürlerse ne olacak?"

"Yanlarında götürmek mi? Akıllarının ucundan geçmez bu. Korkuları o kadar büyük olacak ki onları düşünmeden çabucak sıvışacaklar."

"Ya sonra?"

"Sonra askerleri serbest bırakır ve Beni Khalidler geri dönmeden onlarla birlikte uzaklaşırız."

"Unutma; ayrıca silahları, develeri ve askerlere ait olan her şeyi almak zorundayız!"

"Bu uzun sürmez; yanımıza ihtiyacımız olduğu kadar Haddedihn alırız. Zamanı gelene kadar gecenin karanlığında Müneccimin arkasında dururlar."

"Fakat Müneccim kör. Beni Khalidlerin önce yalnızca Müneccimi görmeleri şart olduğundan kimse ona yol gösteremez."

"Onu öyle bir yerleştiririz ki sadece dümdüz yürümesi yeterli olur. Bu hiç zor değil."

"Bu aldatmaca için kendisini kullanmamıza izin verecek mi?"

"Neden vermesin? Neyin söz konusu olduğunu ona söyleriz."

"Bugüne kadar dostu olan Mekkelilere karşı bundan sonra nasıl bir tavır takınacağını bilmediğimizden, bunu yapmamalıyız. Hanne'ye anlattığın her şeyi duydu mu?"

"Hayır, yorgun olduğu için yalnızca zaman zaman kendine gelebildiği uykuya benzeyen bir hal içindeydi yine. Yanımıza, neredeyse ateşin yanına kadar gelmeden önce, bu yarı uykulu haliyle ansızın ayağa fırladı ve öyle hızlı yürüyüp gitti ki Hanne'nin onu durdurması mümkün olmadı. Fakat aynı hızla geri döndü ve yatıp uyumaya devam etti. Yani nerede olduğumuzu ve burada ne olup bittiğini bilmiyor."

"Mekkelilere karşı beslediği aitlik duygusuyla bize mâni olacak bir şeyler yapmasını engellememiz gerekiyor, bu yüzden biz de ona gerçeği söylemeyeceğiz. Şu anki haliyle onu Hanne'nin planını uygulamak için kullanmamız mümkün değil."

"Öyleyse uyanana kadar bekleyelim."

"Peki onu meşaleli hayâleti oynamaya nasıl iknâ edeceksin?"

"Sihdi, bırak bunu Hanne düşünsün! Her şeye bir sebep bulmayı biliyor ve bu konuda da doğru zamanda doğru fikri bulacak, buna inanabilirsin. Şimdi söyle; nihâyet benimle hemfikir misin?"

"Bu bana çocuk oyuncağı gibi geliyor. Evet, çocukça ve yiğit Haddedihn savaşçılarına yakışmıyor. Hedefimize farklı ve daha onurlu bir yoldan ulaşabiliriz."

"Buna katılıyorum Sihdi, fakat farklı bir yol Hanne'min aklının derinliklerinden çıkmadığı için benim hoşuma gitmezdi. Senden, onun fikirlerinin kuyusuna inmeni ricâ ediyorum. Mükemmel bir plan yaptı ve sen bunu uygulamayacağımızı söylüyorsun. Senin bu planı çocukça bulduğunu yaşamı boyunca asla öğrenmemeli, çünkü bu onun yüreğinin kaldıramayacağı kadar incitici olurdu. Anlayacağın, Hanne için onaylamalısın bunu."

İtirazı böylesine dokunaklı sebeplere dayandığı için, cevap vermekte acele ettim:

"Sevgili Halef, fikrimi değiştirmedim; fakat iyi yürekli Hanne'nin mükemmel planının işe yarayıp yaramayacağını denemene engel olmak istemiyorum."

"Teşekkürler Sihdi! Gereken her şeyi hemen onunla konuşacak ve sonra söylediklerini gerçekleştirebilmek için elimi çabuk tutacağım."

"Sevgili Halef, plan Hanne'nin küçük kafasından çıktı; fakat onu uygulamak bırak da erkek işi olsun! Ben sana yardım edeceğim. Her şeyden önce Beni Khalidlerin nerede olduklarını ve ne şekilde yerleşmiş olduklarını bilmemiz gerekiyor. Ben hemen bunu araştırmaya gidiyorum ve sen de bana eşlik edeceksin. Haydi gidelim!"

"Fakat Sihdi, bu meseleyi senin yardımın olmadan halletmemiz gerekiyordu."

"Buna müsaade edemem. Beni Khalidlere oynamak istediğin oyun büyük ölçüde bir çocuk oyununa benziyor, fakat sonuçları bizi acınacak hale düşürebilir. Buna rağmen bu oyuna tek bir şartla izin veriyorum; benim gözetimimde gerçekleştirilecek. Bunu istemiyorsan plandan vazgeçelim ve askerlerle şeyhi değiş tokuş edelim. Şimdi karar ver!"

"Sihdi, Hanne'yi çok hafife alıyorsun. Fakat seni başka türlü iknâ edemeyeceğimi bildiğim için, istediğine kavuşacaksın. Haydi gidelim!"

Halef memnun olmasa da, bu benim kararımı değiştiremezdi.

Beni Khalidleri bulmayı umduğumuz yöne yürüdük. Akşama doğru onları atlarıyla gösteri yaparken gördüğüm bölgeyi seçmiş olduklarını tahmin ediyordum ve tahminimin doğru olduğu ortaya çıktı. Oraya yakacak bırakmış olmalılar ki küçük ve çok aydınlatmayan, fakat kolayca yolumuzu bulmamıza yeten iki ateş yanıyordu.

Bulundukları yeri çevreleyen birkaç kaya sayesinde yaklaştığımızı fark etmeleri olanaksızdı. Kayalardan birinin arkasına gizlendik ve oradan görebildiğimiz kadarıyla şu sonuca vardık: Bedevîleri tek tek ayırt edebilmemiz için yeterince aydınlık değildi, fakat neyin nerede olduğunu görebiliyorduk. Arkasında durduğumuz kayanın hemen önünde develer bulunuyor, onların az uzağında sayısız semer ve yük düzenli bir sıra oluşturuyordu. Görünürde develerden oluşan ayrı bir küçük grup yoktu; bundan da, askerlerin hayvanlarının diğerlerinin yanına konmuş olduğu sonucuna vardık. Ne yazık ki bu onları gerektiğince çabuk bulmamızı hemen hemen imkânsız kılıyordu. Sol tarafta yerde yatan bedevîler yarım ay şeklinde, karşılıklı iki grup oluşturmuşlardı. Böylece iki grup arasında boş ve iki yana doğru giderek daralan bir alan oluşmuştu. Bu alanın iki ucunda ateşler yanıyor ve ortasında bağlanmış gibi görünen askerler yatıyordu. Açıkça anlaşıldığı üzere, bedevîlerin silahları yanlarındaydı. Ama 'sultanın paralı savaşçılarının silahlarının' nerede olduklarını keşfedemedik. Yani onların durumu da develerinkiyle aynıydı: oyunumuzu çabucak uygulamaya koymak için, silahları arayıp bulacak ve yanımıza alacak kadar zamanımız büyük ihtimalle olmayacaktı. Aklımdan geçenleri Halef'e söylediğimde şöyle cevap verdi:

"Yine de planımızı uygulamamamız için bir sebep göremiyorum. Asıl mesele askerlerin kurtarılması. Beni Khalid şeyhi askerlerin esir olmasına fazla güveniyor ve ben şimdiden, askerlerin ona olan derin saygılarını göstererek nâzik bir ziyarette bulunmak için sağ salim huzuruna çıktıklarını gördüğünde yüzünün alacağı hayâl kırıklığına uğramış ifadeye seviniyorum. Silahlarını, develerini ve askerlere ait olan daha başka ne varsa hepsini daha sonra, aksi takdirde Şeyhi serbest bırakmayacağımızı söyleyerek alır ve sahiplerine veririz."

İstirahat yerimize döndük ve heyecanla önerisinin sonucunu beklemekte olan Hanne'nin yanına gittik hemen.

"Sihdi kabul ediyor" dedi Halef ona. "Tamamen onaylıyor! Senin manevî varlığının bereketli derinliklerinden fışkıran mükemmel fikrini ona söylediğimde çok sevindi. Hemen Beni Khalidlerin istirahat yerini gözetlemeye gittik ve bunu başardıktan sonra, senden bizi biraz daha aydınlatmanı istemek için yine sana döndük."

Halef bu üslûpla benim itirazlarımı hayranlık dolu bir onaylamaya dönüştürürken, gözlerim planımızın başarısının davranışlarına bağlı olduğu Müneccimin üzerindeydi. Karanlıkta yüzünü net seçemedim, fakat Halef'in söylediklerini dinliyormuş gibi dimdik oturmasından uyanık olduğunu tahmin ettim. Halef konuşmasını bitirdikten sonra ona dönerek söylediği şu sözlerle yanılmadığımı gösterdi:

"Sesinden tanıyorum seni, sen Hacı Halef'sin ve öğrendim ki burada senin karının yanındayım. Kulaklarım bana birinin seninle birlikte geldiğini söylüyor. Kimdir o?"

"Hacı Akıl Şatir, Draa Vâdisi'nden gelen efendi!" diye cevap verdi Halef.

"Öyleyse seni selâmlıyorum, Hacı Akıl Şatir Efendi! Ben senin koruyucu meleğin Meryem'i görmeden önce ve gördükten sonra, bana dostluktan, sevgiden ve merhametten söz ettin. Benim gibi zavallı ve terk edilmiş bir köre yardımseverliğinizi gösterdiniz ve ben de arzunuzun sebebini sormadan istediğiniz şeyi yapacağım."

"Hangi arzumuzdan söz ediyorsun?" diye sordum.

"Hanne benden, her iki elime yanan meşaleler almamı ve ağır adımlarla, tek kelime söylemeden ileriye doğru yürümemi ricâ etti. Bana bu isteğinin sebebini daha sonra öğreneceğimi söyledi. Başka zaman olsa asla nedenini bilmediğim bir şey yapmam, fakat bu kez bu ilkeme uymayacağım, çünkü size ne kadar çok şükran borçlu olduğumu biliyorum."

Müneccimin bu sözleriyle, Halef'in karısının kadınlara has keskin zekâsıyla ona son birkaç saat içinde olanlar hakkında hiçbir şey anlatmayacak kadar dikkatli davranmış olduğu anlaşıldı. Bu iyiydi. Derken Hanne bana şöyle dedi:

"Duyuyorsun Sihdi, her şey hazır ve Halef'in bana söylediğine göre siz de hazırsınız, öyleyse başlamak için kesinlikle daha fazla beklememize gerek yok."

"Evet, umduğun başarıyı elde edip edemeyeceğimizi hemen deneyerek görebiliriz."

"Bundan şüphem yok Sihdi. Şimdi gidebilir miyiz?"

"Biz mi? Kendini de mi kastediyorsun?"

"Evet. Plan benden çıktı ve düşündüklerim gerçekleşirken ben de orada olmak istiyorum. Buna bir itirazın mı var?"

"Aslında evet. Bu kadın işi değil. Sevincini kursağında bırakmak istemiyorum. Her zaman benim yanımda durman şartıyla gelebilirsin."

"Sana söz veriyorum."

"Öyleyse meşalelerle ilgilen Halef! On Haddedihn ateşin yanındakilere bekçilik etmek için Kara Ben Halef'le birlikte burada kalıyor. Diğerleri bizimle geliyor; yanlarına tüfeklerini değil, yalnızca bıçaklarını alacaklar, tüfekler bize engel çıkarabilir. Benim filintam olası bir saldırıyı bizden uzak tutmaya yetecektir. Ben Müneccimle yürüyeceğim, sen Hanne'yle; biz önden gideceğiz, diğerleri bizi tâkip edecek ve biz söylemeden hiçbir şey yapmayacaklar!"

Az sonra yola çıktık.

Halef Hanne'yle, ben Müneccimle kol kola ilerledik, Haddedihnler sessiz adımlarla bizi tâkip ettiler. Tuhaf bir işti bu; içimi utanç benzeri bir duygu kapladı. Bunun için teşvik sadece tek bir kişiden, bizim Hanne gibi tabiatla hâlâ böylesine doğrudan doğruya temas halinde bulunan ve elbette bunun yanı sıra onun kadar kurnazca hesaplar yapan birinden gelebilirdi. Umudunu Beni Khalidlerin batıl inancına bağladı ve genel olarak bedevîlerin batıl inançlarının ne kadar büyük olduğunu bildiğim için, bu kabilede durumun farklı olacağını düşünmem için bir sebep yoktu.

Daha önce Halef'le birlikte bedevîleri gözetlemiş olduğumuz yere vardık ve geçen zaman içinde değişen bir şey olmadığını gördük. Her bir Haddedihn kendisine düşen görevle ilgili talimatları aldı. Onlar harekat emrini alacakları anı beklemek üzere arkamızda, karanlıkta durdular. Onların önünde Müneccim durdu; yüzü yürümesi gereken yöne değil, biraz daha sağa dönüktü. Neden? Patikaların olmadığı bir ormanda dolaşan ve tekrar tekrar yürümeye ilk başladığı yere dönüp gelen biri, yolunun neden bir çember oluşturduğunu pek bilmez. Güneş parlamıyorsa veya yıldızlar yoksa ve insan yönünü kestirebileceği işaretleri bilmiyorsa; çölde, çayırlıkta, yolların bulunmadığı her yerde başına gelebilir bu. Çizilen bu daire her zaman sola doğru ilerleyerek oluşur. Çünkü insanların çoğunun sağ adımı sol adımından biraz daha uzundur. Böylece vücut giderek sola doğru dönerken, insan dümdüz yürüdüğünü zanneder. Doğal yön işaretleri olmadığında yalnızca yarım saat boyunca bile olsa dümdüz yürümenin ne kadar zor olduğunu her batılı, her bedevî bilir.

Az sonra olacaklar bunun doğru olduğunu gösterecekti. Ben Halef'le birlikte her iki meşaleyi de yakmak için kayanın arkasına gittiğimde, Kör kısa bir süre yerinde bekledi. Meşaleler, tepeleri tiftik tiftik olduğundan çabucak tutuştu. Onlar yanmaya başlar başlamaz hemen Müneccimin yanına döndük ve meşaleleri ellerine tutuşturup ileriye doğru dümdüz yürümesini ve onları kendinden uzak tutmasını söyledik. Söylediğimiz gibi yaptı ve ağır adımlarla yürümeye başladı.

Meşaleleri Körün eline öyle çabuk tutuşturmuştuk ki olup bitenler Beni Khalidlerin istirahat yerinden "iki ışığın aniden parıldamasından" farklı bir biçimde algılanamazdı.

İlk başta Kör fazlasıyla sağa doğru yürüyor gibi görünüyordu. Halef bunu fark edince endişeyle şöyle dedi:

"Sihdi, adamların ve develerin arasından geçip gidecek! Bu bizim başarımızın yarısına mal olur. Her şeyin yolunda gitmesi için, Beni Khalidlerin onun üzerlerine doğru yürüdüğünü görmeleri gerekiyor ve ne yazık ki durum böyle değil."

"Endişelenmene gerek yok" dedim. "Yavaş yavaş sola doğru dönecek. Yalnızca dur ve seyret!"

Ve söylediğim gibi oldu: Sanki ne istediğimizi duymuş gibi yavaş yavaş yön değiştirerek, bize en yakın ateşin yanında duran bedevîlere doğru yürüdü. Yani doğru hesaplamıştım.

Beni Khalidlere gelince, yanan meşalelerin alevlerini ilk anda fark etmemiş gibi görünüyorlardı; fakat Müneccim henüz yirmi adım atmamıştı ki umduğumuz tesir kendini göstermeye başladı. Önce birkaç çığlık duyduk ve sonra bedevîlerin ayağa fırladıklarını gördük. Aniden karanlıkta beliren iki alev! Bu da neydi? Ne anlama geliyordu? Bu sırada bizi, Mekkelileri ve şeyhlerini düşünmüş olmalılardı; fakat düşündükleri adamlardan biri hangi sebeple böylesine garip bir biçimde kuyudan buraya kadar gelmeyi akıl edebilirdi? Meraklı ve sessiz, oldukları yerde öylece durdular. Kör onlara yaklaştıkça sûreti daha seçilir hale geldi. Dimdik duruşu ve ağır, vakur adımları etkisini gösterdi. Şaşkına döndüler. Nuranî yüzü, uzun ve gümüşî beyaz parıltılar saçan sakalı giderek belirginleşti. Buna bir de dalgalanan giysisi eklendi; bu giysi ona hayâlî bir görünüş vermek için Avrupa'ya has giysilerden daha uygundu. Meşalelerin titrek alevlerinin koyu kırmızı ışıkları oraya buraya yansıyan gölgeleri hareketlendiriyor, Köre sanki dans eden cinler eşlik ediyordu... Şaşkınlıkları büyüdü ve korkuya dönüştü. Artık Körün yüzünü tanımışlardı ve amacımıza ulaşıp ulaşmayacağımızı öğrenmemizin vakti gelmişti. Korkularına hâkim olup onu yakalarlarsa, kendimizi çok gülünç bir duruma düşürmüş ve sorunumuzu çözmek yerine, daha beter hale getirmiş olurduk.

Doğruyu söylemek gerekirse, başarısız olacağımızdan neredeyse emindim. Fakat Haddedihnler öyle değildi; heyecandan nefeslerini tutmuşlardı ve hızla hücum etmeye hazırlardı.

"İşte başarıyoruz. Mükemmel!" diye fısıldadı Halef, Hanne'sine ve bana.

"Evet, başarıyoruz!" diyerek katıldı Hanne. "İzleyin! Göz açıp kapayıncaya kadar kaçmaya başlayacaklar."

Ben hâlâ şüpheliydim; fakat "tüm kadınların en iyisi" haklı çıkacaktı, çünkü o anda ateşlerin yandığı yerlerden çığlıklar yükseldi:

"El-Hayâl, el-Hayâl... Hayâlet, hayâlet! Allah bizi korusun! Kaçın!"

Derken bağlı olmayan tüm bacaklar öyle çabuk harekete geçtiler ki birkaç saniye sonra tek bir Beni Khalid bile göremez olduk. Haddedihnler hemen ileriye atıldılar, Halef başlarındaydı, ben acele etmeden onları tâkip ettim. Aslında Hanne'nin olduğu yerde durması gerekiyordu; fakat planının başarıya ulaşması onu öyle heyecanlandırmıştı ki geride durması için verdiğim emri unuttu ve telaşla koştururken bana şöyle bağırdı:

"Çabuk ol, Sihdi! Müneccimi durdur! Yoksa dosdoğru ateşin içine yürüyecek!"

Bu uyarı yersiz olmadığından onun dediğini yaptım ve giysisinin tutuşmasına on adım ancak kalmıştık ki Müneccime yetiştim. Onu durduğumda Hanne çoktan yanımızdaydı. Meşaleleri ellerinden aldım, onu Hanne'ye emânet ettim ve Hanne'den şunu ricâ ettim:

"Onu az önce durduğumuz yere götür! Burada ayak altında durmamanız gerekiyor."

Körün elinden tuttu ve onunla birlikte uzaklaştı. Ben daha onunla konuşurken meşaleleri kuma saplamış ve çok atımlı filintamı, yeterince acele etmeyen bedevîleri seri ateşle korkutmak için sakladığım yerden çıkarmıştım. Fakat orada ne olup bittiğini artık tam olarak anlayamayacak kadar uzağa koşmuş gibi görünüyorlardı.

Haddedihnlerimizin ilk işi askerleri çözmek ve ayağa kaldırmak oldu.

"Şimdi develerinizi alacağız" dedi Halef onlara. "Fakat onları bu karanlıkta yeterince çabuk bulmamız mümkün değil."

İçlerinden biri çavuştu ve şöyle cevap verdi:

"Nerede olduklarını biliyoruz. Kayalığın dibindeki ilk sıra bizim. Diğerleri Beni Khalidlerin."

"Peki silahlarınız nerede?"

"Bizden aldıkları diğer her şeyle birlikte kuyunun yanındaki kayanın yarığında. Esir alınır alınmaz oraya götürülmüştük."

O sırada Halef'in sorması gereken soruyu ben sordum:

"Karanlığa rağmen o yeri bulabilir misiniz?"

"Evet."

"Öyleyse şimdi hemen develerinizi alın ve mallarınızın peşine düşün! Ateş yakmak için iki çuval deve gübresi gördüm burada. Onları yanınıza alın! İhtiyacımız olacak."

Söylediğimi yaptılar ve sonra develerini aramaya gittiler. Halef'le birlikte çevrede tek bir Ben Khalid bile olmadığından emin olana kadar bir süre daha orada durduk, sonra yaktıkları ateşleri söndürdük ve hâlâ yanmakta olan meşaleleri alıp, Müneccimle birlikte kayanın yanında durmakta olan Hanne'nin yanına gittik. Askerler hayvanlarıyla birlikte bize katılana kadar kısa bir süre beklememiz gerekti. Çavuş yarığın yerini bana târif etti; anladığım kadarıyla orayı kuyunun bulunduğu taraftan görmek mümkün değildi ve meşaleleri söndürmememiz gerekiyordu. Meşalelerin aydınlığında develerle birlikte hedefimize doğru yürüdük.

Târif ettiği yer kuyunun ters tarafında kalıyordu. Oraya vardığımızda kayanın ikiye ayrılarak derin, fakat geniş olmayan bir yarık oluşturduğunu gördüm. Askerler meşalelerle birlikte bu yarığın içinde kayboldular ve mallarıyla birlikte çabucak geri geldiler. Onlara kayanın kuzey tarafında istirahat etmelerini ve biz onları alması için birilerini yollayana kadar orada beklemelerini, fakat güney ve batı tarafına herhangi bir sürprizle karşılaşmamak için nöbetçi yerleştirmelerini söyledim. Tavil Ben Şahid yüzünden askerleri hemen kuyuya götürmek istemedim, çünkü kurtarıldıklarını şimdilik gizlememin daha iyi olacağını düşündüm. Bu tertibin ardından istirahat yerimize geri döndük; fakat daha önce karanlıkta esirlerimize görünmeden kendi yerlerine gidebilmeleri için Hanne ve Müneccimden ayrıldık.

İranlıyı yanımıza almamıştık. Kara Ben Halef'le yan yana oturuyordu ve bize söylediğine göre; El Gani'yle Şeyh Tavil biz yokken oldukça hırçın davranmışlardı ve yapılacak en iyi şeyin, küstahlıklarına son verecek olan cezayı hemen görüşüp kararlaştırmamız olduğunu düşünüyordu.

"Evet, bunu hemen yapmalıyız" dedi dünden râzı olan Hacı. "Ceza ne kadar evvel gelirse, etkisi o kadar uzun sürer."

Bunu duyan Beni Khalid Şeyhi hemen lafa karıştı:

"Benim yanımda bir cezadan, ancak ben sizi cezalandırıyorsam söz edilebilir, siz beni değil."

"Konuşmaman gerektiğini unuttun mu?" diyerek çıkıştı ona Halef. "Madem ki cezalandırılmamayı böylesine yürekten diliyorsun, iyi öyleyse, biz de şansına mâni olmayacağız. Yani cezalandırılmayacak, aksine ödüllendirileceksin; hem de pek çok porsiyona ayırmak zorunda kalacağımız iyi bir dayakla. Ve bir kez daha izin almadan konuşacak olursan, ödülünün iki katına çıkması için elimden geleni yapacağım."

Bunu söylerken çok imâlı bir biçimde kırbacının sapına vurdu ve bu şeyhin susması gerektiğini anlamasına yetti. Biz üçümüz, halledilmesi zor olan bu sorunu aramızda görüşmek için kafa kafaya verdik; elbette ne El Gani ne de Şeyh konuştuklarımızı duymadı.

Ben Khalidin cezadan muaf tutulmasında hemen fikir birliğine vardık. Mekkeli ve adamları ise bizi çok düşündürdü. Khutab Ağa onları Meşed Ali'ye götürmek istiyordu ve orada ölecekleri kesindi. Fakat biz Şeyhe verdiğimiz söze olan bağlılığımızdan dolayı buna müsaade edemezdik. Ağa onları yanında götürmekten vazgeçtiğini, fakat mukaddesâtı yağmalamış olmalarının intikamı Mekkelilerden alınmadan orayı terk etmeyeceğini söyledi.

"Bizim yapamayacağımız da bu işte" diye yakındı Halef. "Sen en ağır cezanın verilmesini istiyorsun, yani gövdelerine veya canlarına yönelik bir cezalandırma; ama bu bizim sözümüze aykırı. O sözü vermez olaydım!"

"Sakin ol, sevgili Halef!" diye söze karıştım. "Tek hatan bu olsaydı yakınmakta haklı olurdun."

"Ne demek istiyorsun? Başka hatalar da mı yaptım?"

"Evet. Beni Khalid şeyhini ilk esir alışımızda çözüm olarak ona karşılık sadece dostumuz Khutab Ağayı istedin. Ben olsaydım askerleri de isterdim."

"Şimdi askerler de elimizde."

"Evet, şimdi. Fakat bu bir özür değil. Neyse, sitemleri bir kenara bırakalım! Ağır bir ceza vermeli, fakat gövdelerine ve canlarına zarar vermemeliyiz. Malla mülkle cezalandırsak? Yanında hiçbir şey yok. Onuruyla oynasak? Onuru yok. Önerebileceğim diğer ceza usulleri uzun zaman istiyor ve bizim o kadar zamanımız yok. Utanarak şunu söylemeliyim ki bir tavsiyede bulunamayacağım."

"Allah, Allah! Sihdi'm ilk kez tavsiyede bulunamıyor. Dünyanın sonu gelmiş olmalı!"

"Alayı bırak! Bu mesele benim için çok önemli" diyerek ona haddini bildirdi İranlı. "Yanımda hırsızlar olmadan memleketime döndüğümde en azından suçlarının büyüklüğüne uygun biçimde cezalandırılmış olduklarını söyleyebilmeliyim. Fakat verdiğiniz söz bunu benim için imkânsız kılıyor."

"Gücenme!" dedi Halef. "Her sorunun mutlaka bir çözümü vardır. Bunun için zekâ gerekir; ne mutlu ki ben çözümü nerede arayacağımı biliyorum. Selâmlıkta bulamadığını haremde aramalısın. Sihdi'min bir tavsiyesi olmadığından Hanne'ye gideceğim!"

Çabucak ayağa fırladı ve alelacele gitti, çünkü Hanne'nin yardım edeceğinden emindi. Doğru düşünmüştü! Kısa süre sonra geri döndüğünde sevinç dolu bir gülümsemeyle tekrar yerine oturdu ve şöyle dedi:

"Yanılmadım, bütün kurnazlıkların kurnaz timsâli Hanne anında bir çözüm buldu. Onun çözümü falaka. Mükemmel, değil mi?"

"Hayır!" diyerek karşı çıktım. "Khutab Ağa ve benim falakayı çoktan düşünmüş olduğumuzdan emin olabilirsin."

"Fakat doğru şekilde değil! Siz şöyle düşündünüz: Mekkelilere gövdelerine ve canlarına zarar verecek bir ceza veremeyiz; fakat falaka gövdeye yönelik bir ceza ve hatta haddinden fazla darbe vurulursa ölümcül olabilir, bu yüzden falakaya yatıramayız. Gerçekten böyle düşünmediniz mi?"

"Evet, en azından ben böyle düşündüm."

"Fakat bu yanlış. Hanne bunu çok daha iyi anlıyor. Onun adına sana soracağım soruya cevap ver! Falaka öldürmediği takdirde bir ölüm cezası olabilir mi?"

"Hayır."

"Peki, falaka nereye yapılır?"

"Ayakların altına."

"Bu şekilde gövdelerine yönelik bir ceza verilmiş olur mu?"

"Evet, çünkü ayaklar da gövdenin birer parçasıdır."

"Hayır! Ayaklar insan vücudunun birer parçasıdır, gövdesinin değil. Fakat biz Mekkelileri gövdelerine ve canlarına yönelik bir cezaya çarptırmayacağımıza söz verdik, değil mi?"

"Gövdelerine ve canlarına yönelik dedik" diye cevap verdim büyük bir ciddiyetle. Oysa Halef'in üslûbu içten içe eğlendiriyordu beni.

"İyi öyleyse! Demek ki Hanne şunu söylerken tamamen haklıydı: onu öyle falakaya yatırın ki bu yüzden ölmesin; böylece sözünüzün tersine davranmış olmazsınız, çünkü falakayı gövdesine değil ayaklarının altına yiyecek ve ayaklar gövdenin değil, vücudun birer parçası. Şimdi ne düşünüyorsun Sihdi? Az önce size tahtırevanımdan taşımış olduğum mükemmel kadınsı düşüncenin mantıklılığına hayran olmadın mı?"

"Evet, hayran oldum."

"Güzel! Hayranlık kabul etmekle hemen hemen aynı anlama geldiğine göre, şüphesiz sen de bu fikri onaylayarak bana karşı çıkmayacaksın Khutab Ağa."

İranlı bu fikri seve seve onayladı:

"Sana tüm kalbimle teşekkür ediyorum Hacı Halef! Mukaddesâta el süren bu hırsızlar, bizim misafirimiz ve Büyük Şerifin elçisi olarak suç işlemiş olduklarından cezayı daha çok hak ediyorlar ve bundan da açıkça anlaşılacağı gibi, yumuşak bir falakada karar kılamayız."

"Aklımızdan geçen bu değil" diyerek tasvip etti Halef. "Darbelerin sayısını belirlemede izleyeceğimiz ilke: mümkün olduğu kadar çok."

"Çok doğru, mümkün olduğunca çok! Fakat en çoğunu Gani yemeli, çünkü suçun asıl faili ve hepsinin içinde en hain olan o. Bu noktada hemfikir olduğumuza göre, senden her biri için kaç darbe belirlediğini söylemeni ricâ ediyorum, Hacı Halef."

"Benden istediğin belirlemeyi yapmak zor. Mümkün olduğunca çok, fakat kimse bundan ölmemeli. O yüzden öncelikle bir falaka denemesi yapmamızı öneriyorum, böylece her birinin kaç darbeye dayanabileceğini öğreniriz. Bunu bilirsek, kaç kez vuracağımızı belirlememiz daha kolay olur."

"Bu kesinlikle doğru" diyerek güldü İranlı. "Fakat ne yazık ki bu deneme bizi asıl infazdan eder, çünkü ayak altlarının iyileşmesi için fazlasıyla uzun beklememiz gerekir ve bunun için zamanımız yok."

"Öyleyse bu denemeyi aynı zamanda infaz olarak kabul edelim ve her bir çift ayak tabanıyla doyumun en yüksek derecesine ulaştığını görene kadar ilgilenelim. Sihdi, buna ne diyorsun?"

"Ben rızâ gösteriyorum" diye cevap verdim, bu hükme her zaman karşı çıkmam mümkün olduğu için.

"Teşekkürler" diyerek bana gülümsedi Halef. "Senin bildik yumuşaklığınla, bizim yerinde ve bilgece kararımıza karşı çıkacağını düşünmüştüm. Öyleyse hemfikiriz ve şimdi geriye yalnızca cezanın ne zaman infaz edilmesi gerektiği sorusu kalıyor. Ben hemen şimdi yapılmasından yanayım."

"Ben de" dedi Başnâzır.

"Ben değilim" dedim.

"Neden?" diye sordu Halef.

"Çünkü şimdi yeterince başarılı olamayız. Ceza güpegündüz ve tüm Beni Khalid savaşçılarının gözleri önünde infaz edilmeli."

Hacı, "Bu doğru" diyerek söylediklerimi takdir ederken, gizli bir sebebin beni bu öneriyi yapmaya itmiş olabileceğini aklına getirmedi. "İşte şimdi tam olarak her zaman arzu ettiğim gibi bir Sihdi oldun. Senin 'Tanrının sûretine' sopayla hakaret etmemek gerektiğini düşündüğünü pek çok kez acı bir teessürle öğrendim. Fakat sana söylüyorum, bu sûretten vazgeçmiş bir insan için yalnızca sopa tek doğru cezalandırma olur. Yasaya karşı gelme tarzı da önemlidir. Ve eminim ki bu adamlar hayvanlıklarının ve kepazeliklerinin kaçınılmaz sonunun sopa olduğunu önceden bilselerdi bunlar olmazdı. Evet, sabaha kadar bekleyelim! Fakat şimdi onlara sabah kendileriyle ne kadar dostça ilgileneceğimizi söylememe itiraz etmeyeceksin, değil mi?"

"Bunu yapabilirsin. Sana engel olmak istemem."

Oturduğu yerden kalktı ve Mekkelilere dönerek, Hanne'nin de bulunduğu yerden duyabilmesi için yüksek sesle şöyle dedi:

"Üç yüce hâkimden oluşturulan Mahkeme hâkim ekber es

Sahra'nın* şimdi burada karşınızda toplanmış olduğunu gördünüz. Şahsi karar vermeyen bu asil ve ulu hukuk âlimleri, sizin tarafınızdan işlenen hırsızlık suçunun ahlâki derinliklerine keskin zekâlarıyla göz attılar. Yüreklerinizin alçaklığına ve cezayı hak eden icraatlarınızın büyüklüğüne tepeden tırnağa baktıklarında, suçluluğunuzun bütünüyle huzurlarında durduğunu gördüler. Her suçun cezasını çekmek gerektiğinden, tarafımızca verilmiş olan hükmü lütfederek size bildiriyorum. Kans el-A'dhâ'nın soyulmasının hatırasını silinmemek üzere ayak tabanlarınıza çizmeye karar verdik. Bu hatıra kazıma işi gün doğduğunda, tüm Haddedihn ve Beni Khalid savaşçılarının huzurunda büyük ehemmiyetle yerine getirilecek. Biz sizin bu hatırayı canı gönülden kabul edeceğinizden eminiz ve bu, ileride de sizinle ilişkilerimizi iyi tutma arzumuzun yerine gelebilmesi için kesinlikle gerekli bulunuyor."

Sözlerini bitirdikten sonra kibarca önlerinde eğildi ve tekrar yerine oturdu.

Mekkeliler başta seslerini çıkarmadılar. Öncelikle duydukların tesirini üzerlerinden atmaları gerekiyordu. Fakat öfkeyle kükreyen Beni Khalid şeyhinin durumu farklıydı:

"Aklınızdan neler geçiyor! Sadece sizin zenginleşmeniz için bir bahane olan hırsızlık ispat edildi mi? Ve ispat edilmiş olsa bile, siz bu konuda hüküm verme hakkına sahip olan en son kişilersiniz. Ayrıca benim himâyem altında bulunan konuklarımın gövdelerine ve canlarına hiçbir zarar gelmeyeceğine söz verdiniz ve sözünü tutmayana kahpe derler. Her ne olursa olsun falakaya yatıramazsınız."

Halef buna cevabı şu oldu:

"Talep edilmeden konuşmayı sana yasaklamıştım, fakat yine de merhametli bir hoşgörüyle kırbacımı şimdilik yerinde bırakacağım. Biz sözümüzü kelimesi kelimesine tutuyoruz. Daha fazlasını isteyemezsin. Falaka ayak tabanlarına yapılacak ve ölümcül olmayacak, yani gövdelerine ve canlarına zarar gelmeyecek."

---

* *Çöl Temyiz Mahkemesi.*

"Yalan bu! Ayaklar da gövdenin birer parçası."

"Senin gövdenin tabanları varsa, bu istisnaya seve seve saygı gösterir ve seni falakaya yatırmam. Fakat Mekkelileri iyice inceleyeceğiz. Onların da tıpkı sıradan insanlar gibi yaratılmış olduklarını, yani tabanlarının gövdelerinde değil ayaklarında olduğunu görürsek, kendileri için belirlemiş olduğumuz cezayı mutlaka çekecekler."

"Bunların hepsi safsata! Konuklarımı himâyem altına alma gücüne sahip olduğuma dikkatini çekerim."

"Nasıl?"

"Savaşçılarımı düşün!"

"Seve seve! Onları ve hatta seni rehin aldığımız için karşımızda âciz olduklarını hemen şimdi düşünüyorum."

"Bir de askerler var! Konuklarımdan biri bir darbe dahi yiyecek olursa, askerlerin hepsini anında kurşuna dizdireceğim."

O anda Halef yakınında oturmakta olan bir Haddedihne doğru eğildi ve yavaş sesle ona bir emir verdi. Yanımda oturduğu için ne söylediğini duydum; gidip askerleri getirmesini istedi. Tam o sırada görevlendirdiğimiz nöbetçilerden biri göründü. Bir Ben Khalidin şeyhine önemli bir haber ulaştırmak için gelmiş olduğunu söyledi. Başka kimsenin söylediklerini duyamayacağı kadar kısık bir sesle, dikkatlice konuştu. Hacı ona bir o kadar gizli emri verdi:

"Ben Khalide şöyle söyle: Şeyh Tavil rahatsız edildiği için öfkelendi, yarın sabaha kadar huzuru kaçırılsın istemiyor; burada her şey yolunda, yani haberci geri dönebilir."

Haddedihn uzaklaştı. Bu arada Mekkelilerin dilleri çözülmüştü. Gerçi Halef'in kırbacı yüzünden itirazlarını doğrudan doğruya bize yöneltmeye cesaret edemediler, ama Şeyh Tavil'e duyacağımızdan emin oldukları sözler söylediler. Derken birdenbire sustular ve gönderilen Haddedihnin askerlerle birlikte dönüşünü izlemek için bakışlarını kayanın batı köşesine çevirdiler. Askerlerden her biri tüfeğini omzuna atmış, devesini yularından çekerek yürüyordu.

Güçlükle bastırabildiği sevinciyle, askerlerin ortaya çıkışının

Tavil ve Mekkelilerde yarattığı etkiyi dikkatle izleyen bizim ufak tefek Hacının yüzünü görmek fevkalâdeydi. Adamlar seslerini çıkarmıyor ve fal taşı gibi açılmış gözleriyle, durmaları emredilen yere doğru yürüyen askerleri seyrediyorlardı.

"Eee?" dedi Halef nihâyet Şeyhe. "Onları kurşuna dizmek istiyordun. İşte buradalar. Haydi yap bakalım!"

"Yil'an daknak, Hay sakalına tüküreyim! Düzenbazlık senin kanına işlemiş! Artık seninle hiçbir şekilde muhatap olmak istemiyorum."

Halef'in pek seyrek olan sakalına düşkün olduğunu bilenler, bu sözle kendisini ne kadar çok hakarete uğramış hissettiğini anlayabilirler. Kırbacını çıkardı, şaklatarak havaya salladı ve öfkeyle cevap verdi:

"Artık benimle hiçbir şekilde muhatap olmak istemediğine inanıyorum, çünkü devâsa budalalığına rağmen oyunu kaybetmiş olduğunu anlamış olmalısın. Sakalıma gelince, kimse ona dil uzatamaz; kötü bir laf daha edecek olursan, kırbacımla sakalını suratından öyle bir alırım ki yerinde tek bir kıl bile kalmaz. Sizinle işimiz sabaha dek bitti. Uyandığınızda sabah selâmınızı falakadan alacaksınız."

Esirlere söylediği bu sözlerden biz de kendimize pay çıkarabilirdik, çünkü hakikaten yatma vakti gelmişti. Elbette bunu yaparken kendimizi emniyete almamız gerekiyordu. Bunun için Halef askerlerin de katılmak zorunda oldukları nöbet vazifesiyle ilgili öyle kapsamlı emirler verdi ki bir baskından korkmamız olanaksızdı. Tasarruflu kullanıldığı takdirde, en azından develere su içirirken ortalığı biraz aydınlatmamıza yetecek kadar yakacağımız vardı; kuyudaki suyun birikmesi için verilecek aralar dışında tüm gece boyunca bunu tekrar tekrar yapmak zorunda kalacaktık.

Biz üçümüz; Halef, Kara ve ben atlarımızı alıp Hanne ve Müneccimi korumak için tahtırevanın yanına gittik. İranlı arkamızdan geldi ve onun yanımızda kalmasına müsaade ettik. "Adak hazinesinin" bulunduğu bohçayı büyük bir itinayla himâyesine almıştı.

Müneccim sırtını kayaya yaslamış, oturarak uyuyordu. Onun bedensel ihtiyaçlarının karşılanmasıyla o vakte kadar Hanne ilgilenmişti. Kör çok az yemek yemiş, fakat sık sık su içmişti. Sonra tüm vaktini yarı uykuda yarı uyanık bir halde sürekli tütün içerek geçirmiş, dumanın Beni Khalidlere kadar gidebileceğini hiç hesaba katmamıştı. Hanne'nin ertesi gün bize anlattığına göre, sık sık piposunu yakmak hiç kolay olmamıştı. Bunun için yeterince tütünü ve Kibriti vardı, fakat kibritlerin alevinin bizim bulunduğumuz yerden görülmemesi için, Hanne pipoyu tahtırevanın arkasında yakmak ve her seferinde ilk dumanı kendi içine çekmek zorunda kalmıştı. Dedikoducu gibi görünme tehlikesini göze alarak, şu hain notu eklemek istiyorum: bedevî kadınları Çubuk yakmak konusunda hiçbir şey bilmezler ve Hanne'nin de bu konuda kabilenin diğer dişi üyelerinden aşağı kalır yanı yoktu. Körün piposu elbette çok çok eski ve delik deşikti; yine de merhamet dolu bir kadın yüreği bu tür güçlükleri aşmayı bilir.

Adâlet Terâzisi

Her gece yatmaya gitmeden önce yaptığım gibi, kara yağız atımı okşadım, her zamanki sûreyi kulağına okudum ve uyumak için harmanime sarındım. Fakat şimdilik bu isteğime kavuşamayacaktım; çünkü Efendi Morfeus gözlerimi kapatmak için tahtırevanın etrafında sinsice dolaştığı sırada, Müneccim kımıldanmaya başladı; tuhaf bir biçimde kendi kendine konuşuyor ve sesi rüyâ gören bir kuşunkini andırıyordu. Bu yavaş, birbirinden kopuk sesleri yarım sesler, dahası bağlantılı sözcükler izledi:

"Burada mı?.. Evet, sözünü dinliyorum... ona söylerim... onunla giderim... sen sadece bana yol göster!.."

Sırtını kayadan doğrulttu ve bir şey arar gibi kafasını her iki tarafa hareket ettirerek şöyle sordu:

"Akıl Şâtir Efendi burada mı?"

"Evet, buradayım" diye cevap verdim.

"Şimdi ruhunun uyumasına izin verme! Gökyüzünden bir ışık iniyor, ona içini açman ve onu şükranla kabul etmen için hazırlıklı olman gerekiyor."

Duyduklarım neyin nesiydi? Mazmun bir konuşmaydı. Konuşan onun sesiydi, ama yine de onun değilmiş gibi geliyordu kulağa.

"Ayağa kalk!" dedi. "Ve benim de kalkmama yardım et! Seni götürmeliyim."

"Nereye?" diye sordum, harmanimi üzerimden atıp ayağa kalkarken.

"Bunu bilmiyorum. Sorma! Yanıtını göreceksin."

Elini tutup onu kaldırdım.

"Haydi, beni tâkip et!" Bunu söylerken elimi bıraktı ve kendinden emin adımlarla istirahat yerimizden ayrıldı. Diğerleri de uyanmıştı; ayaklandılar.

"Sihdi, ben de gelebilir miyim?" diye fısıldadı Halef.

"Evet."

"Ya ben?" diye sordu İranlı usulca.

"Gelebilirsin. Kara annesinin yanında kalsın."

Müneccim önümüzden yürüdü, kimse ona yol göstermeden dosdoğru çöle ilerledi. Dümdüz yürüyordu; önünde bir patika uzanıyormuş gibi, attığı her adım kesin ve kararlıydı. Sanki karanlık bir gece değil, apaydınlık bir gündü ve o kör değil, gören biriydi sanki. Şaşkınlık içinde peşinden gittik.

Aşağı yukarı kuzey yönünde, yıldızların loş ışığında önümüzde kapkaranlık duran en yakın kayalığa doğru yürümeye devam ettik. Müneccim ne yolunu değiştirdi, ne de durdu; aksine sarp kayaya yavaş yavaş ve öylesine emin tırmandı ki ben gören biri olarak güpegündüz de olsa daha iyisini yapamazdım. Bu sırada dengesini korumak için yalnızca tek elini kullandı; diğer eli, sanki görmediğimiz biri Körün yanında yürüyor ve o elinden tutuyormuş gibi boşlukta duruyordu. Hatta yüksek adımlar atarken biri onu çekiyor gibi görünüyordu. Hemen arkasında olduğum için bunu net bir biçimde görebildim. Halef ve İranlı benim arkamdan geldiler. En şaşırtıcı olan; üçümüz karanlıkta sık sık tökezlerken, Körün hiç sendelememesiydi. Yukarıya uzanan bir yol yoktu, şüphesiz bu yüksek kayalıklara asla insan ayağı basmamıştı. Bazı yerlerde düşmemek için diğerlerinin elini tutmak zorunda kaldım; ama Müneccim yardım istemiyordu. Buna bir anlam verememiştim.

Yukarıya vardığımızda öncelikle tırmanmaktan hızlanan soluğumuzu yatıştırabilmek için durup bekledik; Müneccim bunu da yapmadı. Yavaş sesle dua etti, sonra önümüzde duran küçük bir tepeyi işaret ederek şöyle dedi:

"Şu taşın üstüne otur! Ben ayakta duracağım; çünkü yalnızca beden yorulur, ama ruhun gücü tükenmez ve şimdi seninle konuşacak olan ruhumdur, bedenim değil."

Dediğini yaptım, Halef ve Başnâzır da yanıma çöktüler. Kısa bir süre orada kıpırdamadan durdu, uzakları dinliyormuş gibi kafası biraz yana eğikti. Olağanüstü bir heyecan içindeydik. Derken konuşmaya başladı:

"Selâm size bu dünyanın hacıları, selâmım sizin dünyanızın dilinde! Size bizim dilimizle hitap etseydim hiç ama hiçbir şey duyamazdınız, çünkü sizin kulaklarınız yalnızca sesleri algılıyor; fakat biz sözcüklerle konuşmayız, hayır, bizim sözümüz fiildir."

Hayretler içinde kulak kesildik; çünkü bu Müneccimin değil, bambaşka birinin sesiydi. Daha önce eğitimli ses taklitçileri dinlemiştim, taklitleri kesinlikle mükemmeldi; fakat içlerinden biri bile Müneccimin yaptığı gibi yalnızca sesini değil, sesindeki ifadeyi de büsbütün değiştirebilmeyi başaramazdı. Onun karşımda durduğunu görmeseydim, bize hitap edenin başka biri olduğundan şüphe etmezdim. Konuşmaya devam etti:

"Gözlerinizi göğe çevirin! Üzerinizde ve arkanızda Elcasi yıldızları, sağınızda Nesritair ve Yunus, solunuzda Yılan ve önünüzde Yılan Taşıyan, Ra's al Ghûl yıldızları ve sizlerin yalnızca küçük birer nokta olarak gördüğünüz yüzlerce dünya duruyor. Daha ötede Samanyolu uzanıyor, içinde hiç sayılmamış gök kubbeler var, ki içlerinden her biri farklı ve yeni bir göğe ulaşıyor. Siz bulunduğunuz yerden dört bir yanınızdaki milyonlarca ve milyarlarca sonsuzluğa bakıyor ve sizin küçük, dünyevî aklınızla, bu dünyanın efendisi ve yaratıcısının sonuncu ve en mükemmel gök kubbesini görmeye yetecek kadar zeki olduğunuzu sanıyorsunuz. Size söylüyorum: sonuncu gök kubbe yok. Tıpkı bu gök gibi hepsi yalnızca bir gök kubbe oluşturduğundan göğün efendisini başka birinde aramak yerine, sadece burada da arayabilirsiniz; onu sizin dünyevî gök kubbenizin ortasında, yani hemen yanı başınızda bulamazsanız, o uzak semâlarda da boş yere ararsınız. Yanlış gözlerinizi açıp doğrularını kapalı tuttuğunuzdan, onu ne burada ne de orada bulabiliyorsunuz. Onu dünyevî bir şeyi arar gibi kıt aklınızın gözleriyle arıyorsunuz. Fakat îmanın gözlerini kapalı tutuyorsunuz."

Kısa bir ara verdi. O zamana kadar dolu dolu bir sesle konuşmuştu, sonra insanın etkili konuşabilmek istediği zaman yaptığı gibi boğuk bir sesle devam etti:

"Size semâ hakkında önemli şeyler söyleyeceğim; ruhunuzun ve yüreğinizin dikkatini bana yöneltin! İnsanı beden, can ve ruh olarak ayırıyorsunuz; kafadan ve yürekten, anlamaktan, hissetmekten, bilmekten ve istemekten, mantıktan, akıldan ve duygudan söz ediyorsunuz. Benim gözlerim bedenlerinizin en içindeki damarları ve ruhunuzun, canınızın en gizli kalmış kıpırtılarını görebiliyor. Kendinizi benim sizi gördüğüm gibi görebilseydiniz, tüm bu ayrımların ne kadar yanlış olduğunu anlardınız. Ruhanî insan vücut gibi incelenemez; vücudun kollarında, bacaklarında, gözlerinde veya kulaklarında olduğu gibi farklı güçlerle ve yetilerle hareket etmez. Onun faaliyetini farklı biçimlerine ve yönlerine göre tanımlarsanız, hataya düşmüş olursunuz. Tanrı birdir, O'nun mutlak kudreti, ezelî ilmi ve mutlak sevgisi arasında sınırlar yoktur, O'nun sûreti olan insanda da düşünce, duygu ve istek birbirinden ayrılamaz, çünkü ruhanî insan da birdir. Size uygun biçimde anlatmalıyım, aksi takdirde söylediklerimi anlamayacaksınız. Şimdi söyleyeceğim şeyi iyi dinleyin ve aklınıza kazıyın!.. İnsan gökyüzünün bir sakini olabilmek için yeryüzünde dolanan bir hacıydı. Orada ekin toplayabilmesi için burada tohum ekmeli. Orada görebilmesi için gözlerini burada açmalı. Orada var olmak için burada öğrenmeli. Burada yaptığı her işin karşılığını orada alacaktır, çünkü eserleri öbür dünyaya peşinden gider. Her kim burada tembellik eder, gök kubbe için boş boş oturursa, öbür hayata bomboş ellerle gider ve geri çevrilir. İhmalkârlık içinde şöyle demeyin: 'Kötülük yapmaktan elbette sakınıyorum, öyleyse muhakkak rahmete kavuşacağım!' Kim pisliğe bulaşmamak için çalışmaktan sakınırsa, her kim babasının zenginliğinden beslenen tembel oğul gibi bu dünyada yalnızca Tanrının merhametine sığınırsa, sonsuzluk için hiçbir şeye sahip olamaz ve Tanrının tahtının huzuruna bir dilenci gibi çıkar. Fakat öbür dünyada dilenciler geri çevrilir; çünkü bu dünyada Tanrının merhametinden sonuna kadar faydalanan kişiye, semâ için bu merhametten geriye hiçbir şey kalmaz. İşte bu yüzden dünya hayatı gelecekteki büyük bir sınava hazırlıktır. Bir hacı olarak buraya kurmuş olduğun çadır, öbür yaşamında seni bekleyen evinin bir misalidir! Bu çadırı mümkün olduğunca sağlam ve güvenli kurmalısın, onu süslemeli ve sana bahşedilen armağanlarla güzelleştirmelisin. Dünyayı sana sunduğu her şeyle birlikte tanımalısın; Tanrının burada hüküm sürerken kullandığı güçleri ve uyguladığı yasaları çok çalışarak öğrenmelisin, dünyevî doğanın görünümlerini ve insanoğlunun gelişimini daimi bir ilgiyle tâkip etmeli ve terakki için senin payına düşeni yapmayı ihmal etmemelisin. Fakat bunu yaparken şunu asla unutmamalısın ki; bu dünyada Tanrının, Efendinin, seni baba evine çağırmak için her an yerinden sökebileceği hafif bir çadırın içinde yaşıyorsun."

Tekrar bir ara verdi ve bu sırada kendi kendine bir şeyler fısıldadı. Sonra yine yüksek sesle şöyle dedi:

"Öyleyse senin vazifen bu dünya ve öbür dünya arasında paylaştırılmıştır, dünyevî ve semâvî idrakin peşinden gitmelisin; dünyevî olana yalnızca kısa bir süre için ihtiyacın var, fakat semâvî olana sonsuzluk için. Öyleyse ikincisi ilkinden sonsuz kere daha önemlidir. Fakat siz üzücü bir körlükle tam aksini yapıyorsunuz. Dünya ve buradaki yaşamınız sonsuz bir süreklilğe sahipmiş, fakat öbür dünya yalnızca aldatıcı bir hayâlmiş gibi çalışıyorsunuz. Peki bunun suçlusu kim? İki türlü idrak olduğunu anlamanızı engelleyen bu körlüğünüz. Dünyevî idrake bilimle ulaşırken, öbür dünyanın idraki size yalnızca inanç sunuyor. Her âlim kendi küçük dünyevî bilimiyle gurur duyuyor. Yaşamış, yaşamakta olan tüm âlimlerin gururu toplanarak, kendi kendinizi içine kapattığınız bir kibir ve kuruntu duvarının hammaddesini oluşturdu. Siz bu duvarın arkasında kendi biliminizin esiri olarak oturuyorsunuz ve duvar durmadan yükseldiği için artık üzerinden ileriye doğru bakamıyorsunuz. Üzerinizde görebildiğiniz küçük ve yuvarlak gök parçasına dikkatli bakmıyorsunuz; çünkü sizin âlimliğiniz için, yukarıdaki havayı temel unsurlarına ayırmak ve içinden taşan ışığı küçücük bir cam parçasıyla renklere bölmek çok kolay olur. Bunun da dünyevî idrakin bir parçası olduğunu ve semâvî idrakle hiç ilgisi olmadığını anlayın artık! Güneşi ve onu çevreleyen tüm gezegenleri merkezlerine kadar incelemeyi başarabilseydiniz bile, öbür dünyanın idrakine doğru tek bir adım atmış olmazdınız. Biliminizle güneş sisteminin daha da ötesine gidin; daha uzak güneşleri, daha uzak dünyaları keşfetmek için... şüphesiz bunu da başarırsınız, fakat hâlâ madde ve enerjiyle ilgileniyor, ruhu keşfedemiyorsunuz. Âlimliğiniz öbür dünyanın önünde yıkılıyor, çünkü oradaki semâvî idraktir ve sizi ona yalnızca îman ulaştırabilir. Îman nedir, biliyor musunuz?"

Bu soruyu en güçlü sesiyle sormuş ve bir cevap bekler gibi yüzünü aşağıya, bize çevirmişti. Bu yüzden ben, her ne kadar konuşmasını yarıda kesmemin doğru olup olmayacağını bilmesem de, şöyle dedim:

"Îman, bedensel gözün algılayamadığını manevî olarak görebilmektir."

Müneccim ne onayladı, ne de itiraz etti; sanki beni duymamış gibi konuşmasını sürdürdü:

"Bu kelime sizin dilinizde ifade etmesi gereken kavramın tam anlamına sahip değil. Yeryüzü dillerinin hiçbiri îmanın ne olduğunu tam anlamıyla ifade edebilecek kadar kapsamlı bir kelimeye sahip değil. Îman kelimesi sizin dilinizde, somut bir delil olmadan inanmak anlamına geliyor. Fakat dünyevî bedenlerin içinde yaşamayanlar için îman, her tür yanılgıdan arınmış bir inanmadır; ki bu inanma, inananların inanılan ile canı gönülden bir olmalarına dayanır ve bu yüzden bir araştırmanın sonucu değildir. Bu sebeple îman bilimin sonsuz kat üzerindedir. Keşke bunu size açıklayabilmek için bir örnek verebilsem! Sen burada, önümde oturuyorsun Hacı Halef Ömer. Yüreğinin sevgilisi Hanne senin karın. Buna inanıyor musun?"

Ufak tefek Hacı, Müneccimin konuşmasına öyle dalmıştı ki cevap verebilmek için toparlanmak zorunda kaldı:

"Elbette o benim karım."

"Senin yanında yaşıyor, seninle birlikte yiyip içiyor, sana bakıyor, şimdi seninle çölde yolculuk ediyor. O hakikaten senin karın mı?"

"Allah, Allah! Buna inanmayanın vay haline!"

"Sen inanıyorsun, yani bunu biliyorsun. Hiçbir gerçek senin için böylesine kesin değil. Fakat kadı geliyor ve senden kanıtlar istiyor. Ne zaman ve nerede doğduğunuzu, ebeveynlerinizin kimler olduklarını, hangi inanca mensup olduğunuzu, uyruğunuzun ne olduğunu ve nerede, ne zaman, hangi şâhitlerin huzurunda bu aile birliğini oluşturmuş olduğunuzu ona kanıtlamak zorundasın."

"Kadı sadece gelmeye yeltensin yeter! İnanmak zorunda kalır, çünkü..."

"Onun yanında inançtan söz etme!" diyerek sözünü kesti Müneccim. "Çünkü deliller karşısında iknâ olmaya inanç denmez ve bunun senin için hiçbir değeri yoktur. Senin Hanne'n size göstermek istediğim bir örnekti. Sen îmansın, kadı ise bilim. Îman eden canı gönülden bir sevgiyle Tanrıya bağlıdır; onu bilir, onda yaşar, onun sayesinde ve onunla hareket eder. Bilim Tanrıdan detaylı belgeler talep ediyor, bilim onu görmüyor, onu duymuyor, onu hissetmiyor; çünkü dünyevî olanın dışına çıkamıyor. Ve bir gün duvarın üstünden, gökyüzünden bir esinti giriyor içeriye; âlim esintinin kaynağını öğrenemiyor ve bu yüzden mahcubiyet içinde, bir 'gizli ilimler' biliminden söz ediyor. Fakat onun için gizli olan, îman eden biri için ortadadır; bilimse onu sadece kendinin görebileceğini iddia eder. Bilimin keskin gözlerinden çok daha başka gözler vardır; o gözler asla ama asla yaşlanmaz, gözlük takmadan küçücük bir zerrenin içinde ve teleskop kullanmadan çok uzak dünyalarda, bahtiyar eden vahyi ilâhî kelâmını okuyabilir. Fakat yeryüzünde dolaşıp duran milyonlarca insan içinde kaçının böyle gözleri var? Soyunuzun bu dünyada var oluşundan bu yana bin nesil geldi göçtü, îman onlar için kelâmdı. Sizin için de öyle. Onun ne olduğunu bilenlerin sayısı ise tükenmeye yüz tuttu. Îman kullanılmadı. Fakat kullanılmayan organ güçten düşer, bu güçsüzlüğü nesilden nesle geçer, derken daha da az önemsenir, yok olmaya yüz tutar ve sonunda o organdan tamamen yoksun bir soy dünyaya gelir. Bilim, yani dünyevî idrak kadim zamanlardan beri ön planda tutulmuştur. Bu yüzden gelişti. Hiç durmadan çalışarak ona hizmet eden, onu besleyip büyüten sayısız insan var. Bu yüzden gelişip yıldızlara kadar uzanan bir dev oldu. Şimdi büyüklüğüne rağmen duvarlarla çevrili olan bu dev, müritleri tarafından Tanrıdan daha üstün tutuluyor. Semâvî olanın idraki aynı ilgiyi görmedi, çünkü insanlar onun istediğini tatbik etmeyi önemsiz buldular.

Evet, Tanrının sayısız çocuğu vardı; fakat onlar kendilerini böyle görmediler. Zaman zaman orada burada canlanarak ortaya çıktı îman, göz açıp kapayıncaya kadar o îmandan doğan bir güç bereket yağmurları yağdırdı. Ama daha yeni güçlenmişti ki onu tekrar kelâma, dünyevî çıkarlar için bir slogana, lime lime olana kadar savaştan savaşa göklere çekilen kanlı bir bayrak yazısına çevirdiler. İnsanlara savaş araçları yarattığı halde bilime barışı yakıştırdılar; fakat îmanı, sevgiyi ve uzlaşmayı öğütleyen gök kubbenin barışçıl oğlunu, kendi karikatürlerine dönüştürüp nefretin urbasını üzerine giydirdiler ve günümüze dek onu savaşın bahanesi yaptılar. Böylece insanoğlu 'îman' kelimesinden zıt bir anlam yarattı ve biri cesaret edip de, îmanın en yüce idrake ulaştırdığını ve hakikate uzanan tek yol olduğunu iddia edecek olsa, alaycı bir gülümsemeyle kafa salladı. Fakat 'Her Şeyi Bilen' daima var olacak ve asla son bulmadan etkinliğini koruyarak, sizin taptığınız güçlere ve objelere de hâkim olabilecek ebedî yasalar koydu. Ve bu yasalar gelecekte îmanın galip geleceğini kesin olarak söylüyor. Bilime göstermiş olduğunuz ilgiyi gösterin ona! Aynı çalışkanlıkla aynı emeği ve enerjiyi verin ona; çünkü verdikleriniz bir gün size geri dönecek. Ve çok geçmeden îmanın bilimden daha güçlü ve kudretli olduğunu anlayacaksınız. Çünkü bilim insanî çabanın bir sonucudur, fakat îmanın kaynağı ilâhîdir; bilim size maddelerin özünü ve karşılıklı tesirlerini öğretir, ama îman sizin Tanrıyı görebilmenizi sağlar ve sizi onunla birliğe götürür. Bilimin îmana kıyasla daha fazla bölgede hüküm sürdüğünü sanmayın! İmanın sonsuz krallığında biliminizin fânî topraklarında olduğundan daha fazla vilâyet vardır; yalnızca biliminkiler dünyevî anlamda îmanınkilere göre size daha yakın. Bilimin toprakları çoktan kitaplarınıza çizildi bile, fakat îmanınkiler henüz keşfedilmeyi bekliyor. Bu semâvî bölgeleri araştırmak için büyük çaba harcayıp emek verirseniz, bu zamana kadar kapalı olan ruhanî gözleriniz keskinleşir, onları kullandığınızda idrakiniz genişler ve çok geçmeden, henüz gözleriniz için gizli kalmış olanları görmeye başlarsınız. İnsanoğlu dünyevî işlerde gayretlidir, semâvî olanda değil. Ayaklarınızdan birini geriden kalçanıza doğru çekerek sıkıca bağlayın ve bundan böyle diğer ayağınızın üzerinde hareket edin; bağlı olan giderek uyuşacak, kangren olacak ve sonunda size karşı vazifesini yerine getiremeyecektir. İnsanoğlu şimdi tek bacağıyla topallaya topallaya yürüyor yaşamın içinden, yalnızca dünyevî gezintilere hazırlıklı, öbür dünyaya uzanan patika için eksik bir ayağı. Bu yüzden siz yürürken bu semâvî yoldan gidin! Düşündüğünüz kadar zor ve can sıkıcı değil. Başlangıçta inişli çıkışlı, taşlı yerlerden geçiriyor, derken diğer yolun size asla sunamayacağı kadar muhteşem bir araziye ulaşıyorsunuz ve şüpheden arınmış îmanlı gözlere kendini gösteren ihtişam, yüce ışıklarıyla karşılıyor sizi. Bu dünyada yine bu dünya için kazandıklarınıza elbette sevineceksiniz, çünkü yaşamak uğruna verilen mücadele ve ruhanî arayışların başarısı da ruhsal gücü arttırır. Tabii ki öbür dünyaya uzanan yol size daha büyük sevinçler sunar, o sevinçlerdir büyüyerek ebedî ve ilâhî mutluluğa eriştirecek olan. Tanrı sizden iki vazifeyi yerine getirmenizi istemiştir: Size bahşedilen güçlerinizin tümüyle, hem bu dünya hem de öbür dünya için çalışmalısınız. Elbette aslında iki değil, sadece tek bir vazifeniz vardır: Bu dünyada öbür dünya için çalışmak. Bu zamana kadar pek az görülmüştür bunu yapan! Bu dünya insanı kendine öyle esir eder ki insan ömründe bir kez olsun ölüm anıyla göğün kapısının arasında bulunan 'seçme yerini' düşünemez. Ben sizin yüreklerinize bakıyorum ve içlerinde o dünyanın ışığına duyduğunuz hasreti görüyorum. Tanrının rahmetlileriyle birlikte oturduğu katı size gösteremem, çünkü oradaki ihtişamın parıltısından gözleriniz daha ilk bakışta kör olur; fakat o seçme yerine, o ön avluya kadar ruhlarınıza rehberlik edebilirim. Benim rehberliğime güvenebilir ve kısa bir dünya saati boyunca açık olan öbür dünyada kalabilirsiniz. Orada göreceklerinizi yaşamınız boyunca hatırlayın! Her ne kadar sizin yüce âlimliğinizin oraya girmesi ebedîyen yasaklanmış olsa da, benim kastettiğim îmanla neye ulaşabileceğiniz konusunda size bir fikir verebilmek için yapıyorum bunu. Size söylüyorum; ölmüşler için sizin düşündüğünüzden daha önce başlayacak ve daha uzun sürecek olan hesaplaşma günü geldiğinde aklınızın zenginliğinin değil, yalnızca yüreğinizin hazinelerinin hesabını vereceksiniz. Cahille okumuş arasında değil, yalnızca iyi ve kötü, sevgi ve sevgisizlik arasında ayrım yapılacak. Şimdi onun aracılığıyla size hitap etmekte olduğum arkadaşıma bilmeniz gereken her şeyi göstereceğim ve o size gördüklerini aktaracak. Anlamadığınız bir şey olursa sorabilirsiniz. Elbette dünyevî meraktan kaynaklanan sorular cevapsız kalacaktır."

O sırada içinde bulunduğum ruh halini anlatmam mümkün değil. Üzerimizde belirgin bir sisle örtülü, yalnızca dördüncü kadire kadar olan yıldızların görülebildiği gökyüzü... Bu yıldızların ışığında gizem dolu sessizliğiyle etrafımızı çevreleyen çöl... Önümüzde, bu dünyada kör olsa da, öbür dünyada gözlerinin görebildiğini iddia eden bilmece gibi bir adam ve içimizde, bu zamana kadar keşfedilmemiş bir karanlığın perdesinin aralandığı ve aydınlandığı hissi... Fakat hakkında bir şeyler duymuş olduğumuz bu "seçme yeri" neredeydi? Hakikaten öbür dünyada mı, yoksa fantastik dünyada ya da ruh hastası bir insanın hayâl dünyasında mı? Vaat ettiği aydınlanmayı neye dayandırabilirdik? En önemli dini öğretilerimizden birine mi, yoksa sinir hastası bir Müslüman'ın sayıklamalarına mı? Ben çok gerilmiştim, Halef ve İrânlının da benden geri kalır yanları yoktu; birer şarklı olarak bu tür konularda benim gibi maddeci bir Avrupalıya göre daha duyarlıydılar.

"Haydi gel! Seni götüreyim!" dediğini duyduk Müneccimin. Bunu o zamana kadarki tuhaf sesiyle söyledi ve kulağa ilkinden farklı gelen kendi sesiyle söylediği şeye cevap verdi: "Peşinden geliyorum Ben Nur, sen ki Allah'ın meleklerinden biri ve benim öğretmenimsin."

Bana öyle geldi ki Ben Nur'u Müneccimden ayırt edebilmemiz ve sonrasında olacakları daha kolay anlayabilmemiz için yapmıştı bunu. Konuşan yalnızca Kördü, fakat bizim duyduğumuz iki kişi arasında geçen bir sohbetti; iki ses birbirinden öyle farklıydı ki gözlerimiz kapalıyken bizim dışımızda iki insanın daha orada olduğuna yemin edebilirdik.

Bir süre sadece usulca nefes almakla yetindik. Bir ara Körün korku dolu kendi sesini duyduk; 'Tut beni, tut beni!' diyordu, sonra yine sessizlik oldu. Orada başından beri olduğu gibi dimdik duruyordu ve bir elini yana doğru, sanki başka biri o elinden tutup çekiyormuş gibi kaldırmıştı. Derken elini indirdi, sanki o hayâli kişi elini bırakıverdi. Diğer eliyle yüzünü sıvazladı ve şaşkınlıkla etrafına bakarmış gibi kafasını hareket ettirdi.

"Geldik. Şimdi yanımda dur ve ne gördüğünü söyle! Hiçbir şeyden korkma, çünkü ben yanındayım ve kimse yanımıza yaklaşamaz."

Kör bunu Ben Nur'un sesiyle söylemişti ve kendi sesiyle şöyle cevap verdi:

"Korkmuyorum, çünkü bana daha önce pek çok ürkütücü şey gösterdin ve onlar bana zarar vermediler. Senin yanında güvende olduğumu biliyorum."

Kafasını sağa sola çevirip etrafına baktıktan sonra:

"Bu bir mucize! Beni nereye getirdin? Nesneler ve insanlar görüyorum, fakat onlar ne nesne ne de insan. Her şey dünyadaki gibi biçimlenmiş ve dünyada olduğu gibi hareket ediyor, ama burada dünyevî bir şey olmadığından eminim" dedi Kör.

"Sadece ne gördüğünü söyle; gördüklerini sana sonra açıklayacağım!" dedi diğer ses.

Bunun üzerine Müneccim kollarını havaya kaldırdı ve konuşmaya devam etti:

"Yüksek, geniş bir taşın üzerinde seninle baş başa duruyorum. Arkamızda bir duvar uzanıyor, yüksekliğini ve sonunu göremiyorum. Duvarın çok sayıda küçük ve dar deliği var, o deliklerden mütemadiyen insanlar geçiyor ve bizden evvel büyük bir kalabalığa katılabilmek için yanımıza yaklaşılıyorlar."

"O El-Vidâ*, diğer tarafında dünyevî yaşamın sona erdiği duvar. Bu kapılardan birine gelindiğinde hiçbir ölümlü önünde duramadığı gibi, Tanrının rızâsı olmadan geri de dönemiyor. Devam et!"

"Önümde geniş ve tenhâ bir arazi duruyor" dedi Kör, diğer sesin isteğini yerine getirerek. "Kapkara bir uçurum, bir köprü geçiyor üzerinden, genişliği ancak bir jiletin keskin yanı kadar."

"O Es Sırât, ölümün köprüsü" diye açıkladı Ben Nur. "El-Helâk'ın, zeval ve felâket uçurumunun üzerinden geçiyor. Köprünün nereye ulaştığını görebiliyor musun?"

"Evet, istediğim kadar net değil, ama görüyorum. Bu bir kapı, üzerindeki alevlerle yazılmış 'Rahmeti Rahman' yazısı parlamasaydı kesinlikle daha iyi görebilirdim. Kapının iki yanının uçurumdan yükselen alt kısımları karanlık, fakat üstünden öyle bir aydınlık yayılıyor ki bu güneş ışığı olamaz. O aydınlığa bakarken içimde târifsiz bir mutluluk ve hasret yükseliyor, beni uçurup oraya götürecek gibi; fakat ayaklarım bu taşa yapışıp kalıyor, adım atamıyorum, fazlasıyla ağırım."

"Hâlâ bu dünyaya ait olduğun için böylesine ağırsın, dünyada yerçekimi yasası var, bunu bir kısa saat için yenebildin. 'Saat' diyorum, çünkü burada, bulunduğumuz yerde hâlâ zaman var. Ebedîyet orada, köprüde başlıyor. Sen burada öbür dünyanın eşiğinde duruyorsun, öbür dünyada değil. Senin ölümsüz ruhuna rehberlik edebileceğim en sınırdaki yer burası; çünkü ruhun hâlâ dünyevî giysisini taşımak zorunda. Kendini burada zaman ve ebedîyet arasında görüyorsun, ölüm öncesinde ve ölüm sonrasında değil, aksine tam ortasında. Ve burada gördü-

---

* *Veda.*

ğün her şeyi ruh ölüm anında görüyor. Bundan başka ne görüyorsun?"

"Ölümün ürkütücü sessizliğiyle köprüye ilerleyen ruhları görüyorum. Allah beni korusun!"

İhtiyar bu son cümleyi, sanki aniden tehlikeye düşmüş gibi bağırarak söyledi ve korku içinde tutunacak bir yer ararcasına kollarını iki yana açtı. Derken sakinleşerek kollarını indirdi ve kendi kendine Ben Nur'un sesiyle şöyle dedi:

"Sakin ol, seni tutuyorum. İçinde bulunduğun ölüm anından söz ettin; sessiz ve sakin. Şimdi sessiz bir vedâdan daha fazlası olduğunu öğreneceksin. Konuş!"

"Üzerinde durduğum kayayı titreten bir fırtına koptu, kapkaranlık bulutlar dolaştı üzerimde, şimşekler çaktı; gök gürledi. Savaş çığlıkları ve silah sesleri duydum. Şimdi hepsi sona erdi, fakat bir sis sarıyor etrafımı. Artık hiçbir şey göremiyorum, ama ölenlerin seslerini duyuyorum. Anneler çocukları için gözyaşı döküyor, kadınlar erkeklerine ağlıyor; cimriler bırakmak zorunda kaldıkları zenginliklerinin, hükümdârlar tahtlarının, şeref düşkünleri şân ve şöhretlerinin ardından bağırıyorlar. Haykırışlar, yaygaralar, sızlanmalar ve ağlamalar sarıyor etrafımı; daha fazla dinlemek zorunda kalırsam öleceğim... Allah râzı olsun! 'Babamız, ruhumu sana teslim ediyorum!' dedi îmanla teslimiyet gösteren bir ses ve o anda tüm sesler sustu. Sis dağılıyor ve yine sessiz sakin yürüyen kalabalıkları görüyorum. Yolun ortasında bir terâzi çekiyor dikkatimi; her iki yanında nurdan yaratılmış melekler duruyor. Ancak tek bir insanın ayak basabileceği kadar dar olan terâzi hareket edebiliyor; fakat kimse etrafından dolaşamıyor, herkes üzerinden geçmek zorunda."

"O El Mizan, hüküm veren adâlet terâzisi. Her eylemi, her sözü ve her düşünceyi tartıyor. Duygularından en hafif olanını üzerine koy, senin içindeki her şeyi bilen kâşifin huzurunda sana ne kadar ağır olduğunu söyleyecektir. Adâlet terâzisinin yanında duran meleklerin ne yaptıklarını görebiliyor musun?"

"Az önce meleklerden biri sıradan çıktı ve onu köprüye götürmek için terâzinin üzerinden geçen ruhun elinden tuttu."

"Yalnızca köprüye kadar götürmeyecek, köprünün üzerinden geçirecek. Bu ruh tartıldı ve Tanrının merhametini hak etti. Bu yüzden nurdan yaratılmış olan rehberinin elinden tutup Es Sırat'tan başarıyla geçecek. Ama fazlasıyla hafif bulunanlar, yani bu dünyada yaptıkları iyiliklere fazla güvenen veya tembelliklerinin sonucu sözde günahsızlıklarına sığınan ve günah işlememek için hakiki bir emek vermekten kaçınanlar burada bir koruyucu bulamaz, aksine alıştıkları gibi öz güvenleriyle baş başa bırakılırlar. El Helâk, azap çukuru, onlar için açık durur; çünkü burada, ölüm saatinde, öbür dünyada değil, öbür dünyanın eşiğinde ebedî adâletin büyük yasası işlemeye başlar ve bu yasayla insan dünyadaki günahlarının cezasını çeker. Ölmüşlerin yüzündeki huzurlu ve sessiz gülümseyişe aldanma! O bir maskedir; ruhu bedeninden ayrılırken o yüzün sahibinin çektiği ıstırabı görmek istemezsin. Ölüm, ölmekte olanın son sözüyle ya da onda gördüğünüz son hareketle hasıl olmaz; hiçbir fâni bu söz veya bu hareket ile azaba dayanabilmek için öbür tarafa atılan hakiki bir adım arasında ne olduğunu bilmek istemez. Önünden geçip giden şu kalabalığa bak! Uyumlu hareket ederek guruplar halinde karar yolunu aşabilmek için, nasıl bir arada ve düzenli bir biçimde durduklarını görüyorsun. Başka ne gördüğünü söyle bana! Bilmediklerini ben sana açıklayacağım."

Müneccim anlattı:

"Büyük bir insan kalabalığı toplanıyor; diyânetle ellerini havaya kaldırıyor ve sessizce teslimiyet göstererek başlarını eğiyorlar. Dudakları dualarla hareket ediyor. İçlerinden biri en önde, üzerinde 'diyânet' sözcüğü yazılı bir sancak taşıyor. Bunlar iyi insanlar ve şüphesiz köprüden muvaffakiyetle geçecekler."

"Yanılıyorsun. Tıpkı dünya yaşamlarında onlara kanan arkadaşları gibi, sen de onların gösteriş için büründükleri dindarlıklarına kanıyorsun. Onlar Tanrının evinin daimi ziyaretçileri. Onlar ibadetten kaçınmadılar. Belirli zamanlarda, bunun için belirledikleri kıyâfetlerle Tanrının evine gittiler ve şimdi olduğu gibi gözlerini yere diktiler. Fakat bunu yaparken, kendilerini gören var mı diye gizlice sağa sola baktılar. Dualarını ettiler, vaizin sözlerini dinlediler ve onun söylediklerinin hepsini binlerce kez dinlemiş olduklarını, aslında mimberdeki adam kadar iyi bildiklerini düşündüler. Sonra başları dimdik evlerine döndüler, çünkü görevlerini yerine getirmiş ve böylece Tanrıyı bunun için kendilerine şükran duymaya mecbur bırakmışlardı. Tanrıdan, pek nâdiren boş bıraktıkları bu yeri yaşam kitabına yazmasını istediler; çünkü başkaları değil, yalnızca onlar cennette de aynı rahmeti rahman yerine girmeyi hak ediyorlardı. Fakat onların dünyada hayâl etmiş oldukları yer bu cennette yok. Hepsi köprüden uçuruma dökülecekler. Devam et!"

"Üzerinde 'kerem' kelimesi yazılı bir sancak taşıyan dost canlısı insanlar görüyorum. Yüzlerinde mülâyimliğin, müşfikliğin, iyiliğin, yufka yürekliliğin gülümseyişi var. Gönülden bir olmuşlar; birbirleriyle tokalaşıyor ve burada bir arada bulunmaktan çok mutlu görünüyorlar. Onları köprüden bir meleğin geçireceğinden eminim."

"Hayır! Onlar 'iyi insan' diye anılanlar; mülâyimler, hoşlar, her zaman barışçıllar, hayırseverler, merhametliler ve insaniyetleri sayesinde çok ödüllendirilenler. Sen gülümseyişlerinin mülâyim ve müşfik olduğunu söylüyorsun, fakat terâzi onların egoistler olduklarını gösterecek. Bu asil insanlar sadece onurlandırılmak için samimiydiler. İnsan sevgilerinin, mülâyimliklerinin gizli bir akrep iğnesi vardı. Dost canlısı bir yüzle en iyilik dolu cümleleri kurarken, derinden ve ağır yaralayan bir sözü dostlarının ruhuna batırmaktan ve böylece onun yaşamını zehirleyebilmekten zevk alırlardı. Hayırperver davranışlarının parıltısının kendilerine yansıyacağını biliyorlardı; yani onları başkaları için değil, bizzat kendileri için yaptılar. Daimi ve hürmet dolu kibarlıkları görüntüden ibaretti, planlıydı; çünkü böyle bir nezâket karşısında arzularının kolay kolay reddedilemeyeceğini biliyorlardı. Her zaman dışarıya parıltılar saçan bu teveccüh ve kibarlık, aslında iltifata kananların kanını emebileceğini çok iyi bilen bir vampirdi. Onların grubu git gide nasıl büyüyor, görüyor musun? Buna şaşırma, çünkü şaşaalı vefakârlıkları egoistlikten başka bir şey olmayan her iyi dost onların grubuna dahil olur. Seni, nüfuzunu, malını mülkünü kullandılar; kendilerine çıkar sağlayabilmek ya da alay edebilmek için büyük bir merakla zaaflarını ve hatalarını öğrenmeye çalıştılar. Bir çöl piresi gibi yanında yuva yaptılar; ısırıkları önce hoş bir kaşıntıya, fakat ardından acı veren yaralara sebep oldu. Sen sevindiğinde, senden daha coşkulu sevindiler; fakat bunu yaparken içten içe neredeyse hasetlerinden çatladılar. Güyâ senin üzüntülerini derinden paylaştılar, ama aslında buna yürekten sevindiler. Sana samimi davranarak kötü bir öğüt verdiler ve sen öğütlerini dinlediğinde bundan zarar gördün, o vakit suçu senin üzerine atmayı bildiler ve içlerinden seninle alay ettiler. Şimdi onlara bak! Evet, samimiyetle tokalaşıyorlar ve yüzleri dostluğun verdiği mutlulukla parıldıyor; fakat bu esnada her biri diğerine belli etmeden yalnızca kendisinin köprüden geçeceğini düşünüyor, dostunun değil. 'Kerem' sancağı altında toplananlara cennetin kapıları kapalı. Konuşmaya devam et!"

"Sancaklarında 'hak' kelimesi yazılı, sonunu göremediğim bir kalabalık yaklaşıyor. İçinde her sınıftan insan var gibi. Aralarında asiller ve alt tabakadan insanlar, zenginler ve fakirler, okumuşlar ve cahiller, prensler, memurlar, savaşçılar, tüccarlar, çiftçiler, zanaatçılar ve hatta dilenciler görüyorum. Emin adımlarla ve hedeflerinden şaşmayan bakışlarıyla korkmadan, sevinçle ilerliyorlar. Güçlü adımlarla köprüden geçeceklerinden şüphe etmedikleri hepsinin yüzünden okunuyor."

"Onlar terâziye varana kadar bekle; orada gözlerindeki ifade bambaşka olacak ve korku içinde bakışlarını başka tarafa kaçıracaklar" dedi Ben Nur'un sesi. "Sözde hakkın sancağının peşinden gidiyorlar, fakat bununla Tanrının kendilerine bu dünyada bahşetmiş olduğu insan haklarını değil, aksine kendi kendilerine yarattıkları hakları kastediyorlar. Göründükleri gibi değil, aksine tam zıttı onlar; isyancı ve bozguncular. 'İsyan' kelimesiyle kastettiğim dünyevî hükümdârlara karşı değil, ilâhî ve Tanrı tarafından kutsanmış insanî yasalara karşı girişilen isyan. Dünya üzerinde bu yasalara karşı ardı arkası kesilmeyen bir isyan var; kimi zaman sessizliğe karışmış bir gizlilik, kimi zaman gözle görülen ve giderek artan bir hoşnutsuzluk içinde, kimi zamansa açıktan açığa zorbaca saldırılarla bu isyanı sürdürüyorlar. İnsanlar itaat etmeyi unuttular, herkese emretmek istiyorlar. Zengin altın karşılığında merhamet talep ediyor, dilenci yardımseverlik emrine itaat edilmesini istiyor. İşveren inisiyatif ve ticarî ehliyet hakkına dayıyor sırtını, işçi becerisinin kıymetine ve yumruklarına. Dünya devleri soylarının ayrıcalıklarını vurguluyorlar ve buna karşılık diğerleri kişisel çıkarlarını çok yüceltiyorlar. Burada gördüğün adam basmakalıp sözlerle yüzyıllar boyunca denenmiş düzenlemeler için itaat talep ediyor; oradaki adam aynı söz ustalığıyla yeni çağın taleplerine itaat edilmesini istiyor. Yeni haklar ve yeni vazifeler oluşturup, onlara kulağa hoş gelen isimler veriyorlar. Birbirine en zıt ilişkiler içinde eşitlik hakkından söz ediyorlar; özgür düşünce, çalışma, ücret, mensubiyet ve kardeşlik hakkından söz ediyorlar. Her biri muharebeye hazır bir halde kendisi için uygun gördüğü hakkı savunmaya koyuluyor ve bunu yaparken bu savunmada diğer haklara karşı bir saldırı olduğunu görmüyor. Böylece biri diğerine karşı geliyor ve esas olan, hakiki gerçek şu ki hiçbiri haklı değil. Çünkü takdiri ilâhîye göre, insanın sadece tek bir hakkı ve tek bir vazifesi vardır; sevgi. Fakat dünya yaşamında siz ne yapıyorsunuz? Bu 'sevgi hakkından' vazgeçen tek bir insan var mı? Hayır! Fakat Tanrının emretmiş olduğu gibi tüm yaşamını 'sevgi vazifesine' adayan ne kadar az insan var. Şu önümüzden geçip gidenlere bak! Hepsi adâlet için bağırıp çağırdılar, fakat sevgiye sahip olmadıkları için hiç âdil davranmadılar. Birbirleriyle çelişen, bir diğerine tecavüz eden hakları için konuştular ve yazdılar, tartıştılar ve bağırıştılar; seslerini yükselterek adâlet istedikleri insanlara ve Tanrıya karşı cephe aldılar, fakat bunu yaparken Tanrıdan onun hakkını, îmanı ve sevgiyi esirgediler. Ve şimdi aynı taleple buraya kadar geldiler: kendi hakları olan cenneti istiyor, Tanrının adâletini sorgulayan sancaklarıyla gelip terâzide kendi âdilliklerinin tartılacağını unutuyorlar. Şimdi kimler geliyor?"

"Güzel bir 'muhabbet' yazısı görüyorum. Arkasından gelenler kuşkusuz cennetlikler, çünkü sen az önce sevginin gerekliliğinden söz ediyordun. Ben ..."

"Onlardan söz etme!" diye sert bir üslûpla Müneccimin sözünü kesti Ben Nur. "Şimdi yanından geçip gidenler ya putperestler ya da Tanrıya eş koşanlar, başka bir şey değil. Bunlar sevgilerine yalnızca tek bir varlığı, oğullarını veya kızlarını lâyık gören ana babalar. Bunlar karılarını tanrısallaştıran erkekler ve kocalarına tapan kadınlar. Yalnızca tek bir kişiye yöneltilen sevgi, sevgi değil, aksine çirkin ve menfur bir taklittir. Köleler gibi kızlarının ayaklarına kapanan şu annelere ve tutkuyla sevilen, tapılan ayakların çiğnediği şu eşlere bak! Tanrısallaştırılmış dudakların en değersiz arzusunu hemen yerine getirirler, fakat ilâhî emirleri yerine getirirken ya da komşularının hayrına bir şey yaparken adımlarını güçlükle atarlar. Sevdiklerinin ağzından çıkan her sözü nasıl kulak kesilerek dinler, en ufak bir ayrılıkta onu nasıl da özlerler! Ruhlarının alâmeti tümüyle silinip görünmez olana kadar nasıl çalışıp didinirler, üstlerine titrerler, tamamen teslimiyet gösterip kendilerini kurban ederler! Fakat kendilerine verilmiş olan her şeyi borçlu oldukları ve hem zamanda hem de ebedîyette ait oldukları Tanrı için ellerini kıpırdatmazlar. Ve O ilâhî öfkesiyle putperestliklerine bir son vermek için bu deliliğin nesnesini yaşamdan aldığında, nasıl da ağıtlar yakıp sızlanırlar ve nasıl bir çaresizliktir ki bu, kendi mahvını arzular! Kim bu şekilde bir insanı Tanrıdan üstün tutarsa, terâzide ve köprüde de yalnızca o insana teslimiyet gösterecektir, Tanrıya değil; günahın nesnesini cezalandırmanın aracı yapan ilâhî adâlet budur. Ateşli bir biçimde tapılmış şu putlara bak! Bu onlara çok olağan gelene kadar onurlandırıldılar ve hizmet gördüler; böylece başkalarında olmayan üstünlüklere sahip olduklarına inandılar ve daha fazla hizmet, daha fazla hayranlık beklediler. Kendini beğenmiş ve kendini başkalarından üstün gören insanlar haline getirildiler. Kendi kendilerini sevmekten ve tapılmaktan başka yapacak bir şeyleri olmadığından, bedensel ve ruhsal olarak tembelleştiler ve dünyevî vazifelerini yerine getiremeyecek, öbür dünyayı düşünemeyecek hale geldiler. Ruhları sevgisiz ve bakımsız kaldı, kendi gölgelerinden başka geriye hiçbir şey kalmayana kadar güçlerini her geçen gün daha fazla yitirdiler; fakat hâlâ tapılmak istiyorlardı ve şimdi gururla yanımızdan yürüyüp giderlerken, cennette kendilerine birinci sınıf bir yer verileceğinden eminler. Onlar bu dünyada sahip olduklarının tadını çıkardılar; çünkü putlar öbür dünyayı bilmezler. Devam et!"

Kör söyleneni yaptı:

"Gösterişli bir kâfile geliyor; yukarıda ve her yerden görülebilecek şekilde önlerinde taşıdıkları sancakta 'Hâ'ihna*' yazıyor. Bu insanlar gururlu ve haşmetli adımlarla, zafer kazanmış edasıyla yürüyorlar. Asaletlerinin ve yüceliklerinin bilincinde oldukları yüzlerinden okunuyor. Onlar da farklı sosyal sınıflara mensup gibi görünüyorlar ve yavaş adımlarla yürümelerine rağmen, her birinin diğerinin önüne geçmeye çabaladığını görüyorum. Bunlar fazlasıyla hafif bulunmayı kesinlikle beklemeyen asilzâdeler olmalı."

"Evet, onlar bu dünyanın hükümdârlarıydı; fakat farklı bölgelerin hükümdârları adâlet terâzisine giden yolda bir araya gelmek zorunda kaldılar. Oradaki prensler ülkeleri ve halkları yönettiler, fakat bir kez olsun kendi kendilerine hâkim olamadılar. Orada kendilerine Tanrı tarafından verilen rütbeye lâyık olamamış her türlü rütbe sahibi insan var. Şunlar yüce âlimler, bilimin ışıkları; kendilerini bilgeliği miras bırakacak hükümdârlar olarak gördüler ve dünyevî bilgiyle idrakin tümüyle uydurmaca olduğu, yalnızca îmanın insanı gerçeğe ve mükemmelliğe götüreceği görüşüne karşı çıktılar. Şuradakiler böbürlendikleri tahtlarında fukaraları kendilerine kul edip zincire vuran zengin paşalar ve sultanlar; onlar kendilerinin bu dünyadaki en bayağı köleliğin zincirlerini taşıdıklarının farkında değiller: külçe altından dövülerek yapılmış kelepçeler ve para kesesinin boğazını sıkan ipi. Oradakiler kusursuz zekâlarını yalnızca onu kendilerine bahşedene karşı savaş açmak için kullanan dahiler ve ger-

* *"Biz buradayız!"*

çek sanatın semâya yönelmek olduğu uyarısını gülünç bulan sanatçılar. Bunlar kalemin, edebiyatın efendileri, sahip oldukları büyük güçle yalnızca kendi amaçlarına hizmet eden yazının kralları. Şuradakiler boş laf kahramanları, halkın sözcüleri, toplantılarda patlayan bombalar gibi sloganlar atan, bunun için günün birinde sonlarını hazırlayacak olan yargıcın sözüyle karşılaşacaklarına aldırış etmeyen meclis konuşmacıları. Oysa ki 'Tanrının sözü, kayaları un ufak eden bir tokmak gibidir!" diye yazılmıştır. Şimdi sana anlattıklarımın hepsi kendi iktidarlarını, miras aldıkları ya da zorla elde ettikleri iktidarı sevginin yerine koymuştur. Şimdi onlar terâzide ürpererek öğrenecekler ki kendileri tarafından kötüye kullanılan bu güç onlara, ilâhî adâlet karşısında bir saç kılının binde biri kadar fayda getirmeyecektir. Gördüklerini anlatmaya devam et!"

"Şimdi gelenlerin tâkip ettikleri sancağın üzerinde 'Şatâre*' yazıyor."

"Onlar hakkında daha fazla konuşmana gerek yok, onları görüyorum! Bunlar îmanlarıyla açıkça meydana çıkmaktan sakınan dünyevî zekâ sahipleriydi; çıkarları bunu yapmalarına izin vermedi. Aralarında gülünç duruma düşmekten korktukları için inançlarından utananlar da var. Sana şunu söyleyebilirim ki; dua etmek isteyen, fakat yalnızca kendi kendilerinden değil, Tanrıdan dahi çekindikleri için bunu yapamayan insanlar da var. Onlar ilâhî sevginin tohumlarını ekenin tarlalarda dolaştığını ve onun ardından inançsızlığın kargalarının ektiği tohumları yiyip bitirdiklerini gördüler. Hiçbir şey yapmadan öylece yanlarından geçtiler; tohumların ekilişini uzaktan seyrettiler ve sevginin emeğini boşa çıkaran kuşları engellemediler. Kimisi Tanrıdan saklandı, kimisi ne ondan yana ne de ona karşı oldu. İşte şimdi köprüden nasıl geçeceklerini görecekler! Devam et!"

"Beyazlar giyinmiş, tertemiz silûetler görüyorum; kâfilenin başında 'Nadâfe**' yazıyor. Ayakları, temiz olmayan hiçbir şe-

---

* *Zekâ.*

** *Halislik.*

ye değmesin diye çok dikkatli yürüyorlar ve hiç durmadan elleriyle giysilerine konan tozları uzaklaştırmaya çalışıyorlar."

"Evet, bunlar halisler, lekesizler; tek çabaları üzerlerinde temiz olmayan en ufak bir şey görülmemesini sağlamak. Görünürde ahlâka dayalı yaşam tarzları nedeniyle ayaklarını kirletmemek için parmak uçlarında yürürler, ahlâkî açıdan temiz yerleri bulup oralarda durabilmek için en gülünesi adımları atar ve yine en gülünesi sıçrayışları yaparlar, daima yalnız dururlar ve başka biri yanlarına gelecek olursa korku içinde ona sırtlarını dönerler. Şeriat hükümlerinin bir paragrafına bile karşı gelmezler ve bu hükümlerde yer almayan her tür günahtan da kaçınırlar. Yaptıkları bir şeyin yanlış anlaşılabileceği düşüncesi bile onları dehşete düşürür, çünkü hüsnühal onlar için en büyük servettir. Bu yüzden tüm çabaları yalnızca dışarıya iyi görünmeye, arkadaşları arasında hüsnühal* sahibi olmaya yöneliktir; ama içlerinin temizliği için çalışmazlar. Böylesine lekesiz bir insan kesinlikle hırsızlık yapamaz, fakat kendi yaşamının en büyük bölümünü Tanrıdan çalan da odur. Cezalandırılmayı gerektiren bir hilekârlığa asla başvurmaz; ama karısını yaşama sevincinden, çocuklarını gençliğin coşkulu ve güzel parıltısından mahrum eder. Vatana ihânet, hükümdâra hakaret etmesi mümkün değildir, ama semâvî hükümdâr olan Tanrıya içinden sayısız kez leke sürmeye kalkmıştır. Yağmayı ve şantajı en fenâ işler olarak kabul eder, fakat işçilerini sadece kendisine bağımlı oldukları için köle gibi çalışmaya zorlamıştır. O haram para yemez ya da sattığını eksik tartmaz, fakat rakiplerinin alım satım sırlarını keşfetmiş ve müşterilerine su katılmış süt ile hastalıktan telef olmuş hayvanların etlerini satmıştır. Onun işinde rüşvete yer yoktur, fakat birine iş verecekse hak edene değil arkadaşının çocuğuna verir. Bunların hepsinin dışları temizdir, fakat içleri pislikle doludur. Ancak oradaki terâzi dışımızdaki insanı değil, içimizdeki insanı tartar. Bu temiz insanların köprüden geçebileceklerine hâlâ inanıyor musun?"

Müneccim cevap verdi:

* *Halislik, saflık.*

"Yüreğim yanıyor. Şimdiye kadar pek çok insan gördüm ve sen içlerinden yalnızca birini Allah'ın merhametine değer buldun. Uçurum geriye kalanların tümünü yutacak, öyle mi? En azından rahmeti rahman kapısına ulaşmayı başaracak tek bir insan için sevinemez miyim?"

"Onlar Tanrının merhametini hak etmediler, çünkü onun için çaba göstermediler. Kim sözde kazançlarına fazla güvenirse ve bunların karşılığında merhamet değil, ödül beklerse, ona merhamet gösterilmeyecektir. Fakat görüyorum ki dileğin gerçekleşiyor. Söyle bana, şimdi ne görüyorsun?"

"İki kadın geliyor, yanlarında başka kimse yok, yan yana yürüyorlar. Kadınlardan biri çok güzel, diğeri çok sade giyinmiş. Onları biraz geriden kadınlar ve erkeklerden oluşan sonu belirsiz bir kalabalık tâkip ediyor, fakat bunların bir sancakları yok. Aralarında çok sayıda çocuk da bulunuyor. Ve şimdi orada, rahmeti rahman kapısının üzerinde gözleri kamaştıran öyle bir ışık parıldadı ki bu ana kadar etrafımızı çevreleyen zifiri karanlık güneşli bir gün gibi aydınlandı. Meleklerin bu kalabalığa sevinçli bir bekleyiş içinde baktıklarını görüyorum. Bunlar cennete girmeye uygun görülen şanslı insanlar olabilirler mi?"

"Evet, onlar cennetlik olanlar! Burada, ölüm zamanının ortasında bulunduğunu sana daha önce söylemiştim. Öbür dünyanın parlak ışığı bize kadar ulaşıyor; çünkü şimdi gelmekte olanların ölüm saati uğurlu ve onlar için zaman, cennetin ebedî gününün sabah kızıllığında akmaya devam edecek. Önlerinde sancaklar taşıyanlar Tanrıdan taleplerde bulundular, sözde dünyevî üstünlükleri ve erdemleri için burada semâvî ödüllerini istediler. Fakat şimdi gelenler, diğerleri gibi kendilerini kandırmıyor ve üstün görmüyorlar. Kusurlarını bilerek mahcubiyet ve tevâzu içinde adâlet terâzisine yaklaşıyorlar; Tanrı tevazu gösterenlere merhamet eder. Onlar için meleklerin sevinci daha ölürken rahmetin başlangıcı oluyor."

"Şu iki kadın kim?" diye sordu Kör.

"Onlar sabrın ve elemin kahramanları. Biri prenses, diğeri işçi; biri dünya yaşamının en yüksek, diğeri en alçak sınıfına mensuptu ve onlar birbirlerini hiç tanımadılar. Fakat yaşam tarzları ve yolları böylesine farklı olsa da, ölüm saatiyle büyük karar anı geldiğinde tüm insanlar bir araya gelir. Prenses sevimli, neşeli bir çocuktu, ışıltılı gözlerle umut dolu geleceğe bakıyordu, dünyevî mutluluğu için tüm şartlar müsaitti. Derken kraliyet demir yumruğuyla o zamana kadar iyi giden talihine müdahale etti. Onu çok sevdiği ebeveynlerinden ve kardeşlerinden ayırdılar ve uzak bir ülkede yabancı bir halkın huzuruna, asla sevemeyeceği bir hükümdârın yanına yolladılar. Hayatının baharı, gençliği böylece geçip giderken, dünyevî mutluluğun güneşi kayboldu. Duygudan yoksun vazifeleri dayanılmaz yüküyle onun sıcacık yüreğine, hassas ruhuna öyle bir keder saldı ki anlayış ve sevgi bekleyen ruhu için güçlükle soluk alabildi. Bu boğulma hissi içinde Tanrıya haykırdı ve Tanrı ona kurtuluşunun müjdecisi olarak inancın meleğini yolladı. Cennetten ona dünyanın yükünü kaldırabileceği güç aktı ve o bu güçle yaşamını yine cennete adadı. Bir zamanlar mutluluğa duyduğu hasretin yerini ebedî sevgiye hasreti aldı ve bunun karşılığında kendisine emânet edilen o yabancı halkta mutluluğu buldu. Kendisini sevmedikleri halde, o sevgisini herkesle paylaştı. Dünya malından tümüyle vazgeçerek kanaatkâr bir iyilik meleği oldu ve iyiliklerini gizlice yaptı. Bir prenses olduğu için ona düşman oldular ve onu dondurucu bir yalnızlığa ittiler; fakat o gizlice yoksulların iyilik ve merhamet dağıtan annesi oldu. Sessizce hayır işleyemeden geçirdiği bir gün bile, ona hiç yaşanmamış gibi gelirdi. Ömrü böylece geçip gitti ve şimdi dünyadan ayrılırken tek başına kaldığı, kimsenin onu ziyaret etmediği ölüm döşeğinde kraliyetin ihtişamından eser yok. Yalnızca tek bir sâdık hizmetçisi yanında diz çökmüş yüksek sesle dua ediyor ve çok acı çekiyor. Yalnızca o hizmetçi ölmekte olan prensesi anladı ve sevdi, onun dert ortağı ve iyiliklerinin suskun müjdecisi oldu. Yalnızca o biliyor, sevgili hanımefendisinin halkı için neler yaptığını. Yo hayır, yalnızca o değil. Onun dışında her şeyi gören ve bilen, yürekleri ve düşünceleri okuyabilen biri daha var. Prensesin dünyayı terk etmeden önce yürüdüğü zorlu yolda mücadele etmek zorunda kaldığı sayısız acılar, karşı koymadan tevekkülle katlandığı saldırılar ve fakirlerle, müşkül durumda olanların üzerine yağdırdığı sevginin tüm bereketi onun yaşam kitabında ebedîyen kayıtlı kalacak. Şimdi vedâ anında yanında dua eden kişinin ağıtı, prensesin kulağına gitgide daha uzaklardan geliyor ve böylece ıstırabın, haksız acıların zamanı onun için yitip gidiyor. Güzel gençlik günleri yeniden canlanıyor ve önündeki melekler ilâhî sevgiyle gülümseyerek adâlet terâzisinin yanında ona el sallıyorlar. Sana şunu söyleyebilirim ki pek çok kişinin imrendiği dünyevî taht onun için bir işkence sandalyesiydi. Fakat kapının öbür tarafındaki ihtişamın karşısında tüm o ıstıraplar hiçbir şey ifade etmez; orada geçmişin elem dolu her anı ve yapılan her bir iyilik bitmek tükenmek bilmeyen rahmet pınarına karışır. Her şeye kâdir olan Göklerdeki Babamız, kederle geçen tek bir anı ve hatta çocuklarının gizlice döktükleri gözyaşlarını unutmayacaktır."

O anda Müneccim sevinçle bağırdı:

"Haklısın! Meleklerin ona el salladıklarını gördü, şimdi kollarını onlara doğru açıyor ve adımlarını hızlandırıyor. Onunla birlikte yürüyen diğer kadın da aynısını yapıyor."

"O yoksulluğun kızlarından biriydi" diye açıkladı Ben Nur. "Çocukluğu açlık, aşağılanma ve çalışmayla geçti. Asla sevgi dolu bir annenin gözlerine bakmadı ve sert babasının yalnızca merhametsizce vuran ellerini hissetti. Yabancı insanların hizmetine verildi, kalpsiz insanlara sadâkatle ve dürüstçe hizmet etti ve yüreğini açabileceği bir yürek bulduğunu sanarak kendini bu yüreğe adadığı anda, karşısında gaddar ve duygusuz bir adam buldu. Kocası kumara, içkiye ve diğer kötü alışkanlıklara düşkündü; düzenden, çalışmaktan ve kendisini bağlayan her vazifeden nefret etti. Kadın hem kocası, hem de çok sayıda çocukları için çalışıp didindi ve bunu sükûnet içinde kendini onlara adayarak yaptı. Kadının mahrumiyet içinde hiç durmadan çalışarak elde ettiği ne varsa kocası çarçur etti. O çalışkanlığının semeresini hiçbir zaman göremedi, ama yine de çalışmaktan vazgeçmedi; çünkü çocuklarının cennetten bir armağan olduklarına inandı ve bir anne şefkatiyle onlara lâyık olabilmek için çabaladı. Derken adam öldü. Kadın onu gömdü, mezarının başında ağladı, arkasından tek bir kötü söz söylemeden yasını tuttu. Sonra çocukları için gücü iki katına çıktı sanki. Onları eskisinden daha iyi besledi, okula gönderdi, çıraklığa yolladı ve kandilin yanında oturduğu gecelerde görevinden çok daha fazlasını yapıyor olmaktan bir kez bile şikayet etmedi. Oğulları da kızları da evlendi, anne çalışmaya devam etti. Torunları olmuştu, artık bakması gereken daha çok kişi vardı. Elbette kimse ona teşekkür etmedi. Çocuklardan hiçbirinin annesini evine kabul edebileceği bir yeri yoktu. Bir annenin sonsuz sadâkatinin karşılığında görüp görebileceği, bir çatı altında küçücük bir oda, küçük bir masa, bir sandalye ve fakirâne bir istirahat yeriydi. O unutuldu. Hiç kimse onun ziyaretine gelmedi. Evlerine çağırdıkları ihtiyarın titreyen elleri artık eskisi gibi işe yaramayınca sinirlenen çocukları ve torunları da gelmediler. Nihâyet şimdi ölüm döşeğinde yatıyor. Onun iyilik dolu, her zaman açık duran gözlerini kapatabilecek ne bir insan, ne de çocuklarından biri var yanında. Dünya yaşamı ona her türlü mutluluğu ve gün ışığını çok gördü. İlk kez şimdi, ölüm saatinde ışığın parıltısıyla karşılaşıyor. Bu dünya onu emeğinin karşılığından mahrum etti, öbür dünya ona sahip olamadıklarının bin katını verecek."

"Peki ya kocası? Kadın onu öbür dünyada görecek mi?" diye sordu Kör.

"O acizi hiç sorma! O toplantılarda büyük bir coşkuyla insan hakları için yandaş toplayan konuşmacılardan biriydi, fakat evinde kocalık ve babalık görevlerini inkâr etti. O ölüm köprüsü Es Sırât'tan geçemedi. Şimdi önümüzden geçmekte olan şu büyük kâfileye bak!"

"Evet, bunlar sessiz ve tevekküllü insanlar. Aralarında oldukça önde gelen kişiler olmasına rağmen yanlarında dünyevî hak taleplerine dair hiçbir şey taşımıyorlar. Öbür dünyanın nuru giderek artıyor. Büyülü bir ışık gibi başlarını çevrelediğini ve ileriye, oraya doğru yöneldiğini gördüğüm şey o nur mu?"

"Hayır. Öbür dünyada parıldadığını gördüğün ebedî sevgidir. Dünyaya gelen her insana ondan bir nur verilir. İnsan bu semâvî ateşi beslerse, ateş onun yanında kalır, yaşamı boyunca onu aydınlatır ve ölüm saatinde onunla birlikte öbür dünyaya, asıl kaynağına doğru yönelir. Dünya yaşamları boyunca bu ateş onların yüreklerindeki altarlarda îmanın hiç sönmeyen ilâhî ışığı olarak yandı; şimdi îmanın bakışlarından taştığı yerde, bu nur da gelmiş olduğu yere doğru akıyor ve bir teşhis alâmeti olarak, köprüden geçerek uçurumu aşacakları kesin olanların alınlarının etrafını çevreliyor. Sana burada tek tek hepsinin neden bu hâreyi taşıdıklarını anlatmayı çok isterdim. Fakat sayıları oldukça fazla ve sana burada bulunman için sadece belli bir süre tanındı. Sen hâlâ dünyaya aitsin, fakat buradan öbür dünyaya geçiliyor ve sen burada haddinden fazla kalırsan dünyadan koparsın; ben buna engel olmak zorundayım. Senin koruyucu meleğin olarak dünya yaşamının bir saniye bile kısalmamasını sağlamam gerekiyor, çünkü yaşam senin de üzerinden geçmek zorunda olduğun adâlet terâzisi El Mizan için hazırlıktır ve dünyadaki her saniyenin değeri paha biçilmezdir, bazen tek bir saniye bile kayıp bir ruhu cennete geri kazandırmak için yeterli olabilir. Fakat sana hâlâ birkaç kişi gösterebilirim. İçlerinde resmî yasaları çiğnemiş ve bu yüzden cezalandırılmış pek çok kişi görüyorum. Cennette, tövbe eden biri için, kendini haklı gören doksan dokuz kişi için olduğundan daha fazla sevinç vardır. Aralarında merhamet eden sevginin tekrar ayağa kalkmaları için güç verdiği her tür düşkün var. Toplu katliamlarla suçlanmış prensler ve generaller de orada; fakat onlar bunu yapmaya mecbur bırakıldıkları için suçsuzlardı. Orada bilimin meşhûr temsilcilerini görüyorum; onlar âlimliklerini îmandan ve sevgiden üstün tutmadılar. Şöhretleri cennette iki katı parlayacak. Açları doyuran, susuz kalanlara su içiren, çıplakları giydiren zenginler görüyorum. Onlar zenginliklerini dünyada bırakmak zorunda kaldılar, fakat kendileri için bir inci tanesinin ağırlığını terâziye taşıyacak kadar semâvî hazineler biriktirdiler. Sadece sözlerin öğreticisi olmakla kalmamış, sevginin hakiki vaizleri olmuş rahipler görüyorum. Onlar sonsuza dek Tanrının takdirini işitmeye lâyık görüldüler. Dünyanın en kudretli insanlarını görüyorum; onlar şefkatli babalar, bilge eğiticilerdi ve halklarının yüzünü güldürdüler. Hakikati söylüyorum sana; onlar öbür dünyada bu dünyada hükmettiklerinden daha fazlasına sahip olacaklar! Servetini fukaralara harcayan milyoneri, kalan son ekmek parçasını sokak köpeğiyle paylaşan dilenciyi ve susayan kuşa su veren küçük oğlanı görüyorum. Fakirlerin, hastaların, dulların ve yetimlerin kulübelerini ziyaret etmekten ve onları hor görenlere, onların da Göklerdeki Babamızın büyük ailesi içinde erkek ve kız kardeşlerimiz olduklarını göstermekten utanmamış asil kadınlar görüyorum. Emin ol ki onlar terâzide rahmetliler ailesine katılmaya lâyık bulunacaklar! Yalnızca varlıklarıyla diğerlerini etkileyen ruhlar görüyorum; sanki huzur veren bir güneş ışığı onlarla birlikte buraya geliyor. Böylesi insanların varlığı büyük mutluluk veriyor ve bu insanlar öbür dünyada, bu dünyadaki hac zamanları esnasında olduğundan çok daha fazla ışık saçacaklar. Mümkün olduğunca insaflı olabilmek için en âdi suçlunun içinde bile insanı aramış hâkimler görüyorum. Dolandırılmış, soyulmuş, hakarete uğramış insanlar görüyorum; onlar sadece affetmekle kalmamış, üstüne üstlük bunları unutabilmişler. Tanrı da onlar için insaflı bir hâkim olacak. Bu kâfilenin içinde sanatçılar görüyorum; onlar eserlerinde iyiliğin ve güzelliğin, kötülükten ve çirkinlikten üstün olduğunu, yani insandaki vahyi ilâhîyi göstermeye çabaladılar. Şehvetle pisliğe bulaşmadılar, gerçeği göstermek zorunda oldukları iddiasıyla şövalelerinin şöhreti için merhametsizliği ve rezilliği yansıtmadılar. Çünkü şunu biliyorlardı: Sanat ancak asil olana yine asil bir yolda ulaşmaya çalışıyorsa hakiki sanattır. Bir de gerçekten dost olan dostlar görüyorum. Gerektiğinde acı, fakat faydalı olan gerçeği söylemekten kaçınmadılar ve dostluğun mesuliyetini maddî ve manevî her yönüyle üstlendiler. Sevgiyle zayıflığı birbirine karıştırmamış, yüreği bunu kaldırmasa bile, pek çok kez vazifesini doğru tartılmış adâletiyle yerine getirmiş olan babalar görüyorum. Böyle bir baba oğlunu mânen ölesiye övmemiş, kızını kendine hizmet edecek bir insan olarak yetiştirmemiştir. Çocuklarını allı pullu eşyalar gibi boş bir gururun aracı yapmamış, aksine onları her annenin yapması gerektiği gibi kabul etmiş anneler görüyorum: Onlar baba eliyle sulanıp anne gözüyle aydınlanarak büyüyüp göğe yükselmeleri için Tanrı tarafından ebeveyn evine emânet edilmiş ruh çiçekleridir."

Bu sözlerin ardından Müneccim konuşmasına tekrar ara verdi; bu sırada kendi kendine anlaşılmaz sözler mırıldanıyordu. Derken Ben Nur'un yine yüksek sesle şöyle dediğini duyduk:

"Hayır, burada daha fazla kalamazsın, vakit doldu. Beni tâkip et!"

Körü dikkatle izledim; sağ elini birinin elini tutuyormuş gibi uzattı ve sol eliyle sanki boşlukta süzülüyormuş gibi bir hareket yaptı. Ardından emin adımlarla yürüdü ve şöyle dedi:

"İşte yine dünyadayız, bunu hissediyorum. Şimdi beni aldığın yere geri götür!"

Müneccim bizimle ilgilenmeden kayadan aşağı inmeye başladı. Yukarı tırmanırken olduğu gibi, bu da açıklanamayacak bir biçimde gerçekleşmiş, hiçbir yerde durup dinlenmedi ve tökezlemeden aşağı inmişti.

Aşağı indiğimizde sessizce onun arkasından yürüdük. Kör, bir an bile tereddüt etmeden gelmiş olduğumuz yoldan geri döndü. İstirahat yerimize vardığımızda yine daha önce oturmuş olduğu yere oturdu.

"Sana teşekkür ediyorum Ben Nur; ruhumun sâdık, nurlu refâkatçisi!" dedi yavaş sesle. Sonra sırtını kayaya dayadı; kısa süre sonra yavaş ve düzenli nefes alıp verişinden uyuduğunu anladık.

Kara Ben Halef uyanıktı, fakat o zamana kadar nerede olduğumuzu sormaya cesaret edemedi. Önce biz de onun kadar suskun kaldık, çünkü görmüş ve duymuş olduklarımız düşüncelerimizi ve duygularımızı etkisi altına almıştı. Tüm yaşamım boyunca o gece içinde bulunduğumuz tuhaf sahneyi açıklamama yarayabilecek bir işaret aradım; fakat boşunaydı.

Doğayla iç içe yaşayan halkların gizemli şeylere doğuştan gelen ve batıl inanç olarak tanımlanamayacak bir eğilimleri olduğunu elbette biliyorum. Hiçbir çekiciliği olmayan basit yiyecekler, zihinde hayaller oluşturmaya çok müsait çöller veya bozkırlar, uçsuz bucaksız balta girmemiş ormanların sihirli loş ışığı... Tüm bunlar kuşaktan kuşağa geçen mizaçla bağlantılı olarak, insanı "yerle gök arasında olan" ifadesiyle tanımladığımız şeylere karşı duyarlı hale getirebilen asıl sebeplerdir. Bu yüzden şarkın masal dağarcığı zengindir ve hem bozkır hem de çöl halkları doğaüstü olana açıktır. Bedevîlerin hayâl güçlerinin fazlasıyla kuvvetli oluşunun doğuştan geldiğine pek inanılmaz. İnsanın hayâl gücü, memleketinin devâsa topraklarında ne kadar az canlı yaşarsa o kadar yaratıcı olur. Bu güç toprakları hakikatte sahip olamadıkları çok sayıda canlıyla doldurur ve sonunda insan gerçeğin nerede son bulduğunu, kurgunun nerede başladığını artık kendisi bile bilemez. Aynısı Kuzey Amerika Kızılderilileri için de geçerlidir. Onların da hayâl dünyaları zengindir; güneyin güneşinden yoksundurlar ve üzücü kaderlerinin insafsızlığı, içlerinde hayâllerinin hareket ettikleri gölgeleri derinleştirir. Sönmeye yüz tutmuş bir ateşin başında yaşlı bir Kızılderili, çok uzun zaman önce ölen askerlerin uyumakta olan çayırların üzerinde, dağ geçitlerinde, kanyonun derinliklerinde ve balta girmemiş ormanlardaki dev ağaç gövdelerinin arasında gördüklerini anlatmaya başladığında, insan kendini çok ciddi bir âlemde bulur. Bunlar şarktaki gibi masallar değildir, aksine ırklarının kanlı kaderleri yüzünden ölmüş ve ölüm bugün bile mezarlarının üzerinde dans ettiği için huzur bulamamış ölülerin geceleri dirilişlerinin hikâyeleridir. Onlar gerçekten yaşamış insanlardır. Tüm kızıl adamların en realisti ve en zekisi olan Winnetou kesinlikle bir hayâlperest değildi; fakat zaman zaman gecenin karanlığında birlikte oturduğumuz sıralarda, elini kaldırıp birilerini selâmlarcasına etrafa el salladığı olmuştu ve bir gün ona, bunu neden yaptığını sorduğumda şöyle cevap verdi:

"Sorma, beyaz kardeşim! Korunuyoruz, bu senin için yeterli olmalı."

Winnetou öldürücü bir kurşun yarası almadan önce öleceğini hissetmiş ve ne yazık ki bu hissi gerçekleşmişti*. Hislerden söz ediyorum, çünkü o bu hissini açıkça söylememişti. Fakat daha sonra çakıl taşı geçidinin tepesinde baş başa oturduğumuz bir akşamı hatırladım. Ciddi bir fikir alışverişi yapıyor, bu sırada doğaüstü konulara da değiniyorduk. Ben duadan söz edince şöyle dedi:

"Evet, büyük ve iyi Manitou kendisiyle konuşulmasını ister, çünkü her çocuğun babasıyla konuşması gerekir. Tehlikede olduğumuz ve ondan yardım istediğimiz zaman, Manitou bizim için savaşacak olan savaşçılarını gönderir. Scharlih'im bu dostlara melek diyor, ben savaşçı diyorum; çünkü yaşam sadece bir savaştır. Sen de arada bir melek değil, koruyucu melek dedin; fakat ben biliyorum ki yardıma ihtiyacım olduğu sürece yanımda bir tane koruyucu melek değil, çok sayıda savaşçı oluyor."

"Bunu nereden biliyorsun?" diye sordum.

"Onları gördüğüm zaman selâmlıyorum ve biliyorum ki insanın gözüyle gördüğü gerçektir. Ne zaman öleceğimi de bileceğim, çünkü bana bunu söyleyecekler."

"Winnetou!" dedim irkilerek, çünkü söylediklerinde ciddi olduğunu biliyordum. Nâdiren şaka yapsa da, böyle konularda asla yapmazdı.

"Evet, bana söyleyecekler" dedi yine. "Ortada bir sebep yokmuş gibi görünürken, tehlikeli anlarda beklenmedik şeyler yapmış ve böylece kurtulmamızı sağlamış olmam, pek çok kez seni hayrete düşürmüş olmalı. Sen bunu benim zekâma bağladın, fakat ben yalnızca senin koruyucu melek dediklerinin isteklerine göre hareket ettim. Belki de sana onlar hakkında daha fazla şey söylememin zamanı geliyor. Ben hâlâ kendi kendimi eğitmek zorundayım, çünkü onları anlamak kolay değil ve ben sık sık yanılgıya düşüyorum. Kendine ve meleklerin sesine daha fazla kulak veren her insan, kötü şeyler yapmaktan kaçı-

---

* *Bkz. Karl May, 'Winnetou' - Cilt III*

nıp melekleri incitmemek için çabalarsa, Manitou'nun ona melekler aracılığıyla söyleyeceklerini duyabilir."

Bu sohbeti şimdi burada, Bir Hilu'da hatırladım. Winnetou kendini mi kandırmıştı? "Büyük ve iyi Manitou'nun savaşçıları" onun hayâl dünyasının ürünleri miydi? Onun keskin müşahede kabiliyetini düşününce bunu böyle kabul etmem olanaksızdı. Fakat sözlerine tamamen inanmış olsaydım bile, bu bugün olanları ve Müneccimin iki ayrı insan gibi uykusunda sayıkladıklarını açıklamaya yetmezdi.

Benim yaşlı, çok saygıdeğer Marah Durimeh'imin* derin anlamlı konuşmalarında da bu dünyayla ilgili olmayan bazı sözler geçmişti; fakat bunların hiçbiri benim için bugün olanların açıklaması olamazdı. Elbette beni her şeyden önce ilgilendiren soru şuydu: Bir Hıristiyan olarak görmüş ve duymuş olduklarıma nasıl bir açıklama getirmem gerekirdi? Sözüm ona Ben Nur'un söylemiş olduğu sözlerin içinde inancıma aykırı olarak tanımlayabileceğim hiçbir şey bulamadım. Söylediği her şey cennetle değil, yalnızca ölüm saatiyle ilgiliydi. Kafamı karıştıran sözleri değil, bizzat kendisi oldu. Bize bunları yaşatan bir sinir hastası, bir uyurgezer idiyse, bu teolojiyi değil, tamamen doktorları ilgilendiren bir meseleydi.

Kayanın üzerinde geçirdiğimiz saatler hiç şüphesiz bende alışılmadık bir etki bırakmıştı. Daha önce olup bitenler, mekân, Körün kişiliği ve etkileyici ifade biçimi bir araya gelerek derin ve kalıcı bir tesir oluşturmuştu. Ben Nur'un, Işığın Oğlu'nun bir hayâl olmadığını kabul etmem mümkün değildi.

Bunları düşünmeye öylesine dalmıştım ki uzun süre sonra Halef şunu sorduğunda dikkatimi toparlamak zorunda kaldım:

"Sihdi, sen de benimle aynı durumda mısın? Uyumak istiyorum, fakat uyuyamıyorum. Duymuş olduklarım gerçekleşiyor, kelimeler biçimlere dönüşüyor. Öbür dünyanın kapısında duruyorum, ölüm saatinin tam ortasında ve rahmetlilerle günahkârların kâfilelerinin yanımdan geçip adâlet terâzisi El Mizan'a doğru yürüdüklerini görüyorum. Bir gün azap çukuruna

* *Bkz. Karl May, 'Kürt Dağlarında'*

düşenlerden biri olmamak için şu andan itibaren yalvararak dua edeceğim! Hakikaten sana şunu söyleyebilirim ki Ben Nur beni bambaşka bir insan yaptı!"

Onu konuşturan kutsal bir ateşti ve aynı heyecanla Başnâzır da konuşmaya başladı:

"Evet Efendi, Şeyh Hacı Halef'e katılıyorum. Ben ne kadar günahkâr, ne kadar işe yaramaz bir insanmışım! Ben Nur sanki pek çok sözünü sadece ve sadece benim için söyledi! Dinle, sana ne diyeceğim..."

"Söyle!" dedim.

"Ben sevginin esiri oldum, sevgi beni derinden etkiledi. Hayırseverlik, merhametlilik, barışçıllık ve bağışlama! Ödüm koptu. Fevkalâde adâlet terâzisi El Mizan beni korkutuyor. Mekkeliler için falaka hükmü verdik; fakat bu hükmü değiştirmek benim elimde olursa bir tek sopa yemeyecekler. Allah korusun! Ben öbür dünyada bu falakanın hesabını vermek istemiyorum! Sen verdiğimiz hükümden vazgeçmeyi kabul edersin, fakat Hacı Halef Ömer buna ne der?"

Sabırsızlıkla ufak tefek Halef'imin cevabını bekledim. Kırbacına büyük bir sevgiyle sarılan ve onu harekete geçirebilmek için hiçbir fırsatı kaçırmayan Halef şöyle dedi:

"Kabul ediyorum. Onları falakaya yatırmayacağım. Cezalandırılmadan yollarına devam edebilir, Mekke'ye ve daha sonra adâlet köprüsüne kadar gidebilirler. Hiç şüphesiz orada hak ettiklerini bulacaklardır. Ben hüküm vermiyorum! Haklı mıyım, Sihdi?"

"Hem haklısın, hem de haksız. Yetkisi olmayan hüküm vermemeli. Fakat bir hâkim yasayı temsil eder ve yasanın kaidelerine göre hüküm vermek zorundadır. O hassas adâlet terâzisi suçluların cezasız bırakılmalarını talep etmiyor. Fakat biz çalınan malları geri aldık. Ayrıca Khutab Ağa Kans el-A'dhâ'nın hem hâkimi, hem de temsilcisi; bu yüzden ben de hırsızlara hak ettikleri cezayı vermekten vazgeçmemiz gerektiğini düşüyorum. Ama vazgeçmeye karar vermeseydik bile, sizin önceden planlamış olduğunuz kadar büyük ölçüde bir cezaya çarptırılmayacaklardı."

"Neler duyuyorum! Yine insaflılığın tuttu değil mi?"

"Bu kez daha çok zekiliğim tuttu. Muhtemelen onlarla Mekke'de tekrar karşılaşacağız; bu yüzden onların intikam duygularını hat safhaya ulaştırmamamız gerektiğini düşünüyorum. Bu nedenle her ikinizin de onları cezalandırmaktan tamamen vazgeçmiş olmanıza sevindim. İçlerinde birazcık iyilik varsa, bu onların daha iyi olmalarını sağlayacaktır; ama yoksa, sizler ebedî sevginin arzusuna göre hareket etmiş olursunuz."

"Bu doğru! Sihdi, bir ricâm var ve senin bunu benim için gerçekleştirebileceğini umuyorum."

"Ricân nedir?"

"Kutub kelimesiyle ilgili aramızda bir anlaşma yapmıştık, değil mi?"

"Evet, kesinlikle doğru."

"Ben bu anlaşmaya bir kelime daha eklemek istiyorum: El Mizan, terâzi."

"Neden?"

"Kutub yalnızca söylediklerimi ilgilendiren bir kelime, fakat ben yaptıklarımla ilgili olarak da ikaz edilmek istiyorum. Bence eylem sözden daha ağır çeker ve bu yüzden ikinci uyarı birincisinden daha gerekli. Biliyorsun, ben korku nedir bilmem; fakat bugün korkudan daha fazlasını, dehşeti öğrendim. Ölmekte olanların kâfileleri sevinçle ve önlerinde taşıdıkları sancaklarıyla peş peşe geldiklerinde ve Ben Nur her seferinde hepsinin uçurumluk olduğunu söylediğinde, kelimelerle târif edemeyeceğim bir dehşete kapıldım. Sihdi, ben bir gün önümde gurur kaynağı bir sancak taşınmasını istemiyorum, aksine ben tevazu içinde terâziye yürümek istiyorum; çünkü Allah'ın tevazu gösterenlere merhamet ettiğini duydum. Bu yüzden senden ricâ ediyorum; bir kez daha öfkemden kibre ve gurura kapılacak olursam ve bugün bize bildirilmiş olan sevgiye aykırı düşen bir şeyler yapmaya kalkışırsam, çabucak bana 'El Mizan!' de; o zaman göreceksin ki öfkemi falakaya çekmek için hemen içime kapanacağım. Bunu yapacak mısın?"

"Seve seve."

"Keşke benim de yanımda her zaman beni uyaran biri olabilseydi!" dedi İranlı. "Ben bu zamana kadar yalnızca kendimi sevdim. Fakat bugünden itibaren bu değişecek. Söyle Efendi, Hıristiyanlık da sevgiden söz ediyor mu?"

"Sadece ondan söz ediyor!" dedim üstüne basa basa.

"Sadece mi? Gerçekten mi? Fakat ben şimdiye kadar karşılaştığım Hıristiyanlarda sevgi göremedim!"

"Öyleyse şimdi sana bizim kutsal kitabımızdan bir sûre söylemek istiyorum. Dinle!"

Ona Paulus'un Korintlilere yazdığı ilk mektubun on üçüncü bölümünü ezbere okudum. Beni dikkatle dinledi ve sözümü bitirince şöyle dedi:

"Çok benziyor. Tıpkı senin gibi, Ben Nur da bu sûreyi ezberlemiş sanki. Ne büyük mucize! O da bu muhteşem sözleri söyledi. Ancak bizim Kuran'ımızda böyle bir sûre yok. Demek bizdeki nefretin, savaşın ve kavganın sebebi bu! Şiiler ve Sünnîler arasındaki nefretin sebebi de bu! Sevgi yok! Allah sonumuzu hayır etsin! Sevgi tek hükümdâr olsaydı, dünya ne muhteşem olurdu! Ama Efendi..."

Ağa bir anda sustu, sözlerine devam edip etmemeyi düşündü ve sonra:

"Tek ve bütün bir Hıristiyanlık dininiz var mı?" diye sordu.

"Ne yazık ki hayır."

"Bunu biliyorum, sadece itiraf edip etmeyeceğini duymak istedim. Sizin dininizde Katolikler, Rumlar, Rum Katolikleri, İncilciler, Marunîler, Protestanlar ve adlarını bilmediğim daha pek çok ayrılıklar var. Seni üzmek istemiyorum, fakat İslâm'da ayrılık olmasına şaşırmamak gerekir, çünkü Kuran'da böyle bir sevgi sûresi yok; ama sizin kutsal kitabınızda var ve siz buna rağmen bizden çok daha fazla bölünerek karşılıklı savaşıyorsunuz. Bu sûre yüreklerinizde mi, yoksa yalnızca kitabınızda mı yazılı? Bizden daha fazla eleştirilmeyi hak etmiyor musunuz?"

Mert Hacı yardımıma koşmasaydı, geçerli sebeplerle yöneltilen bu eleştirilere nasıl cevap vereceğimi hakikaten bilemezdim.

"Sihdi'ye bu kadar ağır sözler söyleyerek ne yapmaya çalışıyorsun! Bu sûre pek çok Hıristiyan için olması gerektiği yerde değilse, bunun için onu suçlayabilir misin? Sana şu kadarını söyleyeyim, o basılan ve sonra binlerce insan tarafından okunan kitaplar yazıyor. İnsanların bir olmalarını ve birbirlerini sevmelerini yalnızca bir kez kitabına yazması yeterli, bunu hemen yaparlar! Onun ve benim birbirimize sevgiyle bağlanmış olduğumuzdan ne kadar eminsem, bundan da o kadar eminim."

Halef savunmasının tesirini izleyebilmek için sustu. Peki ben ne düşünüyordum? Çok sessizdim!

Sevgili Halef! Meleklerin diliyle konuşup kitaplarımı meleklerin kalemiyle yazsaydım bile, müjdelenmiş ve bir gün geleceği kesin olan zaman gelene kadar sözlerim başarıya ulaşamadan yitip giderdi. O zaman geldiğinde yalnızca bir çoban ve bir sürü olacak. Ama ne zaman? Hiçbir şey yapmadan öylece bekleyip, her şeyi Tanrının iradesine mi bırakmalıyız? Bu birliği sağlayabilecek hiçbir şey yapamaz mıyız?

İranlı karşılık vermedi. Aslında buna niyet etmemiş olsa da, eleştirisini şahsıma yöneltmiş olduğunu anladı. Bu yüzden Hacı daha yumuşak bir tavırla konuşmaya devam etti:

"Hıristiyanlıktan ne anlıyorsun? Hıristiyanların Kitâb el-Mukaddes'ini okudun mu?"

"Hayır" dedi Başnâzır sinirlenerek.

"Öyleyse Hıristiyanlar hakkında konuşamazsın. Kuran'ı okudun, bu yüzden ona inananlar arasındaki karşılıklı düşmanlık hakkında konuşmaya hakkın var ve bu düşmanlık Hıristiyanlarla uğraşamayacağın kadar büyük."

O sırada tahtırevanın perdesinin ardından bir ses duyuldu:

"El Mizan, adâlet terâzisi!"

Anlaşıldığı üzere Hanne uyumuyordu. Her şeyi duymuş ve "efendisine" bu ikaz sözünü söylemişti.

"El Mizan'a ne olmuş?" diye sordu Halef.

"Sihdi'den öfkelendiğin zaman seni bu sözle uyarmasını ricâ etmedin mi?"

"Evet, bunu yaptım."

"Bu nedenle sana bunu söyledim; çünkü sen Meşed Ali'den gelen başnâzır Khutab Ağaya karşı öfkeli davrandın."

Halef bu sözlere en samimi üslûbuyla karşılık verdi:

"Ey Hanne, sevimliliklerin en sevimlisi, Halef'ine gösterdiğin ilgi için teşekkürlerimi kabul et! Fakat sana şunu söylememe müsaade et; sen Sihdi değilsin. Beni uyarması gereken tek kişi o; bu onun hakkı ve sen bu hakkı ondan almamalısın. Eğer iki insan benim öfkeme karışırsa, öfkem azalacağına daha da büyür. Ayrıca bana o kişiye sahip çıkmamı emreden öfke değil, sevgi ve kardeşlikti; çünkü tüm kalbim sana, oğlumuza ve ona ait. Şimdi uyumaya çalış, ruhumun sevgili eşi! Öfkelendiğimi düşündüğün zaman hem senin hem de benim için yapabileceğin en iyi şey daima budur. Lêletik mubareke, Gecen mübârek olsun!"

Hanne sadece kısa ve keyifli bir gülüşle cevap verdi; Halef'in de ondan duymak istediği buydu. Sonra yavaş sesle bize şöyle dedi:

"Dinleyin! Gülüyor! Yiğit bir kadının neşesi kulağa ne kadar hoş geliyor! Hiç durmadan suratlarını ekşiten kadınlar var. Onların dışları nasılsa içleri de öyle ve içleri, aradığın şeyi içinde bulamadığın zifiri karanlık bir çadıra benziyor. Aydınlık yaşamlarını hem kendileri hem de başkaları için geceye çeviriyorlar. Fakat neşeli bir kadının tabiatı erkeği, çocukları ve karşılaştığı herkes için sıcacık güneş ışığının kaynağıdır. Benim kadınlar çadırımda böyle bir neşe ve mutluluk kaynağı var. Allah Hanne'yi kutsasın! Şimdi uyuyacak. Biz de bunu yapmak istemez miyiz, Sihdi? Gece kısa ve yarın bize ne tür zorluklar getirecek kim bilir."

Gelecek günün bizim için o an düşünmüş olduğumuzdan çok daha hareketli olacağını bizim gibi tahmin edemese de, söylediğinde haklıydı. Ben Nur sayesinde içimizde uyanan canlı görüntüleri sona erdirmeyi denedik ve nihâyet bunu başardıktan sonra uykuya daldık.

Müzâkereler

Uyandığımda, sabah ilk ışığıyla gelişini müjdeliyordu. Halef, Hanne, Kara, Müneccim ve İranlı hâlâ uyuyorlardı. Onları uyandırmadım, kalktım ve öncelikle nöbetçilerimizin değişim sırasını kontrol etmek için sessiz adımlarla oradan uzaklaştım. Nöbetçilerden gece boyunca huzurlarını kaçıracak bir şey olmadığını öğrendim; Beni Khalidler ortalarda görünmemişlerdi. Oradan kuyunun bulunduğu alana gittim ve tüm develerimizle atlarımıza su içirilmiş olduğunu memnuniyetle dinledim. Kaynağın adından da anlaşıldığı üzere -Bir Hilu 'tatlı kuyu' anlamına gelir- su fenâ değildi ve hepsine bu sudan içirildiği için o gün hayvanlarımızı mola vermeden sürebileceğimizi umuyorduk. Beni Khalid şeyhi ve Mekkeliler yatmamışlardı. Bunun sebebi ortadaydı; sakin davransalar da, halleri yüzünden duydukları öfke açıkça görülüyordu. El Gani'nin gözleri bana nefretle bakıyordu; bu nefretin yerinde hakikaten şimşekler olabilseydi, beni seve seve öldürürdü. Ama Tavil Ben Şahid sessiz kalmayı başaramıyordu. Benim yaklaştığımı görür görmez bana çıkıştı:

"Çöz beni! Bu zalimce davranışınızın en kötü sonuçları beraberinde getireceğini gece boyunca düşünüp gözünün önüne getirebilmişsindir umarım."

"Hayır, bunu gözümün önüne getiremedim."

"Öyleyse Allah gözlerini kör etmiş! Savaşçılarımın geleceklerini de mi düşünemiyorsun?"

"Biz gelmelerine izin verirsek."

"Siz gelmelerine izin vermezseniz, sizi buna zorlayacaklar. Sonra beni kurtarıp üzerinize çullanacaklar."

"Hakikaten mi? Bana öyle geliyor ki Allah benim değil senin gözlerini kör etmiş. Savaşçılarından biri bile bize karşı düşmanca davranmaya cesaret edecek olursa, senin katilin olur; çünkü böyle bir durumda kurşunu senin kafana sıkarım."

"Buna kesinlikle cesaret edemezsin; benim ölümüm sizin başınızdaki felâketi sadece hızlandırır."

"Bunu sükûnetle bekleyeceğiz. Adamların hâlâ ayakta uyuyor gibiler, ne yazık ki bu sana büyük bir sadâkatle bağlı olduklarının göstergesi değil. Azıcık akılları olsaydı, burada güvende olmadığını çoktan anlarlardı. İstedikleri zaman gelebilirler. Onlardan korkmuyoruz" dedim.

Tavil öfkeden öyle yüksek sesle konuşmuştu ki sesi meydanda yankılanmış ve Halef'i uyandırmıştı. Halef, esirlerin yanında durduğumu görünce kalkıp yanımıza geldi. Böylece esirlerin gözleri Halef'e ve yatmış olduğumuz yere çevrildi; bu arada hava yeterince aydınlanmış olduğundan Körü gördüler. Kör kayaya yaslanmış, oturur vaziyette hâlâ uyuyordu. Onu gördüklerini fark edince, bundan sonra nasıl davranacaklarını sabırsızlıkla beklemeye başladım.

"Büyük Şerifin gözdesi" gözlerini fal taşı gibi açtı ve büyük bir şaşkınlık içinde:

"Kim... kim... kim o kayanın yanındaki?" diye bağırdı.

Oğlu da onun kadar şaşırmıştı. Âdeta çığlık atarak cevap verdi babasına:

"Maşallah! Bu imkânsız! Ölmüş Müneccimin ta kendisi!"

"Sadece ölmemiş, aynı zamanda gömülmüştü" diye ekledi babası. "Bu Haddedihn köpekleri mezarını kazıp onu çıkardılar."

Bu arada Halef bana yetişmişti. Köpekler kelimesini duyduğu anda hızla arkasına döndü ve gitmeye kalkıştı.

"Halef, nereye?" diye sordum.

"Öbür tarafa" diye homurdandı. "Kırbacımı orada bıraktım. Bu herif bize köpek dedi."

"El Mîzân, el Mîzân, Halef! Adâlet terâzisini hatırla!"

Bunu duyunca tekrar bana doğru döndü ve soğukkanlılıkla şöyle dedi:

"Çok doğru, Sihdi! Bunu düşünmedim. Uyku bana dünkü ölüm saatini unutturdu, fakat sen niyet etmiş olduklarımın hatırasını uyandırıyorsun içimde."

Ardından El Gani'ye döndü ve alay ederek:

"Evet, onu mezardan çıkardık ve cesedini yanımızda taşıdık. Sonra ceset dün akşam karşı taraftan buraya kadar yürüdü ve hem sizinle, hem de bizimle konuştu. Siz olağanüstü zeki insanlarsınız!"

O anda Mekkeli mantıksızlığını anladı ve daha büyük bir şaşkınlıkla bağırdı:

"Öyleyse o ölmemişti! Allah, Allah!"

"Hayır, fakat siz onu diri diri gömecek kadar zırdeliydiniz. Yaşayan biri için cenaze namazı kıldınız."

"Bunu bilemezdik. Kaskatıydı, onun öldüğünü sandık."

"Peki ama biz neden bu hataya düşmedik? Onun hâlâ yaşadığını biz hemen fark ettik."

"Çünkü siz yanına vardığınız anda muhtemelen tekrar kendine geldi. Ağır ithamlarda bulunmaktan vazgeç!"

"İstediğimi söylememi bana yasaklamak niyetinde misin? Gülünç olma! Onun ruhunun zaman zaman kendisini terk ettiğini biliyordunuz ve bu yüzden geri dönmesini beklemeniz gerekirdi. Biz bunu bilmiyorduk ve buna rağmen onu mezardan çıkardık. Siz kendinizi onun katilleri olarak görmelisiniz, biz ise onun hayatını kurtardık."

El Gani Halef'i endişeyle süzdü ve:

"Benden bahsetti mi?" diye sordu.

"Pek çok kez."

"Ne dedi?"

"Onları bize söyledi, sana değil. O yüzden söylediklerini kendimize saklayacağız."

"Fakat bilmek zorundayım."

"Bu konuda bir şey söylemeyeceğiz. Kaldı ki hiç kimse senin hakkında iyi şeyler söyleyemez; o da söylemedi."

"Demek size göz göre göre yalan söyledi. O bizden biri. Onu bizim yanımıza getirin!"

"Önce bunu iyice düşünmeliyiz. O kendi kendinin efendisi, ne isterse onu yapar."

"Öyleyse onu uyandırın ve kendisini burada, yanımda istediğimi söyleyin ona!"

"Bana bak! İsteklerinin gerçekleşmesi için sadece emretmenin yeterli olacağını sanma sakın! Bize hayatını borçlu ve bu sebeple şu anda bizden biri."

Mekkelinin endişesi giderek büyüyor gibiydi. Tam anlamıyla zıvanadan çıktı ve avaz avaz bağırdı:

"O bana ait! Ona bin türlü iyiliğim dokundu, iyiliklerimin karşılığında bana en büyük şükranı borçlu. Yabancıların yanında kalmasına müsaade edemem. Buraya gelmeli!"

"Demek öyle! Bizden çok mu korkuyorsun?"

"Korkmak mı? Neden? Niçin?"

"Ondan duyabileceğimiz şeyler belki senin için tehlikeli olur."

"Tehlikeli mi?" diye sorarken alay ederek güldü. Elbette gülerken çok zorlandığı belli oluyordu.

"Evet, tehlikeli!" diyerek başını salladı Halef. "Vicdanın her hâlükârda temiz değil."

"Sen kendi vicdanının temizliğiyle ilgilen! Onu buraya yolluyor musun?"

"Hayır."

"Madem öyle, şimdi ne yapacağımı göreceksin. Onu uyandıracağım. O zaman kesinlikle buraya gelecek."

El Gani tüm gücüyle Körün adını haykırdı. Kör uyandı ve kulak kesilerek doğruldu.

"Sus! Tek kelime daha etme!" diye emretti Halef, bıçağını çekip El Gani'ye doğru savurarak. "Bir kez daha bağıracak olursan, sonsuza dek kapatırım ağzını!"

Bu tehdit kulağa o kadar gerçekçi gelmişti ki amacına ulaştı; Mekkeli aynı hatayı tekrarlamadı ve sustu. Halef, El Gani'nin duyacağı şekilde, tekrar bağıracak olursa bıçaklanmasını emretti. Sonra bana dönerek:

"Hanne uyandı. Bize kahve hazırlayacak. Haydi gel!" dedi.

Söylediği gibi, 'kadınlar çadırının en güzel sahibinin' tahtırevanını terk etmiş, kahve pişirmekle meşgul olduğunu gördüm. Ona doğru yürürken:

"Doğru olanı yaptım mı, Sihdi?" diye sordu.

"Hımmm! Müneccimin tekrar arkadaşının yanına dönmek isteyebileceğini hiç düşünmedin, değil mi? Davranışlarından bunu çıkardım."

"Davranışlarımdan mı? Nasıl bu sonuca vardın?"

"Gani'yi, Müneccimin bize onunla ilgili söylememesi gereken şeyleri söylemiş olduğuna inandırdın."

"Bunun ne zararı var? Onu kızdırmak istedim ve bunu başardım."

"Bu kendinle övünmen gereken bir başarı değil Halef."

"Neden değil?"

"Birincisi insanları kızdırmak iyi bir davranış değil. İkincisi bizim himâyemizdeki Müneccimi zor durumda bıraktın. O ve Gani arasında oluşmasına sebep olduğun güvensizlik, eski dostunun yanına geri dönmeye karar verirse bu zavallı körün başına dert açabilir. Bence bunu yapmamalıydın."

"Hımmm!.. Hakikaten yalnızca kötü değil, aynı zamanda dikkatsiz davrandım. Düşündüğümden çok daha fazla şey öğrenmem gerektiğini şimdi anlıyorum. Biliyor musun Sihdi, insan çok zayıf bir mahluk ve ben, senin senden daha yaşlı ve daha dikkatsiz olan Halef'in, kesinlikle en zayıf türüne mensubum. Öyle değil mi?"

"Gereksiz bir soru bu, bunu kendi kendine görebildiğin için benim cevabıma ihtiyacın yok. Haydi, Hanne'nin yanına gidelim! Seni çağırdı."

Bu çağrının peşinden gidebilmek için önümden koşturdu. Hanne'nin onunla konuşacakları vardı. Dün geç saatlere kadar nerede olduğumuzu ve ne yaptığımızı öğrenmek istiyordu. Kara da onlara katıldı; ben ise, çoktan uyanmış ve Müneccimin yanında oturmakta olan İranlının yanına gittim.

Yanına oturup Başnâzırla konuşmaya başlamıştım ki Kör beni sesimden tanıdı ve şöyle sordu:

"Yanılıyor muyum, yoksa Draa Vâdisi'nden gelen efendi yanımda mı?"

"Hayır, yanılmıyorsun" diye cevap verdim ona. "Benim."

"Başka kim var?"

"Bir dostumuz, bizim grubumuza mensup."

"Günün hangi vaktindeyiz? Hava aydınlık gibi."

"Evet, sabahın erken saatleri. Kısa süre sonra güneş bütünüyle görünecek."

"Beni ne zaman bulmuştunuz?"

"Dün."

"Daha fazla zaman geçmedi mi üzerinden? Sana dünkü konuşmamızla ilgili bir şey söylemeliyim. Belki de sussam daha iyi etmiş olurdum, fakat seninle konuşmak için bir dürtü var içimde ve bu dürtü benim için her zaman konuşmak isteyenin Ben Nur olduğunun bir delili oluyor. Bu adı biliyorsun, değil mi?"

"Evet."

"Ve onun ruhumu sık sık bu dünyada bulunmayan yerlere götürdüğünü de biliyorsun, değil mi?"

"Biliyorum."

"Öyleyse sana, onun geçen gece yine yanımda olduğunu ve onunla birlikte dünyadan ayrılmış olduğumu söylemek istiyorum."

"Onunla nereye gittin?"

"Ölüm saatine."

"Fakat bu bir zaman, bir yer değil."

"Bu zamana kadar ben de böyle düşündüm, fakat artık gerçeği biliyorum. O gece benim için ölüm saati, ölenlerin ruhlarının önümden geçip gittiklerini görebilmem için Ben Nur'la birlikte yüksek bir taşın üzerinde durduğum bir mekândı. Şimdi onu önümde öyle net görebiliyorum ki sana tam olarak târif edebilirim."

İhtiyar söylediğini yaptı ve târif ettikleri, dün kayanın üzerinde duymuş olduklarımıza tam olarak uyuyordu. Bizden, yani refâkatçilerinden söz etmedi. Bu yüzden ona şunu sordum:

"O tuhaf yerde yalnız mıydın?"
"Ben Nur yanımdaydı."
"Başka kimse var mıydı?"
"Hayır."
Anlaşıldığı üzere yanında kimler olduğunu bilmiyordu ve onunla birlikte kayanın tepesine çıkmış olduğumuzdan da habersizdi. ·

Sonra bize gördüklerini anlatmaya başladı. Her bir ruh grubunu Ben Nur'un ona dün göstermiş olduğu biçimde bize tasvir etti. Anlatmayı bitirdiğinde ona:

"Gördüklerinin rüyâ değil, gerçek olduğundan emin misin?" diye sordum.

"Rüyâ değildi! Bazen rüyâ görürüm, fakat rüyâlarımı görüntülerden öyle iyi ayırt edebilirim ki yanılmam mümkün değil."

"Rüyâ ve görüntü arasındaki sınır veya fark, ikisini birbirine karıştıramayacağın kadar keskin ve belirgin mi?"

"Evet. Hatta rüyâyla rüyâ arasında da ayrım yapabilirim. Uyumadan önce insanın kafasını meşgul eden son düşüncelerin devamı olan rüyâlar vardır; bunlar hiçbir anlam ifade etmezler. Bir de özellikle gösterilen rüyâlar vardır. Ben Nur bana bir şey söylemek istediği zaman, bunu başka türlü yapamazsa, rüyâmda söyler. Uyandıktan sonra onunla bir yere gitmediğimi, yalnızca bir rüyâ gördüğümü, fakat bu rüyânın onun eseri olduğunu bilirim. Ruhumun bedenimi terk ettikten sonra nerede bulunmuş olduğu konusunda da asla yanılmam. İlk zamanlarda, ben henüz buna alışık değilken ve ayırt etme konusunda deneyimim yokken, arada bir yanılgıya düştüğüm olurdu. Fakat artık hiç yanılmıyorum."

"Yani bu gidişlerin sırasında gördüğün her şeye inanıyor musun?"

"Evet."

"Ben Nur'un sana gece söylediklerine de inanıyor musun?"

"Evet. Ve benim için ona inanmak asla bu kez olduğu kadar zor olmamıştı."

"Neden?"

"Çünkü çok sayıda insanın azap çukurunun üzerinden geçmeyi başaramayacaklarını söyledi."

"Çok ya da az olmaları seni neden rahatsız ediyor?"

"Ben hayatım boyunca rahmeti rahman kapısının kendisine açılacağından kesinlikle emin olduğum tek bir insanla karşılaştım. Oradaki ruhların hepsi burada yaşarken sevginin, iyiliğin ve merhametin bolluğunu paylaşsalardı, Ben Nur onları cennetlikler olarak tanımlardı! Ve ben yalnızca bir kez karşıma çıkan o sevgi dışında asla, asla sevgi bulamadım."

"Fakat ebeveynlerin ve kardeşlerin vardı, değil mi?"

"Onlar benden nefret ettiler!"

"Dostların?"

"Kendilerine dost dediler, ama öyle değillerdi!"

"Peki ya karın?"

"O bir riyakârdı!"

"Çocukların?"

"Allah'a bin kez şükürler olsun ki çocuğum yoktu! Çünkü çocuklarım olsaydı ve diğerleri gibi onlar da beni sırtımdan bıçaklamış olsalardı, çoktan ölmüş ve intikam düşüncemden ötürü ölüm köprüsünden azap çukuruna düşmüş olurdum. Başımdan geçen bunca şeyin ardından hâlâ sevgiye muktedir olabileceğime inanıyor musun?"

"Evet."

"Allah senin iyi inancını kutsasın; çünkü bana inandığını düşünürken, aslında insanlığa inanıyorsun. Evet, yanında sevgi bulmuş olduğum o kişi sayesinde, sevgiyi hâlâ yüreğimde sımsıkı tutuyorum. O kendini hiçe sayan bir merhametle bana sahip çıktı ve böylece beni çaresizlikten, bu dünyanın ve öbür dünyanın felâketinden kurtardı. İnsanlara duyduğum yitik güveni ve inancı bana geri veren onun sevgisidir. Aklım erdiği sürece sevgiyi boş yere arayıp durdum. Sevgiyi Tanrıda, insanlarda, yaşamın içinde ve kilisede..."

"Kilisede mi?" dedim şaşkınlıkla.

"Evet, kilisede. Eskiden Hıristiyan olduğumu senden saklamak istemiyorum. Bir Müslüman olduğun için, benim İslâm'ı çocukluğumdan itibaren veya kısa süre önce benimsemiş olmam senin için fark etmemeli."

"Hıristiyan kilisesinden ayrılmana ne sebep oldu?"

"Boş yere sevgiyi arayışım! Yalnızca onları, o Hıristiyanları tanıman beni anlamana yeterdi. Mezheplere, tarikatlara ve adları farklı pek çok gruba ayrılmışlar! Birbirlerinden nefret edip, birbirlerine zulüm ediyorlar! Buna benim kendi kaderimin verdiği üzüntü de eklendi. Gördüğüm Hıristiyanlar tüm yerkürenin en sevgisiz insanları olduğundan, sevgiyi öğütleyen bu din hakkında bir daha hiçbir şey duymak istemedim. Hıristiyanların İncil'i, insanın eylemleriyle tanınabileceğini söyler. Fakat ben, inancın da kendi mahsullerinden tanınabileceğini ve Hıristiyanlığın mahsulleri nefretten, hasetten ve kendini beğenmişlikten başka bir şey olmadığı için, kilisede bulamadığımı camide aramaya karar vermemin zor olmadığını tüm hiddetimle söyledim."

"Peki aradığını camide bulabildin mi?" diye sordum.

Ona çok daha başka sorular sorabilmeyi ve onu himâyem altına alabilmeyi ne çok isterdim! Hakikaten yalnızca sevgisiz Hıristiyanlar mı tanımıştı? Fakat bu kısacık soruyla yetinmek zorundaydım, çünkü o sırada uzun sohbetlere ayıracak vaktimiz yoktu ve Hıristiyan olduğumu gizlemem gerektiğinden, ona yüreğimi açmamaya özen göstermek zorundaydım. O dinini değiştirmişti. Bilindiği gibi, müsamahasızlık ve dini fanatizm dininden dönenlerde rastlanan en tehlikeli özelliklerdir. Kısa bir süre düşündükten sonra soruma cevap verdi:

"Seninle bu sohbete başlamamın nedeni Hıristiyanlıkla İslâm'ı karşılaştırmak değil. Bana aradığım şeyi... sevgiyi verebilen yalnızca tek bir insana rastladığımı daha önce söylemiştim. Hâlâ yaşıyor oluşumu bu adama borçluyum; o beni bedenen, mânen ve ruhen yeniden yarattı. Ve ben kendimi tüm benliğimle ve sahip olduğum her şeyle, bedenimle, ruhumla, bütün yaşamımla ona adadım."

"Peki kim bu adam?"

"Abadilah."

"El Gani dedikleri, Mekke'nin Şeh el Hâre'si mi?"

"Evet... Sana bir şey sormak istiyorum. Sakıncası var mı?"

"Sor!"

"Biraz önce koruyucumun, tek dostumun sesini duydum" dedi. "Söyle, o burada mı?"

"Evet" dedim.

"Neden yanıma gelmiyor?"

"O ve adamları senin öldüğünü sandılar, seni gömdüler ve hayvanlarına binip gittiler. Sonra seni birdenbire karşılarında görünce korktular ve senin bir hayâlet olduğunu sandılar."

Bu zavallı, yaşlı, kör adam nasıl da sonsuz bir kedere boğdu beni! O dininden dönmüş, Hıristiyanlığı reddetmiş olsa da, aldatılmış ve aldanmıştı; acısını yürekten paylaştım. Ona gerçeği mümkün olduğu kadar onu üzmeden söyleyebilmenin bir yolunu aradım. Bu sırada İranlı oturduğu yerde sabırsızlıkla bir ileri bir geri sallanıyordu. O anda Köre karşı vazifemizi değil, yalnızca soygunu ve kendisine yapılan muameleyi düşünüyordu. Göz ucuyla ona kendisine hâkim olmasını işaret ettim, fakat beni anlamadı.

"Bir hortlak, bir hayâlet değilim ben!" dedi Kör. "Onun, oğlunun ve diğerlerinin yanımda olmalarını istiyorum. Onları buraya çağır!"

O anda Başnâzır kendini tutamadı: "Yanımıza mı? Bu aklımızın ucundan geçmez!"

"Neden? Neden olmasın?" diye sordu Müneccim.

"Namuslu adamlar hainlerle birlikte oturmazlar!"

"Hainler mi? Kimleri kastediyorsun bu sözle?"

"Gani ve hırsızlık çetesini."

"Hırsızlık... çetesi... mi? Doğru mu duydum?"

"Doğru duydun."

"O bir hain mi, bir hırsız? Ya bana berbat bir şaka yapıyorsun, ya da öyle bir yanılgı içindesin ki bundan daha büyüğü olamaz."

"Ne şaka yapıyorum, ne de yanılıyorum. Söylediğimde ciddiyim ve ne söylüyorsam, tamamen gerçek; çünkü elimizde deliller var."

"Hangi deliller?"

"Çalmış olduğu ve bizim tarafından ondan geri alınan mallar."

"Nerede... ve ne... ne çalmış?"

"Meşed Ali'de Kans el-A'dhâ'yı soydu. Ben bu hazinenin başnâzırı olarak askerlerimle birlikte buraya kadar peşlerinden geldim ve hırsızlarla malları burada ele geçirdim."

Kör sustu. Sanki parmaklarının arasında en ufak parçalarına ayırmak ve örselemek istediği bir şeyler varmış gibi onları asabiyetle hareket ettiriyordu. Uzun bir müddet sonra yüzünü bana çevirdi ve parıltılar saçan gözlerini açarak şöyle dedi:

"Efendi, hâlâ burada mısın?"

"Evet."

"Seninle konuşmak istiyorum, yalnızca seninle; bu adama artık tek kelime etmek istemiyorum. Sana Allah'ın, halifelerin, Kuran'ın ve senin için kutsal olan ne varsa hepsinin huzurunda yalvarıyorum. Bana hakikati söyleyecek misin?"

"Evet."

"Öyleyse konuş! Yol arkadaşlarım hakikaten sizin yanınızda hırsızlıktan tutuklu mu bulunuyorlar?"

"Ne yazık ki evet."

"Bunun nasıl olduğunu anlat bana!"

Bu isteğini ona duyduğum saygının gerektirdiği biçimde yerine getirdim. Hiç sözümü kesmeden beni dinledi ve ben sözlerimi bitirdiğimde, yine bir süre susarak öylece oturdu. Tüm bedeninin usulca titrediğini gördüm. Son derece gergindi. Nasıl bir sonuca varacağını heyecanla bekledim. Nihâyet şöyle dedi:

"Efendi, şimdi senden ricâ edeceğim şeyi yerine getirecek misin?"

"Bunu şimdiden bilemem."

"Benim için yapamayacağın hiçbir şey istemeyeceğim senden. Hatta bu sizin için çok kolay."

"Ne olduğunu söyle!"

"Gani sizin tutuklunuz mu?"

"Evet."

"Yanına gitmeme ve benim de tutuklanmama izin verin!"

Farklı bir şey beklememiştim. Onun bu arzusunu yerine getirmeli miydim? Ben cevap vermekte gecikince konuşmaya devam etti:

"Sana yemin ediyorum; kör olmama ve Gani'yi görememememe rağmen düşündüğüm şeyi yapacağım. Bunu ancak beni zincire vurarak engelleyebilirsiniz. Fakat bunu yapmadığınız takdirde ona gideceğim. Bana onu göstermenize gerek yok. Ona seslenirim ve o cevap verdiğinde sesi beni ona götürür. Şimdi neye karar verdiğini söyle!"

Konuşmanın son kısmında yanımıza gelmiş ve İhtiyarın arzusunu duymuş olan Halef, benim yerime cevap verdi:

"Ben, Hacı Halef, sana yapılması gerekeni söyleyeceğim. Onlar hırsızlık yaptıkları için tutuklu bulunuyorlar, fakat sen namuslu bir adamsın ve bu yüzden özgürsün. İstediğin şeyi yapmana engel olamayız. Hâlâ Gani'nin yanına gitmek istiyor musun?"

"Evet, istiyorum!"

"Öyleyse ayağa kalk ve bana elini ver! Umarım şimdi yapacağın şeye pişman olmazsın! Ben seni oraya götüreceğim."

Arkalarından bakmadım; ayağa kalktım ve kahve keyfimiz için yere kilim sermiş olan Hanne'nin yanına gittim. İranlıyı birlikte kahve içmeye davet ettik. Halef geri döndüğünde yanıma oturdu ve herhangi bir şeyi tamamen kendi kararıyla yaptığı tüm zamanlarda olduğu gibi, bana şöyle sordu:

"Doğru davrandım mı, Sihdi?"

"Evet."

"Senin onayını aldığım için memnunum, fakat bu mesele hoşuma gitmiyor. Elimizden başka bir şey gelmezdi, çünkü Kör kendi kendinin efendisi ve bizim onun iradesine karşı gelerek, onun yerine karar vermeye hakkımız yok. Bizim yanımızda kalmaya mecbur olsaydı, onunla ne yapabilirdik?"

"Onu Mekke'ye götürebilirdik."

"Peki ya orada ne yapardık?"

"Şundan şüphem yok; orada onu bu zamana kadar olduğundan daha iyi ağırlamayı başarabilirdik."

"Ben de böyle düşünüyorum. Onun için uygun bir yer bulamasaydık bile, kimseye zararı dokunmayan kör bir adam için Haddedihnlerin çadırlarında yeterince yer var. Müneccim bundan sonra uzun süre yaşamaz, öbür dünyaya bu dünyadan daha yakın duruyor. Ruhu neredeyse çoktan köprünün eşiğinde. Kaldı ki ondan öğreneceğimiz daha çok şey vardı!"

"Merak mı ediyorsun?"

"Bu merak değil, öğrenme hırsı."

"Peki bu bilginin sana ve kabilene faydalı olacağına inanıyor musun?"

"Evet. Dünya yaşamı cennet için bir hazırlık anlamına geliyorsa, öbür dünya hakkında bir şeyler öğrenebilmek için her fırsatı değerlendirmek vazifemizdir."

"Senin kastettiğin hakiki şeyler."

"Dün duymuş olduklarımızın aldatmaca olduklarını mı düşünüyorsun?"

"Bu konuda henüz bir yargıda bulunmaya hakkım yok. Kör sözde koruyucusunun yanına gitmek yerine bizim yanımızda kalmış olsaydı, yargıda bulunabilmek için muhtemelen daha fazla bilgimiz olurdu. Şimdi öbür dünyayı düşünmeyi bırakıp bu dünyayla ilgilensek daha iyi olur."

"Şeyhi, bize karşı her türlü düşmanca hareketten kaçınacağına yemin etmeden serbest bırakmamamızı öneriyorum."

"Dediğin gibi yapacağız."

"Söyle Sihdi, bizim için onun yemininden daha iyi bir teminat yok mu?"

"Hayır, en azından benim bildiğim kadarıyla yok, sence var mı?"

"Hayır."

"Peki ya sence Khutab Ağa?"

"Bence de başka bir şey yok" dedi İranlı. "Beni dostunuz olarak kabul ettiniz ve yaşadığım sürece size minnettar olacağım. Bu yüzden Beni Khalidlerden gelebilecek daha başka tehlikelere maruz kalmanıza göz yumamam. Aksi takdirde benim meselem burada sona ermiş olurdu. Çalınan hazineleri geri aldım ve askerlerim de özgürlüklerine kavuştular. Yani artık hayvanlarımıza binip memleketimize dönebiliriz."

"Bunu ne zaman yapacaksın?"

"Siz de yola düşünce, daha önce değil."

"Peki ya biz Sihdi?" diyerek söze karıştı Halef. "Biz ne zaman gidiyoruz?"

"Beni Khalidler gidince" diye cevap verdim.

"Neden daha önce değil?"

"Artık beni tanıyamıyor gibisin Halef."

"Ne? Artık seni tanıyamıyor muyum? Ah Sihdi, bu ne biçim lakırdı! Seni kendimden bile daha iyi tanıdığımı çok iyi biliyorsun."

"Fakat son sorun yüzünden şüpheye düştüm; çünkü benim asla vazgeçemeyeceğim bir huyum var ve sen bunu unuttun."

"Hangi huyundan söz ediyorsun?"

"Mümkün olduğunca düşmana arkamı dönmeme huyumdan. Pek çok başarımızı bu alışkanlığıma borçluyuz sevgili Halef; burada, bu tehlikeli çöllerde bu huyumdan vazgeçmeyi aklımın ucundan bile geçiremem."

"Düşmana arkanı dönmez misin? Beni Khalidleri mi kastediyorsun?"

"Evet. Onlardan önce yola çıkarsak arkamızda kalırlar ve ne yapacaklarını bilemeyiz. Fakat önümüzde olurlarsa, bizi ciddi biçimde rahatsız etmelerini olanaksız kılacak şekilde onları istediğimiz sürece göz hapsine alabiliriz. Şimdi anlıyorsun, değil mi?"

"Sorulur mu! Bunu anlamasaydım susuz bir ırmak, bacaksız bir at ya da kendi açımdan Halef'siz bir Hanne olurdum. Sadece Beni Khalidlerin buna yanaşıp yanaşmayacaklarını bilmiyorum. Onları buna nasıl zorlayacaksın?"

"Kuyunun yanına gitmelerine izin vermeyerek. Develeri için su alamayacaklarına iknâ olurlarsa, başka bir kuyuya gidebilmeleri için acele etmeleri gerekecek."

"Fakat gittikleri yerde bize su bırakmazlarsa, sonra oraya vardığımızda susuz kalırız."

"Bu konuda en ufak bir endişem yok. Birincisi onların ne yana gidecekleri, bızim ne yana gideceğimiz henüz kesin olarak belli değil. Önümüzdeki bölge su açısından arkamızdakinden daha zengin; yani illa Beni Khalidlerin gidecekleri yolu tâkip etmemiz gerekmiyor. İkincisi sana buradaki, Bir Hilu'daki durumu hatırlatmak isterim. Beni Khalidler buraya da bizden önce geldiler ve biz buna rağmen yalnızca su almakla yetinmedik, aynı zamanda şimdi çölde bir bakıma kuyunun efendisi olduk; düşmanlarımız bizim iznimiz olmadan kuyuya yanaşamıyorlar. Şimdi için rahatladı mı?"

"Evet, tamamen rahatladı Sihdi! Şu Mekkelilere bak; Gani Köre nasıl da hararetle bir şeyler söylüyor! Ona her şeyi olduğundan çok daha farklı anlatacak. Müneccimin gözünde, gerçek olsa bundan gurur duyamayacağımız bir kişiliğe büründeceğiz. Bak, bir nöbetçi yanında bir Ben Khalidle geliyor! İşte sonun başlangıcı!"

Haberciyi bize getiren Haddedihnin dediğine göre; tüm Beni Khalid birliği kuyuya gitmek üzere harekete geçmiş, onları durdurmak ve şeyhlerinin yanıtını beklemeye iknâ etmek için fazlasıyla çene patlatmak gerekmişti.

"Buraya gelmemeleri için ne gibi bir sebep gösterdiniz?" diye sordu Halef.

"Bunun şeyhlerinin arzusu olduğunu söyledik" dedi Haddedihn. "Onlar da bu haberciyi şeyhleriyle konuşması için yolladılar."

"Doğrusunu söylemişsiniz. Bu sorunu hemen çözeceğiz. Şeyh Tavil'in yanına gidelim mi?"

Bu soruyu bana yöneltmişti, ayağa kalkarak cevabımı verdim. İranlı da ayaklandı ve Ben Khalidi peşimize takarak kuyunun yanına, şeyhlerinin bağlı bir halde oturduğu yere gittik. Şeyh biz daha yanına varmadan öfkeyle seslendi haberciye:

"Nihâyet biri geliyor! Benimle daha önce ilgilenemez miydiniz?"

Adam kabilesinin liderinin esir edildiğini görünce şaşırdı, şüpheli gözlerle etrafına baktı ve şöyle cevap verdi:

"Bunu sen istemiştin!"

"Bu bir emir değil, yalnızca benim tarafımdan söylenen bir sözdü. Aradaki farkı anlamalıydınız. Geceyi nerede geçirdiniz?"

"Binicilik gösterisi yaptığımız alanda."

Şeyhin sorularına engel olmamız için bir neden yoktu; zevkle dinledik.

"Askerlerle birlikte mi?" diye sordu.

"Evet."

"Şimdi neredeler?"

Bu soruyu sorarken Tavil'in gözleri kıvılcımlar saçıyordu. Haberci gözlerini yere dikti ve büyük bir mahcubiyet içinde:

"Gittiler" dedi.

"Nereye?"

"Bunu bilmiyorduk, fakat şimdi görüyorum ki buradalar."

"Kaçmalarına izin verirseniz, tabii burada olurlar. Gece geldiklerini görünce onları ölü askerlerin hayâletleri sandım, bizim askerler olabilecekleri aklımın ucundan geçmedi. Şeytan gözünüzü kör, kulağınızı sağır etmişe benziyor; başka türlü yirmi esirin bu kadar büyük bir gözcü birliğinin elinden kaçması mümkün olamazdı. Onları bağlamıştınız, değil mi?"

"Evet."

"Başlarında nöbet tutamadınız mı?"

"Tuttuk, hatta çok iyi tuttuk. Ortamızda duruyorlardı. Tedbirsizlik etmedik."

"Bu doğru değil! Büyük bir hata yapmış olmasaydınız sizden kaçamazlardı. Bu olayı araştıracak ve suçluları, yaşlı karılar gibi tembellik edebilmeleri için evlerine yollayacağım."

O anda Ben Khalidin ses tonu değişti:

"Biz yaşlı karılar değiliz. Ben bir Ben Khalidim, özgür bir bedevîyim ve kime istersem ona itaat ederim. Askerlerin kaçmasının suçlusu bizlerden biri değil, büyük bir sürü halinde gelen cinler."

"Neye benziyordu bu cinler?"

"Karanlık silûetlerdi, gölgeler gibi görünüyorlardı. Onlara dünkü hayâlet öncülük etti."

"Hangi hayâlet?"
"Buraya gelip konuşan hayâlet."
"Allah'ım!" diye bağırdı Şeyh, iyice dikkat kesilerek. "O hayâlet mi geldi?"
"Evet."
"Peki siz hemen kaçtınız mı?"
"Hayır. Fakat hayâletin ellerinde alevler saçan iki büyülü ışık vardı ve içlerinden çıkan iblis kafaları dört bir yana saçılıyordu. Biz Kuran'a ve peygambere îman ettik, fakat kimse bizden hayâletler ve iblislerle savaşmamızı bekleyemez."
"Bu alevler saçan büyülü ışıklar neymiş, hemen şimdi öğreneceğim. Ateş yakmış mıydınız?"
"Hem de iki tane. Hayâlet ilk ateşin yanına yaklaşır yaklaşmaz oradan uzaklaştık."
"Peki askerleri orada mı bıraktınız?"
"Elbette. Başka ne yapabilirdik? Sonra uzaktan, meydanda sessizce ve süratle hareket eden karanlık silûetler gördük. Onlar gittikten sonra geri döndüğümüzde askerleri bulamadık, develeri de ortadan kaybolmuştu. Askerleri ve develerini bizden hayâletler kaçırdı."
"Şimdi sana bu hayâletlerin en büyüğünü göstereceğim. Şuraya bak! Konuğumuz Abadilah'ın yanında kim oturuyor?"
Haberci o ana kadar Müneccimi fark etmemişti. Onu görünce çığlığı bastı:
"Allah'ım beni taşlanmış şeytandan koru! İşte orada oturuyor! Ta kendisi!"
"Ona iyi bak! O bir şeytan mı, bir hayâlet mi yoksa bir insan mı?"
"O... o bir... bir...?"
Adam neye uğradığını şaşırmış, aptallaşmıştı. Şeyh onu azarladı:
"Ne olup bittiğini güpegündüz dahi kavrayamadıysan, gecenin karanlığında korkudan aklınızı yitirmiş olmanıza hiç şaşmamalı! O Müneccimdi. Elinde ne tür bir ateş taşıyordu kim bilir. Abadilah, dostum, senden bunu ona sormanı ricâ ediyorum."

Gani, Şeyhin arzusunu yerine getirmek için yanında oturan Köre:

"Şimdi konuşulanları duydun mu?" diye sordu.

"Evet, her kelimesini" diye cevap verdi tamamen uyanık olan Kör.

"Dün akşam başka bir yerde dolaşmış olduğunun farkında mısın?"

"Evet."

"Nerede?"

"Neresi olduğunu bilmiyorum. Beni oraya götürdüler ve ellerime yanmakta olan iki meşale tutuşturdular."

"Kimler?"

"Haddedihnlerin şeyhi ve Draa Vâdisi'nden gelen efendi. Bunu kabul ettim. Çünkü kadın bana bunun, benim iyiliğim için yapıldığını söyledi."

"Meselenin ne olduğunu biliyor muydun?"

"Hayır. Bana söylemediler. Senin listeni çalan o hırsız ve ona yataklık edenler beni kandırıp alçakça oyunlarına alet ettiler. Doğruyu söyleselerdi, bunu asla yapmazdım. Allah onların belasını verecek."

"Senin yanında görmüş olduklarını söyledikleri gölgeler sence ne olabilir?"

"Muhtemelen o düzenbazların ortakları, Haddedihn savaşçılarıydı; çünkü mecburen yürüdüğüm yolda giderken, yanımda ve arkamda bana eşlik eden pek çok insanın ayak sesini duydum. Ve geri dönerken kulağıma gelen seslerden develerin de arkamda olduklarını anladım. Beni pis işleri için kullandıklarından haberim yoktu. Fakat Allah âdildir; yapılan hiçbir şey ödülsüz ya da cezasız kalmaz. Bu hırsızlar, bu düzenbazlar bir gün ölüm köprüsü Es Sırât'tan geçmeye kalkıştıklarında azap çukuruna düşecekler."

"Şimdi her şey anlaşılıyor" dedi kızgınlıkla Şeyh. "Meşalelerin ışığı fantezilerinizi harekete geçirdi ve orada öyle bir şey olmadığı halde iblis kafaları gördüğünüzü sandınız. Haddedihnlerin hayâletler olduklarına inandınız ve ateş etmek yerine onlardan kaçtınız. Böylece beni zafere götürecek olan esir askerlerin kurtarılmalarını sağladınız. Bunun hesabını sizden soracağım. Onun yüzünden daha fazla başımızın ağrımasını istemiyorsak; bu ihtiyar, kör, çocuksu ve dikkatsiz adamı zararsız hale getirmeliyiz. Bu tecrübesiz çocuk, yaptığı hata yüzünden savunmasızca Haddedihnlerin eline düşmüş olmamın beni nasıl öfkelendirdiğini anlamak zorunda. Düşündüklerimi gerçekleştirebilseydim şimdi bu adamların hallerine gülüyor olabilirdik. Fakat Allah'ın ve peygamberlerin huzurunda yemin ediyorum ki ihmal ettiğiniz her şeyi ben telâfi edeceğim!"

Bu tehdit de bir hataydı; çünkü mümkün olduğunca kendimizi emniyete almaya çoktan karar vermiş olmasaydık, bu tehdit bizi tedbirli olmaya sevk ederdi. El Gani'nin Körü kendisinin suçsuz olduğuna ve bizim kötü insanlar olduğumuza iknâ etmeyi başarmış olması Şeyhin bu tehdidinden daha çok ilgimi çekti. Müneccim kısa süre içinde yine, koruyucusu ve en iyi dostu olarak gördüğü bu hainin etkisi altına girmişti.

Halef, Şeyhin son sözlerini hoşnut bir gülümsemeyle dinlemişti. Ona şöyle dedi:

"Nihâyet ayaklarını yere basman ve acizliğini itiraf etmen beni memnun etti. Bu acizliğinden ilelebet bizi hatırlamanı sağlayacak biçimde faydalanabilirdik; fakat meşhûr iyi niyetimizle, tüm insanlara ve hatta düşmanlarımıza dahi duyduğumuz sevginin bize emrettiği gibi, size hak ettiğiniz kadar kötü davranmamaya karar verdik."

"Sizin sevginizi istemiyorum!" dedi küplere binerek Tavil Ben Şahid.

"Sevgimizi kabul etmek zorunda kalacak ve istesen de, istemesen de onu geri çeviremeyeceksin."

"Ayrıca acizliğimi itiraf etmiş değilim. Hâlâ sizden kat kat daha güçlü savaşçılara sahibim."

"Onlardan korkmuyoruz. Sizden üstün durumdayız ve bu üstünlüğü muhafaza etmek için de elimizden geleni yapacağız."

"Serbest bırakılmamı talep ediyorum. Beni bırakmamakta diretirseniz bu Ben Khalidi size karşı silahlanmaları emriyle savaşçılarıma yollayacağım."

"Onu yollamayı hele bir dene bakalım! Buradan bizim iznimiz olmadan ayrılmaya cesaret edecek olursa, bir kurşunla onu sonsuza kadar buraya mıhlarız."

Ufak tefek Hacının ne kadar sözünün eri olduğunu bilen Şeyh:

"Allah senin belanı versin!" diye homurdandı. Hacı bu bedduayı dikkate almayarak konuşmaya devam etti:

"Dostumuz Khutab Ağa, Meşed Ali'deki Kans el-A'dhâ'yı soymuş olan hırsızların peşindeydi; onları yakalayıp Şiilerin kutsal şehrine götürmek istiyordu, ki orada onları ölüm cezası bekliyor olacaktı. Fakat artık bundan vazgeçmeye karar verdi. Anlayacağın pisliğe bulaşmak istemeyen birinin çirkin haşaratlara yaptığı gibi, yürüyüp gitmelerine göz yumacak. Biz onlar için falakada karar kılmıştık, fakat bundan da vazgeçiyoruz; çünkü yaydıkları pisliğe daha fazla bulaşmak istemiyoruz."

"Sen konuşmaya devam et!" diyerek Hacıya çıkıştı Şeyh. "Konuşman bittiğinde benim de sana söyleyeceklerim olacak."

"Güzel! Sana itaat ediyorum; sen ki bu istirahat yerinin güçlü hükümdârısın! Hırsızlarla işimiz bitti, şimdi sıra sende. Seni de serbest bırakacağız. Bunu kabul ediyor musun?"

"Devam et!"

"Bu kadarı sana yetmez mi?"

"Baştan beri sergilemiş olduğunuz hilekârlık ve sinsilik yeter de artar bile. İyi niyetinizden nasıl da dokunaklı söz ediyorsun! Fakat ben bu sözde hoşgörünün altında yatan alçaklık uçurumunu biliyorum. Hırsızları cezalandırmaktan vazgeçiyorsunuz, çünkü onların suçsuz olduklarını çok iyi biliyorsunuz. Önce onlardan listeyi çaldınız ve şimdi de malları ele geçirmeyi başardığınız için sözde merhametinizle pisliğinizi örtmeye çalışıyorsunuz. İşin aslı bu! Hainler!"

Bu küstahça sözleri bir de alaycı bir gülüş izleyince, Halef hızla bana döndü ve öfkeden kıvılcımlar saçan gözlerle şöyle sordu:

"Sihdi, ona kırbacımın iknâ edici cevabıyla karşılık vermem, artık kesinlikle günah olamaz."

"Vurmayacağız Halef" dedim.
"İyi! Öyleyse gazabıma hâkim olmalıyım."
"Gazaptan söz etme!" dedi Şeyh yine gülerek. "Senin gazap dediğin şey, sadece sizin kim olduğunuzu anlamış olmamdan kaynaklanan bir kızgınlık. Bir de buna korkaklığınız, bizim sarsılmaz yiğitliğimizden duyduğunuz aşağılık korku ekleniyor."
"Korkaklık mı?" diye sordu Halef büyük bir şaşkınlık içinde.
"İnkâr etme! Anlaşmamızı gayet iyi biliyorsun: Mekkeliler için savaşmamız gerekiyordu. Fakat siz onları savaşmadan serbest bırakıyorsunuz. Bu korkaklık değil mi?"
Hacı öfkesine güçlükle hâkim olabildi. Mümkün olduğunca sakin cevap verebilmek için kendini çok zorlaması gerekti:
"Kendini temize çıkarabilmek için gerçekleri saptırıyorsun."
"Ben gerçeği söyledim."
"Hayır, yalan söyledin! Hırsızların serbest bırakılmaları için savaşma kararı almamıştık; savaşın sonunda galip gelen taraf onları teslim alacaktı. Sizin yanınızdaydılar ve biz onları teslim almak istedik. Bu yüzden Mekkelilerin kazanan tarafa verilmelerini kararlaştırmıştık. Fakat şimdi söz konusu olan onları teslim almak değil, serbest bırakmak; çünkü zaten bizim elimizdeler. Ve Mekkelileri cezalandırmadan bırakıyorsak, bunu merhametimizden yapıyoruz."
"Boşa kürek çekiyorsun. Dediğim dediktir. Benden korktuğunuz için onları serbest bırakıyor, bir yandan da Gani'nin malını elden çıkarmak istemiyorsunuz."
Korkaklığı dünyadaki en sefil duygu olarak kabul eden benim yürekli Hacımı tanıdığım için, artık fevrî davranabileceğini biliyordum. Bu yüzden çabucak söz almak istedim; fakat Hacı niyetimi anladı ve bana şöyle dedi:
"Ricâ ediyorum, şimdi bir şey söyleme Sihdi. Hiçbir Haddedihn savaşçısı böylesi bir hakaretin altında kalamaz."
O anda arkamızdan bir ses duyuldu:
"Hiçbir Haddedihn kadını da kalmaz!"
Arkamı döndüm. Hanne öfkeden kıvılcımlar saçan gözleri ve kızarmış yanaklarıyla arkamda duruyordu. Hararetli tartış-

malar öyle yüksek sesle yapılmıştı ki Hanne kuyunun diğer tarafından her şeyi duymuştu. O sırada bu hakaret dolu suçlamalara kendi açısından cevap vermek için oraya gelmişti. Alışılmadık bu durum bir anlık sessizliğe neden oldu. Derken Tavil Ben Şahid alaycı bir tavırla şöyle dedi:

"Bir kadın! Bu söylediğim şeyin gerçek olduğunu kanıtlıyor; Haddedihn kadınlarının erkeklerinden daha cesur olduklarını işte şimdi kendi kulaklarımızla duyuyoruz."

O anda Hanne Halef'i kolundan tutup tüm gücüyle yanına çekti ve şöyle dedi:

"Ben Hanne'yim, Ateybelerin kızı, Şammar kabilesinden gelen Haddedihnlerin şeyhlerinin karısı. Bu çenesi düşük Beni Khalid şeyhi oğlum tarafından yere yapıştırıldığı ve etkisiz hale getirildiği halde, yüzümüze baka baka bizi korkaklıkla suçluyor. Bu kahpeliğin cezasını vereceğiz ve ben bu vazifenin Ömer Ben Sadek'in yanı sıra eşimin ve oğlumun ellerine bırakılmasını istiyorum! Biz bu insanlardan hiçbir şey istemiyoruz. Bu zamana kadar elde etmiş olduğumuz her şeyden vazgeçtik, hatta çalınmış olan ve yeniden ele geçirilen Adak Hazinesinden bile. Onlar için savaşacağız, fakat zaferimizin ardından her kim bizim hırsız olduğumuzu söyleyecek olursa, onu sırtlanlara ve çakallara yem yapacağız. Ben bir kadın olarak sözümü söyledim, şimdi erkekler kendilerine düşeni yapsınlar!"

Hanne geri çekildi. Beklenmedik bir anda ortaya çıkışı ve öfkeli sözleri âdeta herkesin kanını dondurmuştu. Ben de kendimi bu tesirden kurtaramadım. Esasen bu zamana kadar elde etmiş olduğumuz her şeyi, yeniden silahların kararına bırakmayı kesinlikle onaylamıyordum; fakat biz erkekler için, o anda eşine ve çocuğuna duyduğu sevgiyi bir yana bırakan bu cesur ve kararlı kadına karşı çıkmak mümkün değildi. Kaldı ki bizim tarafımızdan savaşa katılacak olan o üç kişiyi endişelenmeme gerek kalmayacak kadar iyi tanıyordum. Halef eşine ender rastlanan bir savaşçıydı, bunu biliyordum. Ömer Ben Sadek pek çok kez kendini kanıtlamıştı, bunu şimdi bir kez daha yapmaması için ne gibi bir sebep olabilirdi? Bedensel ve ruhsal gücü hâlâ eskisi gibiydi. Peki Kara Ben Halef? Henüz çok gençti ve bizim kadar tecrübeli değildi, fakat babası onun için sahip olabileceği en iyi öğretmen olmuştu ve Haddedihnlerin yanında bulunduğum süre boyunca her gün zekâsı, becerikliliği, gücü ve dayanıklılığıyla beni memnun etmiş, hatta şaşırtmıştı. En dürüst savaşlarda bile mubah olan ve kendisiyle boy ölçüşecek kadar güçlü bir düşman karşısında ona asıl üstünlüğü sağlayacak olan pek çok hile hurdayı ve kurnazlığı benden öğrenmişti.

Hanne'nin önerisi, paha biçilmez organ taklitlerine sahip olabilme umuduna yeniden kavuşan Beni Khalid şeyhi kadar hiç kimseyi memnun edemezdi. Halef söz alana kadar beklemeyip ondan önce davrandı:

"Öyleyse savaşacağız! Bu kadın erkeklere cesaret veriyor. Ve bu savaş sadece Mekkeliler için değil, aynı zamanda Adak Hazinesi için yapılacak!"

Halef o anda sanki bambaşka biri oluvermişti. Düşmanını zafere götüren öfkeli telaşı, sağlıklı bir kararla yerini soğukkanlılığa bırakmıştı. Neredeyse lakayt bir tavırla cevap verirken, dudaklarında kendinden emin ve soğuk bir gülümseme belirdi:

"Evet, Adak Hazinesi için de savaşacağız ve her ne olursa olsun asla ödün vermeyeceğimiz şartlarımızı duyman gerekiyor. Bu şartları kabul edersen, şimdi sahip olduklarımızı bizden geri almanız sizin ellerinizde ve sizin yiğitliğinize bağlı olacak. Ama kabul etmezsen şimdi durum ne ise, yine öyle kalacak."

"Çıkar artık ağzındaki baklayı!"

"Öncelikle her türlü hakaretten kaçınmamızı talep ediyorum. Bizler âcizlikleri yüzünden harekete geçmekten kaçınıp kelimelere sığınan oğlan çocukları değiliz. Karar sana kalmış."

"Katılıyorum."

"İkincisi savaş ilerdeki kum düzlüğünde, kayaların senin Beni Khalidlerinin ve benim Haddedihnlerimin izlemesini engellemeyeceği yerde olacak. Her iki kabile karşılıklı yerlerini alacak ve düellolar ortada, onların huzurunda yapılacak. Düellolar üç Beni Khalid ve üç Haddedihn arasında teker teker gerçekleştirilecek. Galip gelen savaşçılarının sayısı daha çok olan kabile kazanmış olacak. O zamana kadar bizim muhafaza edeceğimiz Adak Hazinesi de kazanan kabileye ait olacak. Yenilenler kuyuyu hemen terk edip yollarına devam edecekler. Kabul ediyor musun?"

"Evet, elbette şimdi serbest bırakılmam şartıyla."

"Sevgili bedenin için endişelenme! Ona ihtiyacımız yok ve onu sana bağışlayacağız. Ancak önce anlaşmayı kabul ettiğine dair hamaîlin üzerine yemin edeceksin."

"Buna hazırım."

"Her iki tarafın bugün için art niyetlerinden vazgeçeceği de bu yemininin içinde yer alacak."

"Fakat daha sonrası için değil, değil mi?" diye sordu Şeyh hemen.

"Hayır."

"Öyleyse bunu da kabul ediyorum. Umuyorum ki bu savaş oyun değil, bir ölüm kalım savaşı olur."

"Kesinlikle! Siz ciddiye alın yeter, bir oyun olsun veya olmasın bizim için fark etmez."

"Düellolar hangi silahlarla yapılacak?"

Böylesi konularda bir eşi daha olmayan Halef'im en pervasız cevabı verdi:

"Bizim için bunun hiçbir önemi yok. Bu yüzden kararı size bırakıyoruz. Beni Khalidlerin arasından üç iyi savaşçı seçin ve onların her biri en kabiliyetli oldukları savaş yöntemini belirlesinler. Biz böyle eften püften meselelere kafa patlatmaya alışık değiliz."

"Galip geleceğinizden bu kadar emin olma! Vakitsiz öten horozu keserler. Ben yemin etmeye hazırım."

Şeyh Tavil'i çözdük. Halef onun karşısına oturdu. Kuran ikisinin arasına kondu. Her ikisi de ellerini onun üzerine koyarak hem kendilerinin, hem de adamlarının belirlenen şartlara sâdık kalacaklarına yemin ettiler. Sonra Şeyh hamaîlini tekrar boynuna taktı ve oradan uzaklaşmak için ayağa kalktı. Fakat gitmeden önce bir kez arkasını döndü ve şöyle dedi:

"Bugüne kadar asla sözümden dönmedim ve bugün de sözümü tutacağım; fakat siz kendi sözünüze sâdık kalmazsanız, vay halinize! Hangi silahların seçildiğini size bildirmesi için kısa süre içinde bir haberci yollayacağım. Savaşçılarımın içinden zafer kazanacağı kesin olan üç kişiyi karşınıza çıkaracağımdan emin olabilirsiniz. Bu yüzden size bir öğüdüm var; şimdiden üç mezar kazın ki düşmanlarımızı yatıracak yerimiz olsun."

Bunları söyledikten sonra gitti ve haberciyi de yanında götürdü.

Tüm Haddedihnler sabırsız bir bekleyiş içine girdiler. Ölümüne bir düello, hem de üç aşamalı... Bir bedevî için ne büyük bir hadise! Bu değişiklikten en az memnun kalan İranlı oldu ve bunun için kimse onu ayıplayamazdı. O çoktan amacına ulaşmıştı ve şimdi elde ettiği üstünlükten vazgeçip, üstünlüğü silahların başarısına bağlı kılmaya mecburdu. Ona destek oldum çıktım ve onu, seccadenin içindekiler için savaşmamıza itiraz etmekten vazgeçmesini sağlayacak kadar sakinleştirmeyi başardım.

Düellolar

Düellolar için kararlaştırılan yer dün akşam Müneccimle Ben Nur'un öncülüğünde geçmiş olduğumuz geniş ve kumluk araziydi. Oraya gittik ve hem kendi yerimizi, hem de düşmanlarımızın yerini ince kumlu zemine kalın çizgilerle çizdik. Halef onlara kuzey ve güney yönlerini vermek niyetindeydi, bense diğer iki yönün verilmesini önerdim ve ona, savaşçılarımız için sırtlarını güneşe dönmelerinin lehlerine olacağını, düşmanlarımızın yüzleri güneşe dönük olduğunda görmekte güçlük çekeceklerini söyledim. Bu yüzden biz çizdiğimiz çemberin doğuda kalan kısmını almaya karar verdik. Bu daha önce sözünü ettiğim savaş hilelerinden biriydi ve düşmana karşı bir aldatmaca söz konusu olsa da, bunun namussuzlukla ilgisi yoktu. Bu konuda vicdanımızın sızlamasına gerek olmadığını, Beni Khalidlerin habercisi geldiğinde gördük. Çünkü onun söylediklerinden öğrendiğimiz kadarıyla, onlar da en az bizim kadar kurnazlık etmeye çalışıyorlardı. Bizim şeyhimiz olarak Halef, onu yanına çağırdı ve ona almış olduğu emrin ne olduğunu sordu. Haberciden şu cevabı aldı:

"Yiğit Beni Khalidlerin Şeyhi Tavil Ben Şahid, sana karşılaşmaların silah, güreş ve harbe atma şeklinde yapılacağını söylememi istedi."

"Yapılacak mı? Bu kulağa, o ne isterse sadece kabul etmemizi şart koşan bir emir gibi geliyor."

"O da böyle düşünüyor!" dedi haberci üstüne basa basa.

"Öyle mi?"

"Evet. Silahları belirleyecek tek kişinin kendisi olduğunu ve sizin buna itiraz etme hakkınız olmadığını söyledi."

"Peki! Fakat gerçek şu ki bu belirlemeyi yapması için ona ben izin verdim ve o da bana kararını daha kibar bir biçimde bildirebilirdi. Silah kullanılacak, öyle mi?"

"Evet. Bu ilk bölüm?"

"Peki ne tür bir silah?"

"Filinta! Bu çok açık değil mi, niye soruyorsun?"

"Haddedihnlerin şeyhi Hacı Halef'in huzurunda olduğunu unutma! Eğer benimle hangi tonda konuşman gerektiğini bilmiyorsan, meseleyi halledemeden geri dönersin ve biz de sahip olduklarımızı muhafaza ederiz. Tavil Ben Şahid ve ben, hakaret edilmeyeceğine dair yemin ettik. Bu sadece seçilen sözcükleri değil, senin benimle konuşma tarzını da kapsıyor. Bunu aklından çıkarma! Bu yersiz sorunla, filintanın dışında başka ateşli silahlar da olduğunu bilmediğini ortaya koymuş oldun. Şeyhiniz mesafeyi belirledi mi?"

"Atmış adım ve her bir savaşçı için üç atış."

"O kadar uzak mı? Kim bu mesafeden isabet ettirebilir ki!"

Halef'in yüzünde hayâl kırıklığına uğramış gibi bir ifade vardı, fakat içten içe büyük bir memnuniyet duyuyordu; çünkü onun ve Kara'nın silahları diğer bedevî filintalarından daha üstündü. Onlara o silahları hediye olarak ben getirmiştim.

"Churdukla* mı yoksa russâsslamı** ateş edilecek?" diye sordu Halef.

"Tabii ki yalnızca Russâss'la!"

"Kabul ediyorum. Şeyhine söyle; kurşunlar silahlara doldurulmadan önce gösterilecek, ki yanlışlıkla Churduk konulmasın. - Peki ondan sonra güreşilecek mi?"

"Evet, çıplak gövdeyle ve kemerde bir bıçakla güreşilecek."

"Bıçak neye yarayacak? Güreşirken bıçak kullanılmaz."

"Bu güreş ölümüne yapılacak. Biri diğerinin sırtını yere getirir getirmez, onu bıçaklama hakkına sahip olacak."

---

* *Saçma.*

** *Filinta kurşunu.*

"Aranızda ün salmış bir güreşçi mi var?"

"Evet" dedi Ben Khalid arsızca gülümseyerek. "Bizim Ebu'l Kuvvet'i* hiç kimse yenemez. Adından da anlamışsındır; bu adı ona bu yüzden verdik."

"Güreşlerin ne kadar süreceğine karar verildi mi?"

"Tabii ki biri bıçaklanana kadar."

"Yine 'tabii ki' anlaşılan her şey sana tabii geliyor! Muhtemelen bizim üç savaşçımızın sizinkiler tarafından büyük bir kolaylıkla katledileceklerini de tabii buluyorsundur! Mızrak da mı atılacak? Uzun mızrakları mı, yoksa kısaları mı kastediyorsun?"

"Tabii ki kısa olanları, harbeleri!"

"İşte yine 'tabii ki' Sen hakikaten mükemmel bir Ebu el-Ma'umât'sın**! Bununla ilgili daha başka şartlarınız da var mı?"

"Tabii..." Bu kez sözünü yarıda kesti ve şöyle toparladı: "Evet, şartları sana bildirmek zorundayım. Mesafe yirmi beş adım. Her bir savaşçı üç harbe alacak."

"Peki! Aranızda bir de çok yetenekli bir harbe atıcı var, değil mi?"

"Her zaman isabet ettirir" diyerek bunu da onayladı Ben Khalid.

"Onu merak ettim. Bana söyleyeceklerinin hepsi bu mu?"

"Özellikle şunu vurgulamam gerekiyor; kimsenin canı bağışlanmayacak ve ölümüne savaşılacak. En azından kan akmazsa karşılaşmalar geçerli olmayacak. Her kim yerden kalkamayacak kadar yaralanırsa yenilmiş sayılacak ve galip gelen onu öldürme hakkına sahip olacak. Söyleyeceklerim bu kadar."

"Fakat benim söyleyeceklerim bitmedi! Ne zaman geleceksiniz?"

"Ben geri döndükten yarım saat sonra."

"Öyleyse kayalığın batısındaki yoldan git! Biz burada, şimdi durduğumuz yerde olacağız. Şeyhiniz hangi silahı seçti?"

"Şeyhimiz mi?.." diye sordu Ben Khalid çok şaşırarak. "Onun da düellolara katılacağını mı düşüyorsun?"

---

* *Kuvvetin Babası.*

** *Tabiiliğin Babası.*

"Elbette."

"Hayır, bunu yapmaz. Onun katılacağını düşünmen bile ona yapılmış bir hakarettir. Bir şeyh sıradan bir savaşçı değildir ve tabii ki yalnızca şeyhlerle savaşır."

"Tabii ki!.. Hakaret edici sözler söylememek konusunda anlaşmaya varmış olmasaydık, bize yapmış olduğu korkaklık suçlamasını şimdi ona geri iade ederdim. Ben de bir şeyhim, fakat benim yiğitliğime denk olan her savaşçıyla savaşırım. Ben bu düellolara da katılacağım; çünkü savaşçılarım kabilelerinin şerefi için hayatlarını ortaya koymaya cesaret ederlerken, güven içinde uzaktan seyretmeyecek olmaktan gurur duyarım. Fakat henüz filintayı mı, harbeyi mi, yoksa güreşimi seçeceğim bilmiyorum; önce düşmanlarımı görmek zorundayım. Yine de..."

"Bunu yapamazsın" diyerek sözünü kesti haberci.

"Nasıl? Seçemez miyim?"

"Hayır."

"Bunu isteyen ve beni seçmekten men edebilecek olan kim?"

"Şeyhimiz. Silahları da, şartları da o belirler."

"Konumuz şartlar değildi, ama konuşmaya devam et! Ne söyleyeceğini duymak istiyorum."

"Şeyhimiz sizin üç savaşçınızın kura çekmelerini istiyor. Savaşçılarınızdan her birinin hangi düelloya katılacağı kurayla belirlenecek."

"Fakat siz en iyi güreşçiye, en iyi harbe atıcıya ve muhtemelen en iyi nişancıya da sahipsiniz, değil mi?"

"Tabii ki!"

"Bak, bu 'tabii ki' kelimesini sadece bir kez daha senin ağzından duyacak olursam, sana hiç tabii gelmeyecek bir şey yapacağım! Bu kadar aptalca göstermiş olmasaydınız, kurnazlığınız takdir edilebilirdi. Her silah için en iyi adamınızı seçiyorsunuz ve bizim kura çekmemizi istiyorsunuz. Bu yaptığınıza kurnazlık değil, başka bir şey denir; fakat kibarlığımdan ne olduğunu söyleyemeyeceğim."

Konuşmasına kısa bir ara verdiğinde gözlerini önce Kara'ya,

sonra Ömer Ben Sadek'e ve onun ardından bana çevirdi. Ne düşündüğünü biliyordum. Oğlu da bunu tahmin etmişti.

"Baba, yap bunu!" dedi.

"Neyi?" diye sordu Halef gülümseyerek.

"Biz kuradan korkmuyoruz ve sen bunu kabul etmezsen, bizim de kendileri gibi olduğumuzu düşünecekler."

"Nasıl yani, oğlum?"

"Muhtemelen onlardan her biri bir silah konusunda uzmanlaşmış, fakat diğerini kullanamıyor. Biz onlara Haddedihn savaşçılarımızın her silahı en iyi şekilde kullanmayı öğrenmiş olduklarını göstermeliyiz."

O anda Halef'in yüzünde gururlu bir babanın mutlu ifadesi dolaştı, tekrar haberciye döndü ve şöyle dedi:

"Oğlum Kara Ben Halef'in söylediklerini duydun ve şeyhinin isteğini kabul edecek olmamın nedenini şimdi öğrendin. Bizi oyuna getirdiğini veya kurnazlığı sayesinde ondan korktuğumuz için bunu yaptığımızı sanmasın. Asıl neden şu ki hangi silahı kullanacağımızın bizim için bir önemi yok. Söyleyeceklerin bitti mi?"

"Evet."

"Öyleyse gidebilirsin."

Konuşmanın son bölümünde Halef istirahat yerimize doğru yürümeye başlamıştı ve hem biz, hem de Ben Khalid ona eşlik ettik. Hacı ona gidebileceğini söylediği zaman, haberci bizden ayrılmak yerine yanımızda kaldı ve:

"Ey Şeyh, sen bizzat savaşa katılacağını söyledin. Diğer iki kişi kim?"

"Bunu neden soruyorsun?"

"Çünkü onları görebilmeyi çok isterdim."

"Zamanı gelince hepiniz onları göreceksiniz."

"Ben şimdi görmek istiyorum."

"İstiyor musun? Allah'ım! Bunu istiyor olman ne büyük bir lütuf! Belki benim de bunu istememe müsaade edersin, değil mi?"

"Neyi?"

"Onları sana göstermemeyi! Şimdi gidebilirsin."

Kuyunun yanına vardığımızda kenarında suyla doldurulmuş bir kova duruyordu. Ben Khalid, Halef'in emrine uymadı, ısrarla yanımızda kaldı ve şöyle dedi:

"Onları görmek istedim, çünkü içlerinden biriyle bizzat ben savaşacağım."

Ona hayranlık duymamızı beklediği açıkça yüzünden okunuyordu. Halef bedevînin adaleli vücudunu baştan ayağa süzdü.

"Sen üç harbeyi de isabet ettirecek olan adam mısın?"

O anda Ben Khalid sağ kolunu geniş yeni üzerinden sıyırıp, gelişmiş kaslarını gözlerimizin önüne serecek kadar yukarı kaldırdı ve kendi kendine duyduğu hayranlıkla şöyle bağırdı:

"Evet, o benim! Şu kola ve şu kaslara bakın! Benim için hiçbir mızrak fazla ağır, hiçbir mesafe fazla uzak değildir! Benden kırk adım uzaklaş, elini yukarı kaldır ve bana hangi tırnağından vurmam gerektiğini söyle... ona isabet ettiririm!"

Bu kendini beğenmişlik karşısında Hacının kanı beynine sıçradı. Gözlerini kovaya dikerek:

"Galip geleceğinden eminsin, değil mi?" diye sordu.

"Tabii ki."

"Öyleyse bu ateşli hayâlini biraz serinleteyim!"

Halef hızla kovayı kaptı, onu yukarı kaldırdı ve içindeki suyu Ben Khalidin başından aşağı öyle hünerli bir biçimde boşalttı ki su adamın her tarafını eşit ölçüde ıslattı ve bu Haddedihnleri kahkahalara boğdu. Gururlu bedevîler, ölümcül saldırılar dışında komik duruma düşürülmekten daha kötü bir şey düşünemezler. Ben Khalid birkaç saniye olduğu yerde donup kaldı, fakat sonra şimşek hızıyla bıçağını Halef'in kalbine saplamak üzere kemerinden çıkardı. Hacı bu saldırının tezliği yüzünden kendini savunamayabilirdi; fakat onun kovaya nasıl baktığını görmüş ve niyetini anlamıştım, bir bedevîyi bu şekilde komik duruma düşürmenin ne kadar tehlikeli olduğunu biliyordum ve gözümü dört açmıştım. Hızla atıldım, fakat yeterince çabuk davranamamıştım; yalnızca Ben Khalidin bıçağı tutan elini başka bir yöne çevirmeyi başardım, böylece bıçak Halef'in giysisine geldi ve uzun bir yırtık oluşmasına sebep oldu. Fakat sonra adamın arkasına geçip, onu kollarından sıkıca yakaladım ve gövdesine öyle bir abandım ki kımıldayamadı.

"Onu bıçakladın! Kabilenizin elçisi olarak içimizden birine karşı silah kullandın! Çöl yasası dokunulmazlığına sürülen böyle bir leke karşısında hangi cezayı emreder, biliyor musun?" diyerek azarladım onu.

Savaşçılarımız hemen habercinin etrafını çevirmişlerdi. Bıçaklarını çıkardılar ve tehditkâr sözler söylediler. Ben Khalid benden kurtulmak için boş yere çabalarken yaptığını haklı çıkarmaya çalıştı:

"O bana... bana hakaret etti... bana su... üzerime..."

"Şeyh Hacı Halef mağlubiyetimizi böylesine 'tabii' bulmaman için seni uyardığında vermiş olduğu sözü yerine getirmekten başka bir şey yapmadı. Bu bizim için bir hakaretti. Bir elçi kendisine verilen emri yerine getirmeli ve konuyla ilgisi olmayan tek kelime dahi etmemelidir. Sen kolunla ve kaslarınla böbürlendin, şimdi bunun sonucuna katlanıyorsun. İstersem soluğunu kesebilirim. Silaha sarılmış olduğun için, seni hiç düşünmeden vurma hakkına sahibiz; fakat eşsiz harbe atışını merak ettiğimiz için gitmene izin vereceğiz. Bıçağın delil olarak burada kalacak; şeyhin bana, habercisine el kaldırmış olmamın hesabını soracak olursa bunu göstereceğim. Diğerleri kaçmana müsaade etmeme engel olmadan bir an evvel burayı terk et!"

Onu serbest bıraktım. Elinden zorla düşürmüş olduğum bıçağını yerde bıraktı ve çabucak uzaklaştı. Biraz gittikten sonra durdu ve tehditkâr bir tavırla elini kaldırarak bize şöyle bağırdı:

"Bunun bedelini ödeyeceksiniz! Siz beni suyla ıslattınız, ben de sizi kanlarınızla ıslatacağım!"

"Tabii ki tabii ki!" diye alay etti Halef.

Fakat Haddedihnler bu kez gülmediler, hepsi susmayı ve ortadan kaybolmayı tercih etti.

Hanne endişeyle yanımıza geldi ve bıçak darbesi yüzünden kan akmadığını, kesiğin iğne iplik yardımıyla onarılabileceğini görünce sevindi.

Bizi ne tür bir savaşın beklediğini biliyorduk, fakat en gerekli bilgiden yoksunduk: üç kişiden her birine hangi silahların düşeceği konusunda fikrimiz yoktu. Çok şey görüp geçirmiş olan Halef'in mütevâzı bir tavırla bana şunu söylemesi esasen oldukça etkileyiciydi:

"Sihdi, bu konuda bir fikrimiz olsaydı, elbette daha iyi olurdu. Seninle bunun üzerine konuşabilirdik ve biliyorum ki bu tür şeyler söz konusu olduğunda insan senden çok şey öğrenebilir."

"Sanmam, sevgili Halef! Çünkü benim yapabileceğim ve söyleyebileceğim her şeyi sen zaten biliyorsun."

"O kadar da değil! Biliyor musun Sihdi, sen o ya da bu silahın kullanılışından söz ederken, her zaman aklına o silahları daha önce kullanmış olduğun pek çok anı geliyor. Her koşul, her kullanım ve her başarı birbirinden farklı. Bıçaklar, filintalar ve tabancalar anılarında canlanıyor, düşünüyor, hesap ediyor ve âdeta seninle konuşuyorlar!"

"Senin kırbacın gibi" diyerek takıldım ona.

"Onunla alay etme! O gözde bir harem kadını; iyi yanları olduğu gibi, vıdı vıdı etmeyi de biliyor. Fakat şimdi konumuz o değil! Aklına hiçbir şey gelmiyor mu? Tedbirli hareket etmemize yarayacak bir önerin yok mu?"

"Siz zaten her şeyi biliyorsunuz! Fakat yine de bir şeye dikkatinizi çekmek istiyorum: Gözünüzü düşmandan ayırmayın; diğer her şey dikkatinizi dağıtarak sizin zararınıza olur! İzleyiciler arasında ne olursa olsun bu sizi hiç ilgilendirmemeli. Sabit ve hedefinden şaşmayan bir bakış çoğunlukla zaferin yarısı demektir. Silahlar için söyleyecek bir şeyim yok, fakat üç harbe için elbette var. Ben olsam şöyle yaparım: İlk olarak düşmanımın harbeleri atmasını beklerim, böylece dikkatimi sadece onun üzerinde yoğunlaştırabilir, kendi harbelerim için de dikkatli olmak zorunda kalmam. Bu şekilde bölünmemiş bir dikkatle düşmanın atışlarından sakınmak kolay olur. Sonra başka harbesi kalmayacağı ve harbeleri bana isabet etmemiş olacağı için, güçsüz kaldığını ve benim ondan üstün durumda olduğumu anlar. Böylece kendini güvende hissedemez ve bu da benim lehime olur."

"Ama sonra o da senin yaptığını yapar; senin attığın harbelerden kolayca kurtulması için yalnızca sana dikkat etmesi yeterli olur."

"Bir süre atacak gibi yaparak, fakat atmayarak onu tereddütte bırakırım. Bu ona gülünç gelir ve dikkati azalır. Bu hile karşısında öylece durduğunu ve artık bir kez bile kendini sakınmaya çalışmadığını anladığım anda, bu kez gerçekten harbelerin üçünü hızla arka arkaya fırlatırım."

"Maşallah! Üçünü birden mi? Fakat niye?"

"O yalnızca bir tane atacağımı zanneder ve tüm dikkatini bana değil, yalnızca ilk atılan harbeye yöneltir. Harbenin havada uçuşunu tâkip ederek yukarıya bakarken, muhtemelen benim bir tane daha fırlattığımı görmez. İkinci harbe ona isabet edecektir; o etmese bile üçüncüsü mutlaka eder. Bunu yapabilmek için elbette ilk olarak iyi bir harbe atıcısı olmak, ikinci olarak düşmanın hangi tarafa kaçacağını önceden kestirmeye yarayacak keskin ve deneyimli gözlere sahip olmak gerekir. Çünkü ikinci harbe mutlaka düşmanın kaçacağı tarafa atılmalıdır."

"Teşekkürler Sihdi! Bu sözlerini unutmayacağım. Umarım kurada harbeleri ben çekerim ve şimdi bize vermiş olduğun öğütlere tamamen uyabilirim. Peki güreş müsabakasında nasıl davranırdın?"

"Bu düşmana ve güreşin yapılacağı tarza göre değişir ve her ikisini de bilmediğim için bir plan yapmam mümkün değil. Güreş müsabakalarının pek çok farklı tarzı vardır. Her halükârda bedevîlerin alışık oldukları bir tarz söz konusu; burada amaç herhangi bir kurala riayet etmeksizin düşmanın sırtını yere getirmektir ve sırtı tamamen yere değen kişi yenilmiş sayılır."

"Umarım bunu yapmak bana düşer!" dedi Ömer Ben Sadek. "Benim karşımda en güçlü Ben Khalid bile uzun süre dik duramazdı."

Ömer öylece ayakta dikilirken, düşmanın büyük bir endişeye kapılmasını sağlayabilecek biri gibi görünmüyordu. Ne uzun, ne de alışılmışın dışında iri bir yapısı vardı; fakat onu üzerinde giysileri olmadan görmüş olan ve ne çok liyâkat göstermiş olduğunu bilen biri kesinlikle ondan, onun dış görünüşüne yansıttığından çok daha fazlasını beklerdi. Güreşirken kasları demirden, sinirleri çeliktenmiş gibi görünürdü. Bacaklarını açıp yere sıkıca basarak yumruklarını sıktığında ve dirseklerini iyice gövdesine bastırdığında, onu yerinden oynatabilmek için çok sayıda adam uğraşmak zorunda kalırdı. Bacakları yerinden oynatılamayan sütunlara benzerdi ve onun her bir uzvu bu dayanıklılığa sahipti.

"Evet, güreşseydin senin için endişelenmezdim" diyerek onu destekledi Halef. "Kimse senin sırtını yere getiremez. Sarmaladığın adamın yavaş yavaş yere yatmasına neden olan senin o tutuşunu, Haddedihnlerimizden hiçbiri taklit edemez."

"O benim tutuşum değil, ben onu Efendiden öğrendim. Çok kolay, fakat elbette parmakların bir kez iyice geçirildikten sonra bir an bile gevşetilmemeleri gerekiyor; tüm ustalık burada. Ben kurada güreşi çekecek olursam, şerefimiz için endişelenmenize gerek kalmaz. Fakat Efendi, müsabakanın ölümüne olması konusunda ne diyorsun? Beni Khalidler canımızı bağışlamayacaklar. Sence biz onlara karşı bu kadar katı olabilecek miyiz?"

"Aslında bu lüzumsuz bir soru" diye cevap verdim. "Çünkü bu konudaki görüşlerimi zaten biliyorsunuz. Eğer bir düşmanı öldürmeden zararsız hale getirebilirsem, onun canını bağışlarım. Bir insanın canını almak hem insanlığa, hem de benim Hıristiyanlık inancıma sığmaz. Fakat elbette buna zaferimizi riske atacak kadar riayet etmemeliyiz. Haberci en azından kan akması gerektiğini söyledi; biz bunu değiştiremeyiz, fakat yaraların ölümcül olması gerekmiyor. Üç Beni Khalid yalnızca yaralanacak olsalar bile, bizim için ölmüş kadar zararsız hale gelirler. Asıl mesele yerden kalkamamalarını sağlayabilmek."

"Fakat yenik sayılacak olanın boylu boyunca yerde yatması gerekiyor" diyerek söze karıştı Halef.

"Bunu yapmak çok zor değil; örneğin düşmanın dizine bir kurşun saplanırsa, onu tamamen yere yıkmak için bir de eline ateş etmek yeterli olur. Bu yüzden ben olsam düşmanın başını ya da kalbini değil, bacağını hedef alırdım."

"Keşke kurada filintayı ben çekebilsem!" dedi Kara. "Babam Hacı Halef, benim hedefi nâdiren ıskaladığımı sana söylemiş olmalı Sihdi. Şuraya bakın! Kör ne yapıyor?"

Müneccim Mekkelilerin yanında oturuyordu. O anda ani bir hareketle ayağa kalktı ve bizim durduğumuz yere doğru sanki görebiliyormuş gibi emin adımlarla yürüdü.

"Efendi, benimle gel!.. Yalnız!.." dedi bana, aramızdan duraksamadan yürüyüp giderken.

Bu oldukça şaşırtıcıydı. Nerede durduğumuzu ve benim de orada olduğumu nereden biliyordu? Bunu ona Mekkeliler mi söylemişti? Fakat öyle olsa bile, bu onun kendinden emin yürüyüşünü açıklamaya yetmezdi. Ve kendi sesiyle değil, Ben Nur'un sesiyle konuşmuştu. Yüzü ölü gibiydi, konuşurken dudaklarını neredeyse hiç oynatmamıştı. Ben Nur'un kayasına doğru yürüdü, ben de onun peşinden gittim. Yine mi yukarı çıkmak niyetindeydi? Hiç şüphesiz kendinde değildi. Hem de güpegündüz! Bu da mı uyurgezerlikti?

Henüz kayaya varmamıştık ki olduğu yerde durup bana doğru döndü ve yine yabancı bir sesle şöyle dedi:

"Efendi, seni seviyorum. Tanrının yarattığı tüm varlıkları seviyorum. Fakat sevgi yasasına kendi iradesiyle açılmış bir yürek gördüğümde, özel bir sevgiyle ona meylediyorum. Az önce söylediğin iyilik dolu sözleri duydum. Düşmanlarının canlarını bağışlamak istiyor ve böylece onlara bahşedilmiş olan hazırlık zamanına saygı gösteriyorsun; bunun karşılığını yalnızca öbür dünyada değil, bu dünyada da alacaksın. Çünkü zafer kazananlar sizler olacaksınız. Fakat seni hem kendine, hem de insanların zararına ve senin mahvına sebep olabilecek olan ejdere karşı uyarmalıyım. Evet, seni kendine karşı uyarıyorum; çünkü asıl düşmanın olarak sen, kendi kendini tehdit ediyorsun."

Sol eliyle elimi tuttu ve sağ eliyle elimi usulca okşayarak sözlerine devam etti:

"Asla sevginle böbürlenme! Cennet onu sana bağışladı, o cennetin varlığı ve sen sevgiyi burada tesirli hale getirdikten sonra, onu cennete faiziyle ve faizinin faiziyle geri vermek zorundasın. O yaşamın en büyük servetidir ve bu yüzden onu kabul eden kişiden, kalbini ona daha az açan ruhlara göre çok daha katı bir biçimde hesap sorulur. Onlardan daha iyi bir insan olduğunu sanma! Bir çalıdan fazla yeşil olması beklenmez, fakat su kenarında bir ağaç meyve vermelidir. Senin görevin o meyveleri getirmektir ve bunun için özel bir ödül alacağını sakın düşünme. Seni kendine karşı uyarmak zorunda oluşumun sebebi bu. Koruyucu meleğin benden, şimdi duymuş olduklarını sana söylememi ricâ etti. O bu körün eliyle sana şefkatle dokundu; çünkü sana doğru yolu göstermek istiyor."

Bu sözlerin ardından elimi bıraktı ve konuşmaya devam etti:

"Ve seni ejdere karşı da uyarıyorum. Yaşamın boyunca onunla savaştın, pek çok kez seni yere yıktı, fakat sen her seferinde kendi iradenle ve seni koruyan görünmez elin yardımıyla tekrar ayağa kalktın. Bu el senin iraden olmadan zayıf düşer, ama iraden onunla bir olursa bir dev kadar güçlü olur. Bu yüzden kendi arzundan asla vazgeçme, arzuların cennetin himâyesi altında gerçekleşecektir. Ejder yorulmak bilmez bir düşmandır ve daima pusuda bekler. Henüz senin de peşini bırakmadı, sadece zaaflarına yenik düşeceğin ânı bekliyor; o an geldiğinde pençelerini gösterecek ve onun gücüne karşı vereceğin zor savaş yeniden başlayacak. Görüyorum ki o burada, senin yoluna pusu kurmuş, çoktan sana ateş püskürtmeye başlamış. Çok yakında onunla savaşacaksın, bu yüzden gözünü dört aç!"

İhtiyar sustuğunda dilimin ucuna bir soru geliverdi. Sanki düşüncelerimi okuyabiliyormuş gibi şöyle dedi:

"Bu ejderin kim olduğunu öğrenmeyi çok isterdin, değil mi?"

"Evet" diye cevap verdim.

"O Tanrıdan kopuştur. Ejder, şu anda içinde yaşamakta olduğun âlemin sevgisizliğe dönüşüdür. Dikkatli ol ve ilk adımı atmaktan muhakkak sakın! İlk adımı diğerleri tâkip eder ve sen yoldan ayrılmış olduğunu bile fark edemeden ondan uzaklaşırsın. Koruyucu meleğin, ejderin üzerine doğru yürümekte olduğunu sana söylememi ricâ etti. Onunla vereceğin savaş kaçınılmaz; bu yüzden o seni yakalamak için pençelerini havaya kaldırdığında sana bir işaret vereceğim. Tehlike anında benim sana 'ejder' dediğimi duyacaksın. Bunu duyar duymaz, gerçekleştirmeye niyet etmiş olduğun kararından çabucak geri dön; yoksa kararın seni felâkete sürükler."

Benim için hakikaten bir tehlike söz konusuymuş gibi dokunaklı konuşmuştu. Derken daha kısık bir sesle sözlerine devam etti:

"Şu anda karşında durmakta olan zayıf beden baştan çıkarılarak sana düşman oldu; senden ricâ ediyorum, gitmesi gereken yere gidebilmesi için buna çok ihtiyacı olan Körden yine de sevgini esirgeme! Onun iyileşmesi ve senin güzel bir vazife üstlenebilmen için, sizi bir araya getirdim. Yalnızca bir yanılgıya düştüğü için yapmış olduklarını bağışla ve gönülsüzlüğüne rağmen onun dostu olarak kal! Kutsal Mekke'de içinde üç seccade bulunan küçük bir ibâdethane var, seccadelerden ikisi kırmızı... Ortalarındaki mavi boyalı, üzerine Kuran'dan sözlerin altın suyuna batırılmış ipliklerle işlenmiş olanı doğru seccade. Orada şu anki düşüncelerinin hedefini bulacaksın ve o seni huzura kavuşturacak; orada aynı zamanda sizi kurtaracak olan amel için gereken anahtarı bulacaksın ve bu yalnızca sizin değil, bir başkasının da kurtuluşu olacak. Sana gerekeni söyledim. Haydi, seni bekledikleri yere git! Sana bağışlanmış olana sıkıca sarıl ve iyi bir insan olarak kal! Allah'a ısmarladık!"

Bu vedâ sözlerinin ardından Müneccim beni götürmüş olduğu yerden ayrıldı. Yanımdan geçip gitti ve aynı yoldan tekrar kuyunun bulunduğu yere döndü. Ben sırtım o tarafa dönük duruyordum. Arkamı döndüğümde Beni Khalidlerin, habercinin söylemiş olduğu gibi kuyuyu çevreleyen kayalıkların batısından gelmekte olduklarını gördüm. Oraya gitmem gerekiyordu. Kör, beni bekledikleri yere gitmemi söylediğinde bunu mu kastetmişti? Tuhaf! Bana söylemiş olduklarını düşünecek vakit bulamadan yürüdüm. Fakat özellikle "Mekke"deki küçük ibâdethane' hakkında duyduklarım hatırımda kalmıştı. Bu bir kehânet gibiydi! Üç seccade, ortadaki mavi ve üzerinde altın işlemeli Kuran sözleri var! Ortadaki seccade o olmalı. Peki ama "o" ne? Düşüncelerim daha şimdiden bu hedefe yönelmiş! Körü kullanmayı çok iyi beceren El Gani'nin, Müneccimin dertlenerek anlatmış olduğu büyük kaybında da suçu olduğundan çoktandır emindim. Düşüncelerimin yönelmiş olduğu hedef bu muydu? Kurtuluş sadece bir tehlike karşısında söz konusu olabilir. Bizi bekleyen böyle bir tehlike mi vardı? Ayrıca El Gani ve adamlarıyla karşılaşmamızın sonrası da düşündürücüydü! Kurtarılacak olan diğer kişi kimdi? Müneccim miydi? Bir de ejder vardı; peki o kimdi? Çoktan bana pusu kurmuştu ve onunla savaşmam kaçınılmazdı.

Bu kuruntuları bir kenara bırakmak zorundaydım; artık hakikate dönmemin vakti gelmişti.

Beni Khalidler develerini ve tüm yüklerini yanlarında getirmişlerdi. Kesinlikle galip geleceklerini düşündükleri ve zaferlerinin hemen ardından kuyunun bulunduğu alanı işgal etmek niyetinde oldukları ortadaydı. Şimdilik hayvanlarını kayalığın öbür tarafında bıraktılar ve habercinin onlara söylemiş olduğu gibi yerlerini almak için geldiler. En azından habercinin onları bizim çizmiş olduğumuz çemberin batı tarafına götürdüğünü ve bir o yana bir bu yana yürüdüğünü gördüm. Yani güneşi arkamıza almayı başarmışa benziyorduk. Şeyhleri kibirli bir tavırla geride, develerin yanında kalmıştı. Haddedihnlerimiz bize ait olan tarafta düzenli bir biçimde yerlerini almışlardı. Hanne için üzerinde oturup savaşı seyredebileceği bir örtü yaymışlardı. O sırada kuyunun yanında kimsecikler yoktu, çünkü Mekkeliler de orayı terk etmişlerdi. Halef onlara canları ne isterse yapabileceklerini söylemişti ve ben, Müneccimin geri dönüşünün ardından, Mekkelilerin onunla birlikte Beni Khalidlerin yanlarına gittiklerini gördüm. Onlar da hayvanlarını yanlarına almıştı. Savaşın asıl nedeni olan hazine bizim nezâretimizdeydi.

Ben her şeyden önce yirmi beşlik av tüfeğimi aldım. Halef benim bu silahla geldiğimi görünce şöyle dedi:

"Aferin, Sihdi! Şeyh asla sözünden dönmeyecek kadar şerefli biri, fakat bu Beni Khalidlere güven olmaz. Yenildiklerinde hırslarından şiddete başvurabilirler ve Şeyh buna engel olmaz. Bunun için en iyi çare senin av tüfeğin. Yerin burası, Hanne'nin yanı. Khutab Ağa onun diğer yanına oturacak."

Biz sakindik, ama Beni Khalidler yerlerine yerleşene kadar son derece hareketli ve gergindiler. Nihâyet büyük bir yarım daire oluşturarak oturdular; bu yarım dairenin ortasında havada uçuşacak olan kurşunlar ve harbeler yüzünden bir boşluk bırakılmıştı, bu şekilde izleyiciler yaralanmayacaklardı. Sadece üç Beni Khalid oturmadı. Gururlu adımlarla ve meydan okuyan el kol hareketleriyle sağa sola yürüdüler. Onlar bizim rakiplerimizdi ve "sucu" da aralarındaydı.

Nihâyet Tavil Ben Şahid de geldi. Çembere girdi ve tüm haşmetiyle ortadaki yerini aldı. Üç kahramanı onun peşinden geldiler. Bizim yanına gitmemizi bekledi ve biz bekleneni yaptık. Dünkü darbelerden için için yanan yüzünden, her ne kadar sakin görüntüsünün arkasına gizlese de, nefret okunuyordu.

"Hakaret edici sözler söylemek yasak" diyerek konuşmasına başladı. "Bunun için birbirimize en iyisi neler yapabileceğimizi gösterelim."

Bir cevap bekliyor gibiydi, biz hiçbir şey söylemeyince:

"Şartları biliyor musunuz?" diye sordu.

"Evet" dedi Halef kısaca.

"Kimsenin canı bağışlanmayacak. Sizi ölü veya yerden kalkamayacak kadar ağır yaralı görmek istiyoruz."

"Sen yalnızca sizin neler yapacağınızdan söz ediyorsun. Fakat ben sizin canınızı bağışlayacağımı söylüyorum. Bizim amacımız can almak ve kan dökmek değil."

"Elbette bunu söyleyebilirsin, çünkü sizin bizim canımızı bağışlamanız söz konusu olmayacak. Kura çekeceğiz! Savaşçılarınız nerede?"

"Biz üçümüzüz."

"Bu oğlan da mı savaşacak?"

"Evet."

"Sizin işiniz çoktan bitmiş! Allah aklınızı başınızdan almış olacak ki aranızdan en zayıf üç kişiyi seçmişsiniz. Kuralar burada, bende. Üç küçük ağaç parçası; uzunu çeken olan filinta, kısa olanı çeken güreş ve üçüncü kişide harbe ile düello edecek. Çekin!"

Tavil onları sadece uçları görünecek şekilde eline aldı. Üç savaşçımız da çektikten sonra Halef memnun bir gülümsemeyle bana baktı. Dileklerimiz kabul olmuştu; çünkü Halef'e harbe, Kara'ya filinta ve Ömer'e güreş düşmüştü.

Şeyh, Halef'in gülümsediğini fark etmişti.

"Sevinmeyi bırakıp ağlasan daha iyi edersin, çünkü kaçınılmaz ölümün kurasını çektiniz. Düellolara bizzat ben hakemlik edeceğim. Önce ateş edilecek, sonra harbe atılacak ve son olarak güreşilecek. Beklemekten hoşlanmadığımız için hemen başlıyoruz; on beş dakika içinde siz üçünüz ölüm köprüsünde yürüyor olacaksınız. Şimdi atmış adım ölçeceğim" dedi.

"Ve kurşunları önceden göstereceksin" diye hatırlattı Halef.

"Bunu yapmayacağım. Size söz veriyorum, sadece kurşunlarla ateş edilecek. Sözüm sizin için yeterli olmalı. Biz yaralamak değil, öldürmek istiyoruz; bunun için saçma kullanmak aklımızın ucundan geçmez."

Söyledikleri inandırıcı olduğu için, onun isteğine uyduk.

Atmış adım ölçüldü ve iki nişancı yerlerini aldı. Nişancı Ben Khalid silahını havada salladı ve bedevîler arasındaki geleneğe uyarak, düşmanına ateş etme konusundaki sözde ustalığına dayanan nâralar attı. Kara sustu.

Ben İranlıyla birlikte Hanne'nin yanına oturdum. Hanne endişesiz ve keyifli bir ifadeyle oğluna baktı ve şöyle dedi:

"Sihdi, oğlumun başına istenmeyen şeyler geleceği zaman, daima içimde beni uyaran bir ses olur. Sonra içimde sebepsiz bir korku hissederim ve bu korku hâdise sona erene kadar huzurumu kaçırır. Şimdi o sesi duymadığım için şundan eminim ki Kara tehlike içinde değil."

Tavil Ben Şahid silahlı düellonun başlaması için işaret verdi. Zaman ve ateş sırası konusunda hiçbir şey söylenmedi. Nişancılar istedikleri gibi hareket edebileceklerdi.

Ben Khalid ilk önce kendisine ateş edilmesini beklermiş gibi, düşmanına meydan okuyan bir tavırla vücut gösterisi yapıyordu. Fakat beklediği gibi olmadı. Geçen zaman ona fazlasıyla uzun gelince silahını doğrulttu ve ateş etti. O anda bedeninin isabet etmiş olabilecek kurşunla sarsılıp sarsılmadığını görmek için gözlerimi Kara'ya çevirdim. Kara sakin duruyordu ve kısa süre sonra bize doğru dönerek rakibini küçümseyen bir el hareketiyle bizi yatıştırdı. Kurşun yanından geçip gitmişti. Ömer Ben Sadek'le birlikte yanımızda duran Halef, bir baba gururuyla şöyle dedi:

"Nasıl durduğunu görüyor musunuz? Tıpkı bir duvar gibi! Düşman ateş ettiğinde parmağını bile kıpırdatmadı. Bu Beni Khalidlerin sahip oldukları en iyi nişancıysa, gözümüze görünmeseler iyi ederler."

"Şimdi oğlumuz da ona ateş edecek, değil mi?" diye sordu Hanne heyecanla.

"Sanmam, silahını doğrultmadı ve istifini bozmuyor. Ne kadar gururlu bakıyor! Savaşçılarının vızıldayan bir kurşuna hiç aldırış etmedikleri bir kabileye mensup olduğunu gösteriyor. Bir de rakibine bakın!"

Halef'in ve Hanne'nin duygularını anlayabiliyordum. Sevgili oğulları ilk kez herkesin gözü önünde bir düelloda ki yeterliliğini gösteriyordu. Bedevîlerin ateşli mizaçlarını hesaba katarsak, delikanlının gösterdiği soğukkanlılık oldukça takdire değerdi. Başka biri olsa kurşunun isabet etmemiş olmasından duyduğu sevinci gürültü patırtıyla ifade ederdi.

Sessizlik yalnızca bizim tarafımızda hüküm sürdü. Beni Khalidler hayâl kırıklığı içinde öfkeli çığlıklar attılar. Bu yüzden nişancının dikkati dağılmış olmalıydı. Şeyh ona bağırarak hakaretler yağdırdı ve o bir yandan silahını doldururken, bir yandan da bu hakaretlere sinirlenerek karşılık verdi.

Ben Khalid tekrar ateş etmeye hazır olduğunda karşı tarafta

sessizlik oldu. Kara'ya bir kurşun da kendisinin atmasını söyledi; Kara hiç cevap vermedi ve olduğu yere mıhlanmış gibi hareket etmeden öylece durdu. Uzun bir süre geçti. Bunun üzerine Şeyh, kabilesinin şeref temsilcisine bağırdı:

"Bu Haddedihn veledi ateş edecek kadar kendine güvenmiyor, ya da daha ateş etmeyi öğrenememiş. Zamanımız yok. Sen ateş et! Fakat biraz öncekinden çok daha iyi olsun; aksi takdirde seni evine yollarım!"

Tavil bu tür tehditlerle adamın sinirlerini bozacağını düşünemedi. Ben Khalid hevessiz bir nidayla cevap verdi ve silahını tekrar doğrulttu. Bu kez öncekine göre daha uzun süre nişan aldı, derken silah patladı... Kurşun Kara'ya yine isabet etmemişti. Karşı tarafta öncekinden daha da büyük bir haykırış yükseldi. Şanssız nişancı o anda arkasına döndü ve adamlarına şöyle bağırdı:

"Kapayın çenenizi! Kim böğürtüleriniz kollarını titretirken rahat rahat ateş edebilir? Allah'ın huzurunda yemin ederim ki üçüncü kurşun boşa gitmeyecek! İşte şimdi isabet edecek!"

Ben Khalid büyük bir itinayla silahını doldurdu, hemen doğrulttu ve bu kez öncekinden çok daha uzun, izleyenleri huzursuz edecek kadar uzun süre nişan aldı.

"Yine isabet ettiremeyecek" dedi Hanne.

"Bu herif nişancı değil" diyerek keyifle güldü Halef. "Kolunu dinlendirebilmesi için önce aşağı doğru sallaması gerekirdi. Fakat hayır, işte... işte!.."

Ben Khalid ateş etmişti ve üçüncü kurşun da hedefine isabet etmemişti.

"Elhamdülillah!" diye bağırdı Halef. "Hanne, ruhumun en sevgili nûru, görüyor musun biricik oğlumuz nasıl duruyor? Yaralanmadı ve sanki Beni Khalid kabilesinin en iyi nişancısıyla karşılaşmamış da, hava almaya çıkmış kadar sakin duruyor! Onunla gurur duyuyorum, çok gurur duyuyorum."

Karşı tarafta farklı sözler söyleniyordu; kulağa hiç son bulmayacakmış gibi gelen bir gürültü koptu. Kara, Beni Khalidler tekrar sakinleşinceye kadar beklemek için rahat duruşa geçip tüfeğine dayandı.

"Sihdi, onu gördüğün kadarıyla sana da ilk kurşunu canının istediği yere oturtacakmış gibi gelmiyor mu?"

"Kara ıskalamayacak" diyerek destekledim onu.

"Senin harbelerle ilgili olarak söylediklerini, yani rakibin hiç harbesi kalmayana kadar beklemek gerektiğini dikkate almış."

Nihâyet öbür tarafta tekrar sessizlik oldu. Ben Khalid yerinde duruyordu ve kendini iyi hissetmediği her halinden anlaşılıyordu. Fakat eliyle davetkâr bir hareket yaptı ve şöyle bağırdı:

"Ateş et artık! Tüm uzuvların barutun patlayışını duyacaksın diye korkudan titriyor, değil mi? Korkma oğlum! O kurşun senin değil, benim için ve etrafımı çevreleyen havada onun için yeterince yer var."

O anda Kara ilk sözünü söyledi:

"Havada onun için hiç yer yok, çünkü benim ilk kurşunumun saplanacağı yer senin vücudunda. Siz bizim canımıza kastettiniz, fakat ben seninkini sana bağışlıyorum."

"Caka satma! Ateş et!"

"İstediğim zaman canını alabileceğimi sana kanıtlayacağım. Önce sana şunu söyleyeyim; seni bacağından vuracağım. Fakat başına veya kalbine de isabet ettirebilirdim."

"Ateş et, dedim! Seninle alay etmek için sabırsızlıkla bekliyorum."

Bunlar boş sözlerdi; çünkü kurşunun isabet etmesinden korktuğunu, gözdesini rakibinin mümkün olduğunca hedef alamayacağı şekilde tutarak gösteriyordu. Kara'ya yan dönmüştü. Bunu görünce Kiowa Kızılderililerinin kabile reisi Tangua'nın her iki dizini birden parçalamış olduğum atışımı hatırladım* O zamanlar Tangua da isabet almamak için böyle durmayı seçmiş ve uyarılarıma rağmen duruşunu değiştirmemişti; sözümü dinlememenin cezasını her iki dizinden geçen kurşunumla ödedi. Kara şimdi aynı atışı yapabilirdi ve ben onun aynı başarıyı elde edeceğinden emindim.

"Neden benim durmuş olduğumdan farklı duruyorsun?" diye sordu rakibine Kara.

---

* *Bkz. Karl May, 'Winnetou' Cilt I*

"Ne istersem onu yapıyorum."

"Korkuyor musun?"

"Komik olma, tecrübesiz velet! Hatta ben kendim sayacağım! Bir... iki!.."

Kara silahını bedevîlerin ateş etme tarzına uygun olarak yavaş ve temkinli değil, aksine Amerika'daki batılı silahşörler gibi hızla çekerek doğrulttu. Bunu yapmayı ona ben öğretmiştim. Bu şekilde ateş etmek daha zor gibi görünür, fakat öyle değildir. Çeviklik gerektirir ve ne kadar çevik olunursa, isabet ettirme şansı da o kadar büyük olur. Ben Khalid 'Bir!..' dediğinde Kara silahını doğrulttu, 'İki!..' dediğinde nişan aldı ve alaycı bir nidayla 'Üç!..' dediğinde silah patladı. Hemen hemen aynı anda Ben Khalid iki elini havaya kaldırdı, sağa sola sendeledi ve sonra yere kapaklandı; bir daha da oradan kalkamadı. Kara onu hakikaten iki dizinden birden vurmuştu; bu ustaca bir atıştı. Herkes susmuştu. Galip gelen Kara'nın gururlu sözleri duyuldu:

"Tecrübesiz velet sözünü tuttu! İşte kan akıyor, bu düello bitti demektir. Onun hayatı artık bana bağlı, fakat ben ona ikinci ve üçüncü kurşunun yanı sıra canını da bağışlıyorum. Kara Ben Halef bir savaşçıdır, bir katil değil."

Bu sözlerin ardından Kara arkasını döndü ve sevinçten parıldayan gözleriyle yanımıza geldi. Öbür tarafta tüm Beni Khalidler ayağa fırlamış, yaralıya doğru koşuyorlardı. Yüzlerce sesin çıkardığı gürültü cehennemden geliyor gibiydi. Halef oğlunu bağrına bastı. Kara annesinin önünde eğilince Hanne elini onun genç başına koydu ve büyük bir şefkatle kulağına şunları fısıldadı:

"Galip geleceğini biliyordum. Oğlum, sen bizim umutlarımızı boşa çıkarmadın. Ebeveynlerin ve Haddedihn kabilesi seninle gurur duyuyor."

Ben sadece sessizce elini sıktım ve onu takdir ettiğimi gösterircesine başımı salladım. O anda gözlerimin içine baktı ve şöyle dedi:

"Kendim için endişelenmedim; fakat biliyordum ki orada duran sadece ben değildim, aksine sevgili Haddedihnlerimin tüm kabilesiydi. Kurşun üçüncü kez bana isabet etmeyince, üç kurşunumdan ikisinin boşa gideceğinden kesinlikle emin oldum."

"Evet, sen benim için bu saati en büyük gurur saati yaptın. Yaşlı dilim diğer öyküleri anlatmak için fazlasıyla ağırlaştığında bile bu saatten söz etmeye devam edeceğim" diyerek oğlunu takdir etti Hacı. "Az sonra harbe savaşı başlayacak. Size söylüyorum: ben liyâkatimi bu olmadan da gösterirdim, fakat muzaffer oğlumun tâkipçisi olduğumu bilmek beni yenilmez kılacak."

Bu sevinçli iyimserliğin değeri yadsınamazdı. İranlının üzerinde de iyi bir tesir bırakmıştı; bunu bana dönerek söylediği şu sözlerden anladım:

"Nasıl endişelendim, bilemezsin! Öyle ya, söz konusu olan çoktan elde etmiş olduğum ve yine tehlikeye atılmış olan, kutsal mekânların malı. Şimdi tekrar sakinleştim. Henüz bir zafer kazandık, fakat Halef'in böyle konuştuğunu duyunca çoktan rakibini kuma yapıştırmış gibi geldi bana. Dinleyin! Sanırım başlıyor."

Tavil Ben Şahid yeniden huzuru sağlamayı başarmıştı. Yaralıyı çemberin dışına taşıtmış, harbeciler arasında bulunması gereken mesafeyi adımlayarak ölçüyordu. "Tabiliğin Babası" çoktan yerini almıştı.

Silah taşıyor olsalar bile her Haddedihnin yanında daima bir harbe bulunur ve bunlar çoğunlukla avlanmak için kullanılır. Örneğin ceylanlar genellikle harbeyle avlanır, av sırasında nâdiren kurşun kullanılır. Bu harbelerin ucunda uzun ve sivriltilmiş bir demir vardır, sapları hurma ağacından yapılmıştır. Halef kendisi için en kullanışlı ve amacına en uygun olan üç harbe seçmişti. Harmanisi üzerinde değildi, o sırada cepkenini de çıkarıp attı; çıplak kolu meydana çıkınca bir işaretle İranlının dikkatini ona çektim.

"Şimdi içim rahatladı. Bu küçücük adamın böyle kasları olabileceğine görmesem inanmazdım!" diye mırıldandı İranlı.

Halef'in rakibi deneme atışları yaparak oraya buraya zıpladı.

Hacı yalnızca kısa bir süre onu ilgiyle izledi ve sonra onun hakkında bir yorum yaptı:

"Deverân hakkında hiçbir şey bilmiyor, Sihdi! Beni korkutmak niyetindeymiş gibi yaparken ve bana marifetini gösterirken, kolunu nasıl tutacağına karar vermeye çalışıyor. Benim buna ihtiyacım yok. Senin öğüdünü dinleyecek ve tıpkı Kara'nın yaptığı gibi hiç harbesi kalmayana kadar bekleyeceğim."

"Ve sonra kendininkileri hızla, peş peşe fırlatacaksın, değil mi?"

"Evet."

"Öyleyse ayaklarına da dikkat et! Ayaklarının duruşundan ve vücudunun eğiminden ne tarafa kaçacağını anlayabilir, diğer iki harbeyi de o tarafa fırlatırsın!"

O anda Şeyh Tavil'in sesi duyuldu ve Halef yavaş adımlarla yerine gitti. İster istemez Hanne'ye baktım. Gülümsedi ve başını salladı.

Tavil Ben Şahid şeyhimizi şu sözlerle karşıladı:

"İlk aşamanın sizin menfaatinize olmasını şeytan istedi. En iyi nişancımızın kolunun sarsılmazlığını ve bakışlarının keskinliğini aldı. Fakat kazanacağınız kuruntusuna kapılmayın! O üç mızrağı şimdiden gövdende görüyorum!"

"Sen neler eveleyip geveliyorsun?" diye sordu Halef. "Bir şeyh olarak herkesten önce katılman gerekirken, sen kendini savaşın dışında tuttun. Buraya ait değilsin."

Halef'in haddini bildirdiği Şeyh öfkesinden küfredecekti ki kendini tuttu ve hiçbir şey söylemedi.

Artık iki rakip aralarında yirmi beş adımlık bir mesafeyle karşı karşıya duruyorlardı. Ben Khalid harbelerinden ikisini önündeki kuma saplamıştı ve üçüncüsünü elinde sallarken bağırıyordu:

"Buraya bak! Burada harbenin en meşhûr adamı duruyor, onun gücünden ve hünerinden korkup saklanmalısın!"

"Tabii ki!" diye cevap verdi Halef gülerek.

"Harbem gövdenin tam ortasından geçecek!"

"Tabii ki!"

Caka satmakla meşgul olan Ben Khalid nihâyet bu kelimenin alaycı mânâsını anladı. Buna öfkelendi ve Hacıya:

"Benimle alay etmek mi istiyorsun? Buna yanıtım, seni göz açıp kapayıncaya kadar öldürmek olacak" diye bağırdı.

Halef gülerek:

"Tabii ki!" dedi üçüncü kez.

"Bu senin son gülüşün olacak! Dikkat et, geliyor!..."

Bunu söylerken elini kaldırdı ve harbeyi fırlattı. Harbe Halef'in yanından geçip gitti ve arkasına, kuma düştü. Adam kayda değer bir rakipti.

Harbe az kalsın Hacıya isabet edecekti. Atışını iyi yapmıştı, bu yüzden hiçbir Beni Khalid tenkit edici sözler söylemedi, aksine cesaretlendirici nidalar atıldı:

"Bu iyiydi! O atmadan çabuk bir tane daha at!"

Adam kendinden istenileni yaptı. İkinci harbeyi kumdan çekti ve fırlatmadan önce ilkinden daha uzun süre elinde tarttı. Harbe Halef'in başının iki karış üstünden vızıldayarak geçip kuma saplandı.

Bu ilkinden daha kötü değildi, fakat Beni Khalidleri kızdırmıştı; çünkü zafer kazanma ihtimalleri üçte bire düşmüştü.

Ben Khalide bağıra çağıra bir yığın tavsiyede bulunup, güç ve moral vermek için yumruklarını havaya öyle bir savurdular ki adam öfkeyle arkasına döndü ve arkadaşlarına bağırdı:

"Sizin öğütlerinize ihtiyacım yok! Madem benden daha iyisini biliyordunuz, ne diye buraya çıkmadınız? Buraya gelin ve bildiğinizi yapın! Ben..."

Halef'in kulakları tırmalayan ıslığıyla konuşması yarıda kesilince tekrar ona doğru döndü.

"Arkanı dönerek ne yapmaya çalışıyorsun?" diyerek azarladı onu Hacı. "Bundan faydalanacak ve harbemi fırlatacak olsaydım, şimdi bir ceset olurdun."

"Neden yapmadın?" diyerek pis pis güldü Ben Khalid.

"Çünkü Haddedihnlerin şeyhi düşmanı sırtından vurmaz. Seni mertliğim kurtardı."

"Hayâl kurma! Kim bilir harbe nereye uçmuş olacaktı! Benim senin yakınına attığım kadar, sen benim yakınıma atamazsın."

"Tabii ki!"

"Alayı bırak! Şu ana kadar sadece deneme yaptım, fakat şimdi seni delip geçeceğim!"

"Tabii ki!"

Halef'in bu kelimeyi tekrar ederek düşmanının sinirlerini bozmak ve böylece üçüncü atışı da yapmasını sağlamak istediği açıktı. Amacına ulaştı, çünkü o anda Ben Khalid kudurmuş gibi bağırmaya başladı:

"Evet, tabii ki! Sana öyle olduğunu kanıtlayacağım!"

Daha fazla hız alabilmek için birkaç adım geriledi, elini havaya kaldırdı ve yine öne doğru zıplayarak harbeyi öyle kuvvetli fırlattı ki havada vızıldadığını duyduk. Sonra harbenin uçuşunu izlemek için, iyice öne doğru eğdiği gövdesi ve dört açtığı gözleriyle kıpırdamadan durdu; çünkü bu sonuncu harbeydi ve isabet etmek zorundaydı.

Halef harbelerden ikisini sol, üçüncüsünü sağ elinde tutuyordu. Harbenin doğru biçimde fırlatıldığını ve dosdoğru uçarak üzerine doğru geldiğini gördü. Yalnızca yana doğru zıplayarak kendini kurtarması mümkün görünüyordu. Fakat Hacı, kaçmak için parmağını yerinden oynattığının söylenmesine bile müsaade edemeyecek kadar şerefine düşkündü. Sağ yumruğunu hazır tutarak düşmanın mızrağını keskin gözleriyle tâkip etti ve ölümcül müdafaa sona erdi. Harbelerin birbirlerine çarptıklarını duyduk... Düşmanın harbesi yana doğru savrularak uçup gitti.

O anda yüzlerce gırtlaktan yalnızca tek bir çığlık koptu. Atış mükemmeldi ve harbe böylesine cesur bir müdafaayla yönünden saptırılmasaydı, muhakkak isabet ederdi. Ayrıca bu ikinci aşamanın son silahıydı. Bu yüzden Beni Khalidlerin bu başarısızlıktan duydukları hayâl kırıklığını tahmin etmek zor değildi. Ne kadar çok adam varsa, o kadar çok ses yankılanarak birbirine karıştı; tâ ki şeyhin sesi sükûneti emredene kadar.

"Sessiz olun!" diye bağırdı. "İkinci aşama henüz bitmedi!

Haddedihn de hiç isabet ettiremezse, hiçbir şey kaybetmiş olmayız. Şimdi ne yapabileceğini göstersin bakalım; daha doğrusu ne yapamayacağını."

Tavil, böylesine ustaca yapılmış bir müdafaanın olağanüstü bir atış kabiliyetinin işareti olabileceğini düşünemedi. Yeniden sessizlik oldu ve üç harbenin eski sahibi, Hacıya hiç de nâzik olmayan pek çok söz söylemek için öfkeden kısılmış sesiyle bağırmaya başladı. Şeyhin de söylemiş olduğu gibi, sonucu belirleyecek olan an gelmişti. Halef aynı başarısızlığı gösterdiği ve düşman üçüncü aşamayı kazandığı takdirde bir karara varılamayacak ve her şeye baştan başlanacaktı. Bu yüzden Beni Khalidler arasında heyecan doruğa ulaşmıştı.

Halef tüm gözlerin kendisine çevrilmiş olduğunu gördü. Ben onun rakibini bir süre için sahte hücumlarla oyalayacağını sandım, fakat öyle yapmadı.

Uzunca bir süre kıpırdamadan durdu ve haykırışlara hiç kulak asmadı. Derken elindeki harbeyle birlikte kolunu şimşek hızıyla havaya kaldırdı ve uzun zamandır beklenen atışı yaptı; harbe havada yüksek bir kavis çizerek hedefine doğru öyle bir uçtu ki Ben Khalid olduğu yerde kalsaydı mahvolmuştu. Bizimkiler dışında tüm gözler uçmakta olan harbeye çevrilmişti ve hiç kimse o anda Halef'e dikkat etmemişti. Halef rakibinin bir zıplayışla sağa kaçarak kurtulmak için ayağını kaldırdığını gördü ve kalan her iki harbeyi de o yöne doğru hızla ve arka arkaya fırlattı. İlk mızrak hedefine yaklaştı ve Ben Khalid önceden tahmin edilen kaçış hareketini yaptı; o bunu yapar yapmaz ikinci mızrak göğsünün üst kısmına saplanarak onu yere yıktı ve üçüncüsü Ben Khalidi kolundan kuma çiviledi.

Bunun Beni Khalidler arasında sebep olduğu kargaşayı târif etmek mümkün değil. Galip gelen Hacı üstünlüğünün böylesine ses getiren başarısıyla ilgilenmedi. Sakin bir tavırla yanımıza döndü ve sadece şu soruyu sordu:

"Daha iyisini yapabilir miydim, Sihdi?"

"Hayır" dedim. "Beklentilerimizi tümüyle yerine getirdin."

Hanne gülümseyerek ona baktı ve:

"Biliyordum!" dedi yalnızca.

Başnâzırın da ona söyleyecekleri vardı:

"Hacı Halef Ömer, benim için hazineyi kurtardın; çünkü bu ikinci yenilgiye Beni Khalidlerin hiçbir itirazı olamaz. Muhtemelen üçüncü aşamadan vazgeçecekler."

O sırada çoktan hazırlanmış ve vücudunun üst kısmındaki giysileri çıkarmış olan Ömer Ben Sadek ona şöyle cevap verdi:

"Böyle düşünmemelisin. Görüyorsun ki ben çoktan savaşa hazırım. Bu aşama hiçbir sûrette onların hazineyi elde etmelerini sağlamayacak, fakat intikamlarını alabileceklerini sanıyorlar; bu yüzden üçüncü aşamadan vazgeçmeyeceklerinden emin olabilirsin."

İranlı, Ömer'in artık örtülü olmayan üst gövdesine dikkatle baktı. Başını salladı ve:

"İnsan sizin kabiliyetli savaşçılar olduğunuzu ilk olarak elbiseleriniz üzerinizde olmadan görünce anlıyor. Benim neredeyse iki katım kadarsın."

"Bu zamana kadar fark edemedin mi?" dedi Ömer keyifle gülerek.

"Hayır!"

"Öyleyse ben Ben Khalidin ayaklarını yerden kesince yakından bak! Biz efendimizden muhteşem bir 'köprücük kemiği altı' tutuşu öğrendik. Bir de koltuk altına bir darbe vurup, yandan elimi aşağı indirerek kaba etinden tutar ve bunu tüm gücümle çabucak yapabilirsem, en kuvvetli adamı bile kuma yatırırım."

"Bunu da mı Efendi öğretti?"

"Hayır" diyerek söze karıştım. "Ben yalnızca köprücük kemiği altı tutuşunu gösterdim. Diğerini Ömer Ben Sadek kendisi ekledi ve bana ilk kez seyahatimizden kısa süre önce gösterdi. Yani bu güç gösterisinde o benim hocam ve ben onu taklit edip edemeyeceğimi merak ediyorum. Bugün bunu ilk kez ciddi olarak uygulanırken göreceğim."

O anda Şeyh Tavil'in gürleyen sesi duyuldu:

"Güreşçi buraya gel!"

Hemen ayağa kalktım ve yanına gittim. Bize bu şekilde bağırmakla bir dersi hak etmişti.

"Her şeye rağmen kibar ve saygılı olabilirdin" dedim. "Çünkü biz yalnızca şu ana kadar galip gelmiş olmamızla yetinmeyip, bundan sonra da böyle kalacağımızı size kanıtlayacağız. Kans el-A'dhâ her durumda bize ait, savaşı devam ettirmenin anlamı yok."

"Korkuyor musunuz?.."

"Bu zamana kadar olanları düşününce bu soru bana öyle komik geliyor ki buna cevap vermeyeceğim. Yalnızca şunu anlamanı istiyorum; biz üçüncü aşamayı da tamamlarsak, bunu yalnızca istediğimiz için yaparız. Senin aklın hâlâ başında değil."

Bu sözüm onu öyle öfkelendirdi ki beni kolumdan tuttu ve yüzüme doğru avazı çıktığı kadar bağırdı:

"Hemen özür dile, yoksa seni yumruklarımla un ufak ederim!"

"Özür dileyecek hiçbir şeyim yok" diyerek çok sakin bir tavırla cevap verdim. "Her türlü hakaretten kaçınacağımıza söz verdik, fakat sen bize uyuz köpeklermişiz gibi bağırdın; şu anda beni de rencide ediyorsun, hatta bana el uzatmaya cüret ediyorsun. Yani barışı bozuyorsun. Şimdi sana söyleyeceğim şeyi iyi dinle! Bu sözüme hemen riayet etmezsen, sana kim kimi un ufak edebilirmiş göstereceğim! Elini kolumdan çek!"

"Köpoğlu!" dedi diğer kolumu da tutarak. "Ben savaşa katılmıyorum diye söyleniyordunuz. Şimdi sana göstereceğim..."

Tavil sözlerine devam edemedi, çünkü o anda olanlar konuşmasına engel oldu. Bir yandan bağırırken bir yandan da beni düşürmeye çalışmıştı; fakat o sırada az önce sözünü etmiş olduğum "köprücük kemiği tutuşunu" onun üzerinde uyguladım ve böylece ters dönen elini üzerimden çekmek zorunda kaldı. Bu şekilde koltuk altı benim aşağıdan yukarıya doğru bir darbe indirebileceğim kadar açıldı ve bu darbeyle yan yattı. O anda aynı elimi hızla aşağı indirip onu kaba etinden öyle merhametsizce tuttum ki bağırmayı bile aklına getiremedi. Bu şekilde onu havaya kaldırdım ve yere fırlattım.

Bu neredeyse on saniye içinde, öylesine hızlı olup bitmişti ki adamları onun yerde yattığını gördüklerinde bunun nasıl gerçekleşmiş olduğunu hakikaten anlamadılar. Tavil tekrar ayağa kalkmak istedi, fakat yapamadı. Acıdan inleyerek yalnızca çok yavaş hareket ederek doğrulmayı başarabildi. O iki büklüm karşımda dururken, eskisi kadar sakin bir tavırla şunları söyledim:

"Hani beni un ufak edecektin, ne oldu? Bana 'köpoğlu' demiş olduğun halde seni bağışlıyorum. Fakat bana el kaldırdın ve bu hem senin, hem de kabilenin şerefine leke sürüyor. Artık şöyle diyecekler: Sözünden dönmemesiyle gurur duyan Beni Khalid şeyhi Tavil Ben Şahid, Kuran'ın üzerine etmiş olduğu yeminini bozdu."

Bu sözlerin ardından onu bıraktım ve yerime döndüm. Oradan, Şeyhin ağır ağır topallayarak yürüdüğünü gördüm.

"İyi yaptın" dedi Halef. "Şimdi o da yenilmiş oldu. Onu bu hataya sürükleyen öfkesine nasıl da lânet edecek!"

"Aynı zamanda Ömer'den öğrenmiş olduğum hareketi de uygulama fırsatı buldum. Mükemmel bir hareket, rakibin soluğunu ve tüm müdafaa gücünü kesiyor."

"Öyle görünüyor" dedi Halef. "Çünkü Tavil Ben Şahid, bastondan destek almak zorunda kalan ihtiyarlar gibi iki büklüm yürüyor. Şimdi neler olacağını merak ediyorum. Belki savaşçılarını üzerimize salar."

"Böyle bir kaygım yok" diyerek fikrimi söyledim. "Sözünden dönmüş olmayı gururuna yediremez. Bu yenilgi ona öyle ağır gelecek ki adamlarına bundan söz edemeyecek. Tahminlerimde yanılmıyorsam, hiç beklenmedik şeyler olacak."

"Ne gibi?"

"Pek çok şey olabilir, fakat muhtemelen düellolar sona ermeden geri çekilecekler."

"Bu hiç hoşuma gitmezdi" dedi Ömer Ben Sadek. "Ben de rakibimle güreşmek istiyorum."

"Bu konuda inat etme! Daha sonra bir değil, daha çok rakip bulursun. Anlaşmamız yalnızca bugün için geçerli, yarından itibaren düşmanlıkları iki katı amansız olacak. Eminim ki buradan uzaklaştıktan sonra onlardan gelecek yeni ve bundan çok daha tehlikeli bir saldırıyı uzun süre beklememiz gerekmeyecek. Hiç şüphesiz intikama susayacaklar ve Şeyh, yeminini bozduğunu anlatabilecek adamların ağzını kapatabilmek için özellikle gayret sarf edecek."

Sözünü etmiş olduğum tahminim hakikaten gerçekleşti. Şeyhin en heybetli savaşçılarını etrafına topladığını ve onlarla konuştuğunu gördük. Bu bir hayli uzun sürdü, sonra tek başına yine meydana doğru yürüdü ve orada durup bize gelmemizi işaret etti. Halef'le birlikte gittim. Yanına vardığımızda yalnızca ciddi bir yüz ifadesi takınmaya çalıştı, fakat içinde yatan intikam ve nefret yanardağını gizleyemedi.

"Hacı Halef Ömer ve Akıl Şâtır Efendi" diyerek başladı konuşmasına. "Şanlı bir savaşçının samimiyetiyle size şunu itiraf etmek isterim ki bir düşüncesizlik ettim ve bunu yapmamış olmayı tercih ederdim. Sizden bunu unutmanızı ve kimseye bundan söz etmemenizi ricâ ediyorum. Bu dileğimi yerine getirmenizin karşılığını alacaksınız."

"Nasıl?"

"Öncelikle düelloları devam ettirmekten vazgeçeceğiz."

"Aslında bize, üçüncü galibiyetinizden vazgeçmelisiniz, demeliydin! Devam et!"

"Hemen yola düşecek ve buradan uzaklaşacağız."

"Bunu her halükârda yapmaya mecbur kalacaktınız, çünkü yenilen taraf için bu şart koşuldu. Devam!"

"Kans el-A'dhâ'yı size bırakacağız."

"Onu bizden zaten alamazdınız; o galip tarafın hakkıdır ve biz galip geldik. Başka?"

"Mekkeliler üzerinde hak iddia etmeyeceksiniz."

"Allah aşkına, onlar sizin olsun; çünkü artık onlarla uğraşmamız gerekmeyeceğinden buna çok memnun olacağız."

"Öyleyse kabul ediyorsunuz, değil mi?"

"Ben bunu söylemedim. Sen bizden susarak seni ödüllendirmemizi talep ediyor ve bunun karşılığında bize sadece, çoktan sahip olduğumuz şeyleri sunuyorsun. Elbette bu senin için her şeyi aldığın ve hiçbir şey vermek durumunda olmadığın kârlı bir alışveriş. Ancak bizler mânen kör insanlar değiliz, bu yüzden sana bir söz vermeden önce meseleyi bir kez olsun daha yakından gözden geçirmek isteriz. Buradan nereye gideceksiniz?"

"Ain Bârid'e*."

"Yanılmıyorsam buradan tam bir günlük yol güneybatıda, değil mi?"

"Evet."

"Ve oraya gitmek niyetindesiniz, öyle mi? Ben şu ana kadar sizin savaştan sonra bu yoldan batıya ve kuzeybatıya gideceğinizi düşünmüştüm. Fakat bu bizi hiç ilgilendirmez, çünkü yollarımız bir değil; ama biz sizinle tekrar karşılaşmak istemediğimiz için, hakikaten Ain Bârid'e gitmenizi umuyoruz. Düellolar sona erdikten sonra bugün için aramızda barışın hüküm sürmesine karar vermiştik. Bu konuda ne diyorsun?"

"Aynen öyle olacak."

"Peki daha sonra?"

"Yine savaş hüküm sürecek."

"Ve sen bize düşmanlığın devamından başka hiçbir şey sunamadığın halde, biz sana suskun kalacağımıza dair söz mü vereceğiz? Sorduğun soruya erkekçe bir cevap alacaksın ve bu cevap şöyle olacak: Bir Hilu'yu hemen terk edecek ve şart koşmuş olduğumuz gibi, bugün için bize barışçıl davranacaksın. Siz bunu yaparsanız, biz de sizin tarafınızdan düşmanca bir harekete maruz kalmadığımız müddetçe arzu etmiş olduğun gibi sessiz kalacağımıza dair sana söz vereceğiz. Bu kayıtsız şartsız bizim kararımızdır."

"İyi, memnun oldum."

"Söz veriyor musun?"

"Veriyorum."

"Haddedihnlerin şeyhi Hacı Halef Ömer'in elini sıktığında sizinle işimiz bitmiş olacak."

---

* *Soğuk Kaynak.*

Söylediğimi yaptı; Halef'in elini sıktı, ona ve sonra da benim gözlerimin içine bakarak her kelimeyi tek tek, iyice vurgulayarak tekrar etti:

"Bizim tarafımızdan başınıza hiçbir şey gelmediği sürece susacaksınız. Anlaşma yapılmıştır! Biz buradan gidiyoruz."

Bu sözlerin ardından arkasını döndü ve adamlarının yanına gitti.

Halef bana kuşkulu gözlerle baktı ve başını salladı.

"Bu cümleyi neden tekrar edip bu şekilde vurguladı, Sihdi?"

"Çünkü o böylece niyetini ele vermiş olduğunun farkına varmayan dikkatsiz bir adam."

"Niçin?"

"Beni Khalidlerin bizden intikam almak için yanıp tutuştuklarına inanıyorsun, değil mi?"

"Evet, kesinlikle."

"Bu yüzden sessizliğimiz şu andan itibaren onlar tarafından gelecek bir sonraki saldırıya dek sürecek, fakat Şeyh bizim suskun kalacağımıza inanmadığı için bu süreyi mümkün olduğunca kısaltmaya çalışacak. Beni anlıyor musun?"

"Çok iyi anlıyorum. Çok yakında onlarla tekrar uğraşmak zorunda kalacağımızı düşünüyorsun."

"Evet, ama bugün değil; bugün sözünü tutacak. Fakat çok büyük bir ihtimalle yarın, yarın olmazsa muhakkak öbür gün saldıracak. Bu yüzden ihtiyatlı davranmalıyız! Bilmeden kendini ele verdi. Sorumluluğumuzu iyice aklımıza kazımak istedi, fakat bu tekrarlamayla zeki bir adamı sözlerinin arasına gizlediği düşünceleri okumaya sevk edeceğini düşünemedi."

Ömer Ben Sadek acı bir teessürle kahramanlıktan vazgeçmek zorunda olduğunu anladı. O buna memnun olduğunu söyledi ve biz hepimiz ona seve seve inandık. Aslında bu feragâtin suçlusu bendim, çünkü Beni Khalid şeyhine hak ettiği dersi vermeyi aklıma getirmemiş olsaydım, üçüncü aşama mecburen gerçekleştirilecekti.

Memnuniyet içinde, Beni Khalidlerin çabucak yola düşmek için hazırlandıklarını gördük. Ain Bârid'e gitmeyeceklerinden hiç şüphem yoktu. Şeyh oradan bahsederken kaynağı ve bulunduğu yeri hatırlamıştım, çünkü Beni Khalidler oraya gitseler de, gitmeseler de bizim bir sonraki hedefimiz de oraya varmaktı. Orası yolumuz üzerindeki ilk su kaynağıydı.

Yine de başarımızdan memnun olmalıydık. Biz elli adam, bizden kat kat daha üstün bir birliğe rağmen, çalınan malları ele geçirmiş ve İranlıyla askerlerini kurtarmıştık. Evet, hatta yenilenler orayı terk etmek zorunda kalırlarken, biz savaş meydanına hâkim olmuştuk.

Beni Khalidler hazırlıklarını bitirmişlerdi ki Tavil'in bir kez daha bize doğru gelmekte olduğunu gördük. Onun arkasından yürüyen Gani'yi ve elinden tutarak yürüttüğü Müneccimi görünce şaşırdık. Şeyhin aklına, sözlerine eklemek istediği başka şeyler de gelmiş olması mümkündü, fakat diğer ikisinin bizim yanımızda ne işleri olabilirdi?

Önce bizden biraz uzakta durdular. Tavil Ben Şahid durduğu yerden bağırdı:

"Kendim için değil, sadece bu iki adam yüzünden geliyorum. Sizden bir şey almak istiyor ve onlara düşmanca davranabileceğinizden korkuyorlar. Konuğum olarak benim himâyem altında bulunduklarından bunun olmamasını sağlamak ve bu yüzden onlara eşlik etmek zorundayım. Yanınıza gelebilirler mi?"

"Evet" diye cevap verdi Halef.

"Öyleyse ben görevimi yerine getirdim ve şimdi onları beklemek için burada duracağım. Gidin!"

Bu son talimatı Gani'ye vermişti ve o Körle birlikte yanımıza kadar geldi. İranlının yanında duran bohçayı işaret etti ve şöyle dedi:

"Kans el-A'dhâ dediğiniz benim malımdır ve sizler onu çaldınız, hırsızlığınız için"

"Dur!" diyerek sözünü kestim. "Bizimle konuşmanıza müsaade ettik ve başınıza hiçbir şey gelmeyeceğine söz verdik. Fakat sen yüzüme baka baka bizi böylesine küstahça suçlamaya cesaret edecek olursan, hiçbir şeye söz veremem. Ne istiyorsan kısaca söyle, fakat gereksiz olan her kelimeden kaçın!"

El Gani pek gözü korkmuş gibi görünmüyordu, yine de daha fazla hakaret etmeden konuşmaya devam etti:

"Mallar benim seccademe sarılı. Beni Khalid şeyhi onları size verdiği için malları bırakmak zorundayım, fakat seccadeyi geri istiyorum."

"Yanılıyorsun. Bu malları bize kimse vermedi, aksine Haddedihnlerin çöl mahkemesi bunların çalındıkları yere, Meşed Ali'deki Kans el-A'dhâ'ya ait olduklarına karar verdi. Îmansız bir Abd el-Asnâm'dan* çalınan malları sarmak için bir seccade kullanılması beklenebilir, ama 'Büyük Şerifin gözdesinden' asla. Siz akıl almaz bir şey yaptınız. Kutsiyetine leke sürülmüş böyle bir seccadenin tekrar dinî amaçlar için kullanılacağına inanmıyorum, fakat elbette sizden beklenir..."

"İbn Harâmi!** Hâin!" diye bağırarak lânet edercesine elleri havada salladı Kör.

O anda bunu kime yaptığını anlamadım ve konuşmaya devam ettim:

"Biz buna sahip olmayı aklımızdan geçirmeyiz; seccade sana hemen geri verilecek."

"Evet, hemen" diyerek onayladı Başnâzır. "Artık hırsızlara ait olan hiçbir şeye dokunmak zorunda kalmamak beni mutlu eder."

Khutab Ağa bohçayı açtı, keseleri yanına koydu ve seccadeyi ipiyle birlikte Gani'ye fırlattı. Gani her ikisini de yerden aldı.

"Tamam mı?" diye sordum.

"Hayır, Müneccim de burada" diye cevap verdi 'Büyük Şerifin gözdesi'.

"O ne istiyor?"

O sırada Kör sesimi tâkip ederek bana doğru yaklaştı ve şöyle dedi:

"Yanılgıya düşmemem için Draa Vâdisi'nden gelen Efendi olup olmadığını bilmek zorundayım. Sesin onunkine benziyor, fakat buna rağmen yanılıyor olabilirim. Sözüm yalnızca sana, başkasına değil. Sen o musun?"

"Evet."

---

* *Putperest.*

** *Alçak herif!*

"Yüzünü bana iyice yaklaştır! Biliyorsun, güneş parıldadığı için seni seçebilirim."

Bu ricâsını reddetmek için bir sebebim yoktu; yüzümü ona doğru uzattım. Ellerini kaldırdı, başımın iki yanına koydu, sıkıca tuttu ve... yüzüme tükürdü. Böyle bir hareketi beklemediğim ve beni var gücüyle tuttuğu için, başımı bu kötü muameleye maruz kalmayacak kadar çabuk kurtaramadım. Elli Haddedihnin her biri bir yandan bağırdı ve Halef, Körü arkasından yakalayarak göğsüne yapıştırdı.

"Deli!" diyerek bağırdı ona. "Ne yaptın sen! Sen bir ihtiyarsın ve üstüne üstlük körsün, fakat bu kemiklerini un ufak etmeme engel olamaz!"

Onu neredeyse yere yıkıyordu ki kendimi tutamadım, birden ona doğru atılarak Müneccimi elinden kurtardım ve yüksek sesle emrettim:

"Köre kimse elini uzatmayacak! Bu hakaret başka hiç kimseyi ilgilendirmez!"

"Fakat Sihdi, o bunu kasten yaptı!" diye bağırdı hâlâ aşırı gergin olan Halef. "Uyanık ve aklı tamamen başında! Yani iyice düşünerek davrandı ve bu senin şahsına sürülmüş öylesine küstahça bir leke ki bunun cezası yanına kalmamalı."

"Yine de bunun karşılığını yalnızca ben verebilirim. Konuşmak istiyor; sessiz olun!"

Hanne de dehşet içinde ayağa fırlamıştı. Yanıma geldi, yüzümdeki tükürüğü sildi ve sonra eliyle alev alev yanan yanaklarımı okşadı. O bunu yaparken, Müneccim konuşmaya başladı:

"Sana bunu söylemek istedim, çünkü tükürmek dillerin en anlaşılır olanıdır. Sen bu zamana kadar rastladığım en sefil insansın. Sevgi sözcükleriyle benim kalbimi çaldın, ama senin kalbinde yalnızca nefret hüküm sürüyor. Kendini temiz kalpli ve yüce düşüncelere sahip biri gibi gösterdin ve şimdi en aşağılık suçun pisliği içinde yüzüyorsun. Merhamet giysisini üzerine sardın ve şimdi birbirlerini parçalamaları için salınan köpekler gibi insanları birbirlerine karşı kışkırtıyorsun. Doğruluğu, dürüstlüğü, adâleti ve sadâkati yalandan savunuyorsun; oysa ki sen kendin yanlışlığın, yalanın ve aldatmacanın ta kendisisin. Evet, âlimliğin büyük, benim güç belâ edindiğim bilgiden daha büyük; fakat sen alimliğini ahlâki çöküntünün bataklığına attın, ki oradan sadece felâket saçabilir. Sen kendini cennete hizmet eden biri gibi gösteriyor, fakat cehenneme giden yolda duruyorsun. Cennetlik insanları yürekten destekliyor gibi yapsan da, onları suça teşvik ediyor ve burada olup biten tüm kötülüklerin suçunu taşıyorsun. Siz Kans el-A'dhâ'nın çalındığından söz ediyorsunuz. Bu arsızca bir yalan! Fakat sen benden hakikaten bir şey aldın, ruhumu kandırıp onu çaldın ve içimde yeri doldurulamayacak bir boşluk açtın. Bunu sana söylemek zorundaydım. Yalnızca ruhumun ölümünün suçlusunun sen olduğunu söylemek ve yüzüne tükürmek için beni sana getirmelerini istedim; böylece yüreğini eskisinden çok daha fakir ve kederli yapmak için açmış olduğun kişinin, senin hakkında ne düşündüğünü öğrenebilecektin. Bedenimin kör gözleri kuru, fakat yüreğimin gözü ağlıyor. Cezanı Allah'a havale ediyor ve senin için sonsuz felâket diliyorum!"

Bu suçlamaların şiddeti, onun kişiliğinin tesiri ve duygularını dile getiriş üslûbuyla daha da arttı. Bunlar hakiki topuz darbeleriydi, fakat boşa sallanmışlardı. Haddedihnler öyle etkilenmişlerdi ki sadece şaşkın şaşkın bakıyorlardı. Halef bana bakarken, şimdi ne söyleyeceğimi çok merak ediyordu. Ben cevap vermek için çoktan ağzımı açmıştım ki Gani de yanıma yaklaştı ve bana şunları söyledi:

"Benim korumam altında, yaşamını benim merhametimle sürdüren ve suçsuz olduğumuzu bilen Kör, yüreğimden geçenleri söyledi. Onun söylemiş olduğu her şeye katılıyorum ve seni ne kadar küçümsediğimi onun üslûbuyla göstererek suratına tükü!.."

Hakikaten bu adam suratıma tükürmeye yeltenecek kadar küstah ve cüretkârdı! Muhtemelen benim Müneccimin karşısında göstermiş olduğum kendime hâkimiyetim, onu böylesine cüretkâr yaptı. Fakat henüz o sözcüğü telaffuz etmemişti ki benden şiddetli bir tokat yiyerek Haddedihnlerin arasına uçtu.

Benim elimden çıkan işi azimle devam ettirmek için onlar da üzerine çullanınca, Gani'nin ağlamaklı sesi bütün meydanda yankılandı. O anda Şeyh Tavil koşarak geldi. Onu kurtarabilmek için Haddedihnlere vurdu ve:

"Bırakın onu, bırakın! O benim himâyem altında! Ona saldırarak bugün için yapmış olduğumuz barış anlaşmasını bozuyorsunuz" diye bağırdı.

Halef tehdit ederek karşılık verdi:

"Hadi oradan! Anlaşmayı önce kim bozdu, biz mi yoksa siz mi? Efendimizin yumuşak kalbi Müneccimin canını bağışladı, çünkü yaşlı adam kör ve gayri mesul. Fakat Gani'ye, bu arsızlık timsâline, lâyık olduğu muameleyi yapmayı bildiğimizi göstermek zorundaydık. Ben senin yerinde olsaydım, hâlâ himâyeden söz etmeye utanırdım. Yüzsüzlüğünüz boyunuzu aşıyor."

Halef her ne kadar çabuk davranamasa da, yine de Gani'yi Haddedihnlerin elinden kurtarıp ona sahip çıktı. Gani topallaya topallaya Müneccimin yanına gitti ve onu oradan götürmek için elini tuttu. Fakat gitmeden önce bizi tehdit ederek bağırmayı ihmal etmedi:

"Mekke'ye kadar bekleyin, Mekke'ye kadar! Ya da belki çok daha önce... Köpoğulları!"

Şeyh Tavil hızlı adımlarla uzaklaştı. "Himâyesi altındaki adam" kıvrana kıvrana Körle birlikte Şeyhin peşinden yürüyebildiği kadar iyi yürüdü.

"Bu zamana kadar çok şey yaşadım" dedi Halef. "Ve Allah'ın elini çektiği bazı insanlar tanıdım; fakat böyle bir şeyin mümkün olabileceğini düşünemezdim. Şimdilik cezasını buldu ve muhtemelen bizi çok daha iyi tanıyacak. Fakat Sihdi, sen sessiz kaldın. Neden Müneccime kendini savunmak için tek kelime söylemedin? Kör artık hep onun haklı olduğunu düşünecek..."

"Birincisi, her şey konuşmama fırsat bırakmayacak kadar çabuk olup bitti ve ikincisi, hiçbir şey söylememiş olmak benim için yeterli. Bir saat boyunca onu lafa tutmuş olsaydım, bir netice elde edemeyecektim. Ben onu affettim ve şimdi bunu konuşmamızın lüzumsuz olduğunu düşünüyorum. Bu saldırıyı hiç olmamış sayalım!"

"İyi! En doğrusu da bu. Zavallı, kötü emellere alet edilmiş, kör bir adamın ağzından çıkan bu asılsız suçlamalardan çok daha önemli meseleleri düşünmek durumundayız. İlk galeyanda onu öldürebilirdim, fakat şimdi beni onu dövmekten alıkoyduğun için memnunum. Şimdi ne yapıyoruz? Yolculuğumuza ne zaman devam edeceğiz?"

"Yarın sabah erkenden."

"O kadar geç mi? Neden bugün değil?"

"Çünkü ancak Ain Bârid'de su bulabiliriz ve Beni Khalidler bizimle kaynak arasında bir yerde olacaklarından bugün oraya gidemeyiz. Tahminime göre; dilediğimiz kadar çabuk o kaynağa ulaşamayacağız, Tavil Ben Şahid'in intikamı bizi durduracak. Bunun için her şeyden önce su temin etmek zorundayız ve bugünü kırbalarımızı doldurmak için kullanacağız, fakat önce Khutab Ağayla adamlarının kırbalarını doldurmalarını bekleyeceğiz."

"Neden önce ben?" diye sordu İranlı.

"Çünkü senin mümkün olduğu kadar çabuk buradan gitmen gerekiyor."

"Hayır, Efendi! Burayı sizden önce terk etmeyeceğimi söylemiştim ve beni niyetimden hiç kimse döndüremez. Ortak dostumuz Cafer kendisine rastladığım zaman, Kara Ben Nemsi ile birlikte olduğum halde bu şansı son anına kadar kullanmadığım için, hayrete düşerek bana sitem etmez mi?"

"Mâdem öyle, seni uyarmak benim görevim. Beni Khalidlerin şeyhi, hiç şüphesiz Kans el-A'dhâ'yı senden geri almak niyetinde. Şimdi buradan mümkün olduğunca çabuk uzaklaşırsan, bundan vazgeçmek zorunda kalır; fakat yarına kadar burada kalırsan, bu niyetini herhangi bir biçimde gerçekleştirebilmesi için ona zaman tanımış olursun. Bunu iyi düşünmelisin."

"Düşündüm ve buna rağmen kalıyorum. Dün onunla çatışmaya girdiğimizde buna hazırlıklı değildim, fakat şimdi neyle uğraşmak zorunda olduğumu biliyorum ve onun beni ikinci kez esir almayı başarması mümkün değil. Senden ricâ ediyorum, bana ısrar etme! Kalıyorum."

Bunu o kadar kararlı söyledi ki artık itiraz etmemin hiçbir faydası olmayacağını anladım.

Az sonra Beni Khalidlerin "konuklarıyla" birlikte yola çıktıklarını gördük ve bir süre sonra peşlerinden, onları tâkip etmeleri için iki Haddedihn yolladık. Uygulamayı ihmal etmememiz gereken bir tedbirdi bu.

Ölümün Eşiğinde

Artık yalnızdık ve bugün için muhtemelen güvendeydik. Adamlarımız rahatlarına baktılar. Meydan ve çevresi en iyi biçimde araştırıldı ve yerel şartlar enikonu görüşüldü. Öğleden önce ve öğleden sonranın büyük bir bölümünde sözünü etmeye değer hiçbir şey olmadı. Fakat sonra kuyuya ziyaretçilerimiz geldi; bunlar koşu develeriyle batı yönünde görülen ve kuyuda bizim olduğumuzu görünce uzakta duran iki bedevîydi. Kısa bir süre bizi dikkatle izlediler ve sonra daha yakına geldiler. Yanımızda askerlerin olması onlarda güvensizlik uyandırmış olmalıydı. Yanımıza kadar geldiklerinde develerinden hemen inmediler.

"Hiccâc!" dedi içlerinden biri, başka hiçbir şey söylemedi.

Bu kelime "birden fazla hacı" ve dahası "Biz Mekke hacılarıyız" anlamına gelir. Düşman kabileye mensup olsa bile, yolda bir hacıya rastlandığı zaman barışı muhafaza etmek dinen şarttır. Fakat yine de hacı kâfilelerinin yağmacı bedevîlere özellikle dikkat etmeleri gerekir. Biz bu iki adamın burada Hiccâc olarak bulunduklarına inanmamıştık, yalnızca bizim tarafımızdan düşmanca karşılanmamak için kendilerini böyle tanıtmış olabilirlerdi. Halef karşılık verdi:

"Hoş geldiniz, korkmadan develerinizden inebilirsiniz! Sizin için yerimiz de, suyumuz da var."

"Siz kimsiniz?"

"Ben, Şammar kabilesinden Haddedihnlerin şeyhi Hacı Halef Ömer."

"Peki ya bu askerler?"

"Buraya bir kaçağı yakalamak için gelmişlerdi ve artık Meşed Ali'ye geri dönüyorlar. Siz hangi kabiledensiniz?"

"Bizler Ferka* Favvâl'dan Şeraratlarız ve burada uzun süre oyalanmak niyetinde değiliz. Sadece develerimize su içirmemize müsaade edin, sonra yine yola çıkacağız."

Bu tuhaftı. Barışçıl hacılar olsalardı burada kalırlardı, çünkü bir sonraki kuyu bir günlük yol uzaktaydı ve hacılar çölün bilmedikleri bir bölgesinde geceleri etrafta dolaşmazlar. Halef'e yavaş sesle, adamlarına ve askerlere hiçbir soruya cevap vermemelerini emretmesini istedim. Yabancılar bunu fark etmeden söylediğimi yaptı. Hacılar atlarımıza ve İranlının benekli hecinine tuhaf tuhaf baktılar. Hayvanları çalacakmış gibi açgözlü bir hayranlıkla incelemeleri ve sonra birbirlerine bakmaları benim de Halef'in de dikkatimizi çekti.

"Sihdi, belki bunlar at hızsızlarıdır!" diye fısıldadı Halef bana.

"Beni Lam kabilesinden" diyerek sözünü tamamladım.

"Maşallah! Bu mümkün."

"Bunun için bir delilim yok, fakat yanılmadığımı söyleyebilirim. Şerarat Favvâl'ına mensup oldukları bir yalan; çünkü hakikaten öyle olsalardı Mekke'ye giden yol onları bu kadar uzakta kalan doğu Nufud çölünün içlerine değil, Tebuk, Medain Salih ve Medine kervan yolu boyunca götürürdü. Beni Khalidlerin şeyhi bize Beni Lamlarla savaş halinde olduklarını söylemişti ve bu ikisinin bu kabileden iki bedevî casus olmaları ve Beni Khalidleri arıyor olmaları bana mantıklı görünüyor."

Çok geçmeden tahminimin doğru olduğuna dair bir delil bulduk, çünkü develerine su içirdikten sonra içlerinden biri bize şöyle sordu:

"Buradan ne tarafa gideceksiniz?"

"Ain Bârid'e" diye cevap verdim.

"Biz şimdi oraya gidecek ve orada istirahat edeceğiz. Öyleyse bizi yarın akşam orada tekrar göreceksiniz."

Ne kurnazlık ama! Sadece buradan ne zaman yola çıkmak niyetinde olduğumuzu bilmek istedi. Bu yüzden onu yanılttım:

---

* *Kol, küçük birlik.*

"Sizinle orada karşılaşmak mutluluğundan mahrum kalacağız, çünkü bu kuyudan öbür günden önce ayrılamayacak kadar bitkiniz."

Bunun üzerine casus düşüncesizce hemen;

"Yarın bütün gün buradasınız, öyle mi?" diye sordu.

"Evet."

"Belki birilerine rastlamışsınızdır? Bizi Beni Khalidlere karşı uyardılar; Beni Lamlara karşı oluşturulmuş bir savaş birliği Bir Hilu bölgesinde dolanıyormuş."

Beni Lamları üzerlerine salarak Beni Khalidlerden intikamımızı alabilmemiz için en iyi fırsatı yakalamış olabilirdik. Halef'in hızlı bir hareketinden hakikaten bu maksatla cevap vermek istediğini anladım, fakat ben ondan önce davrandım:

"Biz de sizler gibi Mekke hacılarıyız ve yabancılar arasındaki düşmanlıklarla ilgilenmeyiz."

"Fakat Beni Khalidlere ait bir iz veya bizzat kendilerini görüp görmediğiniz konusunda bize bilgi verebilirsiniz."

"Hayır, çünkü sizler Şeraratlar değil, Beni Lamlarsınız. Biz Haddedihnler kimsenin bizi kandırmasına müsaade etmeyiz ve bizim yüzümüzden hiç kimsenin kanının akmasını istemeyiz."

Adam sinirlenecek gibi olduysa da, kendine hâkim oldu ve sustu. Kısa bir süre sonra develerine bindiler, bizi selâmladılar ve batıya doğru ilerlediler; oysa ki Ain Bârid'e giden yol güneydeydi. Anlaşılan, onlar hakkındaki düşüncemizi değiştirmek için bir deneme daha yapmayı gereksiz gördüler. Onlar uzaklaştıktan sonra;

"Neden onlara Beni Khalidlerle ilgili gerçeği söylemedin?" diye sordu Halef.

"Onlara gerçek olmayan bir şey söyledim mi?"

"Hayır. Sen yalnızca sustun. Fakat Beni Lamları peşlerinden yollamış olsaydık, Tavil Ben Şahid'den intikamımıza ne kadar güzel alabilirdik; ki şimdi Beni Lamların batıda bir yerde saklandıklarından eminim."

"Dediğini yapsaydık, aralarında kanlı bir çatışmaya sebep olurduk."

"Fakat biz olmasak dahi bu kesinlikle gerçekleşecek."

"O zaman bizim bunda suçumuz olmayacak. Ama ben söylemiş olsaydım, bu benim daha sonra büyük viccdan azabı çekmeme sebep olurdu. El Mizân'ı düşün, sevgili Halef!"

"Evet, adâlet terâzisi! Haklısın Sihdi. Bizden sevgi isteniyor, ama sen bu casusun sorusuna cevap vermiş olsaydın, bir gün bu bizim hesabımıza nefret ve intikam olarak yazılacaktı ve biz bu ağır yükü ruhlarımıza yüklemek istemeyiz. Hayatımda ilk kez korkuyorum, hem de tarttığı her şeyi gün ışığına çıkaran bu tüyler ürpertici terâziden."

Elbette herkes insanın bunda parmağı olmasa bile, iyiliğin ödülü ve kötülüğün cezayı kendi içinde taşıdığını görmek için gözünü dört açmalı! Ne yazık ki insanların çoğu hemen hemen hiçbir zaman buna dikkat etmiyorlar ve beklemedikleri durumlarla karşılaştıklarında öyle bir şaşkınlığa düşüyorlar ki sadece kısacık bir an bunun üzerinde düşünüyor ve sonra meseleyi akıllıca bir nihai kararla "tuhaf bir tesâdüf" olarak kabul edip geçiştiriyorlar. Fakat tesâdüf yoktur. En azından inanan Hıristiyanlar için bu kelimenin üzeri kalın bir çizgiyle çizilmiştir. Kelimenin yaratıcısı Tanrının bilgeliği ve adâleti hakkında hiçbir şey bilmiyordu ve onun ardından bu kelimeyi ağzına alan hiç kimse dikkatini semâvî idrake yöneltmemişti. İnsanlar "makro kozmos" ve "mikro kozmos" hakkında çok bilgiliymiş gibi konuşuyorlar; ilkinin anlamı tüm dünyayı kapsıyor, diğeri ise insanı. Onlar "büyük dünya düzeni" denen şeye hayranlık duymaya çoktan hazırlar; bu düzene göre makro kozmosa ait olan her şey kati sûrette emredilen yolda hareket ediyor ve hiçbir dünyevî varlık kendisi için var olamadığı gibi, biri bir diğerinden boşluksuz bir tutarlıkla gelişmek zorunda olduğu için, bütünle iç içe bir ilişki içinde bulunuyor. İnsanlar elbette bunun idrakine vardılar ve ateistler de bunu destekliyorlar. Hatta ateistler aynı mutlak yasaların mikro kozmosta, yani insanda da hüküm sürdüğüne inanıyorlar; fakat bununla kastettikleri sadece dünyevî insan bedeni, çünkü ateistler için benim burada "ruh" olarak adlandırmak istediğim semâvî bir beden yok. Ve kuşkusuz...

bir "ruh dünyası düzeni" var, bu düzen en azından makro kozmosun şaşırtıcı düzeni kadar büyük bir hayranlığı hak ediyor.

Nasıl tek bir ruhun yaşamı ilâhî bir gelişime sıkıca bağlı bir tutarlık gösteriyorsa, ruhların birbiriyle ilişkileri de ihlal ve muhalefet edilmesi mümkün olmayan yasaların hükmü altında bulunuyor. Yalnızca ruhunun derinliklerine bak, sevgili okur! Onu ve hareketlerini iyice düşünerek dikkatle gözlemle! Çok geçmeden mucizevî keşifler yapacak ve her şeyden önce ruhunun o zamana kadar hiç tanımadığın bir dünya olduğunun idrakine varacaksın. Bir zamanlar ben de diğerleri gibiydim. Fakat bir kez ciddi bir biçimde kendimi gözlemlemeye başlayınca, içimdeki dünyaya eğilimim günden güne arttı ve gördüğüm manzaralar beni araştırmaya devam etmeye teşvik etti. Önce büyük ve ne yazık ki sonsuz zorlukta bir arınma başladı, ki bu kısa dünya yaşamımda tamamen arınmamın mümkün olmadığını şimdi anlıyorum. Yine de öyle çok dünya kirinden arındım ki bugün neredeyse altmış yılımı geride bırakmışken öğrenmeye ve tecrübe etmeye devam etmek, bana kalan günlerimin en güzel vazifesi olarak görünüyor. Çevremdeki her insanın böylesine bahtiyar edici bir akşam kızıllığına sahip olabilmesini yürekten diliyorum.

Dostum, ruhunu eline alıp bir saat gibi inceleyebilseydin, tüm hareketlerinin ne kadar muhteşem bir uyum içinde olduğunun farkına varırdın. Onun nasıl temiz tutulması gerektiğini, her zaman temizlemek zorunda olduğun ne çok dünya tozu olduğunu görürdün. Her bir "tik tak" sesinin hedefinin, ibreyi gece yarısı on ikiye götürmek olduğunu anlardın; ki ardından senin için saat öbür dünyada biri vuracak. Her şey iç içe, sanki kendiliğinden gelişiyor gibi birbirine bağlanıyor; tek bir saniyeyi bile öncekiler olmadan düşünemiyorsun ve tek bir dakika bile fuzulî geçip, zamansız bir boşluğa dönüşemiyor. Ruhun salınışları da tıpkı bunun gibi bütünle irtibat halinde bulunuyor ve yaşamın semâya yönelik bir çabalama ya da semâya karşı bir direniş olsa da, senin içinde bu çabalamaya ya da bu direnişe iştirak etmemiş en ufak bir ruhanî toz bulmak mümkün değil.

Ve senin ruh mikro kozmosunda tetikleyici güçler nasıl sadece belli kurallara ve yasalara göre hareket ediyorlarsa, ruh makro kozmosunda, yani insan ruhlarının ortak ve karşılıklı tesir alanında da en ufak bir düzensizliğe, dolayısıyla tesâdüfe yer vermeyen kurallar ve yasalar hüküm sürüyor. İki ruh kısacık bir zaman için bile olsa, birbirlerine tesir etmeden birbirlerinden ayrılıp uzaklaşamazlar. Başka bir ruh senin ruhuna yalnızca bir an için temas ettiğinde, bu temas senin iç dünyanda bir nokta yaratır ve bu nokta senin için muhtemelen farkında olmadığın bir çizginin parçası olur. Böylece göze görünmeden seni bir başkasıyla sonsuza dek birleştiren ve gerekli bir parça olarak ruhların büyük ve ebedî dünyalarına bağlayan "şimdilik" gizem dolu ipler, ilişkiler ortaya çıkar. Sen tüm varlığınla o dünyaya aitsin; tıpkı tek bir dakikanın saate, güne, yıla ve ebedîyete ait olduğu gibi. O dünya sen olmadan bir bütün olamazdı. O nasıl hem senden, hem de ufacık ve önemsiz dahi olsa senin tesirinden yoksun olamıyorsa, sen de tıpkı diğer ruhlar gibi onunla ve yasalarıyla daimi bir ilişki içinde bulunuyorsun. Bu yasalar birbirleriyle çok ilgisiz sebepleri karşına çıkarıyor ya da senin aracılığınla harekete geçiriyor ve böylece sözde beklenmeyen olgular ya da sözüm ona birbiriyle bağıntısız hadiseler meydana geliyor; sense bunlara bir açıklama getiremiyorsun. Makro kozmosun ruhların dünyasına yaptığı bu tesir, bu sonuçlar, onların sebepleri ve mukaddemleri gizli kalmış olan bu anahtarlar akıl almaz şeyler değil; tam aksine görünmeyen dünyayla görünen dünya arasındaki, tanrısal hikmet tarafından oluşturulmuş tutarlı bir irtibatın delilleridir. Her kim çok bilgili ve sevgili materyalizminin esiri olduğundan veya üzerinde düşünmeye gerek duymadığından görünmeyeni reddediyorsa, o kişi kendisine birbiriyle bağlantısız gibi görünen hadiseler karşısında bunları "büyük bilinmeyenin" -ki şüphesiz çok iyi bilinendir-, yani "tesâdüfün" hesabına yazmaktan başka çare bulamaz. Artık kendine nasıl yardım edeceğini bilemediğinden, bilineni kötü şöhretli ve ağır ceza gerektiren bir bilinmeyene kadar zorla çekip götürür.

Materyalizm kelimesini kullanırken, yalnızca dini inancı olmayan materyalistleri kastetmiyorum. Bu şekilde adlandırdığım ne yazık ki milyonlarca îmanlı Hıristiyan da var. O Hıristiyanlar kendilerini kurtuluşun, selâmetin ve rahmetin materyali olarak görüyorlar. Tanrı onları yarattı ve bir gün yanına alacak. O onları cennet için vazifelendirdi bu nedenle onları mutlaka oraya ulaştıracak. Onlar dua ediyor, şarkı söylüyor, durmadan kiliseleri ziyaret ediyor ve böylece kendilerini huzurlu hissediyorlar. Göklerdeki Babamızın gözleri onların üzerinde. Onun gözdeleri olduklarından eminler ve bu onlara dünyevî mutluluktan daha üstün tuttukları bir memnuniyet veriyor, bunu Tanrının yücelterek hesaplarına katacağı bir kazanç olarak görüyorlar. Onlar düğün şölenine çağrılmışlardı ve bu daveti kabul ettikleri, seve seve gelmek istedikleri için onları yük taşıtlarıyla alacaklar. Onlar rahmetin materyalleri oldukları için, bu rahmet onlar olmadan var olmaz; bu yüzden onlar cennette nasıl da sevinçle karşılanacaklar! Cennete giden yolda tüm zahmet ve sıkıntıları Tanrıya havale ediyorlar, Tanrı onlara bu zahmet ve sıkıntıları zaten atlattıracak ve onun hizmetkârları yardıma koşturulacak. Tanrı için ve kendileri için bu insanlar, yeniden doğuşun ve ebedî yaşamın müjdelenmiş olduğu ayrıcalıklı insanlardır.

Peki ya ruhları? Ruh hakikaten var mı? Varsa vücudun bir parçasi olmalı ve onunla birlikte rahmete kavuşmalı. Bunun üzerinde çok düşünmek veya ruhla uğraşmak rahatı ve huzuru tümüyle kaçırırdı! Bu materyalistler, bu dini rahatlığın düşkünleri için tesâdüf yoktur; çünkü böylesine dini bütün ve rahmete kavuşacak olmaları elbette bir tesâdüf değil, aksine onların yüce ruhanî değerlerinin mutlak sonucudur ve bu çok kolay açıklanabilir. Onlar açıklayamadıkları şeyleri tesâdüf olarak nitelendirmezler -çünkü bu kelime iyi bir Hıristiyan için uygun değildir,- aksine buna "kısmet" derler. Fakat burada "kısmet" kelimesinin mânâsı tesâdüf ile tam olarak aynıdır; hatta bu sebepsiz değil, aksine istenilen bir tesâdüftür ve bu çok daha fenâdır. Bu mânâda kısmet kelimesi ilâhî sevginin her şeyde âdil ve âlim olan hükümdârlığına leke sürer. Ruhun sahip olduklarının tam anlamıyla maddî hediyeler oldukları da söylenebilir ve Tanrının sevgisi bu hediyeleri keyfine göre değil, kendi yasalarına göre paylaştırır; kuralsız hareket etmez. Ruhları ruhlarla birleştiren, sebepleri sebeplerle bağlayan gizli ipleri elinde tutan bu sevginin ta kendisidir; böylece bir tesir daha sonra gerçek mânâsıyla kısmet, yani takdiri ilâhî, latif ve kerem olan Tanrının takdiri olarak ortaya çıkar. Görmeyi öğrenmiş olan biri, başkalarının tesâdüf dedikleri şeyin mükâfatlandıran, uyaran ve hatta cezalandıran sevginin hükmettiği ruhların müşterek tesirinin bir sonucu olduğuna dair kendi yaşamında delil üzerine delil bulabilir. Her kim canla başla ararsa, kesinlikle kendi ruhunda temas noktasını keşfedecektir ve bu ona takdiri ilâhînin neden bir başkasını değil de, kendisini seçtiğini açıklayacak ve bundan sonra onun için bir tesâdüf olmayacaktır.

Neden tesâdüf hakkındaki görüşümü burada dile getirdiğimi sorarsanız... Öncelikle, inancıma borçlu olduğum güneşli bahtımı mümkün olduğu kadar çok insanın paylaşabilmesini yürekten istedim. İkinci neden ise, iki Beni Lamla Bir Hilu'da karşılaşmamız ve onlarla yaptığımız sohbet sonradan bu gibi şeylerin tesâdüfen değil, sadece takdiri ilâhîyle gerçekleştiğini açık olarak gözler önüne serdi. Gerçekleşmiş olanla gerçekleşecek olan çok sıkı bir irtibat içinde bulunuyor. Beni Khalidler bizim düşmanlarımızdı ve dikkatlerini üzerimizden çekerek Beni Lamlara yönlendirmemiz en çok bizim çıkarımıza olurdu. Buna rağmen Beni Khalidleri ele vermemiş olmam, daha sonra bize her eylemin iyi ya da kötü sonuçlarını zaten kendi içinde taşıdığının bariz bir delilini sundu.

O günün akşamı Başnâzırla son kez bir arada oturuyorduk; en azından hepimiz öyle sanıyorduk. Birkaç nöbetçi yerleştirmiştik ve hemen hemen sadece onunla birlikte yaşamış olduklarımız hakkında konuştuk. Daha sonra, yatma vakti geldiğinde bana şunu sordu:

"Efendi, senden bir ricâm var. Ricâmı yerine getirecek misin?"

"Yapabilirsem, seve seve" diye cevap verdim.

"Develerimden birini sizinkilerden biriyle değiş tokuş etmeyi çok isterim."

"Neden?"

"Bir hatıra alabilmek için."

"Benim devem yok, fakat Halef'in dileğini yerine getireceğinden şüphen olmasın."

"O bunu kesinlikle yapar; ben sadece, senin benim devemi kabul edip etmeyeceğini bilmek istedim."

"Neden ben?"

"Çünkü benden sana bir hatıra olacak. Sana benim dişi hecinimi vereceğim ve sonra devesiz kalacağımdan, kendim için başka bir deve ricâ ediyorum."

Cevap vermeden önce ona uzun uzun baktım. O muhteşem, o paha biçilmez dişi deveyi bana armağan etmek istiyordu! Bu büyük cömertliği karşısında nasıl davranmam gerektiğini bilmiyordum. Evet, dememe tüm varlığım karşı çıkıyordu ve hayır, demem onu çok incitirdi. O anda sözlerine devam etti:

"Kara Ben Nemsi'nin benim hecinim üzerinde oturduğunu bilmek, benim için gurur verici bir mutluluk olurdu. Hayvanın değerini düşünmemelisin, çünkü benim ona para ödemem gerekmedi ve her zaman Çarbağ'dan ona benzeyen bir deve alabilirim. Ayrıca sen benim hayatımı kurtardın ve Kans el-A'dhâ'yı buldun, sen olmasaydın onu geri alamazdım. Bu yüzden armağan ettiğim devenin sana olan şükran borcumu hiçbir şekilde karşılamadığını anlamalısın. Şimdi sana baskı yapmak istemiyorum, bunu iyice düşünmen için bütün bir gece senin."

İranlı yüzünü başka tarafa çevirdi, mesele şimdilik bir sonuca bağlanmış gibi görünüyordu. Bunun için ben de başka bir şey söylemedim, fakat yanımızda oturmakta olan Halef ısrarla bana şunları mırıldandı:

"Sihdi, bunu kabul edeceksin, hatta etmek zorundasın! Hediyesini reddederek bir dostu incitmemelisin."

"Fakat bu hediye farklı!" dedim.

"Şüphesiz çok değerli; fakat şunu unutma ki onu yalnızca kendin için değil, bizim için de alacaksın."

"Şimdi anladım! Bu hecinde gözün var, değil mi?"

"Evet. Senin memleketinde hecin bir işe yaramaz; bu yüzden onu da tıpkı bir zamanlar muhteşem atın Rih'e yaptığın gibi bize bırakacaksın. Ve yetiştirmemiz için beş yaşında, kusursuz ve böylesine muhteşem bir dişi deveyi aldığımızda bizim ne kadar mutlu olacağımıza bir düşün. Onu kabul edersen kabilemize öyle bir hizmette bulunmuş olacaksın ki sana büyük şükran duyacağız. Bunu anlayacağını umuyorum! Yoksa anlamıyor musun?"

"Elbette anlıyorum, bu sizin için mükemmel bir kazanç olurdu."

"Güzel, Sihdi! Bu anlayışa sahip olman beni memnun ediyor. Fakat bu anlayışın sadece önemsiz bir kısmı ve umarım şimdi temel anlayışa da varırsın."

"Ne gibi?"

"Onu kabul etmek zorunda olduğun anlayışına. Bunu yapacak mısın?"

"Hımmm!"

O anda Halef hızla İranlıya döndü:

"Dostum Khutab Ağa! Sihdi'min dileğini yerine getirmesini canı gönülden isterim. Şimdi onu kabul etmesi için sıkıştırdım ve sana şunu söyleyebilirim ki az önce 'hımmm' dediği için memnunum. Onu çok iyi tanıdığım için biliyorum ki onun bu tereddütlü 'hımmm' sesi nihâyetinde 'evet' cevabından çok uzak olmadığını gösterir. Ona teklifini yarı yarıya kabul ettirmeyi başardım ve ikinci yarının yarın sabah erken saatlere kadar direnmekten vazgeçmiş olacağını gönül rahatlığıyla umut edebilirsin. Kısmetin senin ve devenin hayrına olacağını göreceksin. Birbirinizden kurtarılacaksınız."

Küçük cingöz! Benim ülkemin koşullarını ve dünya görüşünü anlamak onun için daima çok zor oldu ve neredeyse her zaman bunları şarkın yaşam koşulları ve dünya görüşüyle karıştırdı; şimdi ise bu hecinin kabul edilmesi söz konusu olduğunda, bir devenin memleketimde benim hiç işime yaramayacağını hemen hatırladı. Ve sonra "hımmm" dememi, çabuk ve tuhaf bir biçimde istismar etti. Böyle bir şeyi sadece benim Hacı Halef'im becerirdi.

Ertesi sabah bana hecin yüzünden bütün gece uyuyamadığını itiraf etti ve eğer onu hayatının geri kalan kısmında uykusundan etmek, bunun nihâyetinde de ölümüne sebebiyet vermek istemiyorsam, hecini kesinlikle kabul etmek zorunda olduğumu söyledi. Sonra Başnâzırı yanına çağırdı ve ikisi eninde sonunda kabul ettiğimi duymak için, Halef'in dün de ifade ettiği gibi beni "sıkıştırdılar". Bunun üzerine Haddedihnler sevinç nidaları attılar. İranlının da buna canı gönülden sevindiğini söyleyebilirim. Hediyeyi bana Çinlilerin yaptığı gibi, yani insanı reddetmek zorunda bırakarak sunmamıştı ve onun bu sevinci cömertliğinin nesnesi kadar hoşuma gitti. Diğerleri devenin etrafını çevirip üstünlüklerini bir bir sayarken, İranlı beni bir kenara çekti ve şöyle dedi:

"Efendi, hediyemi kabul ederek beni mutlu ettiğin için sana bir şey söylemek zorundayım ve bunu senden başka hiç kimsenin bilmemesi gerekiyor. Bilirsin, saf kan atlarda olduğu gibi develere bir 'komut' vermek mümkün değil, çünkü bunun için fazlasıyla aptallar. Fakat ben bunu bu hecinde başardım. O diğer hecinlerde rastlanmayan bir anlama kabiliyetine sahip ve bir at kadar sâdık, vefakâr ve itaatkâr. O artık senin malın olduğu için sırrını sana söylemek istiyorum. Bu hayvanın adı Meşhûr. Önce onun dikkatini çekebilmek için iki kez bu ismi söylemelisin, bunun ardından üç kez peş peşe 'Babûnac*' diyeceksin. Bunu yaptığın zaman öyle hızlanır ki durgun hava sana rüzgârlı gibi gelir ve sen üç kez 'yavaş' demeden önce hızını kesmez. Develer atlardan daha dayanıklı oldukları için, Meşhûr bu komuta bir attan çok daha uzun süre dayanır; bu seni büyük tehlikelerden kurtarabilir ve peşine düşenleri yarı yolda bırakır. Bunların hepsini iyice anladın mı?"

"Evet, sana teşekkür ediyorum. Fakat söyler misin, neden özellikle Babûnac kelimesini seçtin?"

"Çünkü bu hecinin papatyalara karşı tuhaf bir düşkünlüğü

---

* *Papatya.*

var. Bunun için ne zaman ona binsem, bu bitkilerden cebime birkaç tane koyarım. Koku vermeleri için onları elimde ufalar ve sonra o elimle Meşhûr'un ağzını ve burnunu okşarım. Bunu yaparsan onun dostluğunu çabucak kazanırsın. Fakat bunu başka birine söylememelisin, aksi takdirde o kişi bunu kullanarak hayvanı kendine bağlayabilir. Şu anda da yanımda papatyalar var ve onları sana vereceğim. Kurudular, ama hâlâ yeterince ağır kokuyorlar."

Komuttan anlayan bir deve! O ana kadar ben de bunun imkânsız olduğunu sanırdım. Kıymet biçmek gerekirse, bu dişi hecin hiç şüphesiz paha biçilmezdi. Khutab Ağa bitkileri bana verdi, ben de onları semerin gözüne koydum. Sonra askerlerine yola çıkmaya hazırlanmaları için emir verdi.

Hazırlıklar bittikten sonra İranlı en içten haliyle bize vedâ etti. Bizi çok sevmiş olduğu yüzünden anlaşılıyordu; gözleri dolu dolu oldu.

Ondan çok dikkatli olmasını istedim ve en azından bugünlük peş peşe gelmiş olduğumuz yoldan uzak durmasını ricâ ettim. Arzu etmiş olduğum uslupta olmasa bile, yine de bana söz verdi. Beni Khalidler tarafından kendisine yöneltilen tehlikeyi benim kadar önemsemediğini fark ettim. Kans el-A'dhâ'sının güvende olduğuna inanıyordu; çünkü Beni Khalidler güneye doğru gitmişlerdi, kendisi ise kuzeye gidiyordu. O çoktan harekete geçmişti ki bir kez daha ısrarla arkasından bağırarak uyarımı tekrar ettim. Arkasına döndü ve bana gülümseyerek başını salladı; fakat bu gülümseyiş hoşuma gitmemişti.

Açıkça anlaşılacağı üzere, Halef ona en iyi hecinlerimizden birini vermişti; Meşhûr kadar değerli olmasa da, yine de güvenilir bir hecindi. İranlı ve askerleri artık gözümüzün göremeyeceği kadar uzaklaştıktan sonra dişi deveyle ilgilendim. O zamana kadarki efendisinin ardından çok uzun süre bakmıştı, daha önce hiçbir devede görmediğimiz bir bağlılığı vardı. Papatya kokan elimle burnunun üzerini okşadığımda, kokuyu içine gözle görülür bir sevinçle çekti ve dudaklarını kement gibi öyle bir uzattı ki gülmeden edemedim. Derken elimi tümüyle ağzının içine aldı ve dişlerinin yumuşacık dokunuşuyla tutarak, bir çocuğun şeker emişi gibi elimi emmeye başladı. Onun sevgisini kazanmamın zor olmayacağını anladım ve semerimi üzerine yerleştirdim, çünkü o andan itibaren her gün ona binecektim.

Şüphesiz bir daha görmeyeceğimiz Bir Hilu'dan biz de artık ayrılabilirdik. Görmeyeceğimizi düşündük, çünkü Mekke'den dönüşümüz için başka bir yol seçmiştik; fakat şöyle yazılmıştır: "Çünkü benim düşüncelerim sizin düşünceleriniz değil, sizin yollarınız benim yollarım değil; diyor Rab." Kırbalarımız doluydu. Ain Bârid'i bu akşam çoktan işgal edilmiş bulmaya kendimizi hazırlamıştık. Günlerce yetecek suyumuz vardı.

Kuyudan ayrıldığımızda Beni Khalidlerin izleri öylesine net görülebiliyordu ki kolaylıkla onları tâkip edebilirdik ve öyle de yaptık. Onlarla ne yapacağımızı bilmek zorundaydık. Belki bir saat sonra dağınık kayalıkların bulunduğu çölden çıkıp, açık ve düz kumluğa vardık. İzler "soğuk kaynağın" bulunduğu yöne doğru ilerliyordu ve ikinci bir saatin ardından batıya saptılar. Bu düşünmemiz gereken bir husustu. O zamana kadar ki yönümüze devam etmek istemedik ve Beni Khalidlerin izlerine bağlı kaldık. Bu şekilde belki iki saat boyunca gün batımına doğru ilerledik ve sonra ufukta koyu bir çizginin belirdiğini gördük. Rehberimiz Ben Harb'ın tahminine göre bu, daha önce duymuş olduğu, fakat adını bilmediği uzunca bir dağ silsilesiydi. Yanılmıyorsa çöl yeniden taşlık olacaktı.

Tahmini doğru çıktı. Biz bu yükseltilere yaklaştıkça, kum giderek daha taşlı oldu ve nihâyet üzerlerindeki izleri güçlükle görebildiğimiz çıplak, kumsuz kayalar yüzlerini gösterdi.

"Beni Khalidler neden yollarından sapıp bu taraftan gitmiş olabilirler?" diye sordu Halef. "Sence bunun bizimle bir ilgisi var mı, Sihdi?"

"Şüphesiz öncelikli olarak İranlıyla, sonra bizimle ilgisi var" dedim. "Artık onun için endişeleniyor ve tahminimin doğru çıkmamasını yürekten diliyorum. Beni Khalidler yeni yönlerine öyle dikkat çekici bir biçimde sapmışlar ki onları tâkip etmemizi istediklerinden eminim. Muhtemelen bizi gafil avlamak için bu tepelerin kuytu bir yerinde saklanıyorlar. Fakat bunun böyle olabileceğini düşünmemiz için bir sebep var: Tavil Ben Şahid'in Kans el-A'dhâ'dan vazgeçmek istemediği kesin. Hazinenin İranlıda olduğunu ve onu yalnızca İranlının yoluna pusu kurarak ele geçirebileceğini biliyor. Bu maksatla hareket ettiyse burada saklanıyor olamaz, aksine Bir Hilu'nun etrafında geniş bir kavis çizerek, öbür taraftan Başnâzırın yoluna çıkmak için geri gitmiş olmalı. Öyleyse önümüzde iki farklı olasılık var: Ya Beni Khalidler buradalar ve bizi pusuda bekliyorlar, ya da Bir Hilu'nun kuzeyindeler."

"Fakat neden buradan geçmiş olabilirler?"

"İzleri tâkip etmeyi zorlaştıran kayalık zemin yüzünden buradan geçtiler. Bizim gözlerimizin kendilerininkinden daha iyi olmadığını sanıyorlar ve bunun için izlerini burada kaybedeceğimizden eminler. Ayrıca ilk önce İranlıyı ele geçirebilirlerse bunun bizim açımızdan da menfaatlerine olacağını düşündüler; çünkü böylece biz onların önümüzde olduklarına inanırken, onlar arkamızdan gelecekler. Üçüncü bir ihtimal daha var; Şeyh adamlarını gruplara ayırmış olabilir. Bunun gerçekleştiğini düşünelim; böylece Şeyh bir grupla Khutab Ağayı ararken, daha büyük olan diğer grup bizi burada bekliyor olacak. Buna hemen bir açıklık getireceğim. Şimdi burada duracağız ve ben kuzeye doğru giden bir iz olup olmadığına bakacağım."

"Bu sert kayalar üzerinde iz aramak uzun sürecek."

"Hayır, çünkü ben kum sınırına kadar gideceğim. Hakikaten izler varsa, sınır boyunca ilerleyerek onları muhakkak bulurum. Uzun sürmeyecek, Tavil'in hangi yöne dönmüş olduğunu bildiğim için tüm dağ silsilesinin etrafını dolaşmam gerekmiyor."

"Ben de gelebilir miyim?"

"Evet. Fakat atlarımızı alacağız. Develer iz sürmek için bana fazlasıyla yüksek geliyorlar. Haydi!"

Halef Barkh'ına bindi, ben Asil Ben Rih'ime. Kuma ulaşana kadar yan tarafa doğru ilerledik, sonra sola saparak tahminen kuzeye doğru giden Beni Khalid birliğinin izini aramaya başladık. Yeri daha yakından görebilmek için yandan mümkün olduğunca aşağı eğilerek kara yağız atımı uçarcasına koşturdum ve çok geçmeden onu durdurmam gerektiğini memnuniyetle gördüm; çünkü tepeden oraya kadar gelen ve daha sonra kuzey yönüne doğru devam eden belirgin izlere rastladık. İzleri incelemek için atlarımızdan indik. Beni Khalidler birbirlerine öyle sokularak ilerlemişlerdi ki tek tek izleri ayırt etmek mümkün değildi. Bu yüzden izleri sayamadık, fakat ben otuz en fazla kırk binici olduğunu tahmin ediyordum ve sanırım tahminimle gerçeğe yaklaşmıştım. Hiç şüphesiz bu sayı İranlıyı yirmi adamıyla birlikte alt etmek için yeterliydi.

O anda Hacı da korkuya kapıldı.

"Sihdi, korktuğun başımıza geldi" dedi. "Ne yapacağız? Çabuk söyle!"

"Her şey, o yoldan uzak durması için yaptığım uyarıya riayet edip etmemiş olmasına bağlı. Etmediyse, Beni Khalidlerle karşılaşmış olabilir."

"Korkarım uyarını dinlemedi. Sence hâlâ kurtarılabilir mi?"

"Belki. Hemen atına bin! Geri dönmek zorundayız."

Aceleyle adamlarımızın yanına dönerken ona kararımı söyledim:

"Mümkün olduğu kadar çabuk Bir Hilu'ya geri döneceğiz. Oradan İranlının izlerini tâkip edecek ve ona ne olduğunu çok geçmeden öğreneceğiz. En kötüsünden korktuğum için ben önden gideceğim, çünkü gerekirse Henry filintamla tüm Beni Khalid birliğinin önünü keseceğim. Siz benim izlerimi tâkip edin yeter."

"Neden seninle değil de, peşinden geleceğiz?"

"Hayvanlarınız yeterince hızlı olmadığından geride kalacaksınız; çünkü ben Meşhûr'u, dişi hecini alacağım. Atları dört nala koştursanız bile benimle ilerleyemezsiniz, o deve tüm atlardan daha dayanıklı. Sadece Beni Khalidlerle beklenmedik bir karşılaşmadan sakının, çünkü her halükârda Bir Hilu üzerinden geri dönecekler. Ben İranlının peşinden giderken, onlara rastlamanız mümkün."

Artık adamlarımızın yanına varmıştık. Hemen atımdan devenin semerine atladım ve telaşımın açıklamasını Hacıya bırakarak oradan uzaklaştım.

Meşhûr'u birkaç yüz adım ağır ağır yürüttüm, sonra haydaladım, bana itaat etti ve hızla kuyuya geri döndü. Bir Hilu'dan çıkıp önce iki saat boyunca dosdoğru ve sonra sağa dönüp iki saatin üzerinde ilerledik. Yolumuz tam olarak dört buçuk saat sürdü. Bu yol bir dik üçgenin iki yan kenarını oluşturuyordu ve ben üçgenin ana kenarından geri döndüm. Öyleyse bu yol o zamana kadar muhafaza ettiğimiz hızımızla yaklaşık üç saat uzunluktaydı. Fakat Meşhûr hayret verici büyüklükte adımlar attığından, üç çeyrek saat sonra çoktan Bir Hilu'ya ulaştım.

Elbette Beni Khalidler orada olabilirlerdi. Fakat benim bunu düşünerek kaybedecek vaktim yoktu; kuyunun başında olsalar bile, onlardan beni en iyi biçimde koruyacak hıza sahiptim. Beni Khalidler bana karşı bir girişimde bulunmayı akıllarından bile geçiremeden, yanlarından geçip giderdim. Fakat meydan boştu.

Meşhûr'un inanılmaz hafif ve yumuşak bir gidişi vardı. Hareketsiz bir sandalyeye kurulmuş gibiydim. O, bedevîlerin "raumverzehrend" kelimesiyle ifade ettikleri takdire lâyık bir özelliğe sahipti ve bu esnada hiçbir zorlanma belirtisi göstermedi.

Kuyuyu arkamda bıraktığımda Başnâzırın başka bir yola sapmış olup olamayacağını merak ettim. Sapmışsa, Beni Khalidlerin onu ellerinden kaçırmış olmalarını ümit edebilirdim; fakat sapmamışsa, amaçlarına ulaşmış olduklarını kabul etmeliydim.

Bilindiği üzere daha önce kuyuya doğu yönünden dolaşarak gelmiştik. Bu yüzden ancak bu kavisi kestirme yoldan aştıktan sonra eski izlerimizi bulabilirdim. Bunu yapar yapmaz fark ettim ki İranlı uyarıma kulak asmamıştı; izleri, eski izleri gerisin geri tâkip ediyordu.

Fakat hâlâ çok küçük de olsa bir umut vardı: İranlı ağır ağır yol almışsa ve Beni Khalidlerin kurdukları pusu kuyudan oldukça uzakta kalıyorsa, henüz onlara ulaşmamış olması mümkündü. Hiç şüphesiz yola çıkışının üzerinden beş saatten fazla zaman geçmişti ve ben aradaki mesafeyi kapatmak zorundaydım. İranlının bana dişi devenin sırrını söylemiş olması ne büyük şanstı! Çünkü yalnızca bundan faydalanarak niyetimi gerçekleştirebilirdim.

Hecine gereken işareti verdim. İki kez adını söyledim ve o dikkat kesilince üç kez Babûnac dedim. Bunun neticesinde kulaklarını oynattı ve o zaman kadarki adımlarına sâdık kaldı. Kısa bir an bekledim ve tekrar denedim... Sonuç yine başarısızdı. Khutab Ağanın bana söylemiş olduklarını aynen yapmıştım. Acaba bana söylemeyi unuttuğu bir şeyler mi vardı?

İranlı için giderek daha çok endişelenmeye başladım. Bu deve bana itaat etmezse, onu nasıl kurtarabilirdim? Bir kez daha denedim, fakat boşunaydı. Hecinin beni nerdeyse hiç tanımadığı gerçeğini düşündüm. Belki istediğimi yapmamakta direnmesinin sebebi buydu. Bu yüzden onu durdurdum, aşağı indim ve elimi papatyalara sürüp ona doğru uzattım. Onu hevesle ağzının içine aldı ve orada tuttu. İranlıdan yalnızca çoktan solmuş olan sekiz veya on bitki almıştım, fakat yine de bir kaçını feda etmeye karar verdim. Meşhûr sevinçle geviş getirirken, ben elimi kurtardım ve tekrar üzerine bindim. Önce onu haydaladım ve o buna itaat edince son denemeyi yapmak için daha fazla beklemedim:

"Meşhûr, Meşhûr!.. Babûnac, babûnac, babûnac!.."

O anda öyle ani bir hareket yaptı ki az kalsın semerden fırlıyordum... evet, işe yaramıştı. Aynen İranlının söylemiş olduğu gibiydi: Yararak içinden geçtiğimiz durgun hava, benim için bir rüzgâra dönüştü. Eskiden birkaç kez aygırım Rih'te "komut" kullanmaya mecbur kalmıştım ve gerçeği itiraf etmeliyim ki o zamanlar Rih bu hecinin şimdi olduğundan çok daha hızlıydı; fakat en dayanıklı olan at mıydı yoksa deve mi, bunu da görecektim! Başnâzır bu konuda deveyi tercih etmişti.

Artık buna deve sürmek veya koşturmak değil, uçmak demek gerekirdi. Kayalıklar yıldırım hızıyla önümüzden geçtiler. Derken taşlı Serîr'e vardık, ki burada izleri kaybetmemek için çok dikkatli olmak zorundaydım. Meşhûr olağanüstü hızına rağmen narin matrağımın en ufak dokunuşuna bile itaat etti. Buraya gelirken neredeyse tam bir saatimizi alan yol kadar bir yolu, bu düzlükte on dakikada geride bırakıyordu. Ve bu târifsiz hızı, Serîr'i arkamızda bırakıp kuma vardığımızda da hep aynı kaldı; ki bu kumu tasvir ederken hayvanların ayaklarının gömülüşünden söz etmiştim. Kum, Meşhûr'u kayalık zeminden daha fazla yordu ve o terlemeye başladı.

Derken kumdan, daha önce tasvir ettiğim tepeler yükseldi. İzlerden anladığım kadarıyla İranlı ilk kum tepesinde herhangi bir sebeple uzun süre durmuştu. Hecini orada soluklandırmayı düşünmüştüm, fakat bu mola yerinin görünüşü beni bundan vazgeçirdi; çünkü Başnâzırın burada bir süre durmuş olması, onun Beni Khalidlerle karşılaşmasını da geciktirmişti ve bu benim ona daha önce yetişme ihtimalimi artırıyordu.

Hecinimin üstünden gelmek zorunda kaldığı güçlük çok büyüktü... Bir taraftan dik kum tepelerine müthiş sıçrayışlarla tırmanıyor, diğer taraftan bir sonraki kumluğu yine aynı şekilde aşabilmek için bata çıka aşağı koşuyordu. Teri öylesine artmıştı ki ağzının kenarları beyaz köpüklerle doldu ve... evet, o sırada ilk kez zorlanarak hızlı ve sesli nefes aldığını duydum. Soluklanma zamanı gelmişti.

"Yavaş, yavaş, yavaş!" diye bağırdım.

Meşhûr hemen daha yavaş ilerlemeye başladı; temkinli davranarak, nefes alıp verişi yeniden sakinleşene ve köpük kaybolana kadar onu bir süre böyle yürüttüm. Sonra durdum, aşağı indim ve onu okşadım, çünkü vazifesinden çok daha fazlasını yapmıştı ve ona Asil Ben Rih için cebime koymuş olduğum hurmaları verdim. O esnada bana bakışı oldukça dokunaklıydı. Hiç böyle deve gözleri görmemiştim. Sanki bana, kendisinden memnun olup olmadığımı sormak istiyordu. Gerçek şu ki insanoğlu hayvanların da duyguları olduğunu, sevgiyi ve merhametsizliği belki bizim düşündüğümüzden daha yoğun hissettiğini her zaman dikkate almalı. Köpeklerin insandan bile daha iyi bir insan sarrafı olduğunu gözlemlemiştim. Fakat insanoğlu, tıpkı kendisi gibi var oluşunu mutlak sevginin iyiliğine borçlu olan diğer varlıklara karşı ne kadar duygusuz davranıyor! Ben bir insan sever ve bu yüzden aynı zamanda bir hayvan severim; çünkü bir Hıristiyan olarak daha farklı olamam. Hıristiyanlığın bu tesirinden yoksun olup hayvanlara zulmeden biri, benim bu zayıf ve hassas yüreğimle alay edebilir; ama ben bundan farklı bir yüreğe sahip olmadığım için mutluyum. Elbette asıl konunun dışına çıkarak araya eklemiş olduğum bu sözleri artık bir kenara bırakmalıyım; fakat bunlar yüreğimden gelen sözler olduğu için, belki beni bağışlarsınız.

Hecine birkaç Babûnac bitkisi daha verdim ve yine üzerine bindim, çünkü bu yiğit hayvana gerekli olan itinayı gösterdikten sonra kaybedecek bir dakikam bile kalmamıştı. Tekrar harekete geçtik ve bir kez daha ona komut verdim. Meşhûr bu kez anında itaat etti.

İkinci kez onu bu şekilde yormak zorunda olduğum için üzüldüm, fakat pek çok insanın hayatı söz konusuydu ve o öyle olağanüstü bir güce sahipti ki "eziyet" dedikleri şey bu durum için kesinlikle geçerli değildi. Kendi isteğiyle ilerliyordu; dizginleri, acı veren bir gemliği yoktu ve kırbaçlanarak haydalanmıyordu.

Evvelki gibi tepelerden yine bir aşağı, bir yukarı uçtuk. Pek çok kez kum ayaklarının altından kaydı; sık sık düşecek, yere kapaklanacak gibi oldu ve ben bir ata verebildiğim desteği ona veremedim. Elbette tökezlediği oldu, fakat asla düşmedi. O dayanıklı, eşi benzeri olmayan bir hayvandı.

Derken karşımıza alışılmadık yükseklikte, ama bulunduğumuz taraftan dik görünmeyen bir kum tepesi çıktı. Tepe hafif hafif yükseldi ve Meşhûr müthiş bir süratle yukarı tırmanarak koşmaya devam etti; daha önce buraya geldiğimde tekrar geleceğimi ve ne şekilde geleceğimi bilseydim, tehlikeli yerleri aklıma iyice kazıyabilmek için dikkatli davranırdım. O yerlerden biri şimdi gözümün önünde duruyordu; daha önce gördüğüm bir kum tepesinin kuzey yamacı yukarıdan aşağıya çökmüştü ve tepeye ulaşmak için dik bir kum yığınının etrafını dolaşmak zorunda kalmıştık. Öbür tarafa vardığımızda o kadar sarp olmadığını, inişe oldukça elverişli olduğunu görmüştük. Şimdi önümüzde duran tepe, o tepe olabilir miydi? Evet, buradan, güney tarafından tırmanmak kolaydı! Tanrım! Öyleyse feci bir düşüş bekliyordu bizi!

"Yavaş, yavaş, yavaş!" diye bağırdım; hayır, var gücümle haykırdım. Fakat hecin çoktan tepeye varmıştı; emrime itaat etmek istedi, fakat bunu gerektiği kadar çabuk yapamadı. Elbette bir atı dizginleri sayesinde hızla kenara çekmek mümkündü. Fakat ben o anda bir devenin yüksek semerinde oturuyordum ve hayvanı hızla tehlikeli yönden uzaklaştırmama, ne matrağım ne de ağız tasması fayda ederdi. Bağırtım onun ilerleyiş hızını anında azaltmıştı, fakat geç kalmıştım. Bir sonraki tepeyi ve onunla bizim aramızda bulunan kum çukurunu görmeye vaktim olmadı, çünkü her şey bir anda olup bitti. Yamacın tepesine vardığımızda önümüzde uzanan kum çöküntüsünden başka hiçbir şey seçemedim; sol bacağımı kaldırıp sağ tarafa geçirdim ve kendimi devenin üzerinden aşağıdaki çukura doğru fırlattım. Tehlikede bulunan hayvan boşluğa doğru zıplarken, kendimi kurtarabilmek için yapabileceğim tek şey buydu. Yalnızca düşmekte olduğum kumun yumuşaklığı beni kurtarabilirdi.

Düştüm... Aşağı, daha aşağı düştüm. Artık buna düşmek denemezdi, bu sonu olmayan bir batıştı. Gözlerimi kapatmıştım, el ve ayak bileklerimdeki ağır basınç dışında acı hissetmedim. Tuhaf bir durumdu. Bu batış hiç sona ermeyecek miydi? Düşmekte olduğum uçurum nasıl bir uçurumdu? Onu görebilmek için gözlerimi açtım. Göz kapaklarım ruhumun arzusuna karşı koymadan itaat ettiler. O anda onları gördüm...

Evet, o anda gördüklerim hiç durmadan aşağı düşme hissinin bir yanılgı olduğuna ve bayılmış olduğuma beni iknâ etti. Sadece ellerimdeki ve ayaklarımdaki acı konusunda aldanmamıştım; çünkü bağlıydılar. Önümde Şeyh Tavil Ben Şahid, onun sağında Gani ve solunda Gani'nin oğlu oturuyordu. Müneccim de Gani'nin yanındaydı; uyanık ve zindeydi. Diğer üç Mekkeli yan tarafta oturuyorlardı.

Etrafıma bakarken kumun çöktüğü yeri gördüm; kendimi oraya atmak istemiştim. Fakat sıçrayışım, devenin ilerleyiş hızının süredurum gücüyle birleşince fazlasıyla büyük olmuştu ve böylece çöküntünün üzerinden aşağı düşmüş, dik uçurumdan vâdiye yuvarlanmıştım. Askerlerin hepsi ölmüştü ve her biri başka bir yerde, bir kan gölünün içinde yatıyordu. Beni Khalidler yollarını kesmeyi başarmışlar ve ben İranlıyla adamlarını kurtarmak için onca yolu boşuna gelmekle kalmamış, kendi başımı da belaya sokmuştum. Askerlerin develeri bizden çok uzakta değillerdi ve biraz daha ötede... hecinim usulca geviş getirerek ve kırmızı gözleri açık, etrafına bakınarak yatıyordu. Benim gibi o da bu düşüşten sağ çıkmıştı, fakat derin ve yumuşak kum hayvanı düştüğü yere gömmüştü.

Başnâzırın nerede olduğunu görebilmek için başımı çevirdim ve onu, daha doğrusu alçak bir kum yığının arkasından dışa çıkmış olan bacaklarını gördüm. O da mı ölmüştü? Hâlâ hayatta olduğunu düşündüm, çünkü benim ayaklarım gibi onunkiler de birbirine bağlanmıştı, cansız birine bunu yapmak elbette gereksizdi. Beş Beni Khalid, muhtemelen onu göz altında tutmak için, yanında oturuyorlardı. Arkalarında Beni Khalidlere ait belki bir düzine deve yatıyordu. Fakat diğer insanlarla hayvanlar neredeydi? Tâkip ettiğimiz izlere göre en az otuz adam olmalıydı. Şeyhin burada olacaklara mümkün olduğunca az kişinin şâhit olması için diğerlerini çoktan yollamış olduğunu daha sonra anladım. Ayrıca Kans el-A'dhâ'yı az sayıda kişiyle paylaşmak istemiş olmalıydı. Peki hazine üzerinde en başta hak iddia edecek olan Mekkelileri buraya neden getirmişti?

Her halükârda tüm Beni Khalid birliği İranlıya pusu kurmak için burada toplanmışlardı. İranlının gelişini haber vermeleri için muhtemelen yukarıya nöbetçiler yerleştirilmişti. Onu ve adamlarını yaylım ateşiyle pusuya düşürdüler, ardından Başnâzır dışında hayatta kalanları birer birer vurdular. Askerlerinin önünde giden İranlı tıpkı benim gibi kum çöküntüsünü hatırlayamamış, daha az tehlikeli bir biçimde olsa bile aşağı uçmuş ve Beni Khalidlerin eline düşmüştü.

O anki ruh halimi tahmin edebilirsiniz. Ölüyorum sandım! Haddedihnlerimin ardımdan geleceklerini bilmeseydim bile, kurtulma umudumdan vazgeçmek aklımın ucundan geçmezdi. Fakat katledilmiş yirmi askerin oluşturduğu manzara beni ümitsizliğe düşürdü. Bu Beni Khalid şeyhinin tek iyi yanı, sözünü kutsal sayması gibi görünüyordu. Başka hiçbir iyi yanı yoktu.

Gözlerimi açmış olduğumu ve hareket ettiğimi fark ettiğinde yüzünde alaycı ve gaddar bir gülümseme belirdi. Eliyle beni işaret ederek El Gani'ye şöyle dedi:

"Bak! Yaşıyor, boynunu kırmamış. Allah onu bana bağışladı. Şimdi buraya neden geldiğini söylemek zorunda. Bunu itiraf etmezse, biz onu zorlamayı biliriz. Söylediklerimi duydun. Şimdi konuş, köpoğlu!"

Bunu bana emretmişti. 'Köpoğlu' sözünü dikkate almadan cevap verdim:

"Susmak için bir sebebim yok. Sizin Kans el-A'dhâ'yı yeniden ele geçirebilmek için Başnâzırın yolunu kesebileceğinizi tahmin ettim ve bana hediye etmiş olduğu heciniyle onu uyarmak için peşinden geldim."

"Haddedihnler nerede?"

"Buradan Ain Bârid'e giden yoldalar."

"Seni bir daha göremeseler de bizi görecekler, çünkü onları yok etmek için onlara yetişeceğiz. Hecini sana İranlı hediye etti, öyle mi? Onu yanında getirmekle ne iyi ettin! Ona el koyacağım, atlarınız da benim kabilemin malı olacak ve siz hepiniz şeytanın pençesine düşeceksiniz, bunun için elimden geleni yapacağım."

Konuşurken gözlerini üzerime öyle bir dikmişti ki onda merhametten eser olmadığını anladım. Müneccim her kelimeyi dikkatle dinledi. Şeyh susunca Kör ona dönerek:

"Burada esir olarak önümüzde yatan Draa Vâdisi'nden gelen efendi mi?" diye sordu.

"Evet" dedi Tavil.

"Ona ne yapacaksınız?"

"Hemen şimdi vuracağız! Buna bir itirazın var mı?"

"Hayır. Onun canını bağışlamak, üzerinize alabileceğiniz en büyük günah olurdu. Cehenneme kadar yolu var!"

O anda El Gani de lafa karıştı:

"Aklımdan geçeni söyledi. Ben de vurulmasını onaylıyorum."

"Öyle mi? Hemfikirsiniz demek!" dedi Şeyh. Bunu öylesine alaycı ve küçümseyen bir ifadeyle söyledi ki onun ve 'konuklarının' arasındaki ilişkinin artık eskisi gibi olmadığını sezdim. "Bana izninizi bahşetmeniz, gülünç ve kendini bilmez bir tavır. Ben burada canım ne isterse onu yaparım. İlişkimizin ne seviyede olduğunu biliyorsunuz. Sizin arzunuza göre hareket edeceğim yanılgısına düşmeyin!"

"Ben hiçbir şey arzu etmiyorum, aksine hakkımı talep ediyorum! Kendim için her şeyden önce İranlıyı, Allah'ın lânetlediği o Şii'yi istiyorum. Ona benim kurşunumdan başkası isabet edemez."

"Buna hiçbir itirazım yok!" diyerek güldü Şeyh. "Onu cehenneme bizzat kendi ellerinle yollamak hoşuna gidecekse, bunu hemen yapabilirsin; çünkü burada daha fazla harcayacak zamanımız yok."

Tavil ve Gani peş peşe ayağa kalktılar. Söylediklerinde ciddi olabilirler miydi? Bu korkunç olurdu. İşleyecekleri cinayete engel olabilmek için sesimi yükselttim, fakat cevap olarak yalnızca alaycı kahkahalar aldım. O anda Başnâzırın sesini duydum:

"Ricâ ediyorum, kendini yorma Efendi! Ben her sözün boşa olduğunu anladım. Ölmeme karar verildi. Bunun suçlusu benim, çünkü senin sözlerine kulak asmadım ve şimdi bunun cezasını çekeceğim. Fakat ayaklarımı çözün! Kurşunu ayakta karşılamak istiyorum! En azından bunu bana çok görmeyin! Kaçmayacağım, ölümün kapısından girmem gereken yerden bir adım ileri gitmeyeceğim."

Şeyh yine gülerek:

"Bu arzunu seve seve yerine getireceğim, çünkü ben insancıl bir adamım ve şüphesiz bu senin son arzun olacak" dedi.

Yanına gitti ve ayaklarını çözdü. İranlı ayağa kalktı, yavaş yavaş bana doğru geldi ve yüzüme baktı. İçimde neler olup bittiğini yüzümden okumuş olmalı ki başını salladı ve şöyle dedi:

"Bana nasıl yardım edebileceğini düşünme! Şerefimizle ölmekten başka bir şey yapamayız. Ben yalnızca kendi ölümümden değil, senin ölümünden de sorumluyum. Burada senden beni bağışlamanı istemiyorum, çünkü katillerin kulakları böylesi sözleri duymaya lâyık değil. Benden yalnızca birkaç dakika sonra, Ben Nur'un bize göstermiş olduğu büyük duvarı aşarak seçme yerine geleceksin ve ben seni orada, düşüncesizliğimi bağışlamanı ricâ etmek için bekliyor olacağım. Seni tanıyorsam, bu ricâm boşa gitmeyecek."

"Seni şimdiden bağışlıyorum" diye cevap verdim. "İnsan hayatı, bizi son anda kurtaracak ve hatta kurşunları yönlendirebilecek kadar yüce bir elde duruyor. Ona güvenmeliyiz."

"İstediğiniz buysa, öyle yapın!" dedi Şeyh yine gülerek. "Yukarıda bir araya geleceğinize bu kadar inandığınız için, size bir iyilik yapacak ve henüz buradayken bunu yapmanızı sağlayacağım. Şimdi bir çukur kazacak ve sizi içine yan yana koyacağız. Askerler oldukları yerde yatacak ve onların leşlerini akbabalar yiyecek, fakat siz yalnızca kurtçukların olacaksınız. Alçaklar arasında yapacağımız tek ayrım bu. Elbette onlarla cehennemde buluşacaksınız."

Beni Khalidler şeyhlerinin emrini yerine getirmek için gözlerimizin önünde, izleyebileceğimiz kadar yakınımızda kuma bir mezar kazmaya başladılar. Bu sayede kısa da olsa zaman kazanmıştık. Bizim için her dakika kıymetliydi, çünkü Halef'in son sürat imdadımıza koşacağından şüphe yoktu. Ne kadar süre baygın yatmış olduğumu bilmiyordum, fakat hecinimin sakin sakin yerde yatışından ve ortaya çıkışımızın yaratmış olması gereken gerileme rağmen bedevîlerin umursamaz tavırlarından şuurumu uzun süre kaybetmiş olduğum sonucunu çıkarabilirdim. Öyleyse Haddedihnlerin bizi kurtarmak için tam zamanında gelecekleri umudum boşa değildi.

Bunu İranlıya söylemiş olmayı çok isterdim; fakat Şeyh ve Gani gözlerini üzerimize öyle dikmişlerdi ki onlara hissettirmeden tek kelime etmem mümkün değildi. Ama Başnâzırın yüksek sesle konuşmasına engel olmadılar:

"Efendi, şansımız bu şekilde döndüğü için sana önemli olacak bir şey söylemek istiyorum. Bunu bu zamana kadar söylemedim, çünkü Cafer Mirza'ya kızacağını düşündüm."

"Neden?"

"Çünkü senden almış olduğu bir şeyi bana hediye etti."

"Bu beni kızdırmaz. Hediye ona ait ve canı nasıl isterse öyle kullanır. Biz birbirimizi pek çok kez karşılıklı armağanlarla sevindirdik. Hangi hediyeyi kastediyorsun?"

"Arba'beşâyir'i*, Acem dilindeki küçük kitabı. Cafer'le sana söylemiş olduğumdan daha samimi bir ilişkim vardı. Biliyorsun, onun yaşamı sırlarla doluydu ve bu yüzden sana bir şey söylemedim. Kitabı okudu ve her satırı yüreğine kazıdı. Sonra benim de aydınlanmam için onu bana hediye etti. Onu her gün okudum, hatta bu sabah yine okudum ve okuduğum bölümde şöyle diyordu: 'Ama ben size diyorum ki; düşmanlarınızı sevin, sizden nefret edenlere iyilik edin ve size zulmedenler için dua edin. Öyle ki göklerdeki Babanızın oğulları olasınız. Çünkü O, güneşini hem kötülerin hem iyilerin üzerine doğdurur, yağmurunu hem doğruların hem eğrilerin üzerine yağdırır!' Ben Nur'dan duymuş olduğumuz her bir kelime içimde canlandı, onun tüm konuşmasının özeti sadece sevgiydi. Buradaki düşmanlarımıza karşı davranışlarımızı düşündüm, ki biz onlara nefretin karşılığında sevgi verdik. Bana fazla iyilikten maraz doğar gibi geldi ve zayıflığımı yenebilmek için bu bölümü açıp okudum. Fakat buna rağmen şimdi, zayıf kalmış olsaydık daha iyi ederdik, diye düşünüyorum; çünkü sevgiye itaat etmiş olmamızın bedelini hayatımızla ödeyeceğiz."

"Hayır, buna inanmıyorum" diye cevap verdim, bu ölüm mahkûmundan beklemediğim kutsal sözlerden derinden etkilenerek. "Yaşam sevgi kadar sonsuzdur. Biz ölmeyeceğiz, belki bedenimiz de ölmeyecek. Bugün o bölümü okuduğunda senden düşmanlarını sevmeni isteyen, seni bu sevgiyle kurtarabilecek kudrete sahip. Onun İncil'i yaşamda ve en büyük ölüm

---

* *Dört İncil.*

tehlikesinde sağlam bir kalkan ve sığınaktır. Ona güvenirsen, sana düşündüğünden de önce yardım edebilir."

"Öyleyse bu yardımın önüne geçmek için elimizi çabuk tutmalıyız!" diyerek alay etti Şeyh. "Çukur hazır."

"Evet, çukur da benim kurşunum da hazır" diyerek kararlı bir tavırla ekledi El Gani. "Daha fazla uzatmayalım."

"Buraya gel!"

Şeyh İranlıya yönelttiği bu emirle mezarın yanını işaret etti, İranlı onun isteğini yerine getirirken bana şöyle dedi:

"Efendi, sana sağlıcakla kal demeyeceğim, çünkü birbirimizden yalnızca birkaç saniye için ayrılıyoruz. Ruhunda benim için bir dua oku, ki adâlet terâzisi El Mizan'a vardığımda beni karşıya geçirecek bir meleğin elini tutabileyim!"

Onun bu ricâsıyla birlikte o zamana kadar varlığından haberdar olmadığım şeytanî bir güç yükseldi içimde, ki bu güç karşı konulmaz bir pervasızlıkla baş kaldırdı. Dostum karşımda, katillerin arasında, askerlerin kanıyla beslenmiş kırmızı bir gölün ortasında duruyordu. Bu olmalı mıydı? Olabilir miydi? Elimden bir şey gelmez miydi?

"Henüz o eli tutmayacaksın!" diye bağırdım. "Kendimi kurtaracağım, geleceğim! Hareketsiz durma, savun kendini! Bak, ayakların serbest! Tekmele, al onları ayaklarının altına!"

Etimin kesildiğini hissetmeme rağmen iplerimi çekiştirdim, doğruldum ve hızla ayağa fırladım, fakat anında yine yere düştüm, ayak bileklerimi saran ip kopmadan başaramazdım; ama ip düşmemin şiddetine dayanamadı.

"Ona dikkat edin! Köpek hakikaten iplerini çözüyor" diye bağırdı Şeyh.

Tavil, Beni Khalidler ve üç Mekkeli üzerime atıldılar. Hâlâ bağlı olan ellerim ve serbest kalan ayaklarımla onları iterek bir o yana, bir bu yana koştum... fakat boşuna. Bu adâletsiz bir dövüştü ve o anda... o anda Gani'nin silahı ateş aldı. Etrafımı saranların arasından başımı uzatıp baktım, İranlı kollarını iki yana açarak sırt üstü düştü; buna benim isyanım sebep olmuştu. Elim ayağım boşaldı, kıpırdamadan ayaklarımı yeniden bağlamalarına müsaade ettim ve şunu itiraf edeyim, o sırada hıçkıra hıçkıra ağlıyordum. Sancılı göz yaşlarımın şerefime leke sürdüğünü çok iyi biliyordum, fakat bu öyle bir sancıydı ki bastıramadım. Bu daha önce hiç başıma gelmemişti, elbette beni etkisi altına alan târifsiz öfkeyi başka bir yolla içimden atamazdım; hıçkırıklara dönüşen öfkem duyanları kahkahalara boğdu.

Benimle alay etmelerine aldırmadım. Derken Gani, diğerlerinin ilgisini benden uzaklaştırarak kendi üzerine çekti. Başnâzırın yanında dizlerinin üzerine çöktü ve ceplerini karıştırmaya başladı.

"Dur! Ne yaptığını sanıyorsun?" diye bağırarak onu durdurdu Şeyh.

"Yanında taşıdıkları da onunla birlikte gömülecek mi yani?" diye karşılık verdi Gani.

"Hayır, fakat onlar sana ait değil."

"Bu Şii benimdir. Öyleyse onun malı yalnızca bana aittir."

Kurtulmamı sağlayabilecek bir kavganın yaklaşmakta olduğunu gördüm. Bu düşünce bana destek oldu, içim yine rahatladı.

"Sen de bu ağlayan köpek gibi kendini bize güldürecek misin?" diye sordu Tavil Ben Şahid. Saldırıyı kim düzenlendi, askerleri kim yendi, sen mi yoksa ben mi? Buna göre burada bulunan her şeyin sahibi kim?"

Tehditkâr bir tavırla Gani'nin önünde dikildi ve Beni Khalidler ellerinde silahlarıyla tuhaf bir biçimde Mekkelilere yaklaştılar. Şeyhin daha önce adamlarıyla gizlice planladığı bir şey, şimdi gerçekleşecek gibi görünüyordu. Adamların birlikte kararlaştırdıkları bir işareti beklercesine gözlerini sadece Şeyhin üzerine dikmiş olduklarını görünce, tahminimde yanılmadığımı anladım.

"Sen misin?" dedi Büyük Şerifin gözdesi. "Kans el-A'dhâ'yı neden kendi devenin yanına koydun? Beni kandırarak onu almak niyetinde misin? Dün bütün gün boyunca arkamızdan bir iş çevirdiğini fark ettim. Bu bir hilekârlık, bir hainlik ise, buna göz yumacağımı sanma! Benim gücüm seninkinden daha uzaklara erişir."

Gani'nin gözleri kıvılcımlar saçıyordu, Şeyh ise bir o kadar soğuk cevap verdi:

"Gücünün nerelere eriştiğini hemen öğreneceksin... Şimdi!"

Beklenen emri içeren bu sözü adamlarına söylemişti. Tüfeklerinin dipçikleri tek bir el tarafından kaldırılmış gibi havalandılar, böylesi bir sürprize hazır olmayan Mekkelilerin kafalarına indiler ve Mekkeliler birkaç darbe daha yiyince yere yığıldılar. Bunu yapmayı önceden planlamış oldukları, Mekkelileri bağlamak için gereken iplerin anında ellerinde oluşundan belliydi. Böylesine haince bir muameleye maruz kalanlar düşmanlarım olmasına rağmen, bu benim için sinirlerimi bozacak kadar iğrenç bir hareketti. Sadece birkaç saniye baygın kaldıktan sonra bağırtılar ve inlemelerle kıvranarak bir o yana bir bu yana süründüler. Şeyh bu sırada öfkelerinin yatışmasını beklemek için kısa bir süre sessiz kaldı, fakat bu süre ona fazlasıyla uzun gelmiş olmalı ki tabancasını çekti ve her kim hemen sesini kesmeyecek olursa, onu vuracağına yemin etti. Bu işe yaramıştı.

Daha önce kendimi târifsiz bir gerilim içinde bulmuştum, şimdi ise bir o kadar büyük bir heyecan içindeydim. Son günlerde olup bitenleri gözümün önünden geçirince, Şeyh için Mekkelilerin ölümünün planlanmış bir şey olduğundan kesin olarak emin oldum. Kans el-A'dhâ'yı ele geçirmek niyetindeydi ve bu sırada olanlara şâhit olan herkesi ortadan kaldırmak zorundaydı. Peki ya adamları? Onlara ne olacaktı? Her şeyi bilmelerine müsaade edecek miydi?

Tavil'in bu soruya çoktan sinsice bir yanıt bulmuş olduğu ortaya çıktı; adamlarına şu emri verdi:

"Siz de artık gidebilirsiniz, ben arkanızdan geleceğim. Onları serbest bırakmadan önce bu eski dostlara ve yeni düşmanlara birkaç iyi ders vereceğim. Ne olursa olsun bir daha Bir Hilu'ya adımlarını atamayacaklar. Efendi kurşunu bizzat benden yiyecek."

Beni Khalidler gözle görülür bir biçimde bundan hoşlanmasalar da, söylenene itaat ettiler. En azından Kans el-A'dhâ'yla ilgili onların da beklentileri var gibiydi. Muhtemelen Şeyhin niyetini anlamışlardı, fakat şimdilik her şeyi ona bırakmanın ve taleplerini daha sonra öne sürmenin zekice olduğunu düşünüyorlardı. Develerinin yanına giderek onlara bindiler ve yola düştüler; benim gelmiş olduğum yoldan değil, onları buraya getirmiş olan yoldan gittiler. Çünkü Bir Hilu'nun etrafında geniş bir kavis çizmişler ve ilk olarak burada, onlara göre İranlının dönmesi gereken yolda düz ilerlemişlerdi. Yolda Halef'le karşılaşmalarından korkmam gerekmediği için, bu benim daha çok işime geldi.

Şeyh şimdilik bana dikkat etmiyordu; anlaşılacağı gibi, ben bundan çok memnundum. Adamları uzaklaştıktan sonra benim durumum birdenbire ümit verici oldu. Onunla yalnız başa çıkmam gerekecekti ve Halef'in yardımını beklemeden onun işini bitirmemin imkânsız olmadığını düşündüm. Esas mesele, onu ellerime yaklaştırabilmekti.

Beni Khalidleri gözden kaybola kadar filintasına yaslanmış, orada öylece durmuştu. Sonra Gani'ye dönerek şöyle dedi:

"Siz târif edilemez derecede aptal ve bir o kadar küstah insanlarsınız. Benden sizin suçsuz olduğunuzu kabul etmemi beklemeniz, eşi benzeri görülmemiş bir utanmazlık. Allah biliyor, ben de biliyorum; bu Şii haklıydı. Size bunu, kendisini sizin iç yüzünüzü anladığıma iknâ etmeden önce İranlının peşinden yollamak istemediğim bu efendinin huzurunda söylüyorum. Bu zamana kadar onun karşısında utanmış olduğum için bunu yapıyorum, çünkü kafamda beyin yerine yanık hurma taneleri olduğuna inanmış olmalı."

"Biz!.." diyerek söze başlamak istedi Gani.

"Sus!" dedi ve sözünü kesti Şeyh. "Ben sana ne zaman konuşacağını söyleyeceğim."

"Fakat ben!.."

Hemen sustu, çünkü Şeyh silahının namlusunu üzerine doğrulttu. "Konuşmaya çok hevesli gibi görünüyorsun. İyi, bunu yapacaksın, fakat tek bir kelimeden fazlasına müsaade etmem!"

Tavil sert bir hareketle onun üzerine yürüdü, silahını kalbine dayadı ve sözlerine devam etti:

"Eğer yanlış cevap verecek veya bir kelimeden fazlasını söyleyecek olursan, hatta cevap vermemeyi aklından geçirecek olursan, üç durumda da kurşunumu anında yiyeceksin; ki bu tıpkı senin kurşunun oradaki masuma isabet etmiş oluşu kadar kesin. Şimdi soruyorum: Kans el-A'dhâ'yı çaldınız mı? Evet veya hayır!"

"Evet" dedi Gani, boğulurcasına öğürerek.

"Bundan bir an bile şüphe etmedim. Seni çoktan tanıdım Gani. Kuyuya bizim yanımıza geldiniz. Benim konuklarım oldunuz ve biz sizin için üzerimize düşenden fazlasını yaptık. Hatta pek çok kez canımızı tehlikeye attık, son olarak sizin yüzünüzden talep etmiş olduğumuz düelloda yaptık bunu. Fakat sonra bizim için fazla olmaya başladınız. Kuyudan gitmek zorunda kaldığımızda, sizden ayrılmamız gerektiğini söyledim. Gitmeyi reddettiniz. Size, artık sizi konuklarım olarak kabul edemeyeceğimi söyledim. Buna rağmen yanımızda kaldınız. Buraya gelirken geride kalmanızı emrettim. İtaat etmeyip peşimizden geldiniz. Size katlanmak zorundaydık, aksi halde İranlıya pusu kuracağımızı düşmanlarımıza ispiyonlamaya giderdiniz. Buraya benim dostlarım olarak değil, fazlasıyla arsız olduklarında öldürülen asalak böcekler olarak geldiniz. Ve ben şimdi gerekeni yapacağım. Kans el-A'dhâ'ya gelince, bu mesele sizin için düellolarla kapanmıştı. Size ait değildi, çünkü onu çalmıştınız ve yasal sahibine geri verildi. Onu tekrar ele geçirmek için ikinci kez çalabilirdiniz, buna karşı diyecek hiçbir sözüm yoktu ve bu yalnızca sizin meselenizdi, bu yüzden bizden ayrılmanız gerekirdi. Onu almaya benim de hakkım vardı. Buna teşebbüs ettim ve onu ele geçirmeyi başardım, şimdi buna ses çıkarmama sırası sizde. Fakat bunu yapmak yerine, hakkım olanı elimden almaya cesaret ettiğinizi görüyorum. Alçaklığınıza rağmen, benimle onun için kavga edecek kadar cüretkârsınız. İyiliğime düşmanlıkla, misafirperverliğime nankörlükle karşılık veriyorsunuz; bu yüzden size karşı kendimi emniyete almak benim için bir nefsini idame vazifesidir. Sizi ne iyilikle ne de ciddi kaygılarla serbest bırakamayacağımdan, sizden kurtulmak için başka bir çareye başvurmak zorundayım. Sizi bu dünyadan def ederek, insanoğlunu en fenâ suçları işlemeye hazır birkaç hainden kurtaracağım."

Bu uzun konuşmanın tuhaf bir neticeye dayandığı kesindi. Şeyhin düşmanlığını beklenmedik bir anda ortaya koyuşu ya da tehditkâr kurşunun verdiği korku, kimsenin tek kelime karşılık verememesini kolaylaştırdı. Bedevîlerin yere yıkmamış olduğu tek kişi olan Müneccim de sessizdi. Mavi parıltılar saçan gözleri ardına dek açıktı ve yüzü aniden taşlaşmış gibi görünüyordu; çünkü yüzünde tek bir çizgi, sakalının tek bir teli bile kımıldamıyordu. Gani'nin itirafını ve Şeyhin söylemiş olduğu her şeyi duymuştu ve öyleyse artık Kans el-A'dhâ meselesinin aslını biliyor olmalıydı.

Bakışlarımı ona çevirmişken, yüzündeki donukluğun çözülmeye başladığını gördüm. Derin bir uykudan gerçekliğe uyanan biri gibi, çok yavaş bir şekilde ayağa kalktı.

"Konuşabilir miyim?" diye sordu.

"Sen mi? Evet" diye cevap verdi Şeyh.

"Söylediğin her şeyi duydum. Senden, Allah'ın ve senin için kutsal olan her şeyin huzurunda, bana gerçeği söylemeni ricâ ediyorum. Arkadaşlarım hakikaten Kans el-A'dhâ'yı Meşed Ali'den çaldılar mı?"

"Evet."

"Vurulan İranlı haklı mıydı?"

"Tamamen haklıydı!"

"Sözlerinle bana, bu dünyada yaşayan biri için var olabilecek en büyük acıyı veriyorsun. Yani Gani sadece bir hırsız değil, aynı zamanda bir katil mi?"

"Her ikisi de. Sık sık sana yaptığı iyiliklerle övünen bu 'koruyucunun' iyi bir insan olduğunu düşündüysen, senin bu yanılgını yalnızca körlüğün affettirebilir. Efendinin yüzüne haykırmış olduğun söz ona değil, Gani'ye yakışır; insanoğlunun kurtarılması gereken en tehlikeli yırtıcı hayvan odur."

"Yani Draa Vâdisi'nden gelen bu efendi yalan söylemedi mi?"

"Hayır. O size akıl almaz derecede iyi davrandı. Yerinde bir başkası olsaydı, acımadan sizi öldürürdü."

"Ey, Allah'ım! O beni mezardan kurtardı! Bana sevgi ve şefkat bahşetti! Ve ben, ben... ben onun suratına tükürdüm! Bu ne büyük günah, ne büyük nankörlük!"

Dövünüp durdu ve bunu yaparken utançtan yerin dibine batmak istermiş gibi görünüyordu. Tavil Ben Şahid:

"Suratına tükürdüğünde onun yerinde ben olsaydım, seni paramparça ederdim."

"Bu nasıl bir nefsine hâkimiyet, nasıl bir büyüklük! Peki o burada mı?"

"Evet, yalnızca beş adım uzağında duruyor."

"Burada olup biten her şeyi gördü mü? Şimdi söylediklerimi de duydu mu?"

"Elbette! Gözünü senden ayırmıyor."

"Öyleyse Allah bana merhamet etsin! Ben ne yaptım, ben ne yaptım!"

İhtiyar bu haykırışın ardından tekrar yere çöktü, kollarını kendine doğru çektiği dizlerine dayadı ve elleriyle yüzünü örttü. Artık onun canını bağışladığım için sevinebilirdim. Doğru cevabı ben parmağımı bile oynatmadan kendi kendine bulmuştu. İnsanın adâletinden çok daha yüce olan ve müsamahasız yöntemlerle en âdil olan Tanrının büyük ve ahlâki dünya yasasına göre, cezanın günahtan tekâmül etmesini gözeten bir adâlet var. Hiçbir beşerî yasa suç ve cezanın birbirine böylesine denk olmasını sağlayamaz.

Şeyh Gani'ye bir şeyler söylemeye devam etti, fakat ben ne söylediğini duymuyordum, dikkatimi ondan uzaklaştırmış ve yüksek kum tepesine çevirmiştim. Yukarıda iki atlı gördüm, derken bir üçüncü... Halef, Kara ve Ömer Ben Sadek. Bizi görünce atlarını geri çektiler, böylece kum çöküntüsüne tehlike arz edecek kadar yaklaşmaktan kurtuldular. Bir bakışla içinde bulunduğum durumu anladılar ve sonra tekrar gözden kayboldular. Beni Khalidler gittiklerinden beri hiçbir şeyden korkmaz olmuştum ve artık hislerimde yanılmamış olduğumdan emindim. Şeyh için tehlike yaklaşıyordu.

Her halükârda bizim üç Haddedihn epeyce yol almışlardı, develerden daha hızlı olan atlarımıza binmişlerdi. Şimdi kuşkusuz, savaşçılarımızın gelmelerini beklemeleri gerekip gerekmediğini görüşüyorlardı. Benim sabırsız Halef'imi tanıyorsam, beklemek istemeyecekti. Tek bir düşmanla, Şeyhle uğraşmaları gerekiyordu. Ve düşündüğüm gibi oldu; tehlikeli bölgenin yan tarafında tekrar ortaya çıktıklarını gördüm. Yamacın dikliğine rağmen, Ben Khalidin ne yapacağını düşünmesine zaman vermemek için, beni hem kendileri hem de atlar için endişelendirebilecek bir biçimde aşağı doğru koşarak geldiler. Onları ilk gören Gani oldu.

"Allah, Allah!" dedi. Şeyhin dikkatini çeken bir ifadeyle gözlerini tepeye çevirmişti. Şeyh hızla arkasına döndü ve onların geldiklerini gördü.

"Haddedihnler!" diye bağırdı. "Şeytan onları buraya getirdi! Fakat ümitleri boşa çıkacak!"

Tavil'in sağ elinde tabancası, sol elinde filintası vardı. Tabancayı bana doğrultarak tetiği çekti. Yana doğru kaçtım ve isabet almadım. Telaşından bunun farkına varamadan filintasını en önde ilerleyen Halef'e doğrulttu ve ateş etti. Bu kurşun da boşa gitti. Sonra Mekkelilerin filintalarına doğru atıldı, ki onlar benim yakınımda duruyorlardı. Filintaların dolu olduğunu farz etmek zorundaydım, ayrıca onunla yardımcılarım arasında henüz çok fazla mesafe vardı ve bu Şeyhe onlar kendisine yetişmeden önce pek çok kez ateş etmesine yetecek kadar zaman tanıyordu; çünkü filintalara doğru atılması, birkaç saniyelik kısacık bir zaman dilimi içinde çabucak gerçekleşti.

Bu silahları kullanmasını olanaksız hale getirebilmek artık benim elimdeydi. Bu fazlasıyla zor değildi, çünkü onlara doğru eğilirken sırtını bana döndü. Ellerimi ve ayaklarımı kuma dayayarak birkaç güçlü itişle ona doğru ilerlemeye çalıştım. Ona ulaştığımda çoktan ayağa kalkmış ve elindeki filintayla nişan almıştı. Bağlı olmama rağmen ağırlığını vermiş olduğu ayağını yakalayabildim ve aniden çekerek onu yere düşürdüm; bu sırada elindeki filinta da düştü. Tekrar ayağa kalkarken, onu düşürmüş olan kişinin kim olduğuna baktı ve hâlâ sahip olduğu o kısacık zamanı benimle harcayarak hata yaptı. Arkasını döndü, sol eliyle beni göğsümden yakaladı ve diğer eliyle bıçağına uzandı.

"Sen hâlâ yaşıyorsun demek, köpoğlu!" diye bağırdı. "Öyleyse önce seni haklayacağım!"

Onun boğazına yapışabilmek için sol dirseğine bir darbe indirdim, böylece kolu büküldü ve gövdesi üzerime doğru eğildi. Hemen onu gırtlağından yakaladım ve öyle bir sıktım ki tüm gücünü yitirdi. Bıçağı çıkaramadı, yere yığıldı ve kollarıyla bacakları ölüm korkusu içinde şiddetle sarsıldı.

"Onu sıkı tut, Sihdi! Geldim!" diye bağırdı o anda ufak tefek Hacı.

Bana yetişmişti, atının dizginlerini çekti, aşağı atladı ve Şeyhin üzerine çullandı.

"Ben tutuyorum. Bağla onu!" dedim.

"Zevkle ve iplerle!" diyerek güldü.

Kara ve Ömer de gelmişlerdi. İplerimi çözüp onları Şeyhin ellerine ve ayaklarına bağladılar. İlk o anda, ayağa kalkıp kollarımı iki yanıma uzattığımda yaralı el bileklerimin bütün acısını hissettim.

"Aman Ya Rabbim!" diye haykırdı Halef, etrafına bakarak. "Bütün askerler ölmüş!"

"Başnâzır da öldü, işte orada!" dedim, kan gölü içinde yatan cesedi göstererek.

Ceset yüzüstü yatıyordu. Hacı oraya gitti, onu kuru bir yere çekti ve sırt üstü çevirip cesedi inceledi.

"Tüylerim ürperiyor, Sihdi" diye inledi. "Khutab Ağa neden sözünü dinlemedi? Zavallıcık tamamen kana bulanmış. Giysisindeki deliği görüyorum. Kurşun göğsünü delip kalbine saplanmış. Ve bu yüz öyle kaskatı ve soluk ki... Yüzüne daha fazla bakamayacağım."

Halef başını çevirdi.

"Savaşta vurulmadı, bir esir olarak Gani tarafından itinayla öldürüldü" dedim.

Halef hiçbir şey söylemeden bana baktı, sonra Mekkelinin üzerine yürüdü ve şöyle dedi:

"Canavar! Bizim size gösterdiğimiz ve başkalarının neredeyse imkânsız olduğunu zannettiği o hoşgörünün karşılığında İranlıya ve bize bu şekilde teşekkür ediyorsun demek. Bu kurşunla yalnızca onu değil, kendini de vurdun. Kısa süre içinde sen de onun gibi bir ceset olacaksın."

Halef tiksindiğini gösteren bir ifadeyle ona yüz çevirdi, dört bir yanımızda yatan cesetlere dikkatle baktı, üzüntüyle başını salladı ve sonra konuşmaya devam etti:

"Gördüklerime inanmam mümkün değilmiş gibi geliyor bana. Bu nasıl olabilir? Yirmi asker ölmüş ve yalnızca Şeyh Mekkelilerle birlikte burada; üstüne üstlük Mekkeliler bağlı. Buna bir açıklama bulamıyorum. Peki sen, Beni Khalid şeyhinin bedenine girmiş olan bu şeytanın eline nasıl düştün? Anlat bunu bana, Sihdi!"

"Savaşçılarımız ne zaman geliyor?" diye sordum.

"Şimdi burada olurlar. Onlardan çok önde değildik."

"Öyleyse onlar burada olana kadar beklemek istiyorum, aksi halde anlatacaklarımı tekrar etmek zorunda kalacağım. Kara tepeye çıksın ve onları çöken yere karşı uyarsın, aksi halde en azından önde giden savaşçıların sonu benimki gibi olabilir. Ben hecinle birlikte aşağı uçtum."

"Deme! Bu yüzden, sadece bu yüzden seni yakalayabildiler, değil mi?"

"Evet. Deveye komut vermiştim, bu yüzden uçurumun önüne gelince onu durdurmamı imkânsız kılacak kadar hızlı gidiyordu."

"Ve o sırada bu alçak herifler de tam burada, aşağıda duruyor olmalılar!"

"Muhtemelen burayı sadece bu çökük yer yüzünden seçmişlerdi. Elbette çöküntüyü daha önce görüp görmediklerini bilmiyorum."

"Onlar da düşecekler, hem de ölüm köprüsünden azap çukuru El Helâk'a. Çünkü bizim şu andan itibaren en büyük amansızlara aman vermeyeceğimiz ortada. Kana kan, cana can! Buradakiler vurdukları gibi vurulacaklar ve sonra Beni Khalidlerin peşine düşeceğiz. Biz sadece beş adamız; fakat onlar bin kişi olsalardı bile, öldürülen her bir asker için en azından iki veya üç Beni Khalidin ölüsünü yerde görmeden huzur bulamazdım."

O sırada Haddedihnlerimiz geldi, develerine bakınca büyük bir telaşla koşturulmuş oldukları anlaşılıyordu. En çok tahtırevanı taşıyan iki deve ter dökmüştü. Durmadan tırmanıp inerek ilerlemek Hanne için çok zor olmuştu.

Cesetlerin oluşturduğu manzara bir kadın olarak Hanne üzerinde sert erkeklerde olduğundan tamamen farklı bir etki bıraktı ve hiç şüphesiz erkekler arasında öç alma isteğini hissetmemiş olan tek bir kişi yoktu.

Haddedihnler hayvanlarından indikten sonra anlatacaklarımı dinlemek için, esirlerin etrafını çevreleyen bir çember oluşturarak oturdular. Esirler kımıldamaya pek cesaret edemediler ve konuşmaları söz konusu bile edilemezdi. Müneccim de sessizdi. Dimdik ve gözlerini kapatarak cansız bir silûet gibi öylece oturdu, az önceki heyecanının ardından yine dalgın bir hal aldı.

Olanları anlatmaya başlamadan önce bir Haddedihni orada nöbet tutması için tepeye yolladım. Orası diğer tepelerden yüksek olduğundan nöbetçi geniş bir alanı görebilir ve böylece her yaklaşanı anında fark edebilirdi; biz de bir sürprizle karşılaşmamış olurduk. O anda güvenliğimizin tehlikede olduğunu düşünmem için bir sebep yoktu; fakat Beni Khalidlerin ana birliğinin yakınından geri dönmüş olduğumuz batıdaki dağ silsilesinde olduğunu hesaba katmak zorundaydık. Bizi izlemiş olmaları elbette mümkündü. Şeyhleri küçük bir birlikle kuzeye doğru gitmişti ve biz de bu yöne döndüğümüz için, bunu şeyhlerini tâkip etmek maksadıyla yaptığımızı düşünebilirlerdi. Böylece onun bizim tehdidimiz altında olduğunu bilirlerdi ve arkamızdan yeterince güçlü bir savaşçı birliği yollamayı akıl edemeselerdi, bağışlanmaz bir ihmalkârlık yapmış olurlardı. Fakat bu ihmalkârlığı yapmış olsalar dahi, aldığım bu tedbir yersiz değildi; Şeyhin iştirakçilerinin nereye gitmiş olduklarını bilmiyorduk, büyük bir kısmı ben gelmeden önce buradan uzaklaşmışlardı, geriye kalanlar ise Mekkelilere saldırdıktan sonra Şeyh tarafından yollanmışlardı.

Anlattıklarım takdir, şaşkınlık ve tiksinme gibi çok çeşitli tepkiler aldı. Katillere duyulan öfke giderek büyüdü ve sözlerimi bitirdiğimde yiğit Haddedihnleri hemen şiddete başvurmaktan alıkoymak neredeyse mümkün değildi.

Öfkeli adamların nidaları birbirine karışırken, beklenmeyen ve olağandışı bir şey oldu; ki bu olay yıllar sonra bugün bile hâlâ, sanki birkaç dakika önce gerçekleşmiş kadar net gözlerimin önüne geliyor. Curcunayı yüksek ve kulakları tırmalayan bir çığlık böldü; bu çığlığı Hanne atmıştı. Yanaklarındaki kan çekilmiş ve gözleri fal taşı gibi açılmış bir halde öylece oturuyor ve eliyle donuk bakışlarını çevirmiş olduğu yönü işaret ediyordu. Biz de o yöne baktı. Sayısız dehşet çığlığı koptu, derken derin bir sessizlik oldu.

Ölüm Saati

Gördüğümüz şeyi daha önce aklımızın ucundan dahi geçiremezdik. Öldüğünü sandığımız Khutab Ağa ayağa kalkmıştı ve ağır aksak adımlarla bize doğru yürüyordu. Bunun doğal bir biçimde vuku bulduğunu, ölümünün bir yanılgı olduğunu kuşkusuz kendi kendimize söylemek zorundaydık. Yine de içimizde dehşete kapılmamış olan pek az kişi vardı. Vurulmuş birinin yeniden canlanması, hareket etmemizi sağlayan sinirlerimiz üzerinde o kadar büyük bir tesir yaratmıştı ki hepimiz oturduğumuz yerde kalakalmıştık.

İranlı kansız yüzüyle adım adım bize yaklaştı; arada bir kafasını kaldırıyor, ağzını açıyor ve eliyle kalbini tutuyor, sanki nefes almakta zorlanıyordu. Bu esnada henüz yürümeyi öğrenememiş bir çocuk gibi her adımında sendeliyordu. Ona omuz vermek için ayağa fırladım. Fakat elini kaldırdı, durmamı işaret etti ve şöyle dedi:

"Dur...! Ben... geliyorum... oraya... senin... yanına...! Ben... yanına... oturmak... istiyorum!"

Sesi kısık ve boğuk çıkmıştı. O yanıma gelip yere oturmak için eğilene kadar ayakta durdum. Eğilirken dengesini kaybetti; onu tutmamış olsaydım, yüzüstü düşecekti. Benim yardımımla yere oturdu, ben de yanına oturdum. Hiç kimse tek kelime söylememişti ve şimdi de herkes susuyordu. Dilimin ucunda bir yığın soru vardı, fakat İranlının kendisine bir şey söylenmesini istemediğini yüzünden okuduğum için sorularımı kendime sakladım. Biraz yabancı, hatta hayâlet gibi görünüyordu. Onun bu hali meraklı sorulara müsaade etmiyor, aksine suskunluğa teşvik ediyordu. Konuşurken sadece dudaklarını hareket ettiriyor, yüz çizgileri kaskatı olmuş gibi görünüyordu. Gözleri de eskisi gibi değildi; öyle bir görüntüsü vardı ki sanki dehşetten feri sönmüştü.

Kurşunun saplanmış olduğu yere baktım. Giysisindeki delik tam olarak kalbinin bulunduğu yerdeydi. Öyleyse kesinlikle ölmüş olmalıydı! Üstü başı kan içindeydi, fakat gördüğüm kadarıyla artık tek damla kan akmıyordu. O anda yüzünü bana çevirdi ve vurgusuz bir sesle:

"Efendi, ben oradaydım!" dedi.

"Nerede?" diye sorarken tüylerimin diken diken olduğunu hissettim.

"Orada!"

Khutab Ağa başını önüne eğdi, bir an sonra tekrar kaldırdı ve şunları ekledi:

"Müneccimin Ben Nur'la olduğu yerde!"

"Hayâlinde mi?"

"Hayır, hakikaten! Az önce geri döndüm. Orada uyandım ve kendimi kanlar içinde yatarken gördüm. Vurulmuş olduğum aklıma geldi ve kendi kendime 'ölü müyüm, yoksa diri miyim' diye sordum. Bunun üzerinde düşündüm ve artık ölü olmadığıma iknâ oldum; çünkü ben yine yalnızca bir tek bendim, artık ben ve benim bedenim değildim."

"Seni anlamıyorum."

"Belki beni anlamayı, ancak ölmüş olduğun zaman başarabilirsin. Bunu nasıl açıklamam gerekiyor, bilmiyorum. Ölümüm şöyle oldu -"

Yine iki elini birden kalbinin üzerine koydu, iç çekerek soluk aldı ve sonra yavaş yavaş, duraksayarak sözlerine devam etti:

"Seni Beni Khalidlerle dövüşürken gördüm, Gani'nin tabancasını bana çevirdiğini ve ateş ettiğini gördüm, tabancanın patlayışını duydum ve kurşunun kalbime girdiğini hissettim. Fakat bunun acısı çabucak kayboldu, çünkü bu şekilde bir azabı yalnızca beden hissediyor, ama ben artık onun içinde değildim, aksine ruh olarak yanında duruyordum. Bedenimin yerde yattığını gördüm, sizin hepinizi gördüm; bu vâdiyi, iki tepeyi, üzerindeki gökyüzünü, Mekkelileri, Beni Khalidleri ve seni de gördüm. Ayaklarını kurtarmıştın ve Beni Khalidler onları tekrar bağladılar."

"Bunu, bunu gördün mü?" diye sordum şaşırarak.

"Her şeyi gördüm."

O anda ne düşünmem gerekiyordu? Ben tekrar bağlandığımda, o çoktan vurulmuş ve yere yıkılmıştı. Öyleyse bunu nasıl bilebilirdi? Hele hele kalbinde bir kurşun varken!

"Evet" diye devam etti Ağa. "Sizin ortanızda durdum ve bedenime baktım, cesedimin yerde yattığını gördüm. Yani ben bir ruhtum, insan olarak ölmüştüm, fakat ruh olarak yaşamaya devam ediyordum."

"Senin bu ruhunu görebildin mi?"

"Evet, çünkü aklım hâlâ tamamen yerindeydi ve ruhsal bedenim tıpkı dünyevî bedenime benziyordu. Daha önce ölümden korkmamıştım, çok cesur davranmış ve Gani'nin göğsüme doğrulttuğu tabancasını sükûnetle karşılamıştım. Fakat bedenim ölür ölmez, ölmüş olduğum düşüncesi beni dehşete düşürdü. Pek çok ölüm kapısının bulunduğu o duvarı düşündüm... Allah, Allah! Bunu düşünür düşünmez kendimi orada buldum. Bu dünyada insanın idraki pek yavaş işliyor. Fakat ben o sırada bir ruh olduğum için düşünce ve eylemin, istek ve gerçeğin o yaşamda bir olduğunun idrakine anında varmayı başardım. Seçme yerini düşündüğüm anda çoktan oradaydım. Ve adâlet terâzisi El Mizan aklıma geldiğinde, çoktan önünde duruyordum. Ben Nur'un Müneccime gösterdiği bir hayâl, onun düşüncelerinin bir yansıması olmalı; çünkü hakikatte her şey düşünce hızıyla vuku buluyor. Sadece terâzinin önünde zaman, bana sonsuzluk kadar uzun geldi. O terâzi şu anda bile hâlâ tüylerimi ürpertiyor."

İranlı titrerken benzinin solgunluğu ürkütücü bir hal aldı. Ağa ve söylemiş oldukları hakkında ne düşünmeliydim? Kurşunun kalbine saplanmış olduğundan şüphe etmem olanaksızdı. Giysisindeki deliği kendi gözlerimle gördüm. Buna bir açıklık getirebilmek için bir ricâda bulundum:

"Çok kan kaybettin ve şüphesiz hâlâ kanaman var. İzin ver de, yaralarına bir bakayım!"

"Şimdilik bekle!" diye cevap verdi. "Kanama durdu. Ağrım yok. Nefes almamı zorlaştıran bir baskıdan başka bir şey hissetmiyorum. Yaralarıma dokunacak olursan, muhtemelen tekrar kan kaybetmeye başlayacağım. Fakat bana daha uzun süre yaşamam gerektiği de söylendi. Öyle ya da böyle, öncelikle ruhumun yükünü, adâlet terâzisinde ezici ağırlığıyla ruhumun üzerine binmiş olan yükü hafifletmek istiyorum."

Khutab Ağa su istedi, bir yudum içti ve sonra konuşmaya devam etti:

"Müneccim hakiki bir terâzi görmüş gibi. Belki Müneccim o akşam düşünmüş olduğu manevî şeyleri, cismanî bir şekil olarak gördü. Ben hakiki bir terâzi, tartmaya yarayan bir alet görmedim; fakat yine de o terâzi oradaydı. Efendi, ölüm saatinde ölmekte olan kişinin tüm yaşamının, çoktandır unutmuş olduğu her şeyle birlikte gözlerinin önünden geçtiğini hiç duydun mu?"

"Evet. Bu iddiayla pek çok kez karşılaştım."

"Bu iddia tüyler ürpertici bir gerçek! Adâlet terâzisini düşündüğüm anda önünde duruyordum. Çok sayıda ruhun yanımda bulunduğunu da biliyordum, fakat onları göremedim; çünkü benim ruhum yalnızca kendisiyle meşguldü. Onun düşünceleri, duyguları ve eylemleri onunla birdi. Onun dışında geçmiş yaşamından başka hiçbir şey yoktu. Ve bu yaşam da yine yalnızca onun ta kendisiydi. Yaşam ruhumun dışında, geçmişte değildi; aksine ruhumun yapmış, düşünmüş ve hissetmiş olduğu her şeyin bir bütünüydü. Tıpkı denizin, içine akmış olan sayısız damlaların bir bütünü olduğu gibi... Benim ruhum aynen böyleydi. Küçük akarsular, göller, nehirler ve seller benim yaşamımın saatleri, günleri, haftaları ve yıllarıydı. İçlerindeki su duygularımın, kararlarımın ve yaptıklarımın imtihana doğru akan sayısız damlalarıydı ve o büyük deniz, içindeki her bir damlanın yaşamış ve ehemmiyet göstermiş olduğu ruhumdu. Bu bilgiye gözümle, kulağımla, hislerimle ulaşmadım; çünkü ben benim dışımda değildim. Şüphesiz her şeyi biliyor ve her şeyi hiç kuşkusuz kavrıyordum, çünkü bu her şey bizzat bendim. Bunu size söyleyemem, târif edemem, bunu anlatacak kelimelerden yoksunum ve ben boş yere bunu yapmaya çabalarken, şimdi söylemiş olduğum öncekiyle çelişir. Bu belirsizlik terâzinin önünde yoktu, orada öyle bir netlik hüküm sürdü ki onun için 'dehşet' ifadesi fazlasıyla az gelir. Faydalı, zararlı ya da önemsiz olsa dahi yaşamım boyunca ağzımdan çıkmış olan her sözü hatırladım. Fakat 'önemsiz' dünyevî bir sıfat, adâlet terâzisinin önünde önemsiz olan hiçbir şey yok; çünkü her hece bir diğeriyle kesilmesi mümkün olmayan bir irtibat içinde. Bu yüzden hiçbir hece tesirsiz kalamaz. Yapmış olduğum her şeyi hatırladım, çünkü 'unutmak' diye bir şey olmadığından, hiçbir şey unutulmamıştı. Bizim 'unutmak' olarak adlandırdığımız şey, tek olanın tüm olanın içinde, yani bütünde geçici olarak kaybolmasıdır; fakat sonra bu bütün imtihan anında gözler önüne serildiğinde, 'kaybolan' bütünle irtibat içinde muhakkak tekrar açığa çıkar. Keşke vuruluşum ve uyanışım arasında içimde ve benimle birlikte vuku bulmuş olan her şeyi, sizin için anlaşılır hale getirebileceğim bir dil olsaydı. Daha şimdiden benim içimde silinmeye başladılar. Bu yüzden ben elimden geldiğince bunlardan söz etmeden önce, hiçbir şey vuku bulmamalı ve sen, Efendi, bu yüzden yaralarıma bakmamalısın. Geç olmadan size seçme yerinden bahsetmek istiyorum. Her geçen an daha fazlasını siliyor."

Ağa sık sık ara vererek konuşmuştu. Bu kez daha uzun süre dinlendi. Biz sessizdik, çünkü her birimiz ağzımızdan çıkacak sözlerin onun düşüncelerinin akışını bozacağı duygusuna kapılmıştık. Kendini toparlayınca tekrar konuşmaya başladı:

"Bana öyle geliyor ki şunları size doğru bir biçimde söyleyebilmem mümkün değil: Gözle görülür bir terâzi yoktu, çünkü terâzi de bendim. Tartılan, terâzi ve tartan benim içimde bir olmuştu. Bir mahkemedeydim ve aynı anda hem davacı, hem de hâkimdim. Her bir düşüncemi içimde duydum. Az da olsa birkaçı için sevinebildim, fakat diğerlerinin sonsuz sayısı beni ürpertti. Ağzımdan çıkmış olan her bir sesin sonsuza dek varlığını sürdürdüğünü gördüm. Dünyevî ses yalnızca hava hareketinin neticesidir; bu hareket bittiğinde ses artık var olamaz. Fakat etkin olabilmek için bu sesle ifade bulmuş olan insanın ruhanî parçası zeval bulmaz ve sonsuza dek ona ait kalır. Ben neler neler söylemişim! Bir hecenin dahi yok olmadığının tüyler ürpertici bilgisi, mutlak bir 'yok oluş' olsaydı, beni şiddetli bir kendi kendimi yok etme arzusuna sürükleyebilirdi. Tüm bu tekrâr duyulan sözlerin şiddetli tufanı karşısında, bir merhamet çığlığıyla onları bastırmaktan başka çare yok. Ve benim tüm eylemlerim de yeniden canlandılar. Hiçbiri kaybolmamıştı, çünkü onlar da yaşamımın parçalarıydı. Ben onlardan ibarettim, onlar benim ruhanî iskeletimi oluşturdular, kanımın her damlası ya bir eylemdi, ya da benim bir eylemimin sonucu. Bu yüzden onlardan her birini içimde değerine veya değersizliğine göre hissedebildim. Ve öylesine cüzam ve kanlı çıbanla dolmuştum ki Tanrının bir sûreti olmakla yükümlü olan ben, dehşet verici bir korku içinde kendi kendime şunu söylemek zorundaydım: Benim için yaşamamış olmak daha iyi olurdu. Terâzi böyle dedi. O böyle konuşmak zorundaydı, çünkü ruhum bir yaşam değil, bir dünyevî varoluş yaşamıştı. Ruhun tek ışığı sevgi, ruhun tek besini sevgi, ruhun soluyabileceği tek hava sevgi. Ruh sevgiyle örtünmeli, kendini sevgiyle süslemelidir ve sevgi içinde faaliyet göstermişse, yine sevgi içinde dinlenmelidir. Fakat benim varoluşum yalnızca kendime yönelmişti, ben sevgiden yoksundum ve bu yüzden sevmemiştim. Ve benim yaşam olarak nitelendirmiş olduğum şey; o anda beni azap çukurunun içine çekecek bir 'düşünceler, sözler ve eylemler' dizisiydi. Yıkıldım, korku ve çaresizlik içinde inledim: 'Ah, keşke sevgiye, daha fazla sevgiye sahip olmuş olsaydım! Bir daha dönebilseydim, nasıl sever ve yaşardım; ah, nasıl yaşar ve severdim!' Ve ben bunu söyler söylemez etrafımı bir ışık sardı, parlak bir silûet yanımda duruyordu, elimden tuttu ve bana o semâvî teselliyi verdi: 'Duan kabul olacaktır, çünkü dünyadaki yaşamının son günü sevgiydi; düşmanın için sevgi... Bu sevgiyi yaşamaya devam et, ki böylece terâzi sen buraya tekrar geldiğinde bugün söylemiş olduklarından farklı şeyler söylesin.' Bu merhamet karşısında bahtiyar oldum ve ona şunu sordum: 'Yoksa yaşamımın son gününde yanımızda bulunmuş olan Ben Nur sen misin?' Müşfik bir gülümsemeyle şöyle dedi: 'Burada sadece adı olmayan sevgi var ve bu yüzden onun habercilerinin de adları yok. Onun nurlarından biri kendine bir isim verdiğinde, bunu sadece sizin için yaptı. Sen yine de bana Ben Nur de, çünkü ben sana burada onun için yakarmış olduğun ışığı getireceğim!' O bunları söylerken bilinmeyen bir güç tarafından yukarı kaldırıldık ve ayrılık duvarının üzerinden öbür tarafa taşındık. Böylece, onun elini tutarken kendimi yine ölüm saatinin bu tarafında buldum." -

İranlı bir ara verince ona şunu sordum:

"Bu uyandığın andı, değil mi?"

"Hayır. Henüz bedenime geri dönmemiştim, onunla birlikte sınırların olmadığı bir sonsuzluktan geçtim. Dünyaları, güneşleri ve yıldızları gördüm; fakat onları bu dünyadan bakarak görmüş olduğumdan farklı gördüm, çünkü gözlerim içinden geçtiğimiz o ihtişamın mahrem olduğu dünyevî gözlerim değil, ruhanî gözlerimdi. Bir ışık okyanusundaydık, bu okyanus öylesine temiz ve berraktı ki tüm uzaklıkların en uzağına bakabildim. Tüm o dünyalarda yaşayanlar olduğunu gördüm, tıpkı yerkürenin insanoğlunu taşıdığı gibi. Bu bana öyle doğal geldi ki daha önce şüphe etmiş olmama şaşırdım. Işığın tüm çocuklarının mükemmel biçimlenmiş olduklarını gördüm, fakat aslında bir biçimleri yoktu, çünkü metabolizmayla durmadan kendini yenileyen ve ölüme mahkûm olan bir şekle sahip değillerdi, aksine onlar... sadece kendileriydiler. Fakat insan hiç durmadan değişen ve dönüşen bedenini taşıdığı sürece bir an bile kendisi değil, o hiçbir zaman gerçek değil; oysa onlar gerçektiler, gerçeklik ve aydınlık içindeydiler, evet, onlar kendilerinden ibarettiler. Bunu neden ve ne şekilde gördüğümü, nasıl böylesine kolayca kavradığımı şu anda söyleyemem; tekrar bedenime dönmüş olduğum için, ölümsüz yanım yine kendi içine gizlendi ve bu yüzden içinde bulunmuş olduğum aydınlıktan mahrum kaldım. Ruhumun gözlerinin feri söndü ve onlarla birlikte düşünceler silikleşti; bu yüzden size getirmek istediğim ışık, artık benim de güçlükle görebildiğim bir sisten başka bir şey değil. Fakat orada muhteşem, fasılasız bir parlaklık vardı. O parlaklık benim içime de işledi ve bana târif edemeyeceğim bir mutluluk verdi. Bunun üzerine yanımda bulunan melek şeklindeki varlık şöyle dedi: 'Elini tutuyorum ve bu yüzden senin içini dolduran büyük mutluluk bana doğru akıyor. Şu anda senin etrafını aydınlatan şey ışık değil, sıcaklık değil, eter değil ve hava da değil; çünkü bu tabirler sadece yerküreye ait. O sevgi. Siz şimdilik sadece sözden başka neredeyse hiçbir şey bilmiyorsunuz. Henüz tüm bereketi ve sonsuzluğu içinde sevginin kendisini tanımıyorsunuz. Siz sevgiden söz ediyorsunuz ve yaşamdan da söz ediyorsunuz, fakat her ikisi de birbirinin aynı, yalnızca sizin sözleriniz farklı. Ve sevgi yaşam olduğu için, her yaşam biçimi ve yeni ortaya çıkan her dünya ondan doğar. Bu dünya kendisine emânet edilen varlıkları sevgiye yöneltme amacını yerine getirdiğinde, onları rahmeti rahmana teslim eder ve aynı vazifeyle tekrar var olabilmek için yok olur. Sizin dünyanızın amacı da budur. Orada varoluş yaşama, sevgiye dönüşmelidir. Ve bu amaca ulaşılacaktır. Sizler Her Şeye Kâdir Olanın isteğine nasıl karşı koyabilirsiniz? İnkâr etseniz de, kabul etseniz de gerçek olan şudur; sizler sevgiyle soluk alıyor ve sevgiyle yaşıyorsunuz. En büyük bencillik, ondan doğan tüm hislerle birlikte sevgiden, fakat yalnızca kendi Ben'ine duyulan sevgiden başka bir şey değildir. Bu Ben diğer Ben'ler olmadan var olamazdı; sizin zaman olarak adlandırdığınız şeyin akışı içinde sevginin kendini 'kardeş ve insan sevgisine' dönüştürmesinin mecburî sebebi budur. Bu idrak yoksunluğu, Ben'in Biz'e karşı bu direnişi, yerküreyi karanlığa boğuyor ve bu karanlık ona bakan cennetmekânlıkların gözlerini yakıyor. Oysa ki biz, o gözlerin ışıkta gezinmesi gerektiğini biliyoruz.

Karanlığa yaklaştığımız anda senden ayrılacağım, fakat önce şu ricâmı iyi dinle: En azından kendi içini ve çevreni aydınlat! Etrafına sevgi saç! Bunu yapan insanların sayısı ne kadar çok olursa, ışık diğerlerine de tesir edebilmek için o kadar güçlenir ve ölümlüler hedeflerine o kadar çabuk... rahmeti rahman!' O bunları söyledikten sonra etrafımdaki aydınlık sanki azaldı. Giderek daha çok zayıflayan bir ışığın içinden geçtik, daha önce bakmayı başarabildiğim ölçülmez uzaklar gitgide bana yaklaştılar ve aynı ölçüde bana bahşedilenler de -meleğin sözleri ve görmüş olduğum, zorlanmadan kavrayabildiğim her şey- benden uzaklaştılar. 'Burası yerkürenin eşiği!' dedi mahzun bir gülümseyişle. 'Terâzinin korkunçluğunu hissettin, bunu unutma! Sana yeniden bahşedilen her günün, geri dönüşünü borçlu olduğun son günün gibi olsun, çünkü sen o günü düşmanlarını sevmeye adamıştın. Seni korumuş olanın sevgi olduğunu öğreneceksin; sevgiyi bundan sonraki yaşamının tek hükümdârı olarak kabul et ve böylece ona minnettarlığını göster.' Onun kaybolduğunu mu gördüm, yoksa ondan uzaklaşan ben miydim, bilmiyorum. Etrafım da, içim de giderek karardı; başka hiçbir şey görmedim, hiçbir şey duymadım ve kalbimin üzerinde sıkıştıran bir ağrı hissettim. Sonra, korku içinde etrafımı dinlerken sizin seslerinizi duydum ve gözlerimi açtım. Bir kan gölünün yanında yatıyordum ve artık düşünmeyi bırakmış olduğum her şeyi tekrar hatırladım. Ayağa kalkmayı denedim ve göğsümün üzerindeki baskıya rağmen bunu başardım. Göğsümdeki baskı azaldı, şimdi kendimi daha iyi hissediyorum. Ve artık ertelemekten kaçınmış olduğum her şeyi anlattığıma göre, senden yaralarıma bakmanı ricâ ediyorum Efendi."

Onu öyle büyük bir ilgiyle dinlemiştim ki isteğini yerine getirmek için kendimi toparlamak zorunda kaldım. Ricâm üzerine sırt üstü uzandı, sonra Mintakesinin* ve Qämisinin** düğmelerini açtım ve... kendimi yüksek bir şaşkınlık nidasından alamadım. Yara yoktu, göğsü yaralanmamıştı. Yalnızca güçlü bir ba-

---

* *Altın ve gümüş işlemeli bir tür yelek.*

** *Gömlek.*

sınç ya da darbe yüzünden oluşmuş olabilecek, kararmış ve ezilmiş bir yer gördüm. Ne mucize! Bu ancak göğsün üzerinde kurşunu zaptetmiş bir nesne var idiyse mümkün olabilirdi. Açmış olduğum Mintake'yi aradım, cebinde dört köşeli bir nesne buldum ve onu cebinden çıkardım.

"Orada ne arıyorsun?" diye sordu şaşkınlıkla. "O benim her zaman semerin cebinde sakladığım Arba'beşâyir'im. Fakat bugün düşmanı sevmekle ilgili bölümü okuduktan sonra onu Mintake'min iç cebine koydum. Bunu neden yaptım, bilmiyorum; içimden öyle geldi."

"Fakat ben nedenini biliyorum. Bu fikri sana vermiş olan senin koruyucu meleğindi. Kitap senin hayatını kurtardı."

"Ne? Hayatımı mı kurtardı?"

"Evet, ayağa kalk ve gör! Yatalak kalman gerekmiyor, çünkü sen yaralı değilsin. Vuruluşunun sende bıraktığı tek şey göğsünün üzerinde hissettiğin acı."

Bu genel bir şaşkınlık yarattı. Cafer Mirza kendisine hediye etmiş olduğum küçük İncil'e metal bir cilt yapmış ve ona bir de gümüşten bir kitap aralığı eklemişti. Kitap tersine dönmüştü; demek istediğim, kitap ilk sayfası Başnâzırın vücuduna dönük biçimde cebinde duruyordu ve bu yüzden mermi cildin arka kapağına isabet etmişti. Arka kapak ince olduğundan kurşuna yeterince direnç gösterememiş, kurşun kapağı delerek geçmiş ve kitap aralığı onu durdurana kadar sayfalar boyunca ilerlemişti. Hâlâ orada duruyordu; eğilmemiş, sadece biraz yassılaşmıştı. Anlaşılan tabanca büyük bir güçle patlamamıştı. Daha sonra ortaya çıktı ki bu eski yapım bir tabancaydı ve muhtemelen barut da pek bir işe yaramamıştı. Böylece kitap sayesinde şiddeti azalan darbe, bir kaburgayı yaralamaya yetecek kadar güçlü olmamıştı. Elbette ezik acı vericiydi ve İranlı uzun süre bu acıyı çekti.

Kitap elden ele dolaştı, çünkü herkes onu iyice incelemek istiyordu. Bu inceleme işi bittikten sonra onu geri aldım ve kitap aralığının konmuş olduğu sayfaya baktım. Bak şu Allah'ın işine! Kurşun hemen hemen tüm kitap boyunca ilerlemişti;

çünkü kitap aralığı oldukça önde, cebel nutkunda, Matyas'ın beşinci bölümünde duruyordu ve burada kitap aralığının eğrilmiş kenarı küçük bir kesiğe sebep olmuştu. Bu kesik merminin kitapta görülen son tesirini oluşturuyordu. Peki kesiğin olduğu yer neresiydi? Kitabı İranlıya uzattım ve ondan ricâ ettim:

"Oku!"

"Bu, bu sabah okumuş olduğum bölüm: 'Ama ben size diyorum ki; düşmanlarınızı sevin, sizden nefret edenlere iyilik edin ve size zulmedenler için dua edin. Öyle ki göklerdeki Babanızın oğulları olasınız. Çünkü O, güneşini hem kötülerin hem iyilerin üzerine doğdurur, yağmurunu hem doğruların hem eğrilerin üzerine yağdırır!' Ben kitap aralığını buraya koymuştum."

"Peki şu iki ayetin yanında ne görüyorsun?"

"Küçük bir delik, muhtemelen eğilmiş kitap aralığı yüzünden olmuş."

"Evet, fakat benim için bundan daha fazla anlam taşıyor ve senin için de taşımalı."

"Ne gibi?"

"Bu sabah, düşmanlarımıza karşı lüzumundan fazla iyi olduğumuzu düşündüğünü, bu zayıflığın karşısında sana güç vermesi için bu bölümü açıp okuduğunu bana söylemiştin. Ve burada şu emir yer alıyor: Düşmanlarınızı sevin! Meleğin senden bundan sonraki yaşamının tamamen burada geçen son günün gibi olmasını dilediğini az önce anlattın. Peki o sana üstüne basa basa, seni korumuş olanın sevgi olduğunu da söylemedi mi?"

"Evet, vedâ sözlerinden biri buydu."

"Şimdi, düşmanını sevme emrine yönelik bir dürtüyle bu kitabı eline aldın. Bu emre itaat ettiğinden bu bölümü açtın ve kitap aralığını oraya koydun. Kurşun tam olarak buraya kadar ilerledi. Burada sevgi kelimesinin yanında gücünü yitirdi. Bu bir tesadüf mü?"

"Allah, Allah! Hayır, kesinlikle değil!"

"Ben de böyle düşünüyorum. Ve şimdi sen vurulmadan kısa süre önce sana İncil hakkında söylemiş olduğum sözler geliyor aklıma. Hatırlayabiliyor musun?"

"Hayır."
"Senden düşmanlarını sevmeni isteyen Tanrının, seni sevgiyle kurtaracak güce de sahip olduğundan emin olmanı istedim. Şöyle dedim: Onun İncil'i en büyük ölüm tehlikesinde bile güçlü bir kalkan ve bir sığınaktır; belki de yardım sana düşündüğünden daha yakındır."
"Evet, bu tuhaf bir durum Efendi."
"Yalnızca tuhaf değil. Bu kitabın senin iç cebinde durduğunu bilmeden, İncil'in bir kalkan olduğundan söz ettim. Ve dahası da var. Hatırla! Sen bana, benden öbür dünyada bağışlanmayı dileyeceğinden söz ettiğinde sana, seni çoktan bağışlamış olduğumu söyledim ve Tanrının elinin seni son anda dahi kurtarabileceğini, kurşunu yönlendirebileceğini de ekledim."
"Hatırlıyorum. Evet, böyle dedin."
"Ya kendimizi peygamber olarak kabul edeceğiz, ya da bizim için ziyanı hayra, şanssızlığı şansa dönüştüren her şeyin üstünde bir sevginin ve hikmetin idaresi altında bulunduğumuza iknâ olacağız." Diyerek sözlerime devam ettim. "Fakat kehânette bulunabilmek gibi ilâhî bir armağana sahip olduğumuzu söyleyerek haksız bir iddiada bulunamayız, bu yüzden bizim için yalnızca ikincisinin kabulü mümkün. Şu anda burada, sadece dostumuz Khutab Ağa için değil, hepimiz için oldukça büyük önem taşıyan bir hadisenin gerçekleştiği yerde duruyoruz ve kuşkusuz bu yeri asla unutmayacağız. Biz burada yine bir kıyâm, bir ölümden diriliş yaşadık. Bu bizim için sadece, gelecekte bir gün bedensel ölümden dirileceğimizin bir delili olmakla kalmıyor, daha şimdiden bizi bir dirilişe çağırıyor. İçimizde hâlâ ölü ve faydasız olan her şeyi uyandırmaya, özellikle bize verilmiş olan sevgiyi canlandırmaya çağırıyor; ki böylece biz onun ışığını bizimle temasa geçen herkese, dostlarımıza ve düşmanlarımıza yansıtabilelim. Başnâzırın ağzından meleğin sözlerini duydunuz; o bunun saf ışığa, gerçek yaşama ve rahmeti rahmana ulaşan yol olduğunu söyledi. Ve biz şimdi bunu düşünerek, bize karşı çöl kanuna göre sadece ölümü bekleyebilecek kadar ağır bir suç işlemiş olanlar hakkında hüküm vermek için bir araya geleceğiz."

Bunun üzerine kimse bir şey söylemedi. Benim ufak tefek, başka zaman oldukça konuşkan olan Halef'im bile sessizdi. Herkes bir ayine katılmış gibiydi ve bu insanlar arasında bu derecede bir ayin havası estiği oldukça nâdir görülmüş bir şeydi. Bunun sebebi İranlının sözlerinin akmış olduğu kaynak olmalıydı ve bu sözler geride kalıcı izler bırakmıştı. Şarklılar, doğaüstü olanın böylesi bir duygu coşkunluğuyla kendini açığa vurması konusunda özellikle hassastırlar ve şundan eminim ki bir garplı da Başnâzırı dinlemiş olsaydı, kuşkusuz ona ve anlattıklarına gülecek kadar anlayışsız olamazdı. Ben bir şarklı değilim ve hayat bana, meçhul olarak gördüğüm her şeyi ilk başta soğuk ve şüpheli karşılamam gerektiğini öğretti; fakat ilk olarak Ben Nur'dan ve daha sonra İranlıdan duymuş olduklarımız, yine de bana hasta bir beynin mahsulü veya kalp bölgesine dışardan yapılan bir baskının sonucu gibi gelmedi. Bir âlim, bunları duymaz hemen hastalıktan söz ederdi. Evet, Müneccim hastaydı, bu inkâr edilemez. Başnâzır ise bir kurşuna hedef olmuştu. Fakat İranlı şuuru yerine geldikten sonra ruhsal olarak tamamen sağlıklıydı. Gelelim Köre... Güçlü bir ruhun yalnızca güçlü bir bedende var olabileceğinin genellenebilecek bir gerçek olmadığını iddia eden yeterince âlim var. Bu âlimlere göre tam tersi bir duruma çok sık rastlanmıştır; ruhun zincirlenmiş olduğu bedensel bağlar zayıfladığında ve böylece daha az engel teşkil eder hale geldiklerinde, ruh güçlerini geliştirebilir.

Esirlerimize gelince, onlar da her şeyi görmüş ve duymuşlardı. İranlının uyanışı, hiç şüphesiz onlarda da bizde olduğu gibi bir şaşkınlık yaratmıştı. Muhtemelen buna sevindiler, çünkü kurşunun zarar vermemiş olmasının bizim kararımızı yumuşatacağını sanıyorlardı. Fakat içlerinden hiçbiri bir şey söylemedi. Müneccim gözleri kapalı bir halde yanlarında oturuyor, kımıldamıyordu ve ne zaman bir hareket yapacak olsa, bu bir pipo içme hareketi oluyordu; oysa ki piposu elinde değildi. Ona ne olacağı, Mekkeli arkadaşlarının kaderine bağlıydı.

O anki şartlarımız içinde İranlıya yalnızca arada bir yenilenecek soğuk bir kompres önerebildim. O eskiden de ciddi bir adamdı, fakat şimdi bu ciddiyeti iki katına çıkmış gibi görünüyordu ve fırsatını bulmuşken hemen şunu belirtmek isterim ki daha sonraki görüşmelerimizde dudaklarında çok nâdiren bir gülümse gördüm. 'Adâlet terâzisinin' tesiri, onun için geçici bir tesir değildi.

Suçlulara verilecek cezayla ilgili görüşmeye şu kişiler katılabilmişti: Halef, Kara, İranlı, Ömer Ben Sadek ve ben. Her şeyden önce, kimin askerlere karşı savaşa katılmış olduğunu tespit etmek gerekiyordu. Khutab Ağa sadece Beni Khalidlerin değil, Mekkelilerin de ateş ettiklerini görmüş olduğunu iddia etti. Halef meselenin içyüzünü açığa çıkarmak için esirlerin yanına gitti ve Gani'ye şunu sordu:

"Askerlere ateş ettin mi?"

"Hayır" diye cevap verdi Gani.

"Peki ya adamlarından biri?"

"Onlar da etmediler. Neden savaşa katılacaktık ki? Bunun için yeterince Beni Khalid vardı."

"Ona inanmayın!" diye bağırdı Şeyh. "O pek çok kez ateş etti."

"Demek öyle!" dedi Halef. "Oğlu da etti mi?"

"Evet. Hepsi ateş ettiler. Fakat şimdi bunu inkâr edecek kadar korkaklar."

"Ve sen bunu cezalandırılacak tek kişi olmamak için söylüyorsun. Bizi de kendinle birlikte felâkete sürüklemek istiyorsun" diye bağırdı Gani.

Şeyh yine ona cevap verdi ve öyle bir küfür yağmuru başladı ki ikisine de emrederek buna bir son verdim:

"Kesin sesinizi! Kimin gerçeği söylediğini şimdi göreceğim."

Filintalarını inceledim. Hepsi doluydu, fakat aynı zamanda kısa süre önce ateşlenmişlerdi. Emin olmak için Gani'ye şu soruyu yönelttim:

"Filintalarınız hâlâ dolu, bu söylediklerinizi destekliyor, çünkü savaş çok kısa sürdü ve savaşa katılmış olsaydınız, namlular boş olurdu. Öyle değil mi?"

"Evet, öyle. Doğru bir tespitte bulundun, Efendi" diye cevap verdi.

"Son günlerde ateş etmenizi gerektiren ne olmuş olabilir? Bildiğim kadarıyla, hiçbir şey olmadı."

"Olmadı, Efendi! Ne avlandık, ne de ateş etmemize vesile olacak bir şey oldu."

"Dünkü yolculuğunuz sırasında da mı olmadı?"

"Hayır! Görüyorsun ya, biz masumuz."

"Daha çok sizin suçlu olduğunuzu görüyorum. Tüm filintalarınız kısa süre önce ateşlenmiş ve sen bana az önce başka herhangi bir yerde ateş etmediğinizi söyledin, öyleyse bunu burada yaptınız."

Şeyh o anda alaycı bir kahkaha patlattı ve Gani'ye şöyle dedi: "Salak! Bu efendinin söylediklerinden, seni sinsice tuzağa düşürmek istediği için tamamen tehlikesizmiş gibi davrandığını anlamadın mı? O senin yarışamayacağın kadar kurnaz bir şeytan, kafatasında kendin gibi yüz herifin beyni olsaydı bile bunu başaramazdın. İşte seni yakaladı ve ben haklı çıktım. Tekrar ediyorum ve yalan söylemiyorum: Siz askerlerden dördünü ya da beşini vurdunuz. Buna yemin ederim, çünkü gerçek bu."

Gani sesini çıkarmadı ve bu yeterli oldu. Biz bir araya toplandık. Haddedihnler tek kelimeyi dahi kaçırmamak için dikkatle dinlediler. Hanne de aynı sebeple yakınımızda oturmuştu. Masum yüzü, oğlunu ilk kez 'en yaşlıların oluşturduğu heyet' olan Cemm'a'da görmenin ve onun da söz aldığını duymanın verdiği gururla parıldadı. Babası da bundan en az annesi kadar memnundu. Kara çok ciddi ve ağırbaşlı davrandı, ki bir delikanlı için hiç de fenâ değildi.

Önce Halef söz aldı. Karısının ve oğlunun orada bulunması Halef'e göre meşhûr konuşmalarından birini yapması için zorlayıcı bir sebepti. Burada bu konuşmayı geçiyor ve yalnızca sonunu aktarıyorum:

"Kırbacımı seve seve nasıl konuşturduğumu biliyorsunuz, fakat Ben Nur'dan dinlemiş olduklarımızın ardından ona eskisinden daha az söz hakkı tanımak niyetindeyim; pek çok insanın ölümünün ve bunun yanı sıra çok sayıda günahın ve suçun söz konusu olduğu bu yerde onu tamamen susturuyorum. Bir inceleme yapmaya gerek yok, çünkü yapılanlar açıkça gözlerimizin önünde duruyor. Yalnızca ölüm söz konusu olabilir. Onlar bunu fazlasıyla hak ettiler. Hemen oylama yapalım! Bu yalnızca bir nezâket, fakat elbette yerine getirilmesi gerekiyor. Kararın nedir, Sihdi?"

"Ben son konuşan olmak istiyorum" diye cevap verdim.

"Öyleyse sırayla gitmeliyiz. Khutab Ağa, sen benim yanımda oturuyorsun. Şimdi söyle! Ölmeliler, değil mi?"

İranlı sanki oralardan bir tavsiye beklermiş gibi uzaklara baktı. Sonra cevap verdi:

"Hayır!"

"Ne? Ölmemeliler mi?" dedi şaşkınlıkla Halef.

"Ben onları bağışlıyorum. Gidebilirler! Cezadan kaçamayacaklarını biliyorum, fakat onlara kefen giydirecek kişi ben olmak istemiyorum. 'Terâziyi' gördüm ve başkaları hakkında hüküm vermeden önce, ben kendim daha iyi olmak istiyorum."

"Seni zorlayamam, sadece buna pişman olmamanı diliyorum. Şimdi sıra sende, Ömer Ben Sadek!"

"Ben ölmelerinden yanayım."

"Şimdi sende, oğlum Kara Ben Halef" diyerek devam etti Hacı.

O anda Kara genç ve içten bakışlarını bana çevirdi. Hemen bana bakmış olması benim için anlaşılabilir bir şeydi, çünkü daha küçük bir çocukken Kara Ben Nemsi Efendi gibi olabilmek için elinden geleni yapacağını her fırsatta söylerdi. Onun ağzından duyacağımız sözü merak ettim.

"Onları bağışlıyorum" dedi yumuşak ve kararlı bir ifadeyle.

"Allah'ım! Sen de mi, oğlum?" diye sordu Halef. "Muhtemelen bunu iyice düşünmedin, değil mi?"

"Düşündüm. Allah sevgi talep ediyor ve ben yaşadığım sürece sevgi vereceğim."

Bunun üzerine daha farklı davranamazdım. Ona doğru uzandım ve elini sıktım. Ve annesinin oturduğu yerden bir takdir sözü duyuldu:

"Kara oğlum, seninle gurur duyuyorum."

"Şimdi söz sırası bende" dedi Hacı Halef. "Ben ölmelerinden yanayım ve şunu da ekleyeyim ki hükmü hemen infaz etmeliyiz, çünkü boş boş oturarak harcayacak vaktimiz yok. Artık geriye sonuncu olarak sen kaldın Efendi. İki oy ölmelerinden yana ve iki oy ölmelerine karşı. Yani karar sana düşüyor. Ondan önce bir şey daha söyleyebilir miyim?"

"Evet, kısa olsun!"

"Gördüğüm kadarıyla, kötülüğü şüphe götürmez eylemleri cezalandırmaktan vazgeçmek tehlikesiyle karşı karşıyayız. Ben Nur bunu söylemedi ve böyle olmasını da istemedi. O, vereceği hükmü yumuşatabilmek için en fenâ suçluların içinde bile insanı arayan hâkimlerden söz etti; fakat yirmi cinayetin cezasız kalmasını, bu insanları bize karşı planlamış oldukları tüm o ağır darbelerin ardından serbest bırakmamızı El Mizan bile istemez. Hak ettikleri kurşunları kafalarına sıkmazsak ne olacak? Buradan gidecekler ve bize tekrar pusu kuracaklar. Ve bize zarar veremezlerse, yine bildikleri gibi yaşamaya devam edecekler ve bir gün ölümün kapısından geçtiğimizde onların daha sonra yapacakları tüm kötü işlerden biz sorumlu olacağız. İyi bir insan olabilmek için çabalıyorum, bu yüzden başkalarının eylemleri yüzünden azap çukuruna atılmaktan da sakınmak niyetindeyim. Bunu düşünmek zorundasın, Sihdi. Karar sözünü ağzına almadan önce iyi düşün!"

Hacı yaşamı boyunca kuşkusuz pek çok kez boş konuşmuştu, fakat şimdi söylediği söz çok yerindeydi. İtiraf etmeliyim ki ben de merhametli davranmaya niyet etmiştim; yanlış bir sevgi sarhoşluğundan ya da bir Hıristiyan olarak fikirlerimi özellikle ön plana çıkarmak istediğimden değil, aksine benim sebebim Ben Nur'dan kaynaklanıyordu. Şunu içtenlikle söyleyebilirim ki hâlâ onun sözlerinin tesiri altındaydım ve tam olarak burada, onun konuşmuş olduğu yerden pek uzak olmayan bu yerde, altı insanın kanını dökmek istemedim. Onlar çok kötü şeyler yapmış olsalar bile, elbette kendilerince bir özürleri vardı; hırsızlığı kahramanca bir zanaat olarak gören bir halka mensuptular. Fakat Halef'in önemli ve çok yerinde ihtarı dikkate almaya değerdi. İyi düşündüm. Ne yazık ki yalnızca tek bir ceza verilebilirdi: Ölüm cezası. Keşke bu şart olmasaydı, kan dökmeden kefâreti suçla denkleştirmenin bir yolu bulunmalıydı. Esas suçlular Şeyh ve Gani'ydi, eğer onlar... evet, işte buydu! Bu şekilde hem ağır bir ceza verip hem de merhametli davranarak iki tarafı da memnun edebilirdim; Şeyh ve Gani cezalandırılacak, fakat diğerleri bağışlanacaktı. Halef fazlasıyla uzun düşünmeme dayanamayıp;

"Evet, Sihdi?" diyerek beni sıkıştırdığında, az önce düşündüklerime uygun biçimde konuşmaya karar verdim.

O sırada ihtiyar Müneccimin ayağa kalkmış ve gözleri kapalı bir halde yüzünü bize çevirmiş olmasına pek dikkat etmedim.

"Kararım şöyle" dedim. "Beni Khalid Şeyhi ve El Gani denen Abadilah el-Varaka, ikisi birlikte..."

"Ejder!.. Ejder!.. Ejder!.." diye sözümü keserek, sesinin var gücüyle bağırdı Müneccim.

Aşırı sıcak olmasına rağmen buz kestim. Kimse bana bakmadı; tüm gözler, sanki bizi büyük bir tehlikeye karşı uyarmak ister gibi kollarını yukarıya doğru açmış, orada öylece duran Köre çevrildi. Halef, Kara, Hanne ve İranlı bu kelimenin anlamını biliyorlardı, çünkü Halef merak etmiş ve ben ona, düellodan kısa süre önce Müneccim tarafından neden bir kenara çekildiğimi ve o sırada onun bana ne söylemiş olduğunu anlatana kadar sorularıyla beni sıkıştırmıştı.

"Ejder!" dedi Halef, şaşkınlıkla bana bakarak. "Bunu üç kez söyledi. Bu ne anlama geliyor, biliyor musun?"

"Evet, biliyorum" diye cevap verdim.

"Ejder seni tehdit ederse, Ben Nur tehlike anında üç kez 'ejder' diye bağıracaktı. Fakat şimdi ne gibi bir tehlike olabilir? Ben hiçbir tehlike görmüyorum."

"Ama ben görüyorum!"

"Nerede?"

"Burada, bizim Cemm'a'mızda. Sevginin anlayışına uymayan bir karar vermek üzereydim. Görünen o ki kan dökmekten kaçınmalıyız."

"Dinle Sihdi, endişelenme! Adâleti yerine getirirsek, bu bize ne zarar verebilir?"

"Belki bunda kişisel bir tehlike söz konusu, belki de değil, bu ayrı konu. Esas mesela şu ki ben sevgisizliğin ejderine karşı uyarıldım."

"Belki bu uyarı burada vermemiz gereken hükümle ilgili değildir."

"Onunla ilgili olduğunu biliyorum. Dinle!"

Kör yeniden konuşmaya başladı. Bizim söylemiş olduğumuz bir sözün kulağına gitmiş olması mümkün değildi, çünkü Halef de ben de kısık sesle konuşmuştuk. Buna rağmen Müneccim bize bağırdı:

"Evet, kastedilen hükümdür, tartışmayın! Hükmü size mahrem olan büyük bir adâlet yasası var. Aynı yasa adâletle merhameti bir tutuyor. Merhamet konuştuğunda, adâlet yerine getirilmiş olur. Akan kanlar yüzünden kendinizi hâkim ilan ettiniz. İçinizden kim bu hakka sahip? Yalnızca biriniz, çünkü diğerleri bu merhumları hiç tanımadılar. Ve o kişi söz hakkını merhametten yana kullandı. Siz onun bu cennetlik kararını gerçekleştirmesini imkânsız kılmayı, nasıl oldu da kendinize görev bildiniz? Size yapılmış olanlar kanlı bir intikamı gerektiriyor mu? Sizin hükmünüzde ejderin sesini duyuyorum. Yüce adâletin işleyişine müdahale etmeye kalkışmayın! O hak edilen darbe için yumruğunu çoktan havaya kaldırdı. Eğer ona karışırsanız bu darbe size iner, bunun için henüz vaktiniz varken geri çekilin! Buna hakkı olan ağızdan merhamet sözü çıktı, bırakın o hüküm sürsün! Ben sizden bunu istiyorum."

Bunlar Ben Nur'un sesiyle söylenmişti. Kör tekrar yerine oturdu ve önceki gibi, ne yapmış olduğunu bilmeyen bir maşa kadar ilgisiz kaldı.

Halef derin bir nefes aldı ve endişeli gözlerle bana baktı.

"Sihdi, bunu duydun mu?"

Onaylarcasına başımı salladım.

"Peki anladın mı?"

"Galiba! Söyle Halef, hüküm vermeye hakkı olan tek kişiyle kimi kastetti?"

"Khutab Ağayı."

"Evet. Ve bu doğru. Askerler bizi ilgilendiriyor mu? Biz onların amirleri, zabitleri miyiz?"

"Doğrusu, hayır."

"Onlar Khutab Ağanın adamlarıydı, bizim değil."

"Fakat bizimle bir araya geldiler, bizim yol arkadaşlarımız oldular; bu yüzden öçlerini almalıyız. Çöl yasası böyle der, ki biz burada ona göre hüküm vermek zorundayız Sihdi."

"Evet, onlar bizim arkadaşlarımızdı. Fakat Khutab Ağa onların efendisiydi, bu yüzden onun kararı bizimkinden üstündür. Artık ne söyleyeceğimi çok iyi biliyorum."

"Söyle, ne?"

"Oyum merhametten yana."

Hacı başını önüne eğdi, diğer herkes suskundu. Halef başını tekrar kaldırdığında, yüzünde hayâl kırıklığından eser yoktu. Bunu takdir ettiğini gösterircesine gülümsedi ve şöyle dedi:

"Muhtemelen ben de senin yaptığının aynısını yapardım. Ben en büyük cezadan yanaydım, çünkü vazifemin bu olduğuna inandım. Fakat bu bana düşmeyeceği için, Khutab Ağanın arzusu yerine getirilmeli. Şimdi söyle bana, darbeye inanıyor musun, Sihdi?"

"Hangi darbeye?"

"Ben Nur darbeyi indirmek için çoktan havaya kalkmış olan bir yumruktan söz etti. Bu bir kehânete benziyor. Gerçekleşeceğine inanıyor musun, inanmıyor musun?"

"Halef, böylesi bilinmeyen meselelerle uğraşmaktansa, yapmamız gereken daha çok şey var. Şimdi oyumu ne yönde kullanmış olduğumu biliyorsun. Ben bundan sonra görüşecek hiçbir şeyimiz olmadığını düşünüyorum."

"Evet, Cemm'a'nın sona erdiğini ilan ediyorum. Ölen askerlerin intikamını alması gerekenler bizler olmadığımız için katiller bağışlandı. Ve alçak heriflerin bize karşı işlemiş oldukları günahları intikam defterinden silmek istiyoruz. Onlar bizim karşımızda zavallı, küçük kurtçuklar."

Haddedihnler bunları duydular. İçlerinden hiçbiri görüşmenin bu beklenmedik sonucunu onaylamadığını gösteren herhangi bir tepki vermedi. İlk olarak bunu onlara bizden asla esirgemedikleri saygı yasaklıyordu ve ikincisi, Müneccimin yapmış olduğu konuşmanın tesiri altındaydılar. Müneccim onlar için, adından da anlaşıldığı gibi, bir kâhindi ve çoktan havaya kalkmış olan yumruğun tehdidi onlar üzerinde tuhaf bir etki bırakmıştı.

Suçlular kararımızla ilgili hiçbir şey duymamışlardı. Ayağa kalktığımızı gördüklerinde, korkulu beklentilerle dolu bakışları üzerimizde gezindi. Halef söz konusu kararı onlara bizzat bildirme işini kimseye bırakmadı. Önce Gani'nin önünde dikildi, en samimi yüz ifadesini takındı ve ona şöyle sordu:

"Çok sevgili silah arkadaşım; senin, yani Büyük Şerifin gözdesinin hakkında ne karara varılmış olabileceğini düşünüyorsun?"

Gani şüpheli gözlerle ona baktı. Bu şaşalı samimiyetten ne çıkarması gerektiğini bilemedi. Muhtemelen Halef kendisiyle alay ediyordu ve bu yüzden cevap vermemeyi tercih etti. Halef sözlerine devam etti:

"Neden beni sesinin candan arzuladığım tonuyla mutlu etmek istemiyorsun? Ona hasret kaldım. Bir iyilik yap ve konuş!"

"Alay etme!" diyerek homurdandı Mekkeli.

"Alay mı? Seninle mi? Beni ne sanıyorsun? Tüm nezâket kurallarını biliyorum ve onları yerine getirebilmek için her zaman canla başla çalışıyorum. Sen Şeh el-Hâre olarak Mekke'nin bütün bir mahallesinin meşhûr hâkimisin ve bu yüzden ben sana ne borçlu olduğumu biliyorum. Senin ayakların her gün Muhammet'in, peygamberin en büyük mâbedinde dolaşıyor ve binlerce dini bütün hacının gözleri, Sûq el-Lêl'de* veya Şi'b el-Maulid'de** gezerken senin yüce sûretini görüyor. Ben de aynı onlar gibi sana karşı derin bir hürmet ve hayranlıkla

* *Mekke'de "Nachtmarkt"*

** *Muhammet'in doğduğu evin bulunduğu sokak.*

doluyum; sen ki sayısız meziyetlerinin parıltısı içinde seni tanıma şansını bulanların hepsinin erişilmez örneğisin. Ve şimdi seninle alay ettiğimi mi düşünüyorsun? Aksine sana görüşmemizin sonucuna sevinmen gerektiğini söyleyebileceğim için saadetle doldum."

Mekkelinin yüzü giderek daha aptallaşmış bir ifade aldı.

"Sevinmek mi? Niçin?" diye sordu.

"Senin lehine ve aleyhine olan her şeyi birlikte mukayese ettik ve suçsuz olduğun sonucuna vardık."

"Hacı Halef, büyük bir kötülük peşindesin, çünkü söylediklerin alaydan başka bir şey değil."

"Arkadaşım, beni ne kadar az tanıyorsun! Senin tarafından böylesine yanlış anlaşılmak yüreğime derin acılar veriyor."

"Suçsuz mu!.."

"Bir kurbağa suya girdiğinde ıslanıyorsa ve bunda bir suçu yoksa, sen de o kadar suçsuzsun. Sen tüm hatalarınla sonsuz safsın."

Gani bu son sözlerin çifte anlamına dikkat etmeden itiraz etti:

"Fakat ben İranlıya ateş ettim!"

"Evet, bunu yaptın şüphesiz. Şimdi söyle, bunu hangi niyetle yaptın?"

"Onu öldürmek istedim."

"Güzel! Fakat öldü mü?"

"Hayır; yaşıyor."

"Yaşıyor olmasında senin suçun var mı?"

"Hayır."

"Öyleyse mesele ortada. Tenezzül edip bana şunu da söyle: Onun ölümünden suçlu musun?"

"Hayır! O ölmedi ki!"

"Peki, öyleyse kafanı çalıştır! Onun ölümünden suçlu değilsin ve hâlâ yaşıyor olması da senin suçun değil, yani çifte suçsuzsun."

O anda Gani'nin şaşkınlığı son haddine ulaştı. Kendini gülünç duruma düşürmeden ne söylemesi gerektiğini bilemedi ve bu yüzden susmayı tercih etti.

Halef'in keyiften gözleri parladı. Samimiyetle konuşmaya devam etti:

"En ufak bir suçun olmadığı meydana çıktığı için, seni daha fazla esir tutmaya hakkımız yok ve seni serbest bırakmama iyilikle râzı olmanı senden ricâ ediyorum."

"Allah, Allah!"

Bundan başka söyleyecek bir söz bulamadı. Halef yere eğildi ve Gani'nin iplerini çözdü. Eski suçlu o anda ayağa fırladı ve sevinçle bağırdı:

"Özgürüm! Gerçekten özgürüm!"

"Evet, çünkü masumları cezalandırmıyoruz."

"Peki oğlum?"

"O da özgür kalacak."

"Ya diğer yol arkadaşlarım?"

"Aynen! Bana bir iyilik yapmak istiyorsan, onları bağlarından sen kurtar! Böylece şükranlarını kazanacaksın."

Gani bunu ikinci kez söyletmedi. Dizlerinin üzerine çöktü ve titreyen elleriyle seve seve söyleneni yaptı. Adamlarının kolları ve bacakları serbest kaldıktan sonra derin bir nefes aldı ve şöyle sordu:

"Gitmemize de izin veriyor musunuz?"

"Elbette" diyerek onayladı Halef.

"Bize ait olan her şeyle birlikte mi?"

"Evet. Bizler yağmacı değiliz."

"Peki, Kans el-A'dhâ'ya ne olacak?"

O anda Halef'in yüzü birden farklı bir ifade aldı. Kırbacını kemerinden çıkardı ve tehditkâr bir cevap verdi:

"Alçak herif! Bir daha böyle bir soru soracak olursan yüzünü öyle bir dağıtırım ki parçaları Mekke'ye kadar uçar! Kans el-A'dhâ'yı tamamen aklından çıkarmazsan, bizim tüm merhametimize rağmen senin felâketin olur."

"Vazgeçiyorum, vazgeçiyorum! Peki silahlarımızı alabilir miyiz?"

"Evet. Fakat siz gözümüzün önünden kaybolana kadar tüfeklerimiz üzerinize çevrilmiş olacak. Ve sizi uyarıyorum, bize karşı yaptığınız tüm diğer planları bir kenara bırakın! Şu andan itibaren parmağınızın bize karşı en ufak bir harekete cesaret etmesi, size ölüm getirir. Artık size söyleyecek hiçbir şeyim yok."

Kans el-A'dhâ'yı çoktan yanımıza almıştık ve içinden hiçbir şey eksilmediğinden de emin olmuştuk. Mekkeliler Körü yanlarına aldılar ve onunla birlikte develerinin yanına gittiler. Müneccim kendinde değildi ve neler olup bittiğini bilmeden kendisini yönlendirmelerine izin verdi. Semerlerine oturabilmek için acele ettiler, çünkü özgür ve güvende olduklarına henüz kesin gözüyle bakamıyorlardı. Fakat deveye binmeden önce elebaşılarının aklına bir şey geldi. Telaşla Halef'in yanına koştu ve ona şu soruyu yöneltti:

"Peki şimdi Beni Khalidlerin şeyhine ne olacak?"

"Neden soruyorsun?" diye cevap verdi Hacı.

"Onun hakkında ne karara varmış olduğunuzu bilmek istediğim için."

"Bu seni ilgilendiriyor mu?"

"Hatta çok çok ilgilendiriyor! O ölümü hak etti. Size karşı neler yapmaya kalkışmış olduğunu siz de benim kadar biliyorsunuz. Bu bile ölmesi için yeterli. Ayrıca hazineye sahip olabilmek için burada bizi de katletmek istedi. Bunu ispatlamam gerekmiyor, çünkü Draa Vâdisi'nden gelen Efendi her şeye kulak misafiri oldu. Bunun için sizden onu merhamet etmeden öldürmenizi talep etmek zorundayım. O gelmiş geçmiş en büyük haindir. Bizi, dostlarını kandırdı ve öldürmek istedi. Onu vurmalısınız!"

Bunun üzerine Hacı küplere bindi:

"Sen bizden emirlerini yerine getirecek cellatlar olmamızı istemeye cesaret ediyorsun, öyle mi? Gelmiş geçmiş en büyük hain sensin! Evet, sen bundan da fazlasısın, insan sûretinde bir canavarsın! Biz seni merhamete ve şefkate boğduk; başka biri olsa bunun için Allah'a şükreder ve şu andan itibaren daha iyi bir insan olacağına canı gönülden yemin ederdi. Fakat sen tüm bu sevgiye cevap olarak sadece nefret besliyor ve sana yardım etmiş bir insanın kanını istiyorsun. Aslında şimdi merhamet sözümüzü geri almamız gerekirdi; fakat bizi öyle bir dehşete düşürüyorsun ki tek dileğimiz seni bir daha görmemek. Çabuk defol buradan!"

Gani, Halef'in ağzından çıkan her kelimeyi âdeta bunları söylemesini bekliyormuş gibi heyecanla dinliyordu. Bilmek istediklerini öğrendikten sonra öfkesini pervasızca haykırdı:

"Öyle görünüyor ki onu da bağışlamak niyetindesiniz. Bu köpoğlu, bu gammaz, bu arkadaş katili kurtulacak, öyle mi? Peki neden? Elbette nedenini biliyorum ve bunu size söylemek istiyorum: Sevgi yüzünden!"

Alaycı bir kahkaha attı, elini aşağılayıcı bir hareketle havaya kaldırdı ve konuşmaya devam etti:

"Konuşmak zorundayım, hayatım pahasına olsa bile! Yanınızda oturdum ve sizin sevgi hakkındaki delice konuşmalarınızı dinlemek zorunda kaldım! Siz bu sevginiz içinde kendinizi diğer insanlardan daha yüce ve daha iyi görüyorsunuz. Sizin bu sevginiz yüzünden bu topraklarda yaşayanların, onların geleneklerinin ve göreneklerinin, düşüncelerinin ve eylemlerinin birdenbire değişmesi gerekiyor. Bu sevgiyle mucize yarattığınızı sanıyorsunuz ve bu mucizeye yakından bakınca berbat bir çocuk oyunu olduğu anlaşılıyor, ki buna yalnızca gülünebilir. Hatta bu sevginizle, bizim size merhametiniz için teşekkür etmemiz gerektiğine inanıyor gibisiniz. Allah aşkına, sizden şu düşünceden vazgeçmenizi istiyorum: Bu şekilde beni olduğumdan ve daima olacağımdan farklı bir kişi yapamazsınız! Siz midemi bulandırmaktan başka bir şey yapmadınız. Şimdi bana, sizin hepinizden farklı bir insan mıyım, değil miyim diye bakın. İşte buradayım! Sizden korkmadan, olduğu gibi yüreğimi açtım size. Şimdi vurun beni! Zavallı, korkudan titreyen karılar gibi yine sevginin arkasına saklanmayın. Tekrar ediyorum: İşte buradayım, şimdi vurun beni!"

Konuşmasına başlarkenki öfkesi her cümleyle biraz daha arttı. Yüzü gözü çarpıldı ve ağzından ateş püskürdü. Bu insan kendisini bir korkak olarak görmemiz için tüm sebepleri önümüze sermişti ve öyleydi de. Şimdiki davranışının asıl kaynağı kendine olan güveni veya yiğitliği değil, aksine Şeyhten onun intikamını almak istememememiz yüzünden duyduğu çılgınca öfkeydi. Doğrusu, öfkesine hâkim olamaması onun zayıflığının bir deliliydi. Ruhun yaşamını dikkatle gözlemleyen kişiler, bu şekilde yaygaralar koparak ölme cesareti gösteren insanların aslında korkak ve hercaî olduklarını öğrenmiş olmalılar. Gerçek cesaret sükûnettedir ve her durumda kendine hâkim olmayı bilir.

Bu yüzden dengesini kaybetmiş bu adamın sergilediği manzara bende sadece acıma duygusu uyandırabilirdi. Haddedihnler tehditkâr bir tavırla onun üzerine yürüdüler. İranlı sakinliğini koruyarak öylece durdu, fakat surat astı. Halef'in gözü karardı. Onun kendine güçlükle hâkim olduğunu gördüm. Bunun için ona cevap verme işini üstlendim ve öfkeden kuduran Gani'ye doğru yaklaşarak şöyle dedim:

"Hakikaten seni vurmamızı mı istiyorsun?"

"Evet, istiyorum!" diyerek bağırdı bana.

"Bunu bizim külahımıza anlat! Seni sandığından daha iyi tanıyoruz! Sen bir korkaksın ve bugüne dek senin kadar korkağını hiç görmedim. Şu anda sergilediğin cesaret değil, içinde Şeyhe karşı intikam kaynattığın bir kap; taşmış ve şimdi fokurduyor, dumanı tütüyor ve pis kokular saçıyor. Bizim sevgimiz hakkında düşündüklerin umurumuzda olmayabilir. Sen bu sevgiden azıcık anlasaydın, senin şu anki saldırına yalnızca güldüğünü görürdün. Kuşkusuz bir çocuk oyunundan daha aptalcaydı, en cahil çocuk bile bunu yapmazdı. Gitmene izin veriyor ve sana acıyoruz. Git buradan!"

Öfkesinin ateşi neredeyse sönmüştü, artık önceki gibi meydan okuyan bir hali yoktu. Fakat benim acımaktan söz ettiğimi duyar duymaz yine çabucak küplere bindi:

"Acıma duygunuzu kendinize saklayın! Ve sizin buna çok daha fazla ihtiyacınız olduğu için, ben benimkini de size bırakıyorum. Sizin sevginiz beni öyle sonsuz eğlendiriyor ki onu her düşündüğümde gülmekten gözyaşlarına boğulacağım."

"Gülmeye devam et! Fakat gitmeden önce sana vahim bir şey söylemek istiyorum: Gülmekten gözlerinden gelen bu yaşlar, dikkat et de pişmanlık ve acı dolu yaşlara dönüşmesin! Şimdi sana böylesine eğlenceli gelen sevgi daima gülmez. O her insanın içinde yaşar, senin de içinde. Ona sımsıkı sarıl ve onunla fazla alay etme, aksi halde sana yüz çevirir ve sonra gülecek bir şeyin kalmaz."

Elini bana doğru uzattı, avucunun içi yukarı dönüktü ve sonra hızla yere doğru çevirdi. Bu el hareketi bedevîlerin işaret dilinde aşağılama anlamına gelir. Üstüne üstlük alay ederek bağırdı:

"Onun hakkında hiçbir şey bilmek istemiyorum, isterse bana yüz çevirsin, ondan nefret ediyorum! İntikama daha sıkı sarılacağım! Artık Beni Khalidler bana yardım etmeyecekleri için şimdi sizin karşınızda fazlasıyla güçsüzüm; fakat Mekke'ye gelirseniz, vay halinize! Kutsal şehrin civarına adım attığınız anda, ilk adımı felâketinize atmış olacaksınız. Buna Allah'ın ve peygamberin huzurunda yemin ederim."

Yemin ettiğini göstermek için elini kaldırdı, arkasını döndü ve gitti.

Müneccimin semere sıkıca bağlanmış olduğunu gördük, ki bu onun tuhaf halinin gerektirdiği bir tedbirdi. O bunun farkında değilmiş gibi görünüyordu, ancak devesi harekete geçtiğinde gözleri kapalı olduğu halde yüzünü bize çevirdi ve Ben Nur'un sesiyle şöyle seslendi:

"Kısa bir süre için Allah'a ısmarladık! Ejder sizin peşinizden boş yere koştu. Şimdi kendi çocuklarını yiyip bitirecek. Sevginin gülümseyişi kayboldu, o şimdi sert ve..."

Sonrasını dinleyemedik, çünkü Gani susması için Köre vurmuştu.

Halef, silahlarımızın onlar giderken üzerlerine çevrilmiş olacağını daha önce söylemişti, çünkü içlerinden birinin uzaktan ateş etmeyi aklına getirmesi elbette mümkündü. Fakat buna kalkışmayacak kadar zekiydiler. Esasen nereye gittikleri bizim için önemli değildi, ama Ben Nur'un sözleri bu zamana kadar olduğu gibi doğru çıkacak olursa, onlarla tekrar görüşeceğimiz kesindi.

Halef, Şeyh Tavil Ben Şahid'e döndü. Yüzü yine samimileşti ve ona şunları söylerken sesi, ilgili bir dost sesi gibi çıktı:

"Muhtemelen seni unuttuğumu düşündün. Bağışla beni! Öncelikle sevgili yaşlı Gani'mi dostluğumun coşkusuyla aydınlatmayı kendime borç bildim. Ona ne söylediğimi duydun, değil mi? Lütfen, konuş!"

Şeyh yüzünden ne ümit ne de korku okunmaması için kendini zorladı. Mümkün olduğunca umursamaz cevap verdi:

"Her şeyi duydum."

"Bu 'Büyük Şerifin gözdesi' kendini ne zannediyor. Onun için cellatlık yapacakmışız. Sen buna ne diyorsun?"

"Buna yanaşmamakla tamamen doğru davrandınız."

"Evet, doğru! Gerçi senin vurulacağın bir gerçekti, ama Gani'nin bununla ilgili hiçbir şey bilmesi gerekmiyor. Bunu hemen şimdi kendimiz için yapacağız."

"Vurmak mı? Beni mi?"

"Evet, seni. Başka kimi olabilir?"

"Ben düşündüm ki... düşündüm ki!.."

"Ricâ ediyorum, gereksiz düşüncelere kapılma!"

"Fakat sen benimle konuşmak niyetindesin, değil mi?"

"Elbette."

"Bu durumda cevap vermem de gerekecek?"

"Öyle umuyorum."

"Ama buna müsaade etmiyorsun."

"Etmiyor muyum? Kaygılanma! Biliyor musun, hemen şimdi tez elden olmasa bile, bugün içinde ya da en geç yarın bunu başaracaksın."

"Öyleyse bana ne yapmayı planladığınızı söyle!"

"Seni Paşaya teslim etmek için Mekke'ye yanımızda götüreceğiz."

Şeyh korkuya kapıldı, bir an için sustu ve sonra şöyle dedi:

"Bu şeytani bir fikir! Beni asarlar ve bunun üzerine Paşa kabilemin alacağı intikamı göze almış olur."

"Evet, bunu göze alırdı. Düşünsene, Beni Khalidler için bu ne kadar iyi olur! O zaman yiğitliklerini nasıl da ispat edebilirler! Çünkü, aramızda kalsın, bu zamana kadar bunu hiç gösteremediler."

"Hacı Halef, benimle oyun oynuyorsun."

"Kastettiğin aslanın fareyle oyununa benziyor ve aslanın insaflı olması gerektiğinden, sana şunu söyleyerek ben de onun gibi olmak istiyorum; seni Mekke'ye götürmek niyetinde değiliz."

"Evet, işte nihâyet söyledin! Bana ne yapmak niyetindesiniz?"

"Vurmak."

"Mekkelilerden daha suçlu değilim ve siz onların kaçmalarına müsaade ettiniz. Beni ayrı mı tutuyorsunuz?"

"Hayır. Fakat ayrı tutsaydık, canımız ne isterse onu yapardık. Bana dürüstçe söyle: Ölümü hak ettin mi?"

"Çöl yasalarına göre, evet."

"Bak sen, bunu kabul etmen ne hoş!"

"Ama şu anda Bir Hilu'da bulunan Beni Khalidlerimi de düşünün! Beni vurursanız, intikamımı alırlar."

"Daha önce pek çok kez bizi bununla tehdit ettin, ama tehditlerin boşa çıktı. Ayrıca orada olduklarını nereden biliyorsun? Buraya kadar birlikte gelmiş olduğun adamlarının dışındakiler kuyuya dört saat uzaklıktaki tepede kaldılar."

"Sizi orada beklemek için. Çünkü şimdi söylediklerinden anlaşıldığı gibi, siz oradaydınız ve tekrar geri döndünüz, onlar sizi izlediler. Fakat ben büyük birliği değil, buradan kuyuya yollamış olduğum küçük birliği kastettim."

"Evet, Kans el-A'dhâ'yı o kadar çok kişiyle paylaşmak istemedin."

"Ana birliğim tekrar geri döndüğünden kuyuda küçük birlikle karşılaşmıştır. Yani hepsi bir aradalar. Seni içinde bulunduğunuz bu tehlikeye karşı uyarıyorum."

"Bu çok dostça bir davranış. Sana teşekkür ediyorum dostum."

"Alay etme!"

"Alay ettiğime inanıyorsan, korkmadığımızı anlamalısın. Seni vuracak ve sonra adamlarının bulunduğu kuyuya gitmeyeceğiz; bu fikrime ne dersin? Onları varlığımızla tekrar rahatsız etmemiz gerekmiyor."

Bunun üzerine Şeyh daha fazla öfkesine hâkim olamadı. Halef'e hışımla bağırdı:

"Sizi hainler! Muhtemelen yaşlı Müneccimin merhametle ilgili sözlerini çoktan unuttunuz."

"Yani merhamet de mi diliyorsun?"

"Dilemek mi? Hayır! İstiyorum!"

Halef yine ciddi bir yüz ifadesi takındı ve Şeyhi uyardı:

"Şeyh Tavil Ben Şahid, kullandığın ses tonu hoşuma gitmiyor. Şimdi sana söyleyeceklerimi dinle!"

Haddedihnlerden birine yanına gelmesini işaret etti ve ona şöyle emretti:

"Sen şimdi, merhametin kendisine itaat etmeye mecbur olduğunu sanan bu katilin kalbini hedef alacaksın. Ben elimi kaldırır kaldırmaz kurşunu sıkacaksın!"

Bunun ardından Hacı tekrar Tavil'e döndü:

"Davranışının sonuçlarını görüyorsun. Sana iki dakika süre veriyorum. Süre sona erene dek konuşmazsan elimi kaldıracağım."

Beklentilerle dolu derin bir sessizlik oldu. Sürenin yarısı geçti, fakat sonra tehdit işe yaradı.

"Filintayı indirtin!" dedi Şeyh.

"Merhamet mi istiyorsun?" diye sordu Halef.

"Evet."

"İstemek dilemek değildir."

"Allah belanızı versin! Peki, öyle olsun: Merhamet diliyorum."

Bunun üzerine Hacı güldü:

"Ey, Beni Khalidlerin şeyhi, şöyle deseydin ya! Fakat yine de sana şunu söylemek isterim ki ne olursa olsun vurulman için işaret vermezdim. Seni de serbest bırakmaya karar vermiştik. Ben yalnızca bir şeyhin merhamet dileyişinin kulağa nasıl geldiğini duymak istedim."

Tavil hiçbir karşılık vermedi. İpleri çözüldükten sonra ayağa kalktı, filintasının durduğu yere gitti, onu yerden aldı, devesine doğru yürüdü, semere oturdu ve deveyi haydaladı. Sessizce arkasından baktık. Neredeyse kum tepesinin eteğinden sapacak ve gözden kaybolacak kadar uzaklaşmıştı ki birden geri döndü, hayvanı hızla koşturarak tekrar yanımıza geldi, önümüzde durdu, gururlu ve zalim gözleriyle bizi süzdü ve şöyle dedi:

"Ben de sizin sevginize gülüyorum. Bizim aramızda intikamdan başka hiçbir şey olamaz. Allah'ın ve kutsal Kâbe'nin huzurunda yemin ediyorum: Şu anda etrafımızı saran çöl, bizim için hüküm verecek! Ya siz çölü terk edeceksiniz, ya da ben. Siz elli adamsınız, bense tek başınayım; fakat intikamın gözlerinde ben, sizin kadar çok sayılırım. Kendini ya size, ya da bana açması için çöle sesleniyorum! Şu andan itibaren aramızda bir mezar açılıyor. Onun sizi mi, yoksa beni mi alacağına, huzurunda yemin etmiş olduğum karar verecek!"

Devesini geri çevirmek üzereydi ki alaycı bir kahkaha attı ve sözlerine şunu ekledi:

"Veya buna sevgi de, taptığınız put da karar verebilir; benim buna hiçbir itirazım yok."

Bunun ardından bir daha geriye dönüp bakmadan uzaklaştı.

Az önce olduğu gibi tek kelime etmeden arkasından baktık. Böyle bir yemin etmesini yadırgadım. Süregelen sessizliği bayağı bir sözle bozmak, benim için imkânsız olurdu. Ama bunu düşünen tek kişi ben değildim, diğerleri de benimle aynı düşünceyi paylaşıyorlardı. Haddedihnlerden bazıları askerlerin yaralı develeriyle ilgilendiler ve onların dışındakiler askerlerin cesetleri için yapılması gerekenleri yaptılar. Tüm bunlar tek bir söz bile duyulmadan olup bitti. Bu sessizliğin en büyük sebebi, ölümün ayak bastığı her yerde onun bir parçası olan o diyanetli korku, o huşu içindeki dehşetti ve bunun kaynağını çok az insan anlayabiliyor. Fakat aslında anlamak çok kolay! İnsan yaşadığı sürece kendi kendinin efendisi gibi görünür. Canı ne isterse yapabilir ve yapmayabilir, neye isterse inanabilir veya istediğinden şüphe edebilir, aldığı karar doğrultusunda iyi ya da kötü davranabilir. Derken ölümün eli aniden ona uzanıverir. "Efendi ve hükümdâr" Tanrının huzurunda toprağın içinde yatar. Şimdi tüm hayatının hesabını verecektir. Yaşamının her saniyesi onun lehine ya da aleyhine şâhitlik eder. Tanrı mahkemeyi başlatır, adâlet ve merhamet onun iki yanında oturur. Onun önünde boylu boyunca uzanırken, verilecek hüküm karşısında duyduğu acizlik yüzünden okunur. Artık kendisi için hiçbir şey yapamaz. Şimdi kararı belirleyecek olan sözü kim söyleyecektir; merhamet mi yoksa adâlet mi? Duruşma sırasında bir mahkeme salonuna git! İster istemez çok ses çıkarmadan içeri girer ve yavaş sesle konuşursun. Neden? Çünkü başka türlü davranamazsın, yasaya ve mahkemeye karşı duyduğun derin saygı adımlarını yavaşlatır ve sesini kısar. Bir cenaze odasına da böyle girersin! Hisset ya da hissetme, ölüm anında başlayan ebedî mahkemenin mekânına girmiş olursun. Orada hüküm süren gözle görülmeyen hâkimdir, sen onu görmezsin ve buna rağmen içeriye mümkün olduğunca sessiz girersin. Bu, ebedî yasa huzurunda duyulan derin hürmettir ve o odada merhum için bu yasaya göre hüküm verilecektir. Seni şapkanı çıkarmaya zorlayan saygıdır ve sen kendinin de kısa veya uzun bir müddet sonra adâlet terâzisinde tartılmak için orada öylesine aciz yatacağının açıkça bilincine varırsın. İnsanlığını tamamen yitirmemiş her insanın bir cenazenin yakınında hissettiği ve kendini kurtarmaya çalışmadığı dehşetin sebebi budur.

Bizim burada yirmi cenazemiz vardı ve bu merhumlar öldürülmüşlerdi! Onlar için derin bir toplu mezar kazıldı. Onları yan yana mezarın içine yatırdık. Cenaze dualarını okuduktan sonra havaya üç kez yaylım ateşi açtık, merhumlardan her birinin yüzünü kendi küçük seccadesiyle örttük ve mezarı toprakla doldurduk. Bu sırada Khutab Ağa başını önüne eğerek sessizce ağladı. Kuşkusuz o anda bazılarımızın aklına şöyle bir soru geldi: Acaba katillere fazlasıyla merhametli mi davranmıştık? Ve buna bir de şu niyet eklendi; tekrar onlarla çatışmak zorunda kalırsak bu kez katı olacaktık, ki bunun gerçekleşeceğini bize Beni Khalidlerin şeyhi tehdit ederek söylemişti.

Bunun üzerinden yine saatler geçmişti, biz bu unutulmaz yeri terk ederken öğleden sonranın yarısı geride kaldı. Fakat şimdi nereye gidecektik? Bugünlük çok ilerleyemezdik. Şansımızdan yanımıza yeterince su alabilmiştik ve bu yüzden daha önce bir kez gidip gelmiş olduğumuz kum tepelerinin oluşturduğu yolu üçüncü kez geride bırakmaya ve sonra sonuncu ve sondan bir önceki tepenin arasındaki vâdide gecelemeye karar verdik. Böyle bir vâdiyi az sayıda nöbetçiyle göz altında bulundurmak en kolayı olurdu ve bize en iyi korunmayı sağlardı. Ertesi sabah ise erkenden şartlara göre hareket etmek niyetindeydik.

Planımızı uyguladık. O yolu ağır ve dikkatli adımlarla geride bıraktık ve söz konusu yere hava kararmadan ulaştık.

Sonuncu ve sondan bir önceki kum tepesinden söz ettiğimde, giderek alçalan ve develerimizi içine çeken düz kum çölüne uzanan daha küçük tepeleri değil, en vahim son iki tepeyi kastettim. Vâdi istirahat etmek için çok uygundu. Arasında yer aldığı tepeler bir uçta birleşiyor, diğer uçta birbirlerine öyle yakın uzanıyorlardı ki bu geçidi gözetlemek için tek bir nöbetçi yeterli oldu.

Bugün askerlerin develeriyle Haddedihnler ilgilenmek zorundaydı, yani onlara öncekinden daha fazla iş düşüyordu. İranlıya gelince, Meşed Ali'ye tek başına geri dönmeyi düşünemezdi. Yanımızda kalmak ve biz ana yollardan birinde onun katılabileceği bir kervana rastlayana dek bizimle birlikte yolculuğa devam etmek zorundaydı. Olağanüstü sessizdi ve sohbetlerimize katılmadı. Ona bir soru yöneltildiğinde mümkün olduğu kadar kısa, çoklukla sadece tek bir kelimeyle cevap verdi. Bu öylesine dikkatimi çekti ki ona suskunluğunun sebebini sordum.

"Askerlerim!" dedi iç çekerek. "Onları düşünmeden edemiyorum."

"Ben de öyle; fakat bununla gerçeği değiştirebilir misin?"

"Hayır. Ancak bu seni kederlendirmemeli."

"Sen benden daha kederlisin, değil mi?"

"Evet, çünkü ölümlerinden ben sorumluyum. Yirmi ruh benim hatam yüzünden adâlet terâzisine hazırlıksız çıkıyor. Bu düşünce taşımayacağım kadar ağır."

"Neden kendini suçluyorsun?"

"Çünkü dünkü tavsiyen gibi, bugünkü uyarını da dikkate almadım. Bana hemen memleketime dönmemi söyledin, fakat ben buna rağmen kaldım. Dün düellolardan hemen sonra yola çıkmış olsaydık, Beni Khalidlerin bana böyle bir pusu kuracak vakitleri olmayacaktı. Bu yüzden olanlardan ben suçluyum! Çünkü tekrar tekrar ikaz edildim ve buna kulak asmadım. Bir gün benim için hesap verme zamanı geldiğinde, bunun yükü bana sonsuz ağır gelecek!"

Kendi kendine yaptığı eleştiriler ne yazık ki yersiz değildi; onun yüreğini hafifletmek için söyleyebileceğim her şeyi söyledim, ama dilediğimce hafifletmeyi başaramadım.

Develeri iki tepenin birleştiği yere koymuştuk. Orada onlar için ayrıca bir nöbetçi bulundurmamız gerekmiyordu. İstirahat yerimize önlerini kapatacak şekilde yerleştik. Güvenliğimiz için üç nöbetçi yeterliydi: biri önümüzde, diğeri arkamızda bulunan tepede ve üçüncüsü vâdinin sağında kalan daha önce sözünü ettiğim geçitte duracaktı. Bu yüzden bir baskına uğramamız imkânsız gibiydi ve bunun verdiği rahatlıkla, sabah dinç olabilmek için erkenden yattık; çünkü Şeyhin tehdidinin neticesinde ertesi günün bizim için yorucu ve tehlikeli olacağını hesaba katmak zorundaydık. Bu adam her ne olursa olsun yeminini olabildiğince çabuk gerçekleştirebilmek için her şeyi yapardı.

Yıldızlarla dolu muhteşem bir gökyüzü vardı, çok aydınlık bir geceydi ve nöbetçilerimizin Beni Khalid baskınını mümkün kılabilmeleri için, ya kör ya da çok dikkatsiz olmaları gerekirdi. Bulunduğumuz yer böyle bir baskına muhtemelen hiç şâhit olmamıştı.

"Çöl Bizim İçin Hüküm Verecek!"

Bir bağırtı beni uyandırana kadar derin ve düş görmeden uyudum. Henüz gözlerimi açmamıştım ki bu bağırtı tüm Haddedihnlerin ağızlarından çıkan çok sesli bir çığlığa dönüştü. Ayağa fırlamak istedim, ama yapamadım; çünkü dört kişi beni yerde tutabilmek için var güçleriyle üzerime çullanmışlardı.

Uyku gözlerimden tamamen uzaklaştı. Etrafımız bedevî kaynıyordu, öyle kalabalıklardı ki karşı koymak kesinlikle delilik olurdu ve bizi yalnızca felâkete sürüklerdi. Bu yüzden avazım çıktığı kadar bağırdım:

"Haddedihnler, teslim olun! Size bunu ben söylüyorum, Akıl Şâtir Efendi. Ben de teslim oluyorum."

"Ben de!" diye yankılandı bunun üzerine Halef'in sesi. "Kendinizi savunmayın! Size emrediyorum."

Ardından kendimi bıraktım ve beni bağlamalarına müsaade ettim. Kısa süren bir kargaşanın ardından sessizlik oldu. Karşı koymak için yerlerinden fırlamış olan Haddedihnler geri getirildiler. Hepimiz bir arada durduk ve bedevîler bizi ortalarına alacak şekilde oturdular. Görüşümü engelleyen bir şey olmadığından, kuytu bir yerde bulunan tahtırevanın yanında onu nezâret altına almış olan üç bedevînin durduğunu gördüm. Bu Beni Khalidlerden, özellikle de şeyhlerinden beklenmeyecek kadar saygılı bir davranıştı.

Bir adam ayağa kalkarak bize doğru geldi.

"Hanginiz Haddedihnlerin şeyhi?"

"Benim" diye cevap verdi Halef.

"Hanginiz yabancı efendi?"

"Benim" dedim.

Sesi Tavil Ben Şahid'in sesinden farklıydı. Konuşmaya devam etti:

"Hanginiz Meşed Ali'den gelen başnâzır?"

"Buradayım" diye bağırdı İranlı.

"Şimdi söyleyeceklerimi iyi dinleyin: siz üçünüz iznim olmadan hiçbir şey yapmaya kalkışmayacağınıza dair bana şeref sözü verirseniz, iplerinizi çözdüreceğim. Bana cevap verin!"

İşte bu hayret vericiydi. Bu adam Tavil Ben Şahid değildi. Ne sesi, ne de görünüşü ona benziyordu, ki bunu ancak o anda fark edebildim. Kimdi o? Bu soruyla birlikte kuyuda kısa süre yanımızda bulunmuş olan casuslar aklıma geldi.

"Önce sen konuş, Sihdi!" dedi Halef bana.

Bunun üzerine:

"Şeref sözü veriyorum, elbette şimdilik sadece burada bulunduğumuz süre için. Sonrası için böyle bir söz veremeyiz; çünkü bu adamların kim olduklarını, neden bize baskın yaptıklarını ve bize ne yapmak niyetinde olduklarını bilmiyoruz. Sen de benim gibi yap!" dedim ona.

"Peki! Ben de şeref sözü veriyorum, ama yalnızca Efendinin şimdi söylemiş olduğu süre için" dedi Halef.

İranlı da bizi örnek alarak: "Ben de öyle" dedi.

"Bu benim için yeterli" dedi elebaşıları. "Bu üç adamı çözün!"

Adamlarından üçü emrini yerine getirirken, o kıpırdamadan önümüzde durdu. İplerimiz çözüldükten ve biz oturmak için doğrulduktan sonra, o da karşımıza oturdu ve bize bir açıklama yaptı:

"Benim adım Abd el-Darak*, Beni Lamların şeyhiyim."

Sözlerinin bizim üzerimizde istediği tesiri göstermesine vakit tanımak için konuşmasına ara verdi. Ve gerçekden tesir etti. Beni Khalidlerle uğraşmamız gerekmeyecekti. Fakat yağmurdan kaçarken doluya tutulmuş olabilir miydik? Beni Khalidleri tanımıştık, fakat henüz Beni Lamları tanımıyorduk. Ancak Had-

* *Anlayışın, aklın kulu.*

dedihnlerin kumandanları olarak bizim iplerimizin çözülmüş olmasından, içinde bulunduğumuz durumun çok kötü olmadığı sonucuna varabilirdik. Orada o kadar çok Beni Lam vardı ki Beni Khalidlerin düşmanları oldukları için onların yanında biz de düşmanlarımıza karşı olabilecek en mükemmel korumaya sahiptik. Ayrıca Abd el-Darak şu anda bizimle konuşmak niyetindeydi ve söyleyecekleri bize düzenlemiş olduğu başarılı baskınla hangi amacı güttüğünü ortaya çıkaracaktı.

"Bu kadar büyük bir Beni Lam birliğinin Hilu kuyusu yakınında bulunduğunu ne görmüş ne de duymuş olmalısınız" diye başladı sözlerine.

"Öyle öyle!" diye karşılık verdim.

"Öyleyse tam düşündüğüm gibi. Bu Tavil Ben Şahid canımıza kastetmiş olduğunu size söyledi, değil mi?"

"Evet."

"Kuyuya iki casus yolladım, sizinle konuştular. Onların kim olduklarını düşündünüz?"

"Gerçekte oldukları gibi senin casusların olduklarını düşündük."

"Neden onlara Beni Khalidler hakkında bilgi vermediniz? Böylece düşmanlarınızdan yalnızca intikam almakla kalmaz, aynı zamanda kendinizi onlardan kurtarabilirdiniz."

"Biz gammazcılar değil, dürüst savaşçılarız. Allah çocukları arasında savaş değil, barış istiyor; biz bu ilkeye göre davranırız. Şu anda hacı olarak kutsal şehre yolculuk ediyoruz ve bu sıfatla her zaman yalnızca barış severliğin elinden tutarak ilerlemekle yükümlüyüz."

"Evet" dedi düşünceli bir tavırla. "Sen tam bir Abd el-Musâlaha'sın*."

"Benim hakkımda nasıl böyle bir fikre kapıldın?" diye sordum şaşkınlıkla.

"Sizin hakkınızda düşündüğünüzden daha fazlasını biliyorum. Bana sizden bahsetmiş olan kişiler var."

"Bu kişilerin kimler olduklarını sorabilir miyim?"

---

* *Barış kulu.*

"Öncelikle benim iki casusum. Düşmanlarınızı gammazlamamış olmanız çok hoşuma gitti. Size şunu söyleyebilirim ki bunu yapmış olsaydınız sizin de akıbetiniz onlarınki gibi olurdu; çünkü gammazcı ortadan kaldırılması gereken pis kokulu bir Dîb'dir*."

O anda Halef beni dirseğiyle dürttü. Ne kastettiğini biliyordum. O iki casus karşısında o kadar suskun kalmış olduğum için beni eleştirmişti. Ne kadar doğru davranmış olduğumu şimdi anlıyordu.

Abd el-Darak sözlerine devam etti:

"Beni Khalidlerin şeyhi bizi hazırlıksız yakalayabileceğini sandı; fakat Allah iyileri korur ve kötülerin gözlerini kör eder. Onun rızâsıyla, düşmanlarımızın teşebbüsünü tam zamanında öğrendim. Savaşçılarımı silahlandırdım ve barışçıl insanların evlerinin harap olmasını istemediğimden, Beni Khalidlerle bizim aramızdaki savaşı çölde neticelendirebilmek için onları cepheye çektim. Casuslarım Tavil'i uzak tâkibe alıp gizlice bilgi edindiler. Güneye doğru gittiklerini duydum ve peşlerine düştüm. Oradan geri dönmüşler, fakat bir adamlarını gözcülük etmesi için geride bırakmışlardı; onu esir aldık. Adam kuyuda olup biten her şeyi bize anlatmak zorunda kaldı. Böylece sizin hakkınızda, Kans el-A'dhâ, onu çalanlar ve onun uğruna yapılan savaş hakkında bilgi aldık. Hazine büyük bir değere sahip. Size baskın düzenlemeye ve onu ele geçirmeye karar verdim. Bunun için ruhunuz bile duymadan sizi tâkip ettirdim. Beni Khalidler de bunu hiç fark etmediler."

"Bi Châtir-i-Chuda - Allah aşkına!" diyerek feryat etti o anda İranlı. "Yine Kans el-A'dhâ'yı vermem gerekecek!"

"Gerekmeyecek" diyerek güldü Şeyh, kulağa samimi gelen bir gülüştü bu. "O zaten bizde."

"Evet, bohça yok."

"Orada tahtırevanın yanında duruyor ve Haddedihn şeyhinin haremiyle birlikte çok iyi korunuyor."

"Ona el mi koyacaksınız?"

---

* *Kurt.*

Şeyh bu soruyu duymamış gibi yaptı ve konuşmaya devam etti:

"El Gani dedikleri Abadilah el-Varaka birkaç ay önce Mekke'den Meşed Ali'ye uzanan bir yolculuğa çıktı. Bu yolculuğu esnasında büyük bir şehir olan Oneïseh'e gitti. Yanında oğlu, üç adamı ve geleceği görebildiği için El Müneccim dedikleri yaşlı bir adam vardı. Bu Müneccim cennetten bir melekle konuşuyor, meleğin adı Ben Nur ve ona yaşamın tüm sırlarını açıyor. Bunun için Müneccimin söylediği her şey gerçek. O çok zengin biri olmalı, çünkü binlerce hacı ona gidiyor ve bir şükran armağanı bırakmadan yanından ayrılmıyor. Onlarla aynı zamanda bizim kabilemizden genç bir savaşçı da kurşun ve barut satın almak için Oneïseh'teydi. Onun adı Ibn Kurbân'dı* ve kabilemizin en zengin adamı olan Abu Kurbân'ın** tek oğluydu. Parmaklarında pırlanta yüzükler vardı ve silahları kıymetli taşlarla süslüydü. Üç refâkatçisiyle birlikte şehri terk ederken Gani'ye katıldı, çünkü bir müddet onunla aynı yolu paylaşacaktı; ama evine geri dönmedi ve üç yol arkadaşını da bir daha gören olmadı. Abu Kurbân oğlunun izini bulmak için Oneïseh'e gitti. Kaybolanların Gani'yle birlikte yola çıkmış olduklarını öğrendi. El Kasab'a doğru gitmişlerdi. Oraya da gitti ve ne oğlunun, ne de Gani'nin orada bulunmadıklarını öğrendi. Fakat genç bir adam kendisinden daha yaşlı üç adamla birlikte gelmişti; bu adamlar üç koşu ve dört yük devesi, bol miktarda barut ve silah satmışlardı. Sattıkları silahların taşlarla süslenmiş olduğu belliydi, fakat taşlar yerlerinden sökülmüştü. Bu silahlar hâlâ tüccardaydı, develerden ikisi de duruyordu ve Abu Kurbân bunların oğluna ait olduğundan emindi. Bu dört yabancının kim olduklarını kimse bilmiyordu. Gerçi genç adam bir isim söylemişti, fakat bunun sahte bir isim olması çok mümkündü. Tüccar sadece, bu adamın biçimsiz ve diğerinden daha gür bir Hâcib'i*** olduğunu hatırlayabildi. Bundan başka hiçbir

---

* *Kurban Oğlu.*

** *Kurban Babası.*

*** *Kaş.*

şey söyleyemedi. Beni Lamların dördünün de öldürülmüş olduklan kesindi, katillerin kimler olduğunu tahmin ettik, fakat onları El Kasab'ta kendilerini görmüş olan kişilere göstermeden önce bunu kanıtlayamazdık."

"Ah, hayır" diye bağırdı Halef o anda. "O kadar beklemenize gerek yok. Onların kim olduklarını biliyorum."

"Kimlermiş?" diye sordu Şeyh.

"Gani'nin oğlunun öyle kaşları var. Kaşları arasındaki fark o kadar büyük ki hemen gözüme çarptı. O hainler Kans el-A'dhâ'yı çaldılar, bu yüzden bu hırsızlık cinayetini işlemiş olduklarına da inanmak mümkün. El Kasab'a yalnızca dördü gitmiş, Gani Müneccimle birlikte bir yerde beklemiş; çünkü bu ikisi de onlarla birlikte gitmiş olsalardı kendilerini çok çabuk ele verirlerdi. Bu Mekkeliler dün öğleden sonra bizden ayrıldılar. Buradan henüz çok fazla uzaklaşmış olamazlar ve acele edersen, büyük ihtimalle onlara yetişebilirsin."

Şeyh bunu duyunca adamlarından birine bir şeyler söyledi, bunun üzerine adam sağa, nöbetçi koymuş olduğumuz yere doğru uzaklaştı. Ben Lam gittikten sonra Şeyh:

"Size bir şey göstereceğim, fakat birazcık beklemelisiniz. Bu arada muhtemelen dilinizin ucuna gelen bir soruya cevap vermek istiyorum; üç nöbetçi yerleştirmiş olmanıza rağmen size baskın yapmayı nasıl başarmış olduğumuzu merak ediyor olmalısınız."

"Evet" diyerek Şeyhin söylediğini onayladı Halef. "Bize bunu söylemeni ricâ ediyoruz."

"Kabilemizde casus olarak kullandığım birkaç mükemmel koşucu var. Develer kadar hızlı koşuyorlar, fakat onlar gibi uzaktan görünmeleri mümkün değil. Şeyh Tavil kırk adamıyla birlikte size pusu kurmak için tekrar kuzeye doğru giderken, bu koşucular onu tâkip ettiler. Vâdinin kuzey sınırındaki tepeye tırmandılar ve orada fark edilmelerini olanaksız kılacak şekilde kendilerini toprağa gömdüler. Orada olup biten her şeye şâhit oldular. Konuşulanların çoğunu da duydular. İlk başta Beni Khalidler yalnızlarmış, Kans el-A'dhâ'yı elinden almak için İranlıyı ve askerlerini beklediklerinden söz etmişler. Ben de bu hazineye sahip olmak niyetindeydim, bu yüzden koşuculardan biri hemen beni haberdar etmek için geri döndü. Aradaki mesafe bana uzaktı ve ben bu haberi o kadar geç aldım ki tam vaktinde gitmem mümkün olmadı. Fakat ikinci bir koşucu sizi tâkip etmişti ve üçüncü ben oraya varana kadar orada beklemişti. O bana her şeyi anlattı ve ikinci koşucunun sizi gece nerede bulabileceğimi bana söylemek için bizimle ne zaman ve nerede buluşacağını da haber verdi. Söylediği yere doğru yola çıktık ve bu sırada tam olarak bizim gittiğimiz yönde ilerlemiş olan altı devenin izlerine rastladık."

"Maşallah!" dedi Halef. "Kesinlikle Gani'nin izi!"

"Evet. Fakat sonrası da var! Hava karardıktan sonra ikinci koşucu bizi buldu ve bana sizin şimdiki istirahat yerinizi târif etti. Siz çok dikkatli davranmıştınız, ama o da dikkatliydi. Öyle planlı hareket etmişti ki bir tepeye tırmanmak için her seferinde sizin bir sonraki vâdide olmanızı beklemişti."

"Zekiymiş" diyerek takdir etti Halef. "Bu savaşçı bir Haddedihn olabilirmiş."

"Benim de çok işime yarıyor!" diyerek güldü Şeyh. "Bu koşucu daha sonra bizi sizin istirahat yerinizin yakınına getirdi ve ben iki çevik casusumu sizi gözetlemekle görevlendirdim."

"Nöbetçilerimize rağmen mi?" diye sordu Halef.

"Casuslarım onlardan birinin yanından geçip gitti ve nöbetçiniz hiçbir şey görmedi."

"Hangisiydi o? Onu öyle bir cezalandıracağım ki"

"Sus!" diyerek sözünü kesti Şeyh. "Sırf o nöbetçiyi cezalandırmak istediğin için, sana hangisi olduğunu söylemeyeceğim. Sen olsan, sen de hiçbir şeyin farkına varamazdın."

"Ben mi?" diye sordu Hacı gücenerek.

"Evet, sen! Geceleri keşfe çıkarsan kumun rengi çok işine yarar. Kumun üzerine mümkün olduğunca çok harmani yay. Rengi kumunkine en yakın olan harmaniyi üzerine geçir. Sonra çok yavaş yerde sürünürsen ve bu sırada üzerindeki harmaniyi mümkün olduğunca geniş yayarsan fark edilmen çok zor olur.

Bu şekilde ben, tahtırevanın arkasında yükselen iki vâdi duvarının birleştiği sarp tepede nöbetçi olmadığını öğrendim ve oradan aşağı inmeye karar verdim."

"Fakat orası çok dik."

"Adım adım inemiyorsan kayacaksın, kum bunun için çok elverişli ve bu şekilde o kadar çabuk inilebiliyor ki çöken kumun gürültüsü sizi uyandırmadan biz aşağıdaydık."

"En içten nezâketimle sana şunu söylememe izin ver; siz hepiniz o sırada boynunuzu kırmış olsaydınız, bundan sonsuz haz duyardım!"

Fakat ben Şeyhe şöyle dedim:

"Bana elini ver! Elini sıkmam gerekir. Bu beni saygı duymaya zorlayan bir cesaret örneği."

Hakikaten bu adama saygı duymalıydım. Kans el-A'dhâ'ya göz koymuş olmasına rağmen, iki özelliğiyle sempatimi kazanmıştı; yerleşim bölgesinde yaşayanların canlarını korumak için savaşı çöle taşımış ve ihmalkâr nöbetçiyi ele vermemişti.

"Sana teşekkür ediyorum, Efendi" dedi. "Size göründüğüm kadar kötü olmadığımı öğreneceksin. Sessiz olun! İşte geliyorlar. Şuraya bakın, çünkü bu sizin için!"

Geçitten içeri doğru küçük bir kâfile yaklaşıyordu. En önde iki Beni Lam yürüyordu, arkada da iki Beni Lam vardı. Onların ortasında iki deve gördük. İlkinin üstünde tek bir adam oturuyordu, fakat ikincisi iki kişi taşıyor gibiydi. Yeterince yakın olmadıklarından açıkça seçemedik. İlk binici semerde iki büklüm oturuyordu. Fakat birdenbire gövdesini dikleştirdi, kollarını iki yana açtı ve bağırdı:

"Sevginin sözünden çıkmayanlara selâm olsun! İşte size sevginin yargılamış olduğu adamı getiriyorum; o sevgiyle alay etmişti. Sizler iyiliğin tarafını seçtiniz, o ise kendisi için cezayı seçti."

Bizim için ne büyük sürprizdi! Evet, bu oydu, yaşlı Müneccim; yine Ben Nur'un sesiyle konuşmuştu. Develer yere çöktüler, Beni Lamlar Körün iplerini çözdüler ve onu yere serilen bir örtünün üzerine oturttular. Diğeri, daha doğrusu diğerleri de -

çünkü hakikaten iki kişiydiler ve bağlıydılar. Onların da iplerini çözdüler ve o anda gördük ki içlerinden yalnızca biri hareket etti ve diğeri kıpırdamadan onun sırtında asılı kaldı.

"Bu ikisi kim?" diye sordu Halef.

"Git ve onlara bak!" diye cevap verdi Şeyh.

Hacı söyleneni yaptı. Oraya yeni varmıştı ki şöyle bağırdı:

"Gani! Ve diğeri onun oğlu! Oğlan kan kaybediyor ve babasına sıkıca bağlanmış. Ey Sihdi, Sihdi, sanırım o ölmüş."

Dehşet vericiydi. Sanki biri başımdan aşağı kaynar sular döktü.

'Büyük Şerifin gözdesi' ona gözcülük eden iki Beni Lamın arasında oturmak zorundaydı. Bunu, sırtına sıkıca bağlanmış olan oğlunun cesediyle yaptı. Öyle tüyler ürpertici bir manzaraydı ki başımı çevirdim. Hiç ses çıkarmadı. Karanlıkta yüzünü göremedim. Halef tekrar yanımıza geldi ve titreyen sesiyle şöyle dedi:

"Sihdi, bunun beni nasıl etkilediğini sana anlatamam. Sanki adâlet terâzisinde duruyormuşum ve bizzat kendim tartılacakmışım gibi geldi bana. Hiçbir kötülük yapmamalı, asla kötülük yapmamalı! Tüm insanlık burada dursun ve Allah'ın kendisiyle alay edilmesine izin vermediğinin sarsıcı delilini görsün isterdim! Dinle! Bu neydi?"

Tahtırevandan öyle hıçkırıklar geliyordu ki tutulmaya çalışıldıkları, fakat bastırılamadıkları anlaşılıyordu.

"Bu Hanne, tüm kadınların en yumuşak kalplisi. Derinden sarsıldı. Ey Sihdi, eskiden bir Müslüman olarak kadınların ruhları olmadığını iddia ettiğim için onunla pek çok kez tartıştım. Ve şimdi onun ruhu beni dünyanın tüm zenginliklerinden daha fazla ilgilendiriyor. Oradaki adamı, sevgimizi kötülemek için karşımızda nasıl ateş püskürdüğünü, sevgiye küfrederek kendisini cezalandırması için ona nasıl meydan okuduğunu düşününce ve şimdi o adamı ölmüş oğlunun dehşet verici yükü altında iki büklüm oraya çökmüş görünce öyle bir hisse kapıldım ki sanki tüm sinirlerim bedenimden tek tek çekiliverdi. Tüm kıtalara ve denizlere, îman dışında ruhlar için soluyacak başka hava olmadığını ve sevginin hem cennetteki hem de yeryüzündeki tek ışık olduğunu haykırmak istiyorum."

Şeyh Abd el-Darak hâlâ yanımızda oturuyordu. Halef'in sözlerini duydu ve dikkatimizi tekrar kendi üzerine çekmek için bir el hareketi yaptıktan sonra şöyle dedi:

"Benim de kendimle baş başa geçirdiğim saatler oldu ve o saatlerde, aşağıda incilerle mi yoksa çirkin haşaratlarla mı karşılaşacağımı görmek için iç dünyamın feyezanına daldım. Çoğunlukla gördüğüm çirkin haşaratlardı. Ve dışarıya, yaşamın feyezanına, yabancı diyârlara doğru açılmak için yurdunun limanlarını terk eden yelkenlilere baktığım saatler de oldu. Onların taşıdıkları malları, Allah'ın gözünde değersiz yüklerini gördüm ve sonra o yelkenliler fırtınada battıklarında ya da kayalara çarpıp parçalandıklarında şaşırmadım. Ben bir çöl insanıyım ve çölün kendi fikirleri vardır. Ben bundan kendi payımı aldım, fakat beni mutlu etmediler. Bir istek yerleşti içirne, yüksek sesle haykıran bir hasret... Yaşamım boyunca bu isteği yerine getiremedim. Bunun ne olduğunu bilemedim, beni kederli ve hasta yaptı. Ve bugün ilk kez onu duydum; sevgiyi, o muhteşem sözcüğü, yerle göğü birleştiren ve insanları hem kardeş hem de Tanrının çocukları kılan sevgiyi duydum. Ne olduğunu bilmeden aradığım buydu. Ona sahip olmalıyım, bunun için buraya geldim, çünkü siz ona sahipsiniz. Siz bu sevgiye sahipsiniz, siz bu sevgiyi tatbik ediyorsunuz ve ben onu sadece sizden alabilirim. Bu yüzden size baskın düzenledim. Artık Kans el-A'dhâ'yı istemiyorum. Evet, ilk başta onu istedim ve tüm Beni Khalidlerle tüm Haddedihnleri kurşuna dizmek zorunda kalsaydım bile, onu ele geçirmek isterdim. Fakat şimdi, sizin sevginizi duyduktan sonra, o kifâyetsiz 'Adak hazinesinden' vazgeçiyor ve yalnızca sevgi istiyorum. Söyleyin, onu alabilir miyim? Onu bana vermek ister misiniz?"

Ayağa fırlamış, hasretini tüm dağlara ve vâdilere haykırmak istercesine gitgide sesini daha fazla, çok daha fazla yükselterek konuşmuştu.

Sözleri bizi öylesine etkiledi ki o an hiçbirimiz ne cevap vereceğimizi bilemedik. Bunun üzerine sorusunu tekrar etti:

"Söyleyin, onu alabilir miyim? Onu bana vermek ister misiniz?"

"Evet, tüm kalbimizle" diye cevap verdim.

Bunu duyunca arkasını döndü ve adamlarına şu emri verdi:

"Onları serbest bırakın! Hepsini çözün!"

Kuşkusuz bu önceden planlanmış bir şey değildi, fakat Beni Lamlar sanki sözleşmişler gibi bu emri yerine getirmek için çok acele ettiler. Kaşla göz arasında Haddedihnlerimizin hepsi serbest bırakıldı. Ardından Şeyh şöyle bağırdı:

"Bu cesur Haddedihn savaşçıları şu andan itibaren kabilemizin konuklarıdır. Onların dostları bizim de dostlarımızdır ve onların düşmanları bizim düşmanlarımız olarak muamele göreceklerdir. Bunu ben söyledim, Abd el-Darak, Beni Lamların Şeyhi."

Bize elini uzattı, samimiyetle elini sıktık. Böyle sahnelere tanık olmamış biri, bir yüreğin içinde hangi zenginlikleri taşıdığını sezmez. Adamları da el sıkıştılar. Bu öyle bir tokalaşmaydı ki hiç sona ermeyecek gibi görünüyordu. Eski sükûnet belli bir ölçüde yeniden sağlandıktan sonra, yeni dostumuz tekrar söz aldı:

"Davranışımın sebeplerini aşağı yukarı anlamış olmalısınız, fakat ben size tümüyle açıklamak istiyorum. Gani'nin izini bulmuş ve onu tâkip etmiş olduğumuzu biliyorsunuz. Orada oturuyor ve söylediğim her şeyi duyuyor, bu cezasını daha ağırlaştırıyor olmalı ve Allah izin verse de, onun yüreğinin katılığı bu cezanın ağırlığı altında nihâyet çözülmeye başlasa! Uzun süre sonra bu izler bizim yönümüzden uzaklaştı, fakat aradaki mesafe o kadar azdı ki biz izleri tâkip etmeye devam ettik. Büyük Şerifin 'gözdesine' bak! Onun tam yanında oturan yaşlı adam, öldürülen gencin babası Abu Kurbân ve diğer yanında oturan hemen hemen Abu Kurbân'la aynı yaştaki savaşçı, o gençle birlikte öldürülen üç gencin amcası. Hava karanlık, bunun için Abu Kurbân'ın yüzünde tek çocuğunu kaybetmiş olmanın acısının bıraktığı derin izleri ve bu cinayetin intikam defterinden henüz silinmekte olduğu düşüncesinin ona ne kadar çok azap verdiğini göremiyorsunuz. O ikisi önümüzde bulunanların kimler olduklarını duyduklarında, suçlu olduklarından emin oldukları takdirde, kana karşılık kan akıtacaklarına yemin ettiler. Yeminlerini tuttular, çünkü bunu yapmak zorundaydılar. Gani arkadaşlarıyla birlikte istirahat etmek için kumul çölündeki iki alçak tepenin arasını seçmişti. Bizi görünce dehşete kapıldılar, çünkü onlar böylesine büyük bir birliğin varlığından bile habersizken tepelerinde belirivermiştik. Etraflarını sardık. Gani'nin oğlunu gördük, kaşları birbirinden farklıydı; böylece onu ve diğer üç kişiyi bulduğumuzdan emin olduk. Suçlarını hemen yüzlerine vurmakta tereddüt etmedim. Korkudan bembeyaz oldular, fakat inkâr ettiler. O sırada Gani'nin oğlunun parmağında bir yüzük gördük. Abu Kurbân yüzüğe dikkatle baktı ve onun Ibn Kurbân'a ait olduğuna yemin etti. Katillerin üstlerini aradık ve diğer yüzüklerle taşları bulduk. İçlerinden biri diğerlerini ispiyonlarsa kendini kurtarabileceğini sandı. Olayın nasıl gerçekleştiğini anlattı. Dört katil başta Gani'nin bilgisi olmadan hareket etmişler, ama cinayetin hemen ardından ona her şeyi anlatmışlardı. Sonra onun tavsiyesi üzerine El Kasab'a gitmişlerdi, ihtiyar Gani Müneccimle birlikte onları o civarda beklemişti. Katiller neyi hak etmişlerdi? Söyle bana, Şeyh Hacı Halef Ömer!"

"Ölümü" diye cevap verdi Halef.

"Sen onları bağışlar mıydın?"

"Hayır."

"Çocukları ve oğulları olduğunuz sevgiye rağmen mi?"

"Ona rağmen değil, aksine o sevginin neticesinde. Sevginin günahın koruyucusu olduğunu zannetmemelisin. O iyilikle sözünü dinletemezse, doğru yola sevk etmek için sert davranır. Bunun amaca ulaştırdığına inanabildiği sürece hoşgörülü ve merhametlidir; fakat onu tam aksine zorlarsan, sevdiği için çocuğunu cezalandıran bir anne olur."

Hacı fevkalâde sözler söylemişti, fakat o anki durumla ilgili esas meseleden söz etmemiş olduğu için şunları ekledim:

"Ve sertliğe de itaat etmeyen bir çocuğu olduğunda onu diğerlerinden ayırır, ki onlar da fesat olmasınlar. Ölüm cezası budur, çok katı görünür, fakat zarurî bir sebebin neticesi olarak ortaya çıkar."

"Yani sen de bu katillerin ölümünü onaylar mıydın?" diye sordu bana Şeyh.

"Evet."

"Fakat siz bugün katilleri bağışlamıştınız."

"Katillere ceza vermek bizim üzerimize vazife olacak kadar ölenlere yakın değildik. Ve daha önemlisi, sevginin hüküm sürmesine müsaade etmemiz emredildi."

"Evet, bunu biliyorum, çünkü casuslarım bunu duydular ve sonra bana anlattılar. Ben Nur size hitap etmiş. Sonra bana da hitap etti."

"Hüküm vermeden önce mi?"

"Hayır, hükmün infazından sonra. O zamana kadar Müneccim sessizdi, şimdi orada oturduğu gibi tamamen içine kapanmıştı, sanki uyuyordu. Fakat Gani çok konuştu. Yalan yere yeminler etti, Allah'ı yalanlarını tasdik etmesi için zorlamaya ve kutsal olan ne varsa bu yeminlerine ortak etmeye yeltendi; derken mukaddesâta küfretmenin işe yaramadığını görünce deliye döndü. Bu kayıp insan yalnızca kendini ve oğlunu sevdi; asla başka bir varlığa sevgi duymadı. Bunu onun çaresizlikle dolu konuşmalarından anladık. Oğlunu sımsıkı tuttu, ona sarıldı ve biz ikisini birbirlerinden zorla ayırdığımızda bir hayvan gibi inledi, kendine lânet etti, gökyüzüne lânet etti ve oğlu suçluysa, onun suçunu sonsuza dek üstleneceğine ve taşıyacağına yemin etti. Bu öylesine korkunçtu ki ilâhî bir öfke hepimizin üzerinde gezindi. O öfkeyle Gani'nin bu gece oğlunu sırtında taşımasına karar verdim; onun suçunu ebedîyetin sonsuz gecesi boyunca taşımanın ne demek olduğu hakkında sadece bir fikir edinmesini istedim. Katiller işkence edilmeden çabucak vuruldular. Onlardan üçünü gömdük, size söylediğim gibi dördüncüsünü orada görüyorsunuz. İhtiyar tüm günahlarını yalnızca oğlu için işlemişti; şimdi günahları da, oğlu da onun üzerinde. Adâlet böyle istiyor. Belki ona bu kötülüğü yapmamalıydım, çünkü benim yüreğimde gaddarlık yok; fakat onun en son yaptıklarına gizlice şâhit olan casuslarım onu askerlere ateş ederken görmüş ve sonra size, sizin sevginize nasıl öfkelendiğini duymuşlar. Bu benim ona karşı gaddar olmama neden oldu. Bugün esasen bir hesap günüydü, mahkemeyi bizim kurmuş olduğumuz bir gün. Henüz hiçbir şey bilmiyorsunuz, fakat gün doğduğunda göreceksiniz."

"Beni Khalidlerle çatışmaya mı girdin?" diye sordu Halef.

"Evet" diye cevap verdi Şeyh.

"Onlarla savaştınız mı?"

"Yalnızca kısa bir süre. Birkaç dakika içinde bitti!" dedi küçümseyerek.

"Allah, Allah! Onları yendiniz mi?"

"Dostum, yenmemiş olsaydık burada oturuyor olur muyduk? Gün doğuma fazla bir zaman kalmadı. Ondan sonra savaşın bize kalan izlerini göreceksiniz. Zafer meydanını size göstereceğim."

"Meydan nerede?"

"Bir Hilu'da, sizin bulunmuş olduğunuz yerde. Bu Beni Khalidler, Tavil Ben Şahid başlarına geçtiği günden beri asla huzur vermediler. Beni Lam kabilesi onların yağmaları yüzünden açlık tehdidiyle karşı karşıya kaldı. Bu yüzden en sonunda büyük bir darbeyle aramızdaki mücadeleye bir son vermeye karar verdim. Kendimi buna hazırladım ve yalnızca onlardan bir sonraki saldırının gelmesini bekledim. Derken kısa süre önce, yine bir baskın için silahlandıklarını ve bizim bunu öğrenme ihtimalimizi hesaba katarak, bu kâfilenin bizimle ilgisi olmadığına inanmamızı sağlamak için Bir Hilu üzerinden geçeceklerini haber aldım. Bana savaşçılarının sayısını da söylediler. Onların işini kısa sürede bitirebilmek için oldukça büyük bir birlikle peşlerine düştüm, ki bu birliği su yüzünden gruplara ayırmak zorunda kaldım. Bir Hilu'nun batısındaki üç kuyuyu işgal ettik. Kolay kolay fark edilemeyen koşucularımı düşmanın peşinden yolladım. Onlar bana Beni Khalidlerin yaklaştıklarını bildirdiklerinde üç birliğimi bir araya topladım. Sonra koşucular kuyunun yakınında kumun içine iyice gömülüp saklanarak sizi gözetlediler.

Düelloların ardından size iki casus yolladım; bunu hâlâ kuyuda olup olmadığınızı öğrenmek için yapmadım, aksine sizin nasıl insanlar olduğunuzu bilmek istedim. Kans el-A'dhâ'nız bizim olacaktı; kendi kendime, onu alırken canınızı bağışlamalıyım yoksa bağışlamamalı mıyım, diye sordum. Derken sizin düşmanlarınızı gammazlamamış olduğunuzu duydum. Kulaklarıma inanamadım, çünkü daha önce böylesi bir büyüklükle hiç karşılaşmamıştım. Sonra siz güneye doğru yola çıktınız, Beni Khalidler sizi bekliyorlardı. Onları ve sizi aynı anda ele geçirmek için bundan yararlanmak istedim. Onları katledecek, fakat hazineyi bize vermeniz şartıyla sizi serbest bırakacaktık. Askerlerin hazineyle birlikte kuzeye doğru yol aldıklarını bilmiyordum. O sırada Şeyh Tavil küçük bir birlikle geri döndü. Koşucularımı peşinden yolladım ve böylece İranlının sizden ayrılmış olduğunu öğrenemedim. Sonra siz de güneye doğru gittiniz, fakat hemen geri döndünüz, Beni Khalidler sizi tâkip ettiler. Olup bitenlerin şimdi yalnızca küçük bir kısmını biliyorsunuz, geri kalanını gözlerinizle gördükten sonra öğreneceksiniz. Doğu çoktan ışımaya başlamış gibi görünüyor. Hava aydınlanır aydınlanmaz yola çıkacağız."

"Nereye gideceğiz?" diye sordu Halef.

"Bir Hilu'ya."

"Gani'yi de yanınıza alacak mısınız?"

"Evet."

"Peki sonra ona ne olacak?"

"Onu def edeceğiz."

"Allah'ım! Onu da vurmayacak mısınız?"

"Hayır. O intikamını almak zorunda olduğumuz cinayete ortak olmadı, sadece daha sonra katillere yataklık etti; yani bir Ben Lam kanı dökmedi, bu yüzden bizim de onun kanını dökmeye hakkımız yok. Size ve askerlere karşı yapmış oldukları sizi ilgilendirir. Ayrıca yapayalnız bir ihtiyarın oğlunu elinden almak, onun için tez bir ölümden daha büyük bir ceza olmalı."

"Bu doğru. O sevgiyi kendinden uzaklaştırdı, sevgi onu terk etti, şimdi sevgisiz mezarı boylamak zorunda. Bunu kendisi istedi."

"Ve biz sevgiye daha sıkı sarılacağız, özellikle de ben ona daha sıkı sarılacağım" dedi Abd el-Darak çok ciddi bir tavırla. "Bir Hilu'da sizi izlettiğim sırada öğrendiğim bir davranışınız ilk başta beni çok şaşırttı. Bu kadar az adamınız olmasına rağmen düşmanlarınızın sayıca sizden çok fazla olmalarından korkmadınız, hatta onların canlarını bağışladınız. Sonra askerlerin katillerinden intikam almak yerine, onlara merhamet ettiniz. Konuşmalarınızı, askerleri toprağa nasıl verdiğinizi ve mezarlarının başında havaya ateş ettiğinizi bana anlattılar. Bunu hiçbir Ibn Arab yapmaz. Dahası da var: koşucularımdan biri kuyunun civarında sizi gözetlemek için kumda saklanmışken, dört adam onun yanından geçerek oradan uzaklaştılar. O gizlice peşlerinden gitti. Adamlar bir kayaya tırmandılar. İçlerinden biri Müneccimdi ve uzun süre yüksek sesle konuştu. Casusum söylediklerini duydu ve bana her şeyi, hatta anlamakta zorluk çekmiş olduğu şeyleri bile anlattı. Anlattıkları bölük pörçüktü ve kuşkusuz pek çoğunu yanlış aktarmıştı; fakat duyduklarımdan bazıları içime öyle bir işledi ki ölümü yaşama dönüştürebilmek için yaşamda neye sahip olmam gerektiği konusunda bir fikir edindim. Diğer üçünün kimler olduklarını biliyor musunuz?"

"Efendi, Khutab Ağa ve ben" diye cevap verdi Halef.

"Sizden bu konuşmaları daha etraflıca öğrenebilir miyim?"

"Evet. Buna canı gönülden hazırız."

"Sana şimdiden teşekkür ediyorum."

Hacının elini sıktı ve sonra konuşmaya devam etti:

"Müneccimin dört katille ilgili karar infaz edilene kadar sessiz kaldığını size daha önce söylemiştim. Fakat son kurşunun hemen ardından ayağa kalktı ve uzun süre kapalı gözleri kapalı bir halde yaşam ve ölümle, sevgi ve adâletle ilgili öyle derin mânâlı sözler söyledi ki hepimiz huşu içinde onu dinledik; tüm yaşamım boyunca hiçbir hatibi böyle dinlememiştim. Sanki onun aracılığıyla konuşan melek, yüreğimde sizin aleyhinize olan ne var ne yoksa her şeyi kovmak niyetindeydi. Kans el-A'dhâ'dan, atlarınızdan ve 'Adak Hazinesinden' bile daha çok göz koymuş olduğum hecinden vazgeçmeye karar verdim.

Ama tuhaf bir biçimde içimdeki bir ses bana, sizin saygınızı kazanacak savaşçılar olduğumuzu size göstermemi öğütledi. Bu yüzden size sözde bir baskın düzenlemeyi planladım ve birinizin bile kılına zarar vermeden size galip gelecektim. Elbette bu yalnızca tehlikeli yamaçtan aşağı inme cesaretini gösterirsek mümkün olacaktı. Bu sırada içimizden hiçbiri kazaya uğramadı ve kabul ediyor olmalısınız ki geri kalanını da başardık. Gani ve Müneccimi nöbetçilerle birlikte buraya yakın bir yerde bir süreliğine bırakmıştık ve gelirken binmiş olduğumuz develerimiz de şimdi orada duruyor. İşte hava aydınlanıyor. Yola çıkabiliriz. Siz de geliyorsunuz, değil mi?"

"Bunu sormana bile gerek yok" diye cevap verdi Halef. "Önce saygımızı kazanmakla çok iyi yaptın. O sizin oldu ve sevgi de çoktan yolda."

"Ben de bunu diliyorum. Sevgi için her yerde bereketli bir tarla var; ama burada, bu nefretle parçalanmış topraklarda her şeyden evvel ona ihtiyaç var. Allah insanların mutluluğunu istiyor, insanlara mutluluk sunuyor, fakat insanlar varoluşlarından bu yana ondan mutluluğu almak için ellerini uzatmıyorlar. Mutluluğu onun yollarından uzak diyârlarda arıyorlar."

Bu tuhaf adam beni içten içe giderek daha çok hayrete düşürdü. O arayan biriydi ve her kim ararsa bulur, böyle müjdelenmiştir. O sırada hava biraz daha aydınlandığı için yüzünü gördüm. "Bu Petrus!" dedim kendi kendime. Gün ışıdıkça Abd el-Darak'ın, Leonardo da Vinci'nin meşhûr 'Son Akşam Yemeği' resminde görülen o havariyle olan benzerliği daha da belirginleşerek ortaya çıktı.

Buna karşın Gani'nin yüzü o an ne kadar farklı, nasıl da çirkin görünüyordu! "Büyük Şerifin gözdesi"! Bir gözdeden başka her şeye benziyordu. Şişmiş yüzü iğrenç görünüyordu, gözleri kanlanmış, dudakları morarmıştı. Bir insandan çok bir hayvana benziyordu. Giysisi kana bulanmıştı. Sırtındaki ceset ise dehşet vericiydi!

Halef de ona bakıyordu. Gani bunu fark etti ve avazı çıktığı kadar bağırdı:

"Köpoğlu, buraya bakma! Bu kederi size borçluyum, sadece ve sadece size! Sizi lânetliyorum, cennetin ve cehennemin..."

Bundan sonra söylediklerini aktarmam mümkün değil. Halef onun öfkesini kusmuş olduğunu anlayınca ona şöyle dedi:

"Suçu bizim üzerimize atma, oğlunun cesedini taşıdığın gibi onu da tamamen tek başına taşıyorsun. Efendi daha önce sana, o gülüşünün senin aleyhine döneceğini söylemişti. İşte şimdi söylediği oldu. Taşıdığın yükü sen kendin..."

Hacı sözlerine devam edemedi, çünkü Gani tekrar patlayarak sözünü kesti. Halef'ten susmasını ricâ ettim ve o bana hak verdi. O aşağılık mahluku Beni Lamlara bıraktık ve sürekli oradan oraya yolculuk etmek zorunda kaldığı için, artık kendine gelemeyecek kadar bitkin düşmüş olan Müneccimle ilgilendik. Semerin içinde ona mümkün olduğunca rahat bir oturak hazırladık, onu sıkıca bağladık ve sonra yola çıktığımızda devesinin ortamızda ilerlemesini sağladık.

Daha önce sözünü etmiş olduğum geçitten çıktık ve Beni Lamların develerinin bulunduğu yere gittik. Ardından şeyhleri en başa geçti ve kâfileyi daha önce iki kez boydan boya geçmiş olduğumuz açık kum çölüne doğru götürdü. Daha sonra Serîr, yani düz taşların oluşturduğu çöl üzerinden Bir Hilu'nun bulunduğu kayalık çöle kadar ilerledik.

Kuyuya varmamıza çok az kalmıştı ki Beni Lamların oraya yerleştirmiş olduğu bir nöbetçiyle karşılaştık. Nöbetçi Şeyhe hiçbir yenilik olmadığını ve cesetlerin konacağı mezarın hazır olduğunu söyledi. Kastettiklerinin nasıl bir mezar ve nasıl cesetler olduğunu, Beni Khalidlerle düellolar yapmış olduğumuz meydana vardığımızda dehşetle gördük.

Meydanda üç yüzün üzerinde Beni Lam vardı, bunların bir kısmı yaralıydı. Bizi sükûnetle karşıladılar, ki bu hiç şüphesiz orada yerine getirmiş oldukları vazifelerinin bir neticesiydi. Meydanın kuzeyinde sınır oluşturan ve bizim Müneccimle birlikte tırmanmış olduğumuz kayalıkta çok geniş olmayan, fakat derin bir yarık vardı; bu yarık rüzgârın taşıdığı kumlarla tamamen dolmuştu. Biz bunu şüphesiz daha önce görmüş, fakat çok dikkat etmemiştik. Şimdi o kum boşaltılmış ve kayalığın önüne yığılmıştı. Zemin de mümkün olduğunca derin kazılmış, böylece üç tarafı yüksek kaya duvarlarıyla kapalı büyük bir çukur oluşturulmuştu. Yarığın önünde dört bir yandan toplanarak oraya taşınmış şehitlerin cesetleri duruyordu. Ölülerin sayısının dehşet verici çokluğu, 'kudurmuş' kelimesinin abartı olmadığını kanıtlıyordu. Bunun nasıl gerçekleşmiş olduğunu ilk o zaman öğrendik.

Biz İranlının peşinden gidip onu kurtarmak için güneyden geri dönerken kuyunun yanından geçip gitmiştik, daha sonra Beni Lamlar meydanı işgal etmiş ve kayaların arkasına saklanarak Beni Khalidleri beklemişlerdi. Beni Khalidler orada kalmış olma ihtimalimizi hesaba katarak tedbirli gelmişler, fakat orada başka düşmanların da saklanıyor olabileceklerini akıllarına getirememişlerdi. Kuyunun bulunduğu yerde kısa bir mola vermişlerdi. İşte tam o sırada birdenbire her taraftan ateş açılmıştı ve Beni Lamlar üzerlerine hücum etmişlerdi. Şeyh Abd el-Darak bize doğru söylemişti: "Yalnızca kısa bir süre. Birkaç dakika içinde bitti!" Evet, bitmişti ve tesirini daha sonra da göstermiş olmalıydı! Yerler hâlâ kan kırmızısıydı. Ganimet olarak ele geçirilen develer şimdi bir köşede duruyorlardı. Ayrıca ölülerin ceplerinden alınmış çeşit çeşit eşyanın ve silahların oluşturduğu büyük bir yığın gördük. Yaralanmamış ya da yalnızca hafif yaralanmış olan Beni Khalidler kısa süren kanlı müdafaanın ardından tabana kuvvet kaçmışlardı, pek çoğu koşarak kendini kurtarabilmişti. Onlar bu yenilginin intikamını almayı düşünebilecek hale gelene dek muhtemelen çok uzun yıllar geçecekti.

Cesetleri saymaya kalkışmadık, çünkü şöyle bir bakmak bile acı veriyordu. Büyük ve geniş bir yarım daire oluşturacak şekilde kaya mezarının etrafında yatıyorlardı. Bizim durduğumuz yerde tanıdık birinin de yattığını gördük; harbe fırlatan "Tabiîliğin Babası". O da şehit düşmüştü.

O sırada Abd el-Darak diğer tarafı işaret etti.

"Onu tanıyor musunuz?" diye sordu.

İşaret ettiği yerde oturur vaziyette duran ve sırtını kayaya yaslamış olan Tavil Ben Şahid'i gördük. Halef'in kırbacının iz bıraktığı yüzüne bir dipçik darbesi almıştı ve bu darbe onu neredeyse tanınmaz hale getirmişti, ama onu ölümü götüren göğsündeki bir yara olmuştu. Tavil savaş sırasında orada değilmiş, Kans el-A'dhâ'ya tek başına sahip olabilmek için iki grup halinde geri yollamış olduğu kırk adamı gibi o da daha sonra yakalanmış. Bu kadar açgözlü olmasaydı belki birliğiyle birlikte kendini kurtarabilirdi.

"Aramızdaki mezar!" dedi Halef, önce onu sonra mezarı işaret ederek. "Onun söylemiş olduğu bu sözü hatırlıyor musun Sihdi?"

"Evet" dedim.

"Tam olarak ne demişti?"

"Allah'ın ve kutsal Kâbe'nin huzurunda yemin ediyorum: Şu anda etrafımızı saran çöl, bizim için hüküm verecek! Şu andan itibaren aramızda bir mezar açılıyor. Onun sizi mi, yoksa beni mi alacağına, huzurunda yemin etmiş olduğum karar verecek veya buna sevgi de, taptığınız put da karar verebilir!"

"Evet, sevgi karar verdi ve şimdi Tavil buna hiçbir itiraz edemez. Bu tür sözlerin yine neredeyse kelimesi kelimesine gerçekleşmiş olması tuhaf değil mi?"

"Buna yalnızca tuhaf denemez. Ben birkaç kez kendi sözlerimin gerçekleştiğine şâhit oldum ve kendi kendimden korktum. Artık bu tür şeyler söylemiyorum. Hadi gel, gidiyoruz! Bu manzara bedenime dahi acı veriyor."

Alelacele kuyuya gittik, Müneccimi orada bir yere oturtmuşlardı. Yalnız değildi. Gani onun yanındaydı, üç deveye su içirmekle meşguldü; develerden biri onun, diğeri Köründü ve üçüncüsüyle oğlunun cesedini oraya taşımıştı. Gece boyunca ceset sırtında bağlı kalmış ve sonra sabah erkenden biz yola çıkmadan önce onu bu yükten kurtarmışlardı.

"Ölüyü de yanında götürecek gibi görünüyor" dedi Halef bana.

"Ve tabii Müneccimi de."

"Buna müsaade edecek miyiz?"

"Hım mm! Aslında Kör ona ait."

"Artık değil, çünkü Gani böylesine zavallı bir adamın asla emânet edilmemesi gereken bir insan olduğunu gösterdi. Körü yanımıza almamızı kabul eder misin?"

"Elbette, canı gönülden."

"İyi, hemen Körle konuşacağım."

Körün şuuru tamamen yerindeydi. Yanına gittik.

"Müneccim, nerede olduğunu biliyor musun?" diye sordu Halef.

"Evet, koruyucum bunu bana söyledi."

"Koruyucun mu? Hâlâ onun senin koruyucun olduğuna mı inanıyorsun?"

"Ben yaşadığım sürece öyle kalacak. Yol arkadaşlarımızın vurulmuş olduklarını biliyorum, fakat ben onun yanında kalacak ve onunla birlikte Mekke'ye gideceğim."

"Tamamen uyanık ve kendinde misin?"

"Tamamen kendimdeyim. Sesinden anladığım kadarıyla sen Şeyh Hacı Halef'sin, değil mi?"

"Evet, ben oyum."

"Draa Vâdisi'nden gelen Efendi nerede?"

"Burada, yanımda duruyor."

"Öyleyse ona bir şey söylemeliyim! Efendi, seni incitmiş olduğumu biliyorum ve beni bağışlamanı ricâ ediyorum. Bunu yaşlı ve kör bir adamdan esirgeyecek misin?"

"Hayır. Ben sana hiç kızmadım" dedim. "Bunu sana şu sözümle kanıtlayabilirim; senin Mekke'ye bizimle birlikte gitmene karar verdik."

"İyi niyetiniz için teşekkür ediyorum, fakat bunu kabul edemem. Çünkü ben Gani'nin, koruyucumun yanında kalacağım."

"Bu adamın..."

"Hiçbir şey söyleme!" diyerek sözümü kesti. "Sözlerinle bana nasıl acı verdiğini bilseydin, kesinlikle susardın. Ona yürekten bağlıyım. Benim için bir iyilik yap ve beni onu terk etmeye zorlama!"

"Yani bundan sonra da ona güvenebileceğinden emin misin?"

"Tamamen eminim! Beni zorla ondan ayırmaya kalkışsaydınız, arkasından o kadar çok gözyaşı dökerdim ki kendimi her geçen gün daha da mutsuz hissederdim."

"Mâdem böyle diyorsun, seni daha fazla zorlamaya hakkımız yok. Ne zaman yola çıkacak?"

"Develer su içer içmez. Bizi aç bırakmayın, yanımıza azık ve benim için tütün de verin!"

"İstediklerini vereceğiz. Biz arkanızdan geleceğiz ve sanırım, birbirimizi çok yakında tekrar göreceğiz. Seni üzdüğünü öğrenecek olursak, vay haline!"

Bu sohbet sırasında Gani bizimle ilgilenmiyormuş gibi davranmıştı. Fakat o sırada bize doğru döndü ve içten içe kabaran öfkesi yüzünden kısılmış sesiyle şöyle bağırdı:

"Evet, haklısın, tekrar görüşeceğiz. Fakat sonra... sonra!.."

Dişlerini gıcırdattı ve tehditkâr bir tavırla yumruklarını sıktı. Ona hiçbir karşılık vermedik ve oradan uzaklaştık. Arkamızdan bağırmaya devam etti:

"Yanıma yalnızca üç deve alabiliyorum. Bana diğer üçünün hesabını verin, köpoğlu köpekler!"

Abd el-Darak yakınımızda duruyordu. Bunu duydu ve şöyle dedi:

"Abu Kurbân, çalınıp El Kasab'da satılmış olanların karşılığında o develerin altısını birden alabilirdi. Bu adamı artık dinlemeyin!"

Öğüdünü dinledik, fakat biraz sonra Körün "koruyucusu" tarafından devenin üzerine oturtulmuş ve oraya sıkıca bağlanmış olduğunu gördüm ve bir kez daha ona, muhtemelen kısa bir süre için, "Allah'a ısmarladık" demek için yanına gittim. Daha önce ona tütün ve azık yollamıştım. Gani ve Müneccim üçüncü hayvanın üzerindeki cesetle birlikte yola çıktılar; Halef, Hanne, Kara ve İranlı dışında kimse onlarla ilgilenmedi. Halef ve diğerleri, onlar bir sonraki kayanın arkasında kaybolana dek arkalarından baktılar. İçten içe Müneccim için endişelendim.

Ölüler mezara kondu. Üste Beni Lamların az sayıdaki şehitleri yatırıldı. Sonra yarıktan boşaltılan kum, ölülerin üstünü tamamen örtecek şekilde mezara döküldü. Böylece kayadaki yarık tümüyle öyle bir kapatıldı ki buna şâhit olanlar dışında hiç kimse içinde ne olduğunu bilemezdi. Şeyh daha önce cenaze dualarını etmişti ve o sırada tıpkı bizim askerlerin mezarı başında yapmış olduğumuz gibi, elli savaşçının üç kez havaya ateş etmelerini emretti. Bu askeri gelenek hoşuna gitmişti.

Bu defin uzun zaman almıştı ve ardından yapılması gereken öyle çok iş vardı ki Beni Lamlar o gün Bir Hilu'dan ayrılmayı artık düşünemez oldular. Şüphesiz çoğunun su sorunu yüzünden gitmesi gerekiyordu. Evlerine dönerken aynı sebeple çok sayıda gruba ayrılmak ve su kıtlığı çekmemek için farklı kuyulara uğramak zorundaydılar. Şeyh son ana kadar orada kalacaktı; bizse bir sonraki hedefimiz olan Ain Bârid tam bir günlük yol uzakta olduğundan ve Gani'nin izlerini tâkip edebilmek için bu yolculuğu gece yapmak istemediğimizden, ertesi sabah erkenden yola çıkmaya karar vermiştik.

Fakat durum planlamış olduğumuzdan farklı oldu.

Abd el-Darak adamlarının işlerini yalnızca kontrol ettiği ve kendisi onlara katılmadığı için yanımızda duracak vakti vardı ve bundan sonuna kadar faydalanarak neredeyse bir an bile bizden ayrılmadı. Konuşacak çok şeyimiz vardı. En çok Beni Khalidlerle karşılaşmamız hakkında konuştuk ve bu bizi her seferinde tekrar tekrar Müneccime, Ben Nur'a ve onlardan almış olduğumuz nasihatlere geri götürdü. Şeyh, dine gönülden bağlı ve onu hayatının en önemli meselesi olarak gören sayısız insandan biri değildi. O, Ben Nur'dan çok önemli bir ders almıştı, ki bu ders onun ilgisini tüm sebeplerin sebebi olan sevgiye çekmişti. Buna şevkle sarılmış ve keşfettiği yenilik onu öylesine heyecanlandırmıştı ki yüzlerce sorusu vardı; ki onun sorularının cevaplanması bu cevhere sahip biri için bile marifet sayılırdı. Onun bu heyecanı bize de bulaştı ve böylece birbirimize giderek daha fazla soru sorup yanıtladık; akşam geç saatlerde nihâyet buna bir son vermek zorunda kaldığımızda, birbirimizi candan sevmiş olduğumuzu fark ettik. Onun yalnızca manevî üstünlükleri değil, dış görünüşü, Petrus'a benzeyen yüzü de beni etkilemişti. Kalplerimizin bu meylini o da bizim gibi hissetti ve gülümseyerek şöyle dedi:

"Hacı Halef'in bu sabah söyledikleri gerçekleşmişe benziyor; 'Saygı sizin oldu ve sevgi de çoktan yolda' demişti. Evet, sevgi hakikaten buraya geldi, en azından benim açımdan öyle. Bu sevgiyle ilerlemeye devam etmeyi çok istiyorum ve ben bu konuda çok beceriksizim. Ona, beni bir daha asla terk edemeyeceği kadar sıkı sarılmayı canı gönülden istiyorum ve onu tüm kabileme vermeyi arzuluyorum, fakat buna nasıl başlayacağımı bilmiyorum; bunun için hâlâ fazlasıyla kabiliyetsizim. Size ihtiyacım var, kısa bir süre için bile olsa yanımda kalmalısınız. Ve bunun için sizden şunu ricâ ediyorum: Birkaç günlüğüne bizimle birlikte gelin! Bizim sevgili konuklarımız olun! Biliyorum, 'hayır' cevabı dilinizin ucunda; size onu telaffuz etmemeniz için yalvarıyorum. Çadırlarımıza mutluluk getireceksiniz ve her kim mutluluk verebiliyorsa, bundan kaçınmaya hakkı yoktur. Bu yüzden 'evet' deyin; bunu sizden tüm kalbimle ricâ ediyorum."

Birbirimize baktık ve böyle karşılıklı bakışırken her birimiz neşeyle güldük. Bu gülüşmelerin arasında Hanne'nin sesi duyuldu:

"Daveti kabul ediyor ve onlarla gidiyoruz; Beni Lamların kadın çadırlarını görmek istiyorum!"

Bu kayıtsız şartsız daveti kabul ettiğimiz anlamına geliyordu. Şeyhin ricâsını yerine getirmeye isteksiz değildik ve muhtemelen biz de biraz ısrarın ardından kabul ederdik; fakat bu tür bir sebep söz konusu olduğundan Halef öncekinden daha yüksek sesle güldü, ayağa fırladı ve şöyle dedi:

"Ey Hanne, sen bizi en büyük sıkıntıdan, kararsızlıktan kurtardın; sözün mübarek olsun! Asla bir ricânı reddetmedim, bunu da reddetmeyeceğim. Hasretini çektiğin çadırları göreceksin!"

Ertesi sabah yola çıktığımızda Beni Lamların bölgesine doğru giden en kısa yola saptık. Şeyhin söylediğine göre bu yol seyyahlar tarafından çok nâdiren kullanılıyordu, bu yüzden öğle vakti yolumuzun üzerinden enine geçen ve günlerce sürecek yolculuklara rağmen hiçbir kuyunun bulunmadığı bir bölgeye giden izlere rastladığımızda şaşırdık. Bunlar üç deveye ait ve dünden kalma izlerdi. Çeyrek saat ilerlemiştik ki bu izler geri döndü. O anda Abd el-Darak durdu ve şöyle dedi:

"Garip! Susuz çölün içlerine doğru ilerleyen ve sonra hemen geri dönen biri, bunu ancak bilinen bir sebeple yapabilir. Ve bu sebep, çöldeki gizli bir kuyunun varlığıdır. Suya ihtiyacı olan kişi kuyunun üzerini bir post ve kumla örter ki kendisinden başka hiç kimse onu bulamasın. Böyle bir su fevkalâde kıymetlidir. Emin olmak için oraya gitmemizi öneriyorum. İzlerden anlaşıldığı üzere, buradan çok uzakta değil."

Halef asıl sebebin bu olmadığından kuşkulanarak düşünceli bir yüz ifadesi takındı ve:

"İzlerin üç deveye ait olması hoşuma gitmedi. Gani'yi düşünmeden edemiyorum. İzler onun gittiği istikametten geliyor. - Sen bu konuda ne diyorsun, Sihdi?" dedi.

"Seninle aynı fikirdeyim" diyerek ona katıldım. "Hemen izleri tâkip edeceğiz. Bu izler ona aitse, ne planlamış olduğunu kim bilebilir. Her halükarda iyi bir şey değildir."

İzlerin gittiği yöne sapıp çölün içlerine doğru o zamana kadar olduğundan çok daha hızlı ilerledik. İlerledikçe gerginliğimiz arttı. İki çeyrek saat geçti ve neredeyse üçüncüsü de sona ermek üzereydi ki nihâyet o en derin ıssızlığın ortasında kumun içinde duran bir şey gördük. Ona doğru yaklaştıkça hareket ettiğini far ettik ve yanına vardığımızda her bir ağızdan isyan dolu bir çığlık koptu. O bir insandı, o... Kördü...

İzlerin sona erdiği yerden uzakta yatıyordu. Bağlıydı ve gördük ki can havliyle kendini yerden yere vurmuş, şimdi yattığı yere varana kadar yara bere içinde kalmıştı. Gözleri kapalıydı, ki bu onun o anda aklının başında olmadığının bir işaretiydi. Gözlemlemiş olduğumuz hareketleri istemsiz yapılmış gibiydiler. Artık sessiz sakin yatıyordu.

Bu son derece gaddarca bir suçtu. Daha sonra Müneccimden ayrıntıları öğrendik. Gani ona, Kans el-A'dhâ'nın hırsızının kim olduğunu düşündüğünü sormuştu.

"Sensin" diye cevap vermişti Müneccim. "Ayrıca askerlerin öldürmelerine sen de iştirak ettin. Ama buna rağmen senin yanında kalıyorum; çünkü sen benim terk etmemem gereken koruyucumsun."

Bu kuyuda, ben Halef'le birlikte Müneccimin yanına gitmeden önce olmuştu. Anlaşılan Gani Müneccimi işlediği suçların bir şahidi olarak görmüş ve Mekke'de kendisini ispiyonlayabileceğini düşünmüş, bu yüzden de onu zararsız hale getirmeye karar vermişti. Doğrudan doğruya cinayet işlemekten fazlasıyla korkarak, onu çölde terk etmeyi planlamış ve bu tüyler ürpertici planını, görmüş olduğumuz gibi, uygulamıştı.

Zavallı adama su içirdik, bu onu gözle görülür biçimde canlandırsa da kendine gelmesini sağlamadı. Herhangi bir yarası var mı diye baktık, bulamadık; susuzluktan ölmeye terk edildiği ortadaydı.

"Mekke'de, Mekke'de!" diyerek dişlerini gıcırdattı Halef. "Gani, Gani, burada açlıktan ve susuzluktan ölseydin, bizim gelip kutsal şehirde seni şerefinden etmemizden daha iyi olurdu senin için."

Diğerleri de benzer şeyler söylediler. Fakat ben hiçbir şey söylemedim. Onlar gibi öfkeli değildim, derin bir üzüntüden başka hiçbir şey hissetmedim. İnsan bozması ve Tanrının sûreti... Bu uçurum ve bu zirve arasında ne çok basamak var! Peki bizler o basamaklardan hangisinin üzerinde duruyoruz?

Körü en sakin deveye ve onun için hazırlayabileceğimiz en iyi yere oturttuk. Sonra geri döndük. Hareket etmiyor, iyice çökmüş yüzü bir ölünün yüzünü andırıyordu. Fakat yolumuzdan sapmış olduğumuz yere varıp asıl yönümüze döndüğümüzde elini kaldırdı, onu bulmuş olduğumuz yeri işaret etti ve Ben Nur'un derinden gelen sesiyle şöyle dedi:

"Bir kez daha dönüp geriye bakın ve bu yeri zihninize kazıyın; çünkü hesaplaşma günü geldiğinde yine buraya geleceksiniz!"

— o —